21世纪会计系列规划教材 **应用型**

新编管理会计学

（第四版）

单昭祥 杨国臣 编著

Xinbian Guanli

Kuaijixue

东北财经大学出版社
Dongbei University of Finance & Economics Press
大连

图书在版编目（CIP）数据

新编管理会计学 / 单昭祥，杨国臣编著．—4版．—大连：东北财经大学出版社，2022.5（2023.7重印）

（21世纪会计系列规划教材·应用型）

ISBN 978-7-5654-4295-7

Ⅰ．新…　Ⅱ．①单…②杨…　Ⅲ．管理会计-高等学校-教材　Ⅳ．F234.3

中国版本图书馆CIP数据核字（2021）第158475号

东北财经大学出版社出版

（大连市黑石礁尖山街217号　邮政编码　116025）

网　址：http://www.dufep.cn

读者信箱：dufep@dufe.edu.cn

大连永盛印业有限公司印刷　东北财经大学出版社发行

幅面尺寸：170mm×240mm　字数：460千字　印张：22

2022年5月第4版　2023年7月第2次印刷

责任编辑：高　铭　吴　茜　田玉海　孔利利　责任校对：佟　欣

封面设计：冀贵收　版式设计：钟福建

定价：49.00元

教学支持　售后服务　联系电话：（0411）84710309

如有印装质量问题，请联系营销部：（0411）84710711

第四版前言

编写适用于培养高素质应用型人才的高水平、高质量的管理会计教材，是我们最大的心愿。

《新编管理会计学》将“在提高资源利用效率基础上的净收益更大化”作为管理会计目标，以“为用所学，学有所用”为根本目的，全面贯彻执行“习近平：高举中国特色社会主义伟大旗帜 为全面建设社会主义现代化国家而团结奋斗——在中国共产党第二十次全国代表大会上的报告”（以下简称“党的二十大报告”）。本书在财政部《关于全面推进管理会计体系建设的指导意见》的思想指导下，以财政部发布的《管理会计基本指引》《管理会计应用指引》为基本原则，围绕管理会计能干什么，即管理会计的职能——“预测经济前景，参与经济决策，规划经济目标，控制经营过程，考评经营业绩”而展开。全书共八章，其逻辑结构如下图：

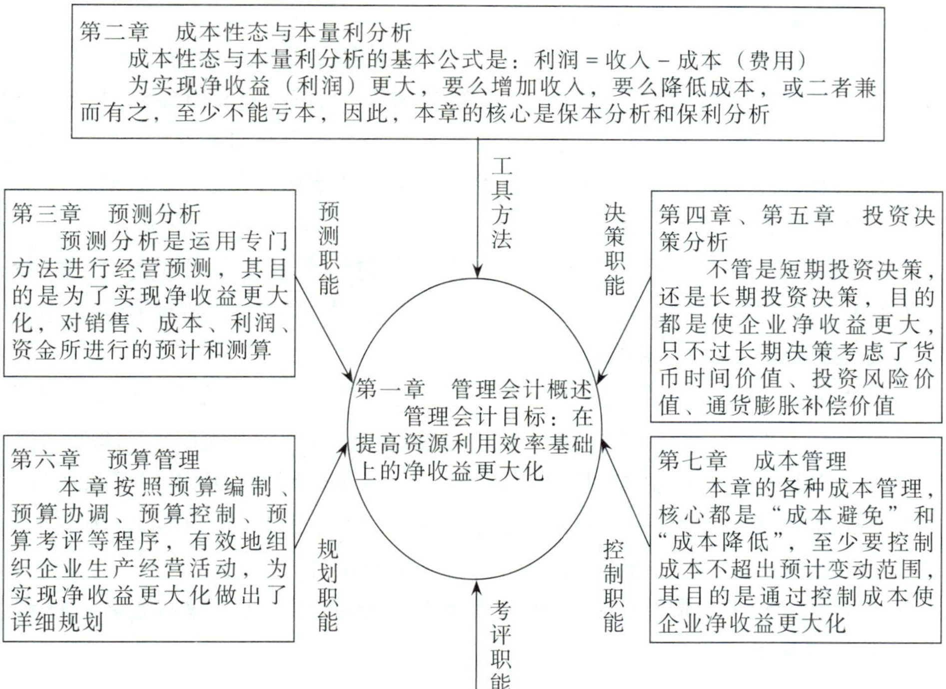

本书的特点有：目标的现实性、理论的适用性、创新的可行性、体系的完

整性。

一、目标的现实性。本书将管理会计目标定位为："在提高资源利用效率基础上的净收益更大化"。该目标与目前流行的"企业价值最大化""股东财富最大化""相关者利益最大化"等目标相比，更具现实性。

二、理论的适用性。本书努力克服管理会计理论脱离实际的弊端，以"为用所学，学有所用"为根本目的，在不改变管理会计理论的基础上，既不是不考虑前提条件，单纯地进行理论和方法的介绍，不管在实践中能否应用，又不是仅列出了一系列前提条件，简单分析，而是先把复杂的问题简单化，找出一般规律，再就实务中可能出现的各种情况，由特殊到一般，分别就每一种情况给出解决办法，如本量利分析、存货决策分析等，这样，既克服了不考虑前提条件的盲目应用，又克服了前提条件太苛刻而无法应用的问题。

三、创新的可行性。本书依据企业管理会计目标"在提高资源利用效率基础上的净收益更大化"，结合编著者长期的教学实践和在企事业单位的实践经验，创新了管理会计的一些方法，如预测的误差估计、互斥方案投资决策规则、作业成本管理、质量成本管理等诸多方面，目的是使管理会计的方法具有可行性。读者在与其他著作的对比中自然会发现其不同。

四、体系的完整性。从管理会计的理论和方法体系看，本书将管理会计的传统内容与管理会计的新领域、新内容，以及财政部提出的管理会计体系，按照管理会计的五项职能，有机地结合在一起，形成了完整的管理会计理论框架。从管理会计的教学体系看，本书还配有《新编管理会计学辅导与练习》及"教学课件"，从而形成了完整的管理会计教学体系。

本书可以作为应用型本、专科会计专业及各财经专业教科书（其中：打*号的内容专科可以不讲，打**的内容本科也可以不讲），也可以作为高级财务会计人员、经济管理人员自学用书或参考书。

本书由湛江科技学院的会计学院单昭祥教授（辽宁大学工商管理学院原财务教研室主任）、会计学院副院长杨国臣编著。全书由单昭祥教授设计、拟定编写大纲，由杨国臣编撰，最后由单昭祥总纂定稿。本书在编写过程中得到了湛江科技学院领导和全体同事的大力支持和热情帮助，同时，本书的各位责任编辑为本书的出版付出了大量的辛勤劳动，在此，一并致以诚挚的谢意。

由于编著者水平有限，书中难免存在不足甚至错误之处，敬请读者批评指正。联系方式：331670966@qq.com。

编著者
2022年3月（2023年7月修改）

目　录

第一章

管理会计概述

本章的重点内容是：什么是企业管理会计？管理会计的职能——预测经济前景、参与经济决策、规划经济目标、控制经营过程、考评经营业绩。管理会计目标——在提高资源利用效率基础上的净收益更大化。本书主要内容有预测分析、投资决策分析、预算管理、成本管理、绩效管理。其核心是管理会计目标，也就是管理会计实践活动最终所期望达到的结果。全书都围绕此目标而展开，换句话说："就是以尽可能少的投入，去赚取更多的利润。"

第一节 管理会计的形成和发展

一、管理会计的定义

我们所处的时代，是全党全国各族人民迈上全面建设社会主义现代化国家新征程的时代，是向党的第二个百年奋斗目标进军的时代。在第二个百年之初召开的中国共产党第二十次全国代表大会吹响了向新时代进军的号角："高举中国特色社会主义伟大旗帜，全面贯彻新时代中国特色社会主义思想，弘扬伟大建党精神，自信自强、守正创新，踔厉奋发、勇毅前行，为全面建设社会主义现代化国家、全面推进中华民族伟大复兴而团结奋斗。"在党的二十大报告的指引下，我国各行各业都迎来了勃勃生机。处在为全面建设社会主义现代化国家、全面推进中华民族伟大复兴的管理会计，更加任重而道远。

党的二十大报告明确指出："建设现代化产业体系。坚持把发展经济的着力点放在实体经济上，推进新型工业化，加快建设制造强国、质量强国、航天强国、交通强国、网络强国、数字中国。"处在这样伟大时代的管理会计，在建设现代化产业体系过程中，具有更加广泛的应用前景，尤其在把发展经济的着力点放在实体经济上，推进新型工业化，加快建设制造强国、质量强国……的发展机遇下，无疑将会发挥重要作用。管理会计通过"预测经济前景、参与经济决策、规划经济目标、控制经营过程、考评经营业绩"等职能，利用财务会计和其他信息资料，有机融合财务与业务活动，运用一系列专门工具方法，在企业经营活动中，发挥重要作用。

关于什么是管理会计，国内外学者众说纷纭，莫衷一是，但基本上都包括了以下两点：

第一，基础业务是对企业的经营活动进行预测、决策、规划、控制和考评，实际上体现了管理会计的职能。

第二，通过上述职能的实现，管理会计主要为企业的管理者提供信息服务，侧重服务于企业内部经营管理的特殊信息系统，是决策支持系统的重要组成部分。

财政部关于全面推进管理会计体系建设的指导意见将管理会计定义为：**管理会计**是会计的重要分支，主要服务于单位（包括企业和行政事业单位，下同）内部管理需要，是通过利用相关信息，有机融合财务与业务活动，在单位规划、决策、控制和评价等方面发挥重要作用的管理活动。管理会计工作是会计工作的重要组成部分。

此定义包括了企业和行政事业单位。由于行政事业单位管理会计尚不成熟，本书只讨论企业管理会计，并给出如下定义：**管理会计**是利用财务会计和其他信息资料，有机融合财务与业务活动，运用一系列专门工具方法，在企业经营活动中，通过预测、决策、规划、控制和考评等职能，发挥重要作用的信息系统和管理活动。

二、西方管理会计的形成和发展

西方管理会计的形成与发展，大致可区分为两大阶段——执行性管理会计阶段和决策性管理会计阶段。

（一）执行性管理会计阶段（20世纪初至50年代）

执行性管理会计是以泰罗的科学管理学说为基础形成的会计信息系统。

泰罗的科学管理学说产生于20世纪初。其核心是强调提高生产效率和工作效率，要求企业把生产经营中一切可以避免的损失和浪费尽可能缩减到最低限度。为了实现这个目标，它在管理上要求实行“最完善的计算和监督制度”，当时在会计上主要是通过科学地制定“标准成本”，严格地进行“预算控制”和“差异分析”来体现。

标准成本是指于产品投产前，严格按照科学的方法制定其料、工消耗标准，以此为基础，形成产品标准成本中的材料标准成本和人工标准成本。

预算控制当时主要用在费用方面，即事先按期间编制制造费用预算，并算出制造费用的标准分配率，再据以确定产品标准成本中的制造费用标准成本。

这样，产品构成的三个成本项目——材料、人工、制造费用在产品投产前，就对其消耗水平确定了具体目标和要求。

差异分析是指于一定期间终了时，对料、工消耗脱离标准，费用开支脱离预算所形成的偏差进行具体分析，查明差异形成的原因和责任，借以对有关方面的工作成果进行全面考评，并促使他们采取有效措施，针对存在的问题进行改进。

不难看出，上述三个方面，是会计为配合泰罗科学管理学说的广泛实施，在计算和监督方面所取得的重大进展。特别是它把严密的事先计算引进会计体系中来，实行事先计算、事中控制和事后分析相结合，可以看作会计发展史上的一个重要里程碑，为会计服务于企业管理开创了一条新路。其基本点是在企业经营方针、基本决策等重大问题已经确定的前提下，如何协助企业在执行中提高生产效率和生产经济效果的问题。而生产效率和生产经济效果的高低，通常可借助投入与产出（消耗与成果）的对比关系来表现。把标准成本、预算控制和差异分析纳入会计体系，促进企业用较少的材料生产出较多的产品，表现为材料利用率的提高；用较少的工时生产出较多的产品，表现为劳动生产率的提高；用一定的生产设备生产出较多的产品，表现为设备利用率的提高。材料利用率、劳动生产率、设备利用率提高了，其综合表现就是生产成本的降低，而成本的降低，则意味着生产经济效果的提高。可见，以泰罗科学管理学说为基础形成的执行性管理会计，对促进企业提高生产效率和生产经济效果是有帮助的。其产生的历史背景（社会经济条件）是：从20世纪初至20世纪50年代，由于中间经过第一次和第二次世界大战，资本主义世界总体来说社会物资缺乏，供不应求，企业的产品生产出来后不愁没有销路，以卖方市场居主导地位，企业之间的竞争并不激烈，企业对客观外界经济环境的分析、研究并不十分迫切，因而企业与外界关系的有关问题在执行性管理会计体系中并没有得到应有的重视。

（二）决策性管理会计阶段（20世纪50年代以后）

1.管理控制与决策阶段（20世纪50年代以后至90年代）

第二次世界大战以后，资本主义世界进入战后发展时期，资本主义经济出现了许多新特点：一是现代科学技术突飞猛进并大规模应用于生产，使生产得到迅速发展；二是资本主义企业进一步集中，跨国公司大量出现，企业的规模越来越大，生产经营日趋复杂，新产品不断出现，企业外部市场竞争激烈；三是通货膨胀，物价上涨，企业资金周转困难，利润率下降。这一时期，一方面经济发展很快，另一方面企业在竞争中倒闭的也很多。这些新的条件和环境使企业管理者逐步认识到，企业要发展就必须实现企业管理现代化。这主要包括：一方面，强烈要求企业的内部管理更加合理化、科学化；另一方面，要求企业具有灵活反应和高度的适应能力，否则，就有可能在激烈的竞争中被淘汰。战后资本主义经济发展的这种新形势和要求，是风靡一时的泰罗科学管理学说无法适应的。

首先，泰罗的科学管理学说着眼于对生产过程进行科学管理，把重点放在通过对生产过程的个别环节、个别方面的高度标准化，为尽可能提高生产和工作效率创造条件，但很少考虑企业管理的全局、企业与外部的关系。这种理论在当时的历史条件下是可行的，但在新的情况下就显得有些本末倒置。

其次，泰罗的科学管理学说不是把人当作具有主动性、创造性的人，而是把人当作机器的奴隶（附属品），强调只有管得严，才能提高效率，使广大工人处于消极被动和极度紧张的状态，因而不可能取得应有的效果。

正是由于泰罗的科学管理学说有这两个根本性的缺陷，不能适应战后资本主义经济发展的新形势和要求，因此它被现代管理科学所取代就成为历史的必然。

那么，什么是现代管理科学？这也是一个十分复杂的问题，在决策性管理会计中应用较多的是运筹学和行为科学，它可以在很大程度上克服泰罗的科学管理学说的重要缺陷，能较好地适应战后资本主义经济发展的新形势，因而在企业管理中得到了广泛而有效的运用。

运筹学主要包括数学规划、排队论、库存论、对策论、决策论、生产计划与控制、质量控制、图与网络、模拟学、质量控制、管理信息系统、部门间联系平衡的经济数学模型等各个专门领域。它运用现代数学和数理统计学的原理和方法，建立许多数量化的管理方法和技术，可用来帮助管理人员按照最优化的要求，对企业极为复杂的生产经营活动进行科学预测、决策、规划和控制，促使企业生产经营实现最优运转，从而大大提高企业管理的科学化、现代化水平及竞争能力。

行为科学主要是应用心理学、社会学等方面的研究成果来研究人的各种行为的规律性，分析人产生各种行为的客观原因和主观动机的一门科学。行为科学强调要做好人的工作，改善人与人之间的关系，引导、激励人们在生产经营中充分发挥主动性、积极性。

按照运筹学、行为科学所确定的原理和方法来管理规模较大的现代化企业，可以有效地消除管理工作中的主观随意性，把合理地组织安排和使用人力、物力、财力，建立在严格的科学管理的基础上，从而提高企业的管理水平，以便实现最大的经济效益。

现代管理科学的形成和发展，对决策性管理会计的形成和发展，在理论上起着奠基和指导作用，在方法上赋予它现代化的管理方法和技术，使它焕然一新。可见，决策性管理会计是在新的历史条件下，以现代管理科学为基础，一方面丰富和发展了其早期形成的一些技术和方法，另一方面又大量吸收了现代管理科学中运筹学、行为科学、计算机技术等方面的研究成果，把它们引进、应用到管理会计中来，如质量成本管理、作业成本管理、价值链分析以及战略成本管理等创新的管理会计方法层出不穷，初步形成了一套新的成本管理控制体系。管理会计完成了从“为产品定价提供信息”到“为企业经营管理决策提供信息”的转变，由成本计算、标准成本制度、预算控制发展到预测、决策阶段，从而形成了一个新的与管理现代化相适应的管理会计体系，特别是会计信息化在管理上的应用，为管理会计的发展创造了更为广阔的前景。

2.价值创造与决策阶段（20世纪90年代以后）

随着经济全球化和知识经济的发展，世界各国经济联系和依赖程度日益增强，企业之间分工合作日趋频繁，准确把握市场定位、客户需求等尤为重要。在此背景下，管理会计越来越容易受到外部信息以及非财务信息对决策相关性的冲击，企业内部组织结构的变化也迫使管理会计在管理控制方面要有新的突破，需要从战略、经营决策、商业运营等各个层面掌握并有效利用所需的管理信息。为此，管理会计以强调价值创造为核心，发展了一系列新的决策工具和管理工具。它是以决策会计和执行会计为主体，实现“在提高资源利用效率基础上的净收益更大化”，帮助企业管理者作出各种专门决策的一整套信息处理系统。

三、我国管理会计的形成与发展

在70多年的社会主义建设中，我国企业自发地产生了许多有实际应用价值的管理会计方法，如：20世纪50年代初期开展的厂部、车间、班组三级核算；60年代开展的厂内计划价格、资金分级管理；70年代大庆油田开展的内部结算；80年代吉林省开展的厂内银行，首钢包、保、核；90年代邯郸钢铁集团有限公司推行的“模拟市场核算、实行成本否决”的邯钢经验等。

纵观我国管理会计的形成和发展，大体上可划分为三个阶段——执行性管理会计阶段、由执行性管理会计向决策性管理会计转变阶段和中国特色管理会计体系建设阶段。

（一）执行性管理会计阶段（中华人民共和国成立至20世纪80年代，计划经济时期）

由于我国生产力水平不高，从中华人民共和国成立起，在以后较长的一段时期，产品的生产供不应求；在管理上，对整个国民经济实行权力高度集中化的管理，企业管理局限于生产领域，是一种典型的执行性管理，不需要企业研究市场的需求，也不需要过问流通领域的问题（因为这一切都已经由国家的各级行政机构包办代替了）。在这种条件下，在企业内部，借鉴苏联经验，结合我国实际，采取了许多措施，为提高企业生产和工作效率服务，如编制全面的生产财务计划和月度作业计划、建立流动资金归口分级管理、推行以班组核算为基础的厂内经济核算、开展经济活动分析等，都具有我国特色。虽然当时还没有使用“管理会计”这个名称，但它们都可看作我们自己原有的管理会计，总的说来，也是实行事前计划、事中控制和事后分析相结合，直接服务于企业管理的管理会计。基于当时的经济管理体制，会计的工作重点都是围绕怎样使企业能较好地执行上级下达的各项数量和质量指标，因而基本上也属于执行性管理会计。这一时期构成了我国管理会计形成和发展历程中的执行性管理会计阶段。

（二）由执行性管理会计向决策性管理会计转变阶段（20世纪80年代“市场经济”开始至2014年）

我国管理会计发展的第二阶段，是以党的十一届三中全会为转折点，特别是党的十四大的召开，在理论和实践上都具有划时代的意义。党的十四大明确指出：我国要搞社会主义市场经济体制，实行政企分开，企业成为独立的商品生产者和经营者。与此相适应，国家的经济管理职能主要集中在研究大政方针、制定宏观发展规划和通过经济杠杆和经济立法等手段从国民经济的全局出发进行统一调节（着重采用间接形式进行调节）等方面，而企业的供、产、销、人、财、物则由企业自己去管，由它自行进行微观决策，使企业的生产经营从过去单纯的执行性管理向决策性管理转变，自觉地把“正确地进行经营决策”放在首位。这样就能创造出一种使人的创造力得以充分发挥，经济资源（物资、资金等）得以合理流动和最优组合、最优利用的环境和条件。这种新的环境和条件，也就自然而然地要求管理会计由原有的执行性管理会计向决策性管理会计转变。

在这一阶段，广大会计工作者遵循“以我为主、博采众长、融合提炼、自成一家”的原则，认真总结了我国管理会计的工作经验，创建出适合中国国情、具有中国特色的以决策性管理会计为主体的中国式的管理会计理论与方法体系，更好地加强企业内部经营管理、全面地提高企业经济效益服务质量。

（三）中国特色管理会计体系建设阶段（2014年以后）

实现这一进程的里程碑事件就是财政部在2014年10月发布的《关于全面推进管理会计体系建设的指导意见》（下称“《指导意见》”）的正式发布。这是一份承载着我国会计改革与发展的重要方向的指导性文件。中国管理会计正以崭新的姿态改变传统会计世界，重构未来会计格局。

《指导意见》的框架设计是：立足国情，借鉴国际，提出了理论、指引、人才、信息化加咨询服务“4+1”的管理会计有机发展模式。既发展中国特色管理会计理论，又形成能够科学指导实践操作的管理会计指引；既打造管理会计人才队伍，又提高管理会计信息化水平；既发挥单位在管理会计工作中的主体作用，又借助管理会计专业咨询服务机构的“外脑”作用，促进管理会计工作的全面开展。

（1）推进管理会计理论体系建设，是指推动加强管理会计基本理论、概念框架和工具方法研究。

（2）推进管理会计指引体系建设，是指形成以管理会计基本指引为统领、以管理会计应用指引为具体指导、以管理会计案例示范为补充的管理会计指引体系。

（3）推进管理会计人才队伍建设，是指推动建立管理会计人才能力框架，完善现行会计人才评价体系。

（4）推进面向管理会计信息化建设，是指指导单位建立面向管理会计的信息系统，以信息化手段为支撑，实现会计与业务活动的有机融合，推动管理会计功能的有效发挥。

争取在3～5年内，在全国培养出一批管理会计人才；力争通过5～10年的努力，基本形成中国特色的管理会计理论体系，基本建成管理会计指引体系，使管理会计人才队伍显著壮大，使管理会计信息化水平显著提高，使管理会计咨询服务市场显著繁荣，使我国管理会计接近或达到世界先进水平。这一目标既脚踏实地，立足当下，又放眼未来，谋划长远，描绘了中国管理会计未来发展前景，是指导我国未来开展管理会计工作的总体规划。

为保证管理会计体系建设符合我国实务，《指导意见》明确提出四项基本的原则，即坚持立足国情，借鉴国际；坚持人才带动，整体推进；坚持创新机制，协调发展；坚持因地制宜，分类指导。

加快发展中国特色管理会计，正是推动建立现代财政制度、促进我国经济转型升级、推进国家治理体系和治理能力现代化的重要举措之一。《指导意见》的发布，标志着我国管理会计发展进入一个新阶段。

第二节 管理会计职能、目标、内容和应用原则

一、管理会计职能

管理会计职能是指管理会计实践本身存在的必然性所决定的内在功能。管理会计的基本职能可概括为预测经济前景、参与经济决策、规划经济目标、控制经营过程、考评经营业绩五个方面。

（一）预测经济前景

预测是指根据过去和现有的信息，运用一定的科学手段和方法，预计、推测事物未来发展必然性或可能性的行为。管理会计履行**预测经济前景**的职能，就是按照

企业未来的总目标和经营方针，充分考虑经济规律的作用和经济条件的约束，选择合理的量化模型，有目的地预计和推测未来企业销售、利润、成本及资金的变动趋势和水平，为企业经济决策提供第一手信息。

（二）参与经济决策

决策是在充分考虑各种可能的前提下，按照客观规律的要求，选择并决定未来活动方案的过程。决策既是企业经济管理的核心，又是各级各类企业管理者的主要工作。由于决策工作贯穿企业管理的各个方面和整个过程的始终，因而作为管理有机组成部分的管理会计必然具有决策职能。管理会计履行**参与经济决策**的职能，主要是通过“营运管理”和“投资管理”来完成的，体现在根据企业决策目标搜集、整理有关信息资料，选择科学的方法计算有关长短期决策方案的评价指标，并作出正确的财务与非财务评价，最终确定行动方案。

（三）规划经济目标

规划是对企业未来的经济活动进行科学的安排与筹划。管理会计履行**规划经济目标**的职能主要是通过预算管理实现的。也有人将“规划”称为“预算”或“计划”。它要求在最终决策方案的基础上，将事先确定的有关经营目标分解落实到各有关计划或预算中去，从而合理、有效地组织协调供、产、销及人、财、物之间的关系，并为控制和考评创造条件。

（四）控制经营过程

控制是对企业日常的经营活动进行严密监控和跟踪的过程。管理会计履行**控制经营过程**的职能是将经营过程的事前控制同事中控制有机地结合起来，即以计划或预算为标准，并根据执行过程中的实际与计划或预算的偏差进行原因分析，以便及时采取措施进行调整，改进工作，确保经营活动的正常进行。

（五）考评经营业绩

考评是对经营活动的实际成果比照既定的目标或标准进行考核和评价的过程。管理会计履行**考评经营业绩**的职能，是通过建立责任会计或平衡计分卡等工具方法来实现的，即在各部门（责任中心）及每个人均明确各自责任的前提下，逐级考评责任指标的执行情况，总结成绩并找出不足，从而为奖惩制度的实施和未来工作改进提供必要的依据。

在知识经济的大环境中，为适应社会经济条件的重大变化和科学技术的迅速发展，管理会计已进入一个大变革、大发展的历史时期，因而管理会计职能将从上述5个职能转变为提供具有远见卓识的“咨询服务”。

二、管理会计目标

管理会计目标是会计目标的一个分部目标。概括地说，**会计目标**是指在一定的经济环境下，人们通过会计实践活动所期望达到的结果。由于现代会计具有“核算”、“管理”和“监督”三项职能，相应地，会计目标也分为“会计核算目标”、“会计管理目标”和“会计监督目标”三个分部目标。由于管理会计、财务管理都是履行会计的管理职能，即预测经济前景、参与经济决策、规划经济目标、控制经营过程、分析经济状况、考评经营业绩。因此，管理会计目标就是会计管理目标，也就是财务管理目标[①]。

目前，有关企业财务管理目标有多种提法，如利润最大化、企业价值最大化、股东财富最大化、相关者利益最大化、每股收益最大化等，但没有一种是大家都认同的，简单评价就是："理想的不现实，现实的不理想。"比如，最具影响力的企业价值最大化就是既不可望又不可及的理想目标，是永远也达不到的。如果在理想和现实中选择，还是应该选择现实的目标，至少在现阶段，我们认为：**会计管理目标**就是"在提高资源利用效率基础上的净收益更大化"。因为它不仅是现实的，而且是评价企业业绩优劣的核心指标，更是所有企业一直追求并不断为之奋斗的目标。我们认为：只要是以营利为目的的企业，其财务管理目标，也就是会计管理目标，二者是相同的，不同之处仅仅是会计管理目标下的具体目标。因为会计管理目标离不开企业目标——"生存、发展、获利"，而获利是根本。

会计管理目标指明了管理会计实践活动的目的和方向，同时也明确了管理会计在经济管理活动中的使命，成为管理会计发展的导向。管理会计就是以会计管理目标为出发点和归宿，企业的主要经济活动都离不开管理会计目标。

三、管理会计内容

管理会计内容是指与其职能相适应的工作内容。管理会计内容可以按不同标志给出不同分类。

（一）管理会计内容从会计的角度可以分为决策会计和执行会计两大类。

到20世纪70年代，管理会计已趋于成熟并定型化了。它主要包括预测分析、决策分析、预算管理、成本管理、绩效管理等方面，其中，预测分析、决策分析称为决策会计，预算管理、成本管理、绩效管理称为执行会计。决策会计与执行会计既相对独立，又相辅相成，共同构成管理会计的基本内容。

决策会计是指管理会计系统中侧重于发挥预测经济前景和参与经济决策职能的最具有能动作用的会计子系统，它处于管理会计的核心地位，同时又是现代管理会计形成的关键标志之一。

执行会计是指在决策目标和经营方针已经明确的前提下，为执行既定的决策方案而进行的有关规划、控制和考评，既确保奋斗目标的顺利实现，又能调动企业全体职工积极性的会计子系统。

（二）管理会计内容从管理的角度（或者说按管理会计的应用领域）可以分为战略管理、预算管理、成本管理、营运管理、投融资管理、绩效管理、风险管理七大类。

战略管理，是指对企业全局的、长远的发展方向、目标、任务和政策，以及资源配置作出决策和管理的过程。其中，**战略**是指企业从全局考虑做出的长远性的谋划。

预算管理，是指企业以战略目标为导向，通过对未来一定期间内的经营活动和

---

① 单昭祥，韩冰．新编基础会计学［M］．5版．大连：东北财经大学出版社，2020：201.

相应的财务结果进行全面预计和筹划，科学、合理配置企业各项财务和非财务资源，并对执行过程进行监督和分析，对执行结果进行评价和反馈，指导经营活动的改善和调整，进而推动实现企业战略目标的管理活动。

成本管理，是指企业在营运过程中实施成本预测、成本决策、成本计划、成本控制、成本核算、成本分析和成本考核等一系列管理活动的总称。

营运管理，是指为了实现企业战略和营运目标，各级管理者通过计划、组织、指挥、协调、控制、激励等活动，实现对企业生产经营过程中的物料供应、产品生产和销售等环节的价值增值管理。

投融资管理包括投资管理和融资管理。

投资管理，是指企业根据自身战略发展规划，为实现其经营目标，对将资金投入营运进行的管理活动。

融资管理，是指企业为实现既定的战略目标，在风险匹配的原则下，对通过一定的融资方式和渠道筹集资金进行的管理活动。企业融资的规模、期限、结构等应与经营活动、投资活动等的需要相匹配。

绩效管理，是指企业与所属单位（部门）、员工之间就绩效目标及如何实现绩效目标达成共识，并帮助和激励员工取得优异绩效，从而实现企业目标的管理过程。绩效管理的核心是绩效评价和激励管理。**绩效评价**，是指企业运用系统的工具方法，对一定时期内企业营运效率与效果进行综合评判的管理活动。绩效评价是企业实施激励管理的重要依据。**激励管理**，是指企业运用系统的工具方法，调动企业员工的积极性、主动性和创造性，激发企业员工工作动力的管理活动。激励管理是促进企业绩效提升的重要手段。

风险管理，是指企业为实现风险管理目标，对企业风险进行有效识别、评估、应对和预警等管理活动的过程。**企业风险**，是指对企业的战略与经营目标实现产生影响的不确定性。

随着社会经济的发展和科学技术的日新月异，管理会计正处于大变革、大发展的历史时期，管理会计的内容也不可能不发生变化，管理会计新理论、新方法，如作业成本管理、质量成本会计、平衡计分卡、人力资源会计、资本成本会计、战略管理会计、国际管理会计等，以及管理会计在行为会计、信息资源会计、委托—代理会计等相关学科中的应用，构成了管理会计的新内容。应提起注意的是，管理会计的新内容不是对管理会计的否定或取代，而是适应社会经济条件的变化，对管理会计的丰富和发展。

在实际工作中，将管理会计的新理论、新方法与管理会计原来的理论与方法相结合，不仅给管理会计注入了新的活力，使管理会计发挥更大的作用，同时，更使管理会计的理论与工具方法不断发展并日趋完善。

与会计职能相适应，本书将管理会计内容从会计角度，分为三部分共八章，内容结构如图表1-1所示。

- 管理会计
  - 管理会计基础
    - 管理会计概述（第一章）
    - 成本性态与本量利分析（第二章）
  - 决策会计
    - 预测分析（第三章）
    - 投资决策分析（上、下）（第四、五章）
  - 执行会计
    - 预算管理（第六章）
    - 成本管理（第七章）
    - 绩效管理（第八章）

图表 1-1　全书内容结构

四、管理会计应用原则

管理会计应用原则是指管理会计应用主体应用管理会计时应遵循的一般原则。管理会计应用主体视管理决策主体确定，可以是企业整体，也可以是企业内部责任中心。管理会计应用原则包括：

（1）战略导向原则。管理会计的应用应以战略规划为导向，以持续创造价值为核心，促进企业可持续发展。

（2）融合性原则。管理会计应嵌入企业相关领域、层次、环节，以业务流程为基础，利用管理会计工具方法，将财务和业务等有机融合。

（3）适应性原则。管理会计的应用应与企业应用环境和自身特征相适应。企业自身特征包括企业性质、规模、发展阶段、管理模式、治理水平等。

（4）成本效益原则。管理会计的应用应权衡实施成本和预期效益，合理、有效地推进管理会计应用。

第三节　管理会计应用要素

管理会计应用要素，包括四个方面：管理会计应用环境、管理会计活动、管理会计工具方法、管理会计信息与报告。

一、管理会计应用环境

管理会计应用环境离不开企业环境，要掌握管理会计应用环境，首先要掌握企业环境。

（一）企业环境

所谓**企业环境**是指一些相互依存、相互制约、不断变化的各种因素组成的一个系统，是影响企业管理决策和生产经营活动的现实各因素的集合。企业环境又分为企业内部环境和企业外部环境。

1. **企业内部环境**（Enterprise Interior Environment）是指企业内部的物质、文化环境的总和，包括企业资源、企业能力、企业文化等因素，也称企业内部条件，即组织内部的一种共享价值体系，包括企业的指导思想、经营理念和工作作风。

2. **企业外部环境**（Enterprise External Environment）是指对企业外部的政治环境、社会环境、技术环境、经济环境等的总称。

（二）管理会计应用环境的概念

管理会计应用环境是指对管理会计应用产生影响的企业环境。管理会计应用环境是企业应用管理会计的基础，管理会计应用环境包括管理会计应用内部环境和管理会计应用外部环境。

1.管理会计应用内部环境

管理会计应用内部环境是指对管理会计应用产生影响的企业内部环境，主要包括与管理会计建设和实施相关的价值创造模式、组织架构、管理模式、资源保障、信息系统等因素。

（1）企业应准确分析并把握价值创造模式，推动财务与业务等的有机融合。

（2）企业应根据组织架构特点，建立健全能够满足管理会计活动所需的由财务、业务等相关人员组成的管理会计组织体系。有条件的企业可以设置管理会计机构，组织开展管理会计工作。

（3）企业应根据管理模式确定责任主体，明确各层级以及各层级内的部门、岗位之间的管理会计责任权限，制订管理会计实施方案，以落实管理会计责任。

（4）企业应从人力、财力、物力等方面做好资源保障工作，加强资源整合，提高资源利用效率效果，确保管理会计工作顺利开展。企业应注重管理会计理念、知识培训，加强管理会计人才培养。

（5）企业应将管理会计信息化需求纳入信息系统规划，通过信息系统整合、改造或新建等途径，及时、高效地提供与管理相关的信息，从而推进管理会计实施。

2.管理会计应用外部环境

管理会计应用外部环境是指对管理会计应用产生影响的企业外部环境，主要包括国内外经济、市场、法律、行业等因素。

（1）**国内外经济**包括宏观经济形势、世界经济形势、行业在经济发展中的地位。

（2）**市场**是与企业关系最密切、影响最大的环境因素，其具体包括销售市场、供应市场、资金市场、劳务市场等。

（3）**法律**是指国家的方针政策、法令法规。

（4）**行业**是指与本行业有关的科学技术水平和发展趋势。

二、管理会计活动

所谓**管理会计活动**是指企业利用管理会计信息，运用管理会计工具方法，在预测、决策、规划、控制、考评等方面服务于企业管理所需要的相关活动。

组织管理会计活动，要做好以下基础工作：

（1）做好相关信息支持，参与战略规划拟定，从支持其定位、目标设定、实施方案选择等方面，为企业合理制定战略规划提供支撑。

（2）融合财务和业务等活动，及时充分提供和利用相关信息，支持企业各层级根据战略规划做出决策。

（3）设定定量定性标准，强化分析、沟通、协调、反馈等控制机制，支持和引导企业持续高质高效地实施企业战略规划。

（4）合理设计评价体系，基于管理会计信息等，评价企业战略规划实施情况，并以此为基础进行考核，完善激励机制；同时，对管理会计活动进行评估和完善，以持续改进管理会计应用。

三、管理会计工具方法

管理会计工具方法是实现管理会计目标的具体手段，主要应用于以下领域：战略管理、预算管理、成本管理、营运管理、投融资管理、绩效管理、风险管理等。

战略管理领域应用的管理会计工具方法包括但不限于战略地图、价值链管理等。

预算管理领域应用的管理会计工具方法包括但不限于全面预算管理、滚动预算管理、作业预算管理、零基预算管理、弹性预算管理等。

成本管理领域应用的管理会计工具方法包括但不限于目标成本管理、标准成本管理、变动成本管理、作业成本管理、生命周期成本管理等。

营运管理领域应用的管理会计工具方法包括但不限于本量利分析、敏感性分析、边际分析、标杆管理等。

投融资管理领域应用的管理会计工具方法包括但不限于贴现现金流法、项目管理、资本成本分析等。

绩效管理领域应用的管理会计工具方法包括但不限于关键指标法、经济增加值、平衡计分卡等。

风险管理领域应用的管理会计工具方法包括但不限于企业风险管理框架、风险矩阵模型等。

企业应用管理会计，应结合自身实际情况，根据管理特点和实践需要选择适用的管理会计工具方法，并加强管理会计工具方法的系统化、集成化应用。

四、管理会计信息与报告

（一）管理会计信息

管理会计信息是指在管理会计应用过程中所使用和生成的财务信息和非财务信息。

企业应充分利用内外部各种渠道，通过采集、转换等多种方式，获得相关、可靠的管理会计基础信息。

企业应有效利用现代信息技术，对管理会计基础信息进行加工、整理、分析和传递，以满足管理会计应用需要。

企业生成的管理会计信息应相关、可靠、及时、可理解。

（二）管理会计报告

管理会计报告是管理会计活动成果的重要表现形式，旨在为报告使用者提供满足管理需要的信息。管理会计报告按期间可以分为定期报告和不定期报告，按内容可以分为综合性报告和专项报告等类别。

企业可以根据管理需要和管理会计活动性质设定报告期间，一般应以公历期间作为报告期间，也可以根据特定需要设定报告期间。

第四节 管理会计与财务会计的关系

管理会计从传统会计中分离出来之后，企业会计中涉及日常会计核算及对外报告的那部分内容就称为财务会计，与管理会计一起成为会计学的两大分支，分析管理会计与财务会计的关系，既是帮助我们深刻理解管理会计特点的关键所在，又是管理会计的基本理论问题之一。

一、管理会计与财务会计的联系

（一）二者源于同一母体

管理会计所需的许多资料来源于财务会计系统，它的主要工作内容是对财务会计信息进行深加工与再利用，因而受到财务会计工作质量的约束；而财务会计的发展与改革，则应充分考虑管理会计的要求，以扩大信息交换处理能力和兼容能力，避免不必要的重复和浪费。从结构关系去考察，二者都属于现代企业会计的有机组成部分，且密不可分。

（二）二者工作对象相同

管理会计和财务会计都处于现代经济条件下的现代企业环境中，它们的工作对象相同，都是企业再生产过程中的资金运动，都统一服从于现代企业会计的总体要求，共同为实现企业内部经营管理的目标和满足企业外部有关方面的要求服务。

（三）二者都是会计信息处理系统

管理会计与财务会计都是企业决策支持系统的重要组成部分，对企业经营管理的各个方面并不具有直接决策职能，它们主要通过会计信息的提供和分析研究，为企业的各有关方面提供所需要的会计信息，帮助企业管理者进行经济决策和改善经营管理。随着以计算机技术为代表的高科技的发展，它们都面临着如何解决好运用电子计算技术搜集、处理、储存、传递和报告会计信息的问题。

二、管理会计与财务会计的区别

从服务对象来看，管理会计主要为企业内部经营管理服务，故称其为“内部报告会计”，而财务会计主要以各种财务报表为企业外部有关方面服务，故称其为“**外部报告会计**”。二者的侧重面不同，是其主要区别，并由此决定了其他方面的差别，概括如图表1-2所示。

图表1-2 管理会计与财务会计的区别

特点	财务会计	管理会计
1.服务对象	主要为企业外部有经济利益关系的单位和个人服务	主要为企业内部各级管理者强化经营管理服务
2.会计主体	主要以整个企业为主体	主要以企业所属的责任区域为主体
3.约束依据	必须遵守公认的原则准则、会计法规和统一的会计制度	不受公认的会计准则和法规制度的约束，只服从管理的需要
4.作用时效	着重反映过去，进行事后反映	不仅反映过去，更着重规划未来，进行预测和决策，强调事中控制
5.核算程序	必须执行固定的会计循环程序，具有一定的强制性和程序性	没有固定的工作程序可以遵循，不同企业的管理会计工作有较大的差异
6.准确程度	数字力求准确，必须保持资产与负债、所有者权益之间的平衡	不要求绝对准确，一般不影响预测和决策的结论，能为决策所用即可

续表

特点	财务会计	管理会计
7.方法体系	方法比较稳定，核算时往往只需要采用简单的算术方法	根据需要对相同的问题也可采用不同的方法处理，大量运用现代数学方法
8.信息特征	一般提供系统的、综合的财务会计信息，具有法律效力	一般提供有选择的、部分的或特定的管理信息，不具有法律效力
9.编表时间	定期按月、季、年编制财务会计报表	根据管理需要，定期或不定期编制各种内部报表
10.体系规范	相对成熟和稳定，具有统一性和规范性	体系尚不够完整，正处于不断完善和发展的过程中
11.会计目标	向财务报告使用者提供有助于作出经济决策的会计信息，反映企业管理层受托责任履行情况	在提高资源利用效率基础上的净收益更大化

上述管理会计与财务会计的区别，体现了管理会计的主要特点。当然，上述区别并不是绝对的，它们既相互独立，又相辅相成。管理会计利用财务会计资料对经济活动进行预测、决策，而这种预测、决策是否正确，最后还要通过财务会计进行检验。管理会计不能离开财务会计而单独存在。

第二章

成本性态与本量利分析

管理会计的目标是“在提高资源利用效率基础上的净收益更大化”，由于利润也是净收益，从“利润=收入-（成本）费用”可知，实现利润更大化的途径是增加收入，或者降低成本。为了寻求增加收入、降低成本的有效途径，本章以成本按性态分类为主要出发点，最终将全部成本区分为变动成本和固定成本两部分，建立起成本总额与业务量的线性关系，并以此为前提，进行本量利分析，建立起成本、业务量、利润之间的依存关系，完成本量利分析的保本分析、保利分析和敏感性分析，最后以成本性态分析为基础，介绍对成本管理非常有用的一种成本计算方法——变动成本法。

第一节 成本性态分析

一、成本的概念

成本是衡量企业经营管理水平高低和经济效益好坏的一个重要指标，随着经济的发展以及企业经营管理要求的提高，成本的概念和内容都在不断发展、变化。不同研究领域对成本概念的理解也不尽相同。企业为了适应管理的“不同目的”，运用着“不同成本”的概念。

广义成本是指为达到特定目的，已经发生、将要发生或可能发生的可用货币单位加以计量的价值牺牲。

经济学中的成本是指商品价值中已经耗费的需要在商品销售收入中获得补偿的那部分价值。

成本会计中的成本是指**产品生产成本**，简称**产品成本、制造成本**或**生产成本**。将产品成本定义为，在一定条件下企业为生产一定种类、一定数量产品所支出的各种生产费用的货币表现。

管理会计是以企业内部经营管理为主要服务对象，履行着预测、决策、规划、控制和考评等职能，因此，管理会计中的成本不仅包括成本会计中已经发生的价值牺牲，更主要的还包括将要发生或可能发生的价值牺牲，因此，**管理会计的成本**是指“企业为达到一定目的，已经发生、将要发生或可能发生的各种经济资源的价值牺牲。”这里“已经发生的”通常是指沉没成本，“将要发生的”通常是指预计成本或未来成本，“可能发生的”通常是指机会成本。由此可知，管理会计的成本不仅仅是已经支出的各种生产费用的货币表现，也可以是一种将要发生（目前尚未支出）的预计成本，还可以是一种可能因放弃某个机会而未能获得的潜在收益（机会成本）。成本归集的对象不仅是产品，还可以是其他客体，如企业的某个责任单位，或某项工程的造价等。由于管理会计的各种职能作用，管理会计也必将涉及各种不同的成本概念，往往也是“不同目的，不同成本”。

二、企业成本的分类

管理会计通常将企业在经营活动中的管理会计成本称为**企业成本**，为满足预测、决策、规划、控制、考评的要求，将企业成本按是否可控、经济用途和成本性态进行分类。

（一）企业成本按是否可控分类

企业成本按是否可控分可控成本和不可控成本。

可控成本是指单位（例如企业、分厂、车间、班组、部门等）可以事先预知将要发生的成本，并且可以计量、能为该责任中心所控制、为其工作好坏所影响的成本。简言之，就是能为单位行为直接制约的成本，称为该单位的可控成本；反之则称为该单位的**不可控成本**，也就是不能为该单位行为所制约的成本。

可控成本与不可控成本的确认条件为：①单位有办法知道将发生什么性质的耗费；②单位有办法计量它的耗费；③单位有办法制约并调节它的耗费。凡不符合以上三个条件的，即为该单位不可控成本。

需注意以下两点：

（1）可控成本与不可控成本是针对特定单位来说的。一项成本，对某个特定的单位来说是可控的，对另外的单位则可能是不可控的。例如，材料采购成本的高低对负责采购工作的供应部门来说是可控成本，对耗用材料的生产车间却是不可控成本；产品生产成本对负责产品生产的生产车间是可控成本，对负责采购工作的供应部门来说是不可控成本。

（2）可控成本与不可控成本是针对特定的期间而言的。可控成本是指在成本发生之前单位能够直接制约的成本，成本一旦发生之后就是不可控成本了。例如，材料采购一旦完成，无论是对供应部门还是生产车间而言，采购成本都是不可控成本。同样，产品生产完工之后，无论是对供应部门还是生产车间而言，产品成本都是不可控成本。

企业成本按是否可控分类是管理会计履行其职能时，凡是涉及成本的，通常都是指可控成本，一般不考虑不可控成本，尤其是在对责任中心进行考评时，只考虑可控成本，不考虑不可控成本。

（二）企业成本按经济用途分类

企业成本按经济用途分类是财务会计的传统分类方法。在制造业，企业成本可分为生产成本和非生产成本两大类。

1.**生产成本**。生产成本又称**制造成本**或**产品成本**，是指在生产过程中为制造产品而发生的成本，包括直接材料、直接人工、制造费用三部分。

（1）**直接材料**是指构成产品实体的原料、材料以及有助于产品形成的辅助材料。

（2）**直接人工**是指直接参加产品生产的工人的薪酬。

（3）**制造费用**是指应当计入产品成本的，除了直接材料、直接人工以外的其他耗费，如生产使用固定资产折旧费、设备保险费、车间管理人员薪酬、机物料消耗等。

在生产成本中，直接材料与直接人工之和称为**主要成本**，直接人工与制造费用之和称为**加工成本**。

2.**非生产成本**。非生产成本又称为**非制造成本**或**期间成本**，是指企业在行政管理、产品推销和资金筹集过程中发生的各项耗费，即不计入产品成本的各项耗费，包括管理费用、销售费用、财务费用三项可控成本，不包括税金及附加、资产减值损失、信用减值损失、公允价值变动损益、资产处置收益等不可控成本。

（1）**管理费用**是指为保证企业日常行政管理工作的正常进行而发生的各项耗费，如行政管理人员薪酬，行政部门固定资产折旧费、修理费，以及发生在行政部门的办公费、水电费等。

（2）**销售费用**是指为推销产品而发生的各项耗费，如广告费、展览费等。

（3）**财务费用**是指企业筹集生产经营所需资金而发生的费用，如利息支出、汇兑损失、金融机构手续费等。

企业成本按经济用途的分类是成本会计按完全成本法进行成本核算的基础，它能够反映产品成本、期间成本的构成，便于考核成本计划的完成情况，分析成本升降的原因和寻求降低成本的途径。但是，这种分类不能从数量上揭示成本与产销量等业务量之间的内在联系，不能有效地将成本信息应用于经营决策过程，也不利于进一步挖掘企业的生产经营潜力，因此，在管理会计中常按照另外一种标准，即成本性态来对企业成本进行分类。

（三）企业成本按成本性态分类

成本性态，亦称**成本习性**，是指企业成本总额与特定业务量之间在数量方面的依存关系。

这里，业务量（以下用x表示）可以是产量、销量或销售收入，也可以是直接人工工时、机器工作小时等，通常是指产量或销量。这里的成本总额或总成本与企业成本按经济用途分类的成本总额完全一致，包括全部生产成本和非生产成本。本书如无特别说明，成本总额或总成本含义均如此。

成本总额按其成本性态分类可分为变动成本、固定成本和混合成本。

1.**变动成本**。变动成本是指在一定时期和一定业务量范围内，成本总额随业务量的变动而成正比例变动，而单位成本保持固定不变的成本。企业生产成本中的直接材料、直接人工、制造费用中的产品包装费，按工作量计算的固定资产折旧费；销售费用中按销量支出的推销佣金等都属于变动成本。

这些变动成本总额将与产量成正比例变动，但从单位业务量来观察，单位产品的直接材料、直接人工、包装费、推销佣金等却是不变的，即单位变动成本不受业务量的影响，由此可看出变动成本具有以下两个特点：

（1）单位变动成本（用b表示）的不变性。

若设$y_{单变}$=单位变动成本，则单位变动成本$y_{单变}$与业务量x的关系是$y_{单变}=b$。单位变动成本性态模型如图表2-1所示。

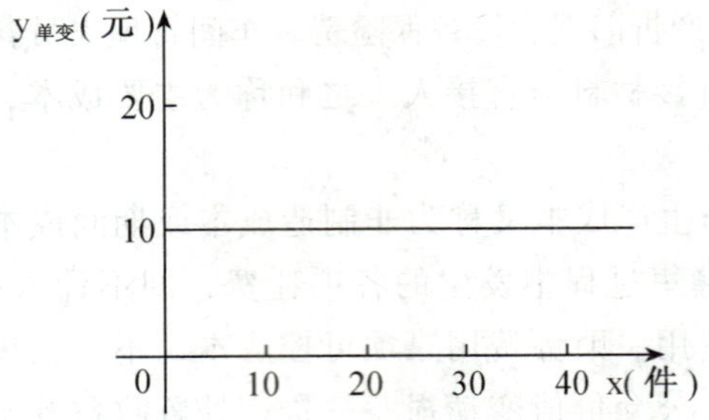

图表2-1 单位变动成本性态模型

(2) 变动成本总额的正比例变动性。

若再设$y_{总变}$=变动成本总额，其与业务量x的关系是$y_{总变}=bx$。变动成本总额性态模型如图表2-2所示。

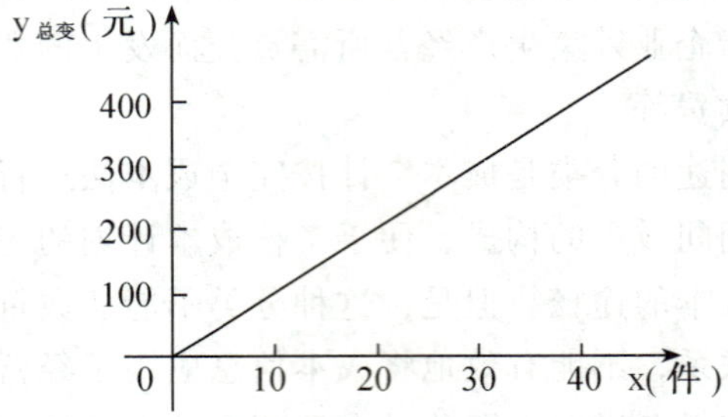

图表2-2 变动成本总额性态模型

【例2-1】设某厂生产A产品，每件产品所耗直接材料成本为10元，试分别写出产量与材料单位成本、产量与材料总成本的依存关系。

解：材料单位成本 $y_{单变}=10$

材料总成本 $y_{总变}=10x$

其图形如图表2-1、图表2-2所示。

2.**固定成本**。固定成本是指在一定时期和一定业务量范围内，成本总额不受业务量变动的影响而保持固定不变，而单位固定成本随业务量成反比例变动的成本。企业按使用年限法计提的固定资产折旧费、管理人员的工资、财产保险费等通常被视为固定成本。固定成本具有以下两个特点：

(1) 固定成本总额（用a表示）的不变性，若设$y_{总固}$=固定成本总额，则固定成本总额与业务量x的关系是$y_{总固}=a$。固定成本总额性态模型如图表2-3所示。

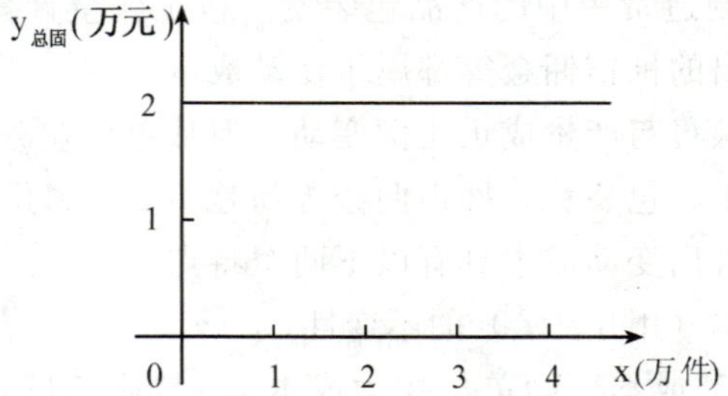

图表2-3 固定成本总额性态模型

（2）单位固定成本的反比例变动性，若再设$y_{单固}$=单位固定成本，则单位固定成本与业务量的关系是$y_{单固}=\frac{a}{x}$。单位固定成本性态模型如图表2-4所示。

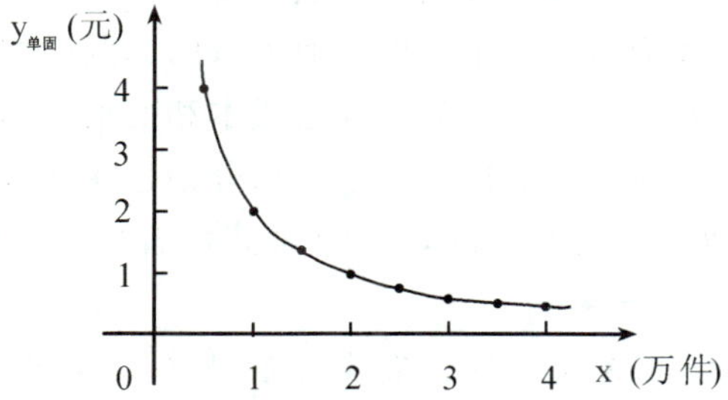

图表2-4 单位固定成本性态模型

【例2-2】某企业生产用的一台车床，按使用年限法计提折旧，年折旧费为20 000元，试分别写出产量与折旧费用总额、产量与单位产品折旧费用的依存关系。

解：年折旧费用总额$y_{总固}$=20 000

单位产品折旧费用$y_{单固}=\frac{20\ 000}{x}$

其图形如图表2-3、图表2-4所示。

企业在一定时期内发生的固定成本按其是否受管理当局短期决策行为影响，可进一步划分为“约束性固定成本”和“酌量性固定成本”两类。区分这两类固定成本的意义在于寻求降低固定成本的正确途径。

约束性固定成本，亦称“**经营能力成本**”，是指支出数额不受管理当局短期决策行为影响的固定成本。它同企业生产经营能力形成及其日常维护相联系，如固定资产折旧费、保险费、财产税、管理人员的工资等。这些成本是企业生产经营活动中必须负担的最低成本，其发生及数额的多少直接受企业已经形成的生产、销售能力和已经建立的基本组织结构的制约，在短时间内不能轻易改变，具有较大程度的约束性，因而可以在企业生产经营的较长时期内继续存在并发挥作用。

酌量性固定成本，亦称“**抉择性固定成本**”，是指受管理当局短期决策行为影响，可以在不同时期改变其数额的固定成本。它是由企业管理部门按照经营方针的要求，通过确定未来某一会计期间的有关预算而形成的，如企业的开发研究费、广告费、职工培训费等。这类成本支出数额的多少可以改变，服从于企业每一会计期间生产经营的实际需要和财务负担能力，因而可以伴随经营方针和财务状况的改变而相应改变，一经确定，只能在某一特定的会计期间内存在并发挥作用。

在管理会计中，固定成本的水平一般是以其总额表现的。但应当注意的是：固定成本与特定的计算期间相联系，一个月的固定成本与一年的固定成本水平肯定不同，而且对某一特定业务量范围来说，它属于固定成本，而超过这一特定业务量范围时，它则不属于固定成本。因此，在研究固定成本时，必须以明确时间范围和业务量范围为前提。

3.**混合成本**。混合成本是指成本总额受业务量变动影响，但并不同业务量变化保持正比例关系的成本。换言之，混合成本就是既不是变动成本，也不是固定成本的成本。混合成本与业务量的关系非常复杂，有的甚至根本不能准确测定成本与业务量的依存规律，混合成本按其与变动成本法的要求不同，分为标准式混合成本和非标准式混合成本。总体而言，成本总额是业务量的单调增加函数。

（1）**标准式混合成本**，是指由明显的固定成本和变动成本两部分构成的，它的固定部分是不受业务量影响的基数成本，变动部分则是在基数成本的基础上随业务量的增长而成正比例增长的成本。设 $y_{混合}$=标准式混合成本总额，则标准式混合成本与业务量的关系为：$y_{混合}=a+bx$。

【例 2-3】某运输公司租入一辆大客车开展业务，合同规定，年基本租金为 20 000元。此外，客车每运行1千米，再支付租金0.2元。试写出业务量x千米与租金y元的依存关系。

解：这是一个标准式混合成本的问题。

$y_{混合}=20\ 000+0.2x$

标准式混合成本性态模型如图表2-5所示。

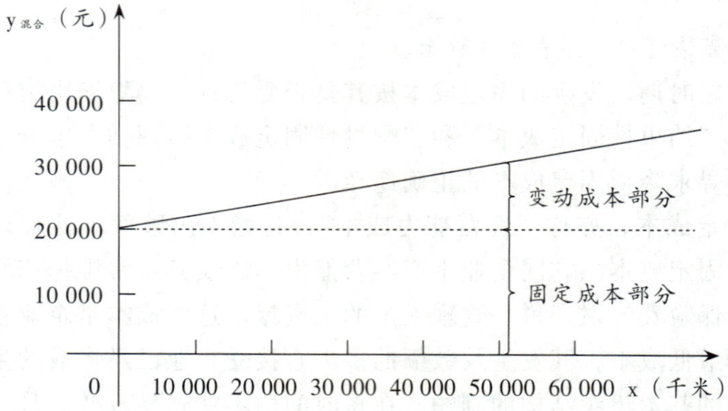

图表 2-5　标准式混合成本性态模型

（2）**非标准式混合成本**，是指不是标准式混合成本的混合成本，统称为非标准式混合成本。非标准式混合成本中可以叫出名称的有阶梯式非标准混合成本、低坡式非标准混合成本、递减式（导函数递减）非标准混合成本、递增式（导函数递增）非标准混合成本等，分别如图表2-6、图表2-7、图表2-8、图表2-9所示。实践中，更多的非标准式混合成本其混合成本总额与业务量的依存规律很难测定，只能称为其他非标准式混合成本了。

4.相关范围对成本性态的影响。变动成本和固定成本的“变动”和“固定”不是绝对的，必须以“一定时期”和“一定业务量范围”为前提条件。成本按性态确定为变动成本和固定成本的前提条件称为成本性态的“**相关范围**”。

就变动成本而言，只有单位变动成本不变，其变动成本总额才能够与产销量等业务量成正比例变动关系，而单位变动成本只在相关范围内相对保持稳定。

就固定成本而言，只有固定成本总额不变，其单位固定成本才能够与产销量等业务量成反比例变动关系，而固定成本总额只在相关范围内相对保持稳定。

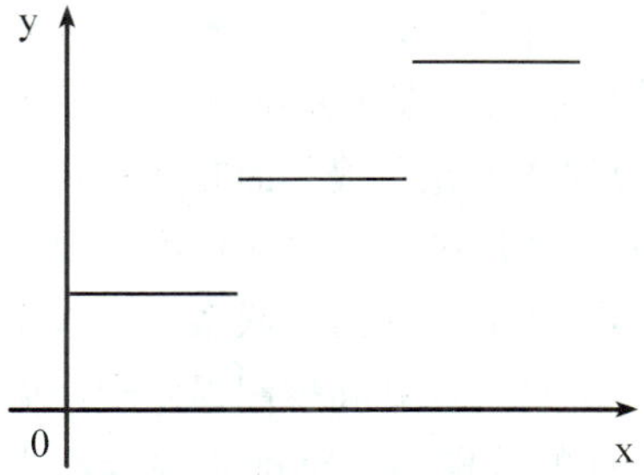

图表2-6 阶梯式非标准混合成本

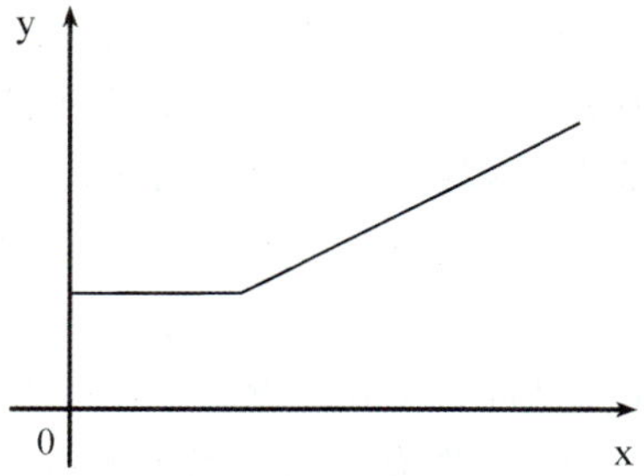

图表2-7 低坡式非标准混合成本

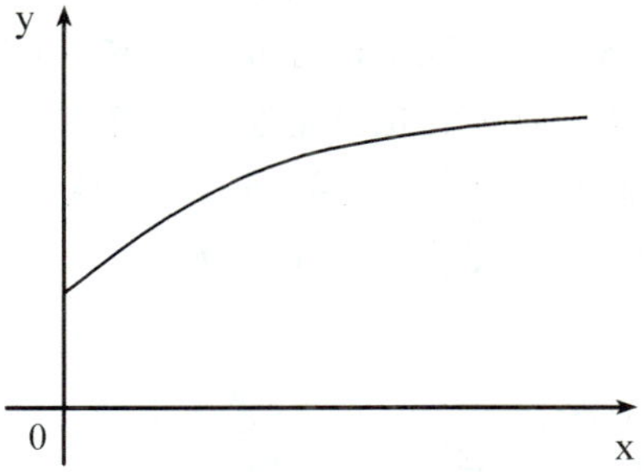

图表2-8 递减式非标准混合成本

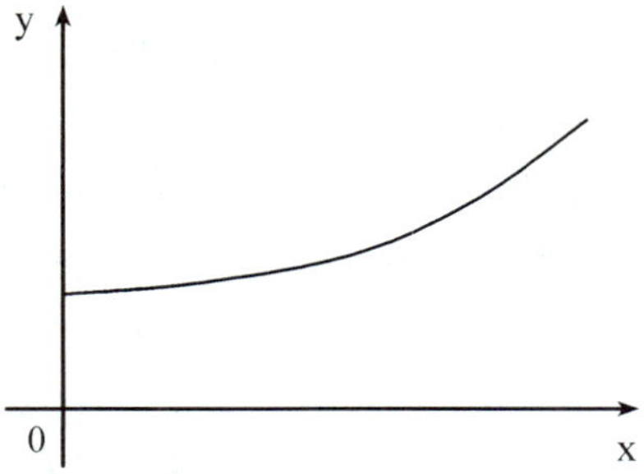

图表2-9 递增式非标准混合成本

如果从较长时期和业务量的无限变动看，所有的成本总额都是混合成本，也就是没有绝对不变的单位变动成本，也没有绝对不变的固定成本总额。相关范围的存在说明，成本性态并非成本自身固有的特性，它要受到时间和数量的限制。第一，成本性态具有暂时性。它只是在一定的时期内保持不变。就同一企业而言，同一成本项目在不同时期可能有不同的性态。第二，成本性态具有相对性，即“变动”和“固定”只是相对而言，在同一时期内，同一成本项目在不同企业之间也可能具有不同的性态。第三，成本性态具有可转化性。当业务量标准和时期发生变化时，在同一时空条件下，固定成本和变动成本之间也可能相互转化。了解这一特性有助于灵活地分析成本性态。

成本按性态分类，能够揭示成本与产量、销量等业务量之间的内在联系，能够考察当某特定的业务量变动时，与其相应的成本是否随之变动，从而从数量上具体把握成本与生产能力之间的规律性联系。

三、成本性态分析

（一）成本性态分析的含义及作用

1.成本性态分析的含义

成本性态分析是指在成本按性态分类的基础上，按照一定的程序并采用一定的方法，最终将成本总额分解为固定成本和变动成本两部分，并建立成本总额与业务量函数关系的过程。

混合成本既不是变动成本，又不是固定成本。除标准式混合成本总额与业务量的依存关系能表示成简单的线性函数$y_{混合}=a+bx$外，非标准式混合成本总额与业务量的依存关系只有很少一部分能够确定。绝大多数非标准式混合成本，其成本性态模型都是无明显规律的曲线，使得混合成本总额与业务量的依存关系无法准确确定，或者即使能够确定也相当复杂（否则，就不能将成本与业务量的依存关系准确地表现出来），而且都是非线性函数，建立和计算这些非线性函数往往要花费很多的时间和精力，也不便于实际应用或根本无法应用，所以依据成本—效益原则，建立非标准式混合成本的函数关系往往得不偿失。这样，就无法依据成本与业务量的内在联系，对这类成本的增减变动进行正确分析，也就不能为企业预测、决策、规划和控制提供全面而有用的资料。成本性态分析就是把成本总额在误差允许的范围内用标准式混合成本来代替，也就是把成本总额分解成固定成本和变动成本两部分，由于变动成本、固定成本都可看成是标准式混合成本的特殊情况，无须分解，所以成本性态分析的主要工作就是将非标准式混合成本分解成固定成本和变动成本两部分，也就是通常所说的“混合成本的分解”。在此基础上，建立起成本总额与业务量的依存关系 y=a+bx。成本性态分析的实质是在相关范围内，以“直线”代替“曲线”，如图表2-10所示。

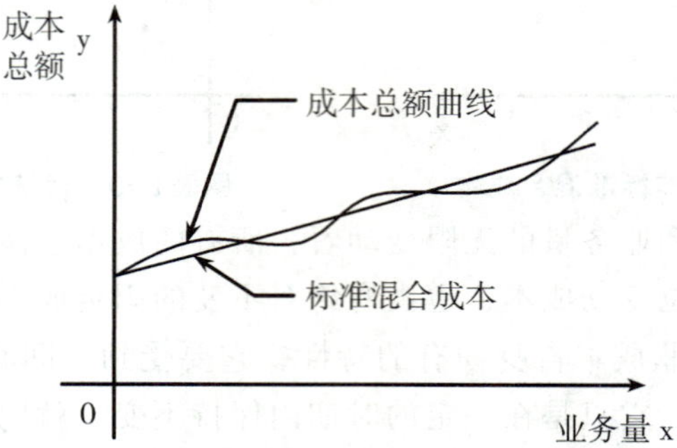

图表2-10　以“直线”代替“曲线”示意图

2.成本性态分析的作用

通过成本性态分析，可以从定性、定量两方面把握成本的各个组成部分与业务量之间的依存关系和变动规律，从而为应用变动成本法、开展本量利分析、进行短期决策、编制全面预算、制定标准成本的操作和落实责任会计奠定基础。成本性态分析是管理会计一项最基本的工作。

需要提及的是，在进行成本性态分析时，必须首先确定相关范围，并在相关范围内对产生的误差进行估计或对历史数据进行误差检验。只有在误差允许的情况下，成本性态分析才是可行的。否则，这种成本性态分析不仅是不可行的，还可能产生错误导向，给企业的经营管理带来损失。

（二）成本性态分析的方法

前已述及，成本性态分析的主要工作就是把非标准式混合成本分解为固定成本和变动成本两部分，常用的方法主要有历史成本分析法、技术测定法、合同认定法三类。

1.历史成本分析法

历史成本分析法是根据非标准式混合成本的历史数据，依据以前各期实际成本与业务量之间的依存关系，来推算一定期间、一定业务量范围之内固定成本总额和单位变动成本的平均值，并依此来确定所估算的未来成本的一种方法。

历史成本分析法具体又分为高低点法、散布图法、账户分析法和直线回归法。由于高低点法所产生的误差太大，散布图法分解的结果又因人而异，账户分析法依赖某一产量水平，全靠分析人员主观判断，误差无从估计，是否符合客观实际都无从知道，所以一个审慎的财务管理人员不会贸然应用这些方法。作者认为，这三种方法均无实用价值，故本书从略。最有实用价值的是直线回归法（也称“回归直线法”）、最小二乘法（也称“最小平方法”）。名称的由来都有其各自的历史。

“回归”名称的由来归功于英国统计学家高顿（Francis Galton，1822—1911）和他的学生皮尔森（Karl Pearson，1856—1936）。他们在研究父母身高与其子女的遗传问题时，发现高个子父辈的儿子们的平均身高要低于他们父辈的平均身高，低个子父辈的儿子们的平均身高要高于他们父辈的平均身高，也就是说，没有出现父辈个子高其儿子更高、父辈个子矮其儿子更矮的两极分化现象，而都是朝标准身高69.69英寸（177厘米）靠近。为了描述这种有趣的现象，高顿引进了“回归”这个名词来描述父辈身高x与子代身高y的这种直线关系$y=33.73+0.516x$。以后人们把研究变量x与y间统计关系的数学方法称为“回归”分析，并且由一个自变量推广到多个自变量。

“最小二乘法”是德国数学家高斯（Carl Friedrich Gauss，1777—1855）于1805年提出的。它是根据一定时期内一系列历史数据资料（x_1，y_1），（x_2，y_2），…，（x_n，y_n），运用数理统计中常用的最小平方法原理，对所取得的历史数据加以计算，建立起自变量x与因变量y之间的直线方程。该直线可以使历史数据y_1，y_2，…，y_n与直线上相应各点纵坐标$\hat{y}_1,\hat{y}_2,\ldots,\hat{y}_n$的误差的平方和最小，即$\sum_{i=1}^{n}(y_i-\hat{y}_i)^2$最小。这条直线被称为回归直线，这种方法被称为最小二乘法或最小平方法。

成本分解中的回归直线法，则是根据一系列历史成本资料，用最小平方法计算出最能代表平均成本水平的直线斜率和截距，以其作为单位变动成本和固定成本的一种成本分解方法。

为保证成本分解的可靠性，必须特别注意以下几点：第一，所收集的数据是否因为会计政策的变化而产生较大的偏差，因为期间的成本性态是与该期的会计政策密切相关的。第二，选择恰当的期间，以便既能消除期限较长带来的不稳定状态的影响，又能保证所选择的期间可获得较为精确可靠的成本数据。第三，要选择尽可能多的观测数据（如果数据太少就不能体现成本与业务量之间的依存关系）。基本程序如下：

（1）选择n组历史数据（x_1，y_1），（x_2，y_2），…，（x_n，y_n）。

（2）分别计算$\sum_{i=1}^{n}x_i$，$\sum_{i=1}^{n}y_i$，$\sum_{i=1}^{n}x_iy_i$，$\sum_{i=1}^{n}x_i^2$，$\sum_{i=1}^{n}y_i^2$。

（3）计算相关系数。

$$r=\frac{n\sum_{i=1}^{n}x_iy_i-\sum_{i=1}^{n}x_i\sum_{i=1}^{n}y_i}{\sqrt{\left[n\sum_{i=1}^{n}x_i^2-\left(\sum_{i=1}^{n}x_i\right)^2\right]\left[n\sum_{i=1}^{n}y_i^2-\left(\sum_{i=1}^{n}y_i\right)^2\right]}}$$

可以证明$-1\leq r\leq +1$，由于成本是业务量的增函数，通常认为$r\geq 0.8$时，成本与业务量有较密切的依存关系，即成本与业务量高度正相关，这时可求出：

$$b=\frac{n\sum x_i y_i-\sum x_i\cdot\sum y_i}{n\sum x_i^2-(\sum x_i)^2}$$，再求出：

$$a=\frac{\sum y_i-b\sum x_i}{n}=\frac{\sum x_i^2\cdot\sum y_i-\sum x_i\cdot\sum x_i y_i}{n\sum x_i^2-(\sum x_i)^2}$$

（4）建立成本与业务量的依存关系。

$y=a+bx$

【例 2-4】已知某企业2021年1月至12月维修成本与机器工作时数的历史数据如图表2-11所示，试用直线回归法进行成本性态分析。

图表 2-11　　某企业各月维修成本与机器工作时数

项目月份	1	2	3	4	5	6	7	8	9	10	11	12
机器工作小时x（小时）	1 200	1 300	1 100	1 000	900	800	700	800	950	1 100	1 250	1 400
维修成本y（元）	900	920	840	850	820	730	720	780	750	850	910	930

解：根据图表2-11资料加工整理，求得有关数据如图表2-12所示。

图表 2-12　　对图表2-11的数据进行整理加工后的结果

项目月份（n=12）	机器工作小时 x_i（小时）	维修成本 y_i（元）	$x_i y_i$	x_i^2	y_i^2
1	1 200	900	1 080 000	1 440 000	810 000
2	1 300	920	1 196 000	1 690 000	846 400
3	1 100	840	924 000	1 210 000	705 600
4	1 000	850	850 000	1 000 000	722 500
5	900	820	738 000	810 100	672 400
6	800	730	584 000	640 000	532 900
7	700	720	504 000	490 000	518 400
8	800	780	624 000	640 000	608 400
9	950	750	712 500	902 500	562 500
10	1 100	850	935 000	1 210 000	722 500
11	1 250	910	1 137 500	1 562 500	828 100
12	1 400	930	1 302 000	1 960 000	864 900
$\sum$	12 500	10 000	10 587 000	13 555 100	8 394 600

相关系数：

$$r=\frac{12\times 10\,587\,000-12\,500\times 10\,000}{\sqrt{(12\times 13\,555\,000-12\,500^2)\times(12\times 8\,394\,600-10\,000^2)}}$$

$$=\frac{2\,044\,000}{\sqrt{6\,410\,000\times 735\,200}}=\frac{2\,044\,000}{2\,170\,860}=0.94>0.8$$

说明维修成本与业务量机器工作小时高度正相关。

$$b=\frac{12\times 10\,587\,000-12\,500\times 10\,000}{12\times 13\,555\,000-12\,500^2}=\frac{2\,044\,000}{6\,410\,000}$$

$$=0.3189$$

$$a=\frac{10\,000-0.3189\times 12\,500}{12}=501$$

所以成本函数为：

$y=501+0.3189x$

在有历史成本数据的情况下，回归直线法是最实用的一种成本性态分析方法。在电子计算机技术飞速发展的今天，其实用性更强了。但是，如果没有历史成本数据，或历史成本数据太少，就得另寻他路了。

2.技术测定法

技术测定法又称**工程研究法**，是由工程技术人员通过某种技术方法测定正常生产流程中投入、产出之间规律性的联系，以便逐项研究决定成本高低的每个因素，并在此基础上直接估算出固定成本和单位变动成本的一种方法。仅适用于投入成本和产出数量之间有规律性联系的成本分解。

采用该方法的关键之处在于准确测定反映在一定生产技术和管理水平条件下，投入的成本与产出的数量之间有规律性联系的各种消耗量标准，如生产一定数量产品所需耗用的各种原材料的重量、机器小时、特定技术等级的人工小时等。将这些数量标准乘以相应的单位价格，便可得到各项标准成本。例如，企业详细的工程设计说明书一般都包括制造某种产品所需的各种原材料及标准耗用量，只要将其乘以原材料价格，即可高度准确地测定原材料成本。根据工程设计说明书与时间动作研究，就可以准确地测定生产流程中每一步骤所耗费的时间（人工小时），再将其乘以小时工资率，便可得到单位产品的标准人工成本。技术测定法适用于任何从客观立场进行观察的投入—产出过程，且产品的投入量与产出量的关系比较稳定。除了上述提到的直接材料、直接人工外，还可用于办公室、装运、仓库等非制造成本的测定。

采用技术测定法，必须注意以下两点：

首先，技术测定法只有在能够测定出固定成本总额和单位变动成本的前提条件下，才是可行的，否则，测定出的结果只能是非标准式混合成本与业务量的依存关系。此时，可将测定的一系列成本与业务量的相关数据采用回归分析法再进行分解。

其次，如果技术测定法所花费的代价较大，应根据成本—效益原则进行取舍。

【例 2–5】假设某企业铸造工段的熔炉，在熔化铁水时，需经过预热阶段，然后才能进行熔化。预热阶段需用木柴0.08吨、焦炭1.2吨，每熔化1吨铁水需使用焦炭0.12吨，每个工作日点炉一次，全月工作日为24天，木柴每吨价格为250元，焦炭每吨价格为400元。

要求：对每月燃料成本与熔化铁水的重量进行成本性态分析。

设该月的燃料总成本为y元，产量为x吨铸件。

解：由于每次点炉所用燃料都相同，因此预热阶段的成本是固定成本。

a=（0.08×250+1.2×400）×24=12 000（元）

因每熔化1吨铁水需用焦炭0.12吨，因此这部分成本是单位变动成本。

b=0.12×400=48（元）

月成本与铸件重量的依存关系为：

y=12 000+48x

如果把相关期间改为每日，则日成本函数为：

y=500+48x

3.合同认定法

合同认定法又称**契约检查法**，是指企业根据与供应单位签订的各种合同、契约以及企业内部的各种管理和核算制度中所明确规定的计费方法，确定固定成本总额与单位变动成本的一种方法。这种方法特别适用于有明确计算方法的各种初始量变动成本，其账单上的基数即为固定成本，而按耗用量多少计价部分则属于变动成本，如【例2-3】。

上述三种成本分解方法基本上能够解决所有的成本性态分析问题，即建立起成本与业务量的线性关系：

y=a+bx

第二节 本量利分析

一、本量利分析概述

（一）本量利分析的概念及作用

1.本量利分析的概念

本量利分析（CVP）是成本、业务量和利润关系分析的简称，是指在成本性态分析的基础上，通过数学模型，对变动成本、固定成本、业务量、单价和利润五因素进行综合分析，揭示它们之间的内在规律性联系，为管理会计预测、决策、规划、控制和考评提供支持的一种工具方法。

2.本量利分析的作用

（1）与预测技术相结合，企业可进行保本预测、确保目标利润实现的业务量预测等。

（2）与决策融为一体，企业可据此进行生产决策、成本决策、定价决策和投资不确定性分析，也可以广泛地用于投融资决策等。

（3）企业还可以将其应用于预算管理、成本控制管理和绩效管理等。

（4）企业在营运计划的制订、调整以及营运监控分析等程序中通常也会应用到本量利分析。

（二）本量利分析的基本假定

本量利分析所建立和使用的有关数学模型和图形，是以下列基本假定为前提条件的。

1.线性假定

假定成本性态分析工作已经完成，总成本可表示为y=a+bx；销售收入可表示为y=px，即成本、销售收入都是产销量的一元线性函数。

2.相关范围假定

假定在一定时期、一定业务量范围内，单价、单位变动成本、固定成本总额保持不变。

3.产销平衡和品种结构稳定假定

假定在只安排一种产品生产的条件下，生产出来的产品总是可以找到市场，实现产销平衡；对于多产品生产的企业，假定在以价值形式表现的产销总量发生变化时，原来的各种产品的产销额在全部产品销售总额中所占的比例并不发生变化，且仍能实现产销平衡。

规定了上述假定，可以十分便利地使用简单的数学模型或图形来揭示变动成本、固定成本、业务量、单价和利润五因素之间联系的规律性，有助于初学者深刻理解本量利分析的基本原理。同时，了解上述假定，也将为在实际工作中应用本量利分析原理指出努力方向：不能盲目套搬本量利分析的现成结论，必须从动态的角度研究企业经营条件、市场与价格、生产要素、品种结构与技术条件等诸因素的实际变动情况，调整、修正分析结论，克服本量利分析的局限性，积极应用动态分析、风险分析、边际分析和敏感性分析等技术，为企业的生产经营管理服务。

（三）本量利关系的基本公式

本量利分析所考虑的相关因素主要包括单价p、单位变动成本b、固定成本总额a、销量x、营业利润π。它们之间的数量关系为：

营业利润π=销售收入-总成本=px-（a+bx）

=销售收入-变动成本-固定成本=px-bx-a

=（单价-单位变动成本）×销量-固定成本

=（p-b）x-a

在产销产品组合的条件下（设为n种产品）：

$$营业利润\pi=\sum_{i=1}^{n}p_i x_i-\sum_{i=1}^{n}b_i x_i - a$$

$$=\sum_{i=1}^{n}(p_i - b_i)x_i - a$$

式中：p_i为第i种产品的价格；b_i为第i种产品的单位变动成本；x_i为第i种产品的销量。

由于本量利分析的其他数学模型是在上述公式的基础上建立起来的，故将上述公式称为本量利关系基本公式。

（四）贡献毛益及其相关指标的计算公式

在本量利分析中，贡献毛益是一个十分重要的概念，所谓**贡献毛益**是指产品的销售收入与相应变动成本的差额，又称**边际贡献**、**贡献边际**或**创利额**。它除了以总额（记作Tcm）表示外，还有单位贡献毛益（记作cm）和贡献毛益率（记作cmR）两种形式。**单位贡献毛益**是指销售单价减去单位变动成本后的差额，也可用贡献毛益总额除以有关销量求得；**贡献毛益率**是指贡献毛益总额占销售收入总额的百分比，又等于单位贡献毛益占单价的百分比。

贡献毛益的这三种形式可以相互转换，公式如下：

贡献毛益总额Tcm=销售收入-变动成本=px-bx

=单位贡献毛益×销量=（p-b）x

=销售收入×贡献毛益率=px·cmR

单位贡献毛益cm=单价-单位变动成本=p-b

$$=\frac{\text{贡献毛益}}{\text{销量}}=\frac{Tcm}{x}$$

=销售单价×贡献毛益率=p·cmR

$$\text{贡献毛益率}\ cmR=\frac{\text{贡献毛益}}{\text{销售收入}}=\frac{Tcm}{px}$$

$$=\frac{\text{单位贡献毛益}}{\text{销售单价}}=\frac{cm}{p}$$

与贡献毛益率密切相关的指标是变动成本率。所谓**变动成本率**（用bR表示）是指变动成本占销售收入的百分比，或指单位变动成本占单价的百分比。公式是：

$$\text{变动成本率}\ bR=\frac{\text{变动成本}}{\text{销售收入}}=\frac{bx}{px}$$

$$=\frac{\text{单位变动成本}}{\text{单价}}=\frac{b}{p}$$

从定义不难看出，贡献毛益率与变动成本率有如下关系：

贡献毛益率+变动成本率=1

即：

$$cmR+bR=\frac{p-b}{p}+\frac{b}{p}=1$$

【例2-6】已知某企业只生产A产品，单价p为10元/件，单位变动成本b为6元/件，固定成本a为40 000元，2021年销售A产品15 000件。

要求：（1）计算单位贡献毛益、贡献毛益总额及贡献毛益率。

（2）计算营业利润。

（3）计算变动成本率。

（4）验证贡献毛益率与变动成本率的关系。

解：（1）单位贡献毛益cm=p-b=10-6=4（元/件）

贡献毛益总额 $Tcm=cm\cdot x=4\times15\,000=60\,000$（元）

贡献毛益率 $cmR=\frac{cm}{p}=\frac{4}{10}=40\%$

（2）营业利润 $\pi=(p-b)\cdot x-a=(10-6)\times15\,000-40\,000$

$=20\,000$（元）

（3）变动成本率 $R=\frac{b}{p}=\frac{6}{10}=60\%$

（4）$cmR+bR=40\%+60\%=1$

（五）本量利分析的主要内容

（1）保本分析，也称盈亏平衡分析；

（2）目标利润分析，也称保利分析；

（3）本量利分析的扩展；

（4）本量利分析的敏感性分析。

二、保本分析

（一）保本分析概述

1.保本分析的定义

保本分析是研究企业恰好处于保本时本量利关系的一种定量分析方法，又叫**盈亏平衡分析**、**损益平衡分析**、**两平分析**、**够本分析**等，是指分析、测定保本点，以及有关因素变动对保本点的影响。保本分析是本量利分析的核心内容，关键是确定保本点。保本分析的原理是，通过计算企业在利润为零时处于保本的业务量，分析项目对市场需求变化的适应能力等。其中，**保本**是指企业在一定时期内的收支相等，即盈亏平衡、不盈不亏、利润为零。当企业处于这种特殊情况时，称企业达到保本。保本分析包括单一产品的保本分析和产品组合的保本分析。

2.保本点的定义

保本点是指能使企业达到保本状态的业务量的总称。一般有以下三种提法：①总收入等于总成本时的销量或销售额在平面直角坐标系下对应的点，简称“对应的点”；②贡献毛益等于固定成本时的销量或销售额（对应的点）；③利润为零时的销量或销售额（对应的点）。在该业务量水平上，稍微增加一点业务量，企业就有盈利；反之，稍微减少一点业务量，企业就会发生亏损。在我国，保本点又被译作**盈亏平衡点**、**盈亏临界点**、**盈亏两平点**、**损益分界点**等（记作BEP）。

3.保本点的表现形式

单一产品的保本点有两种表现形式，一是保本点销量（简称“保本量”），二是保本点销售额（简称“保本额”），它们都是标志企业达到收支平衡、实现保本的销售业务量指标，统称为**保本点业务量**。在平面直角坐标系下的单一产品保本图上，保本点BEP的位置是由上述保本量或保本额决定的。因此，保本点的确定就是计算保本量或保本额。在产品组合条件下，虽然也可以按具体品种计算各自的保本量，但由于不同产品的销量不能相加，因而只能确定它们的保本额，或根据品种结构确定各自的保本量，不能确定总保本量。

（二）单一产品保本点的确定

根据保本点的定义及本量利关系的基本公式，令（p-b）x-a=0，可得：

保本量 $x_0=\dfrac{a}{p-b}$

保本额 $S_0=px_0=\dfrac{a}{cmR}=\dfrac{a}{1-bR}$

利用此法先计算保本量 x_0 或先计算保本额 S_0 均可，但先计算保本量，后计算保本额显得更简单些。

【例 2-7】仍按例 2-6 的资料，求该企业保本点业务量。

解：保本量 $x_0=\dfrac{40\ 000}{10-6}=10\ 000$（件）

保本额 $S_0=10\ 000\times10=100\ 000$（元）

如先求得保本额，则有：

$$S_0=\dfrac{40\ 000}{\dfrac{10-6}{10}}=100\ 000\text{（元）}$$

$$x_0=\dfrac{100\ 000}{10}=10\ 000\text{（件）}$$

或 $x_0=\dfrac{40\ 000}{10-6}=10\ 000$（件）

（三）产品组合保本点的确定

现实生活中，大多数企业都生产几种、几十种甚至几百种产品。确定产品组合保本点方法有很多，比如综合贡献毛益率法、顺序法、联合单位法、分算法和主要品种法等。由于后四种方法只在一些特殊条件下才能应用，目前很少有人使用，故本书从略。本书只介绍综合贡献毛益率法。

综合贡献毛益率法是指在确定企业**综合贡献毛益率**（简记作 $\overline{cmR}$，也称**加权平均贡献毛益率**）的基础上确定产品组合保本点的一种方法。设企业生产 n 种产品，第 i 种产品的销量、单价、单位变动成本分别为 x_i、p_i、b_i，销售收入总额 $S=\sum_{i=1}^{n}p_ix_i$。

$$\text{定义 }\overline{cmR}=\frac{\sum_{i=1}^{n}(p_i-b_i)x_i}{\sum_{i=1}^{n}p_ix_i}$$

$$=\sum_{i=1}^{n}\frac{Tcm_i}{S}$$

$$=\sum_{i=1}^{n}cmR_i\cdot\frac{p_ix_i}{S}$$

上述三个等式是计算综合贡献毛益率的三个等价公式，其中第三个公式是以每种产品销售收入占全部产品销售收入比例为权数的加权平均贡献毛益率。利用此公式不仅可确定全部产品的保本额，而且还可在此基础上按销售比例进行分解，计算出每一品种的保本额，进而计算出每一品种的保本量，因而被广泛应用。

由综合贡献毛益率定义、本量利关系基本公式 $\pi=\sum_{i=1}^{n}(p_i-b_i)x_i-a$，

有 $\pi=S\cdot\overline{cmR}-a$

再根据保本点定义得：产品组合保本额 $S_0=\frac{\text{本厂固定成本}}{\text{综合贡献毛益率}}=\frac{a}{\overline{cmR}}$

第i种产品保本额 $(S_i)_0=S_0\cdot\frac{p_ix_i}{S}$

第i种产品保本量 $(x_i)_0=\frac{(S_i)_0}{p_i}=x_i\cdot\frac{S_0}{S}$

【例 2-8】某企业生产销售A、B、C三种产品，固定成本总额为172 000元，2021年其他有关资料如图表2-13所示。

要求：计算保本点销售额及各种产品保本额、保本量。

图表 2-13 A、B、C三种产品的有关资料

项目	A产品	B产品	C产品
产销量（件）	5 000	10 000	12 500
单位售价（元/件）	40	10	16
单位变动成本（元/件）	25	6	8

解：预计全部产品销售额=5 000×40+10 000×10+12 500×16=500 000（元）

A产品的销售比例$=\frac{5\,000\times40}{500\,000}\times100\%=40\%$

B产品的销售比例$=\frac{10\,000\times10}{500\,000}\times100\%=20\%$

C产品的销售比例$=\frac{12\,500\times16}{500\,000}\times100\%=40\%$

A产品的贡献毛益率$=\frac{40-25}{40}\times100\%=37.5\%$

B产品的贡献毛益率$=\frac{10-6}{10}\times100\%=40\%$

C产品的贡献毛益率$=\frac{16-8}{16}\times100\%=50\%$

加权平均贡献毛益率 $\overline{cmR}=37.5\%\times40\%+40\%\times20\%+50\%\times40\%=43\%$

综合保本额 $S_0=\frac{172\,000}{43\%}=400\,000$（元）

A产品的保本额=400 000×40%=160 000（元）

B产品的保本额=400 000×20%=80 000（元）

C产品的保本额=400 000×40%=160 000（元）

A产品的保本量$=\frac{160\,000}{40}=4\,000$（件）

B产品的保本量$=\frac{80\,000}{10}=8\,000$（件）

C产品的保本量$=\frac{160\,000}{16}=10\,000$（件）

（四）企业经营安全程度的评价指标

1.单一产品的安全边际指标

许多企业在计算单一产品保本点的基础上，还要考虑企业经营的安全程度，确定单一产品安全边际指标。

安全边际是指根据现有或预计的销售业务量（包括销量和销售额两种形式，分别记作x_1和S_1）与保本点业务量之差所确定的定量指标，包括绝对量和相对量两种形式。安全边际的绝对量，具体又分为安全边际销量（简称“安全边际量”，记作MS量）和安全边际销售额（简称“**安全边际额**”，记作MS额）。安全边际相对量，又称**安全边际率**（记作MSR）。计算公式分别是：

安全边际量（MS量）=现有（实际）或预计（计划）的销量-保本量

$=x_1-x_0$

安全边际额（MS额）=现有（实际）或预计（计划）的销售额-保本额

$=S_1-S_0$

$=(x_1-x_0)\,p$

安全边际率（MSR）$=\frac{\text{安全边际量}}{\text{现有或预计销量}}$

$=\frac{\text{安全边际额}}{\text{现有或预计销售额}}$

$=\frac{x_1-x_0}{x_1}$

$=\frac{S_1-S_0}{S_1}$

安全边际量与安全边际率都是正指标，即越大越好。西方一般采用安全边际率来评价企业经营的安全程度，图表2-14列示了安全边际率与评价企业经营安全程度的一般标准。

图表2-14　评价企业经营安全程度的一般标准

安全边际率	10%以下	10%～20%	20%～30%	30%～40%	40%以上
安全程度	危险	值得注意	较安全	安全	很安全

这里应特别注意：超过保本点的安全边际所提供的贡献毛益额就是利润，即：

利润=安全边际量×单位贡献毛益=$(x-x_0)(p-b)$

=安全边际额×贡献毛益率=$(S-S_0)\cdot cmR$

从而有：

$$销售利润率=\frac{利润}{销售额}=安全边际率\times贡献毛益率$$

2.单一产品的保本作业率指标

企业经营的安全程度，不仅可以用安全边际、安全边际率等正指标来评价，还可以用反指标——保本点作业率来反映。所谓**保本点作业率**，又叫**"危险率"**（记作dR），是指保本点业务量与现有或预计销售业务量之比。其计算公式为：

$$保本点作业率=\frac{保本量}{现有或预计销量}=\frac{保本额}{现有或预计销售额}$$

即：

$$dR=\frac{x_0}{x_1}=\frac{S_0}{S_1}$$

由于该指标是反指标，越小说明越安全。安全边际率与保本点作业率的关系是：

安全边际率+保本点作业率=1

即：

MSR+dR=1

【例2-9】仍按本节例2-6的资料。

要求：（1）计算安全边际指标。

（2）计算保本点作业率。

（3）验证安全边际率与保本点作业率的关系。

（4）评价该企业的经营安全程度。

解：（1）安全边际量（MS量）=15 000-10 000=5 000（件）

安全边际额（MS额）=150 000-100 000=50 000（元）

$$安全边际率（MSR）=\frac{5\,000}{15\,000}\times100\%=33.33\%$$

$$（2）保本点作业率\ dR=\frac{10\,000}{15\,000}\times100\%=66.67\%$$

（3）MSR+dR=33.33%+66.67%=1

（4）因为安全边际率为33.33%，故安全。

（五）本量利分析图

在平面直角坐标系下使用平面解析几何模型反映本量利关系的图像，称为**本量利分析图**，也有人称之为**盈亏临界图**、**保本图**、**损益平衡图**、**盈亏转折图**或**利润规划**等。这些图实际已经超出了单纯讨论保本或保本点的范围，其中许多图不仅能反映固定成本、变动成本、销量、销售收入和保本点、亏损区和利润区，而且还可以反映贡献毛益、安全边际以及相关范围，甚至可以提供单价、单位变动成本和单位贡献毛益的水平。

本量利分析图虽有直观、简明、形象的优点，但因为它是依靠目测绘制而成的，所以不可能十分准确。它只是直观地揭示本量利相互依存的变化规律，并不能据以进行准确的计算，通常应与数学模型结合使用。

本量利分析图通常有基本式、贡献毛益式和量利式三种。

1. 基本式

基本式（也称“**传统式**”）**本量利分析图**属于最常见的并能反映最基本的本量利关系的图形。之所以称其为基本式，是因为它可从保本点的第一种提法“总收入等于总成本时的销量或销售额所对应的点”得到，能清晰地反映保本点所处的位置，同时也能揭示安全边际、保本点、盈利三角区与亏损三角区的关系，按坐标轴横轴所代表的业务量不同又可将其分为销量式本量利分析图（横轴以销量表示）和金额式本量利分析图（横轴以金额表示）。

单一产品销量式本量利分析图的数学模型是：

总收入 $y=px$

总成本 $y=a+bx$

固定成本 $y=a$

金额式本量利分析图的数学模型是：

总收入 $y=S$

总成本 $y=a+bR\cdot S$

固定成本 $y=a$

由于总收入线、总成本线、固定成本线均为直线，根据两点确定一条直线，求出两个特殊点的坐标，便可很容易地绘出本量利分析图，以本节例2-6资料为例。由条件：

总收入 $y=10x$

总成本 $y=40\,000+6x$

固定成本 $y=40\,000$元

可绘出销量式本量利分析图如图表2-15所示。

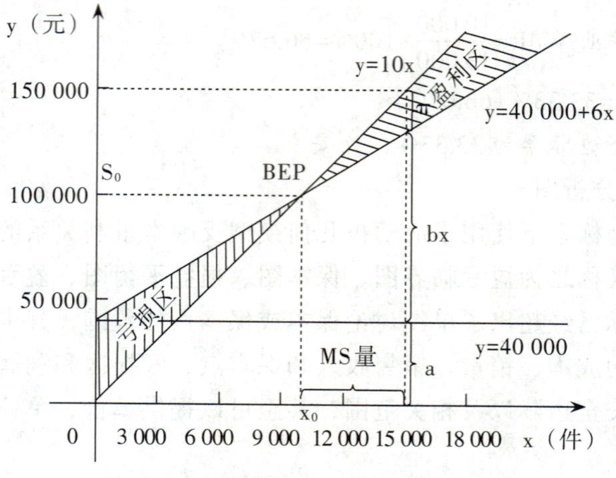

图表2-15 销量式本量利分析图

由条件：

总收入 y=S

总成本 y=40 000+0.6S

固定成本 y=40 000元

可绘出金额式本量利分析图，如图表2-16所示。

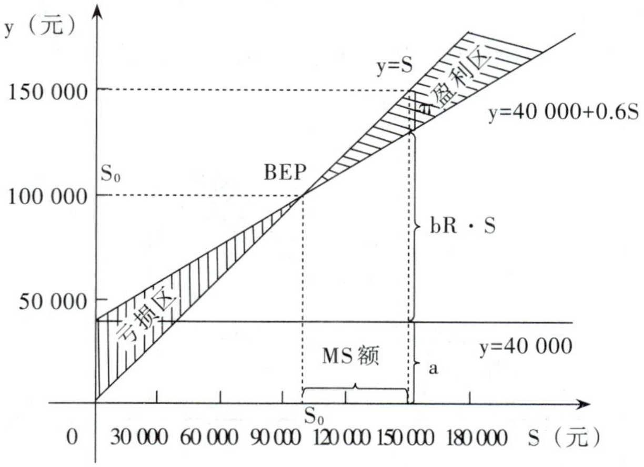

图表2-16 金额式本量利分析图

通过观察图表2-15，很容易发现以下规律：

（1）保本点不变，销量越大，能实现的利润越多或亏损越少；销量越小，能实现的利润越少或亏损越多。

（2）销量不变，保本点越低，能实现的利润就越多或亏损越少；反之，保本点越高，能实现的利润就越少或亏损越多。

（3）总成本不变，保本点受单位售价变动的影响而变动，单价越高，保本点就越低；反之，保本点就越高。

（4）销售收入不变，保本点取决于固定成本和单位变动成本的大小，固定成本或单位变动成本越大，保本点就越高；反之，保本点越低。

同样，也可对图表2-16进行相似的分析。

对于产品组合的本量利分析，由于产量不具有可加性，因而不能使用销量式本量利分析图，而只能使用金额式本量利分析图，且变动成本率为综合变动成本率$\overline{bR}$，即：

$$\overline{bR} = \frac{\sum_{i=1}^{n} b_i x_i}{\sum_{i=1}^{n} p_i x_i}$$

$$= \sum_{i=1}^{n} \frac{b_i}{p_i} \cdot \frac{p_i x_i}{S}$$

$$= 1 - \overline{cmR}$$

其中，总收入 $S=\sum_{i=1}^{n} p_i x_i$。

以本节例2-8资料为例。由条件：

总收入 y=S

总成本 y=172 000+0.57S

固定成本 y=172 000元

可绘出金额式本量利分析图，如图表2-17所示。

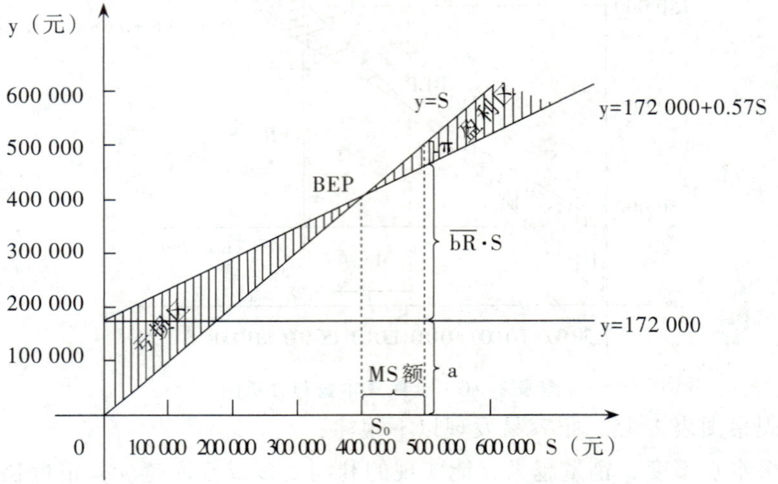

图表2-17　产品组合金额式本量利分析图

企业通常运用产品组合的盈亏平衡点分析优化产品组合，提高获利水平。

明确以上基本规律，对于企业根据客观规律有预见地采取相应的措施、提高企业经济效益将有较大的帮助。

2.贡献毛益式

之所以称其为贡献毛益式，是因为它可从保本点的第二种提法“贡献毛益等于固定成本时的销量或销售额对应的点”而得到。

此图的特点是将固定成本置于变动成本线之上，总成本线是一条平行于变动成本线的直线，能够直观地反映贡献毛益、固定成本及利润的关系。单一产品销量式的贡献毛益式本量利分析图的数学模型是：

总收入 y=px

总成本 y=a+bx

变动成本 y=bx

仍以本节例2-6的资料为例。由条件：

总收入 y=10x

总成本 y=40 000+6x

变动成本 y=6x

可绘出贡献毛益式本量利分析图（销量式）如图表2-18所示。

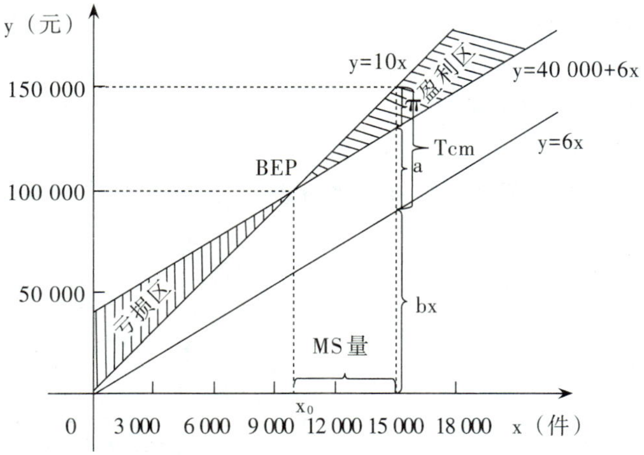

图表2-18 贡献毛益式本量利分析图（销量式）

单一产品金额式的贡献毛益式本量利分析图可由：

y=S

y=a+bR·S

y=bR·S

直接绘出，在此从略。

对于产品组合的贡献毛益式本量利分析图，只要将横轴表示产量x改为表示金额S，由：

总收入 y=S

总成本 $y=a+\overline{bR}\cdot S$

变动成本 $y=\overline{bR}\cdot S$

即可绘出贡献毛益式（横轴由金额表示）本量利分析图（这里从略）。

通过对图表2-18的分析，不难发现以下变化规律：

（1）变动成本线与总成本线的斜率相同，斜率（单位变动成本）大小直接影响利润的增减变化，斜率越大，利润越小或亏损越大；反之，斜率越小，利润越大或亏损越小。

（2）只要单价大于变动成本，销量大于零，则必然有贡献毛益存在。

（3）贡献毛益应当首先补偿固定成本，只有超额的部分才构成企业的利润。

3.量利式

之所以称其为量利式（也称利量式），是因为它可从保本点的第三种提法“利润为零时的销量或销售额所对应的点”而得到。

图表2-19略去了销售收入及成本因素，以横轴代表业务量，纵轴代表利润，整个图形仅反映业务量与利润之间的依存关系。虽然这是一种简化的本量利分析图，却受到企业高层经理人员的欢迎，因为它简明扼要，易于理解。

单一产品量利式本量利分析图（销量式）的数学模型是：

π=（p−b）x−a

仍以本节例2-6资料为例。

由条件：

利润 π=（10-6）x-40 000

=4x-40 000

绘出量利式本量利分析图（横轴以销量表示），如图表2-19所示。

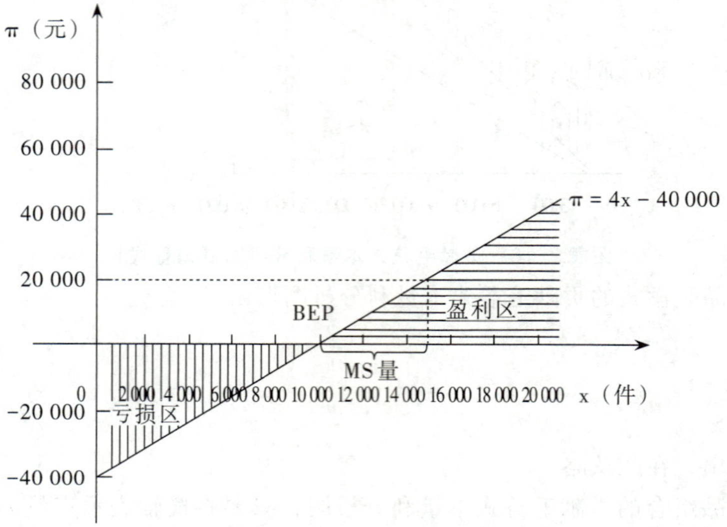

图表2-19　量利式本量利分析图（横轴以销量表示）

单一产品金额式的量利式本量利分析图，可根据 π=cmR · S-a直接绘出，在此从略。

对于产品组合的量利式本量利分析图，只要将横轴表示的产量x改为表示金额S，由利润 $\pi=\overline{cmR}\cdot S-a$，就可绘出量利式本量利分析图（横轴以金额表示）。

从图表2-19量利式本量利分析图可以发现以下变化规律：

（1）当销量为零时，企业的亏损额等于固定成本。

（2）当产品的销售价格及成本水平不变时，销量越大，利润就越大或亏损越小；反之，销量越小，利润也越小或亏损越大。

三、目标利润分析

前面保本分析是假定在利润为零、不盈不亏条件下的本量利分析。虽然它有助于简化本量利分析过程，了解企业的最低生存条件以及评价企业经营的安全程度，并且为企业的经营决策提供了一些有用信息，然而毕竟保本不是企业的经营目标。在市场经济中，企业经营的目标是盈利，在不断盈利中求生存、求发展。因此，企业不会满足于利润为零的保本分析，而更注重在确保实现目标利润条件下的本量利分析。

（一）目标利润分析概述

1.目标利润分析的定义

目标利润分析也称**保利分析**，是指在本量利分析方法的基础上，将目标利润引进本量利分析的基本数学模型，在单价和成本水平既定的情况下，在确保企业目标利润实现的条件下，充分揭示单价、成本、业务量和利润之间关系的利润规划方法。该方法应反映市场的变化趋势、企业战略规划目标以及管理层需求等。

目标利润分析包括单一产品的目标利润分析和产品组合的目标利润分析。将目标利润引进本量利分析模式，在以目标管理为基本特征的现代企业管理中具有重要意义。单一产品的目标利润分析重在分析每个要素的重要性，确定为实现目标利润而应达到的目标销售量和目标销售额，从而以销定产，确定目标生产量、目标生产成本以及目标资金需要量等，为企业实施目标控制奠定基础，从而为企业短期经营明确方向。产品组合的目标利润分析重在优化企业产品组合。

2.保利点的定义

目标利润分析的核心是计算保利点，所谓**保利点**是指使企业实现税前目标利润或税后目标利润的业务量在平面直角坐标系下所对应的点。所谓实现税前目标利润（$T\pi$）或实现税后目标利润（$TT\pi$）的业务量，是指在单价和成本水平既定的条件下，为确保事先确定的税前目标利润或税后目标利润能够实现而需要达到的销量（x_2）和销售额（S_2）的统称（简称“**保利量**”“**保利额**”）。为此，实现税前目标利润或税后目标利润的业务量又称“**保利点业务量**”。其中，**税前目标利润**是指企业在未来一定时期内，经过努力应该达到的最优化税前利润控制目标。**税后目标利润**是指企业在未来一定时期应该实现的税后利润目标。

（二）保利点的确定

与保本点的确定方法一样，保利点也可分别按单一产品和产品组合计算确定。

1.单一产品保利点的确定

（1）实现税前目标利润保利点的确定

根据保利点定义和本量利关系的基本公式，令 $T\pi=(p-b)x-a$，立即可得确保实现税前目标利润的保利量 x_2 和保利额 S_2。

$$\text{保利量 } x_2=\frac{\text{固定成本}+\text{税前目标利润}}{\text{单价}-\text{单位变动成本}}=\frac{a+T\pi}{p-b}$$

$$\text{保利额 } S_2=\text{单价}\times\text{保利量}=\frac{\text{固定成本}+\text{税前目标利润}}{\text{贡献毛益率}}=px_2=\frac{a+T\pi}{cmR}$$

【例 2-10】仍按例 2-6 资料，假定 2022 年的税前目标利润为 12 000 元，价格和成本水平与 2021 年完全相同。

要求：计算 2022 年实现税前目标利润的业务量。

$$\text{解：保利量 } x_2=\frac{a+T\pi}{p-b}=\frac{40\,000+12\,000}{10-6}=13\,000\text{（件）}$$

$$\text{保利额 } S_2=p\cdot x_2=10\times13\,000=130\,000\text{（元）}$$

（2）实现税后目标利润保利点的确定

对于企业所有者而言，只有企业在一定时期所实现的税后利润才归属所有者，它是企业所有者取得投资报酬、实现资本保值增值的重要保证，也是企业提取盈余公积、分配股利以及形成企业内部积累的重要依据。因此，企业的税后目标利润以及确保税后目标利润实现的保利分析，更受投资者关注，也更受企业管理人员的重视，由于：

税后目标利润=税前目标利润×（1-所得税税率）

即：

$TT\pi=T\pi（1-tR）$

上式中 tR 为所得税税率，因此确保税后目标利润实现的保利量、保利额分别为：

$$保利量\ x_2=\frac{固定成本总额+\dfrac{税后目标利润}{1-所得税税率}}{单价-单位变动成本}=\frac{a+\dfrac{TT\pi}{1-tR}}{p-b}$$

保利额 S_2=单价×保利量

$$=\frac{固定成本总额+\dfrac{税后目标利润}{1-所得税税率}}{贡献毛益率}=px_2=\frac{a+\dfrac{TT\pi}{1-tR}}{cmR}$$

【例 2-11】仍按例 2-6 资料，假定 2022 年的税后目标利润为 9 000 元（12 000×（1-25%）），所得税税率 tR 为 25%，价格和成本水平与 2021 年完全相同。

要求：计算该年实现税后目标利润的业务量。

$$解：保利量\ x_2=\frac{a+\dfrac{TT\pi}{1-tR}}{p-b}=\frac{40\,000+\dfrac{9\,000}{1-25\%}}{10-6}=13\,000（件）$$

保利额 $S_2=px_2=10\times13\,000=130\,000$（元）

由此可知，对于同一个企业，同一个会计年度，由于 $TT\pi=T\pi（1-tR）$，则无论税前税后，保利点业务量是一致的。

2.产品组合保利点的确定

产品组合的保利分析与产品组合的保本分析一样，不能用实物量表示，只能用货币量表示，这是因为不同种产品的销量直接相加无意义。因此，产品组合保利点的确定也如保本点的确定有多种方法，贡献毛益率法、顺序法、联合单位法、分算法和主要产品法等也同样适用于保利点的确定。基于和保本点确定同样的理由，本书只介绍综合贡献毛益率法。

（1）实现税前目标利润保利点的确定

在产品组合情况下，设 $S=\sum p_i x_i$，则综合保利额：

$$S_2=\frac{a+T\pi}{cmR}$$

第 i 种产品保利额 $(S_i)_2=S_2\cdot\frac{p_i x_i}{S}$

第 i 种产品保利量 $(x_i)_2=\frac{(S_i)_2}{p_i}$

（2）实现税后目标利润保利点的确定

仍由 $TT\pi=T\pi(1-tR)$ 立即可得实现税后目标利润的公式：

$$综合保利额S_2=\frac{a+\dfrac{TT\pi}{1-tR}}{cmR}$$

每种产品实现税后目标利润的保利额及保利量的公式与实现税前目标利润的保利额及保利量完全相同，不再赘述。

【例 2-12】仍按例 2-8 资料，假定 2022 年的税前目标利润为 86 000 元，价格与成本水平与 2021 年完全相同。

要求：（1）计算该年实现税前目标利润的综合销售额。

（2）计算各种产品的保利额、保利量。

$$解：综合保利额=\frac{172\,000+86\,000}{0.43}=600\,000（元）$$

A 产品的保利额 $=600\,000\times40\%=240\,000$（元）

B 产品的保利额 $=600\,000\times20\%=120\,000$（元）

C 产品的保利额 $=600\,000\times40\%=240\,000$（元）

$$A产品的保利量=\frac{240\,000}{40}=6\,000（件）$$

$$B产品的保利量=\frac{120\,000}{10}=12\,000（件）$$

$$C产品的保利量=\frac{240\,000}{16}=15\,000（件）$$

可以看出，为实现 86 000 元的税前目标利润，该年至少应实现销售收入 600 000 元，如品种结构不变，销售 A、B、C 产品应分别为 6 000 件、12 000 件、15 000 件，即实现销售收入分别为 240 000 元、120 000 元、240 000 元。

（三）保本点业务量与保利点业务量计算公式的对比

首先，两者都是由本量利关系的基本公式推导而来，只不过前者假设利润为零，后者将利润假定为税前目标利润或税后目标利润。因此，保本分析和目标利润分析的实质都是本量利分析，只不过保本分析是保利分析当目标利润为零时的特殊情况。

其次，无论保本分析还是保利分析，凡是计算有关销量指标，均以单位贡献毛益为分母；凡是计算有关销售额指标，均以贡献毛益率为分母。其区别在于分子中的利润额不同，前者为零，后者为税前目标利润或税后目标利润。

四、本量利分析的扩展

以上关于保本点、保利点的本量利分析，均是在第二节基本假定的基础上进行的，这显然是为了讨论问题的方便。在实际生产经营活动中，不可能长久满足这些假定条件，线性假设不可能永远满足，相关范围也不可能不发生变化，即单价、单位变动成本、固定成本不会长久不变，产销不会长久平衡，产品组合的品种结构也不可能不发生变化。也就是说，不变是相对的，而变是绝对的。本节将讨论当基本假定发生变化时，对本量利分析的相关指标会带来什么影响，从而认识其中的规律，更好地为企业的内部经营管理服务。

（一）总成本和总收入不是产销量的线性函数

当总成本线和总收入线为曲线时，进行成本性态分析建立的成本函数 $y_{成本}=a+bx$，收入函数 $y_{收入}=px$ 与实际误差较大。在不能满足要求时，通常将相关范围缩小，在局部"以直代曲"。这时，成本、收入与产销量的线性关系被表示为分段函数，其函数图形为折线，即在每个相关范围内，成本、收入都是产销量的线性函数。

【例 2-13】设某企业生产单一产品，其总成本和总收入随着生产能力利用率的变动作非正比例的变动，采用成本性态分析的方法，在局部"以直代曲"，其结果如图表 2-20 所示。

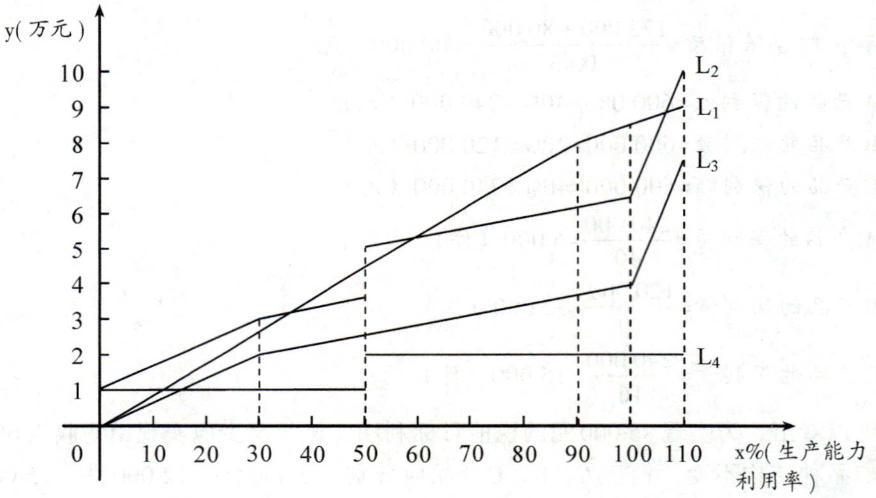

图表 2-20　非线性关系的本量利分析图

图中 L_1 代表总收入线，L_2 代表总成本线，L_3 代表变动成本线，L_4 代表固定成本线。

此时，总成本线 L_2 是 L_3 和 L_4 之和。

总收入线 L_1 是一条经过原点至利用率达到 90% 时发生转折的直线。

总收入线与总成本线的 3 个交点，就是 3 个保本点。生产能力利用率（即业务量 x）的变动范围被划分为 5 个区间：0%～30%、30%～50%、50%～90%、90%～100%、100%～110%，则每个区间都是一个相关范围。在该相关范围内，总收入和总成本都满足线性假设，从而本量利关系的基本公式 $\pi=(p-b)x-a$ 都成立。

由此可得到结论，当总收入线和总成本线不是直线时，利用成本性态分析的方法，总可以在局部，即在相关范围内，使总成本由固定成本和变动成本两部分构成，总收入为销量的线性函数。这样，无论在什么情况下，本量利关系的基本公式 $\pi=(p-b)x-a$ 总是成立的。

（二）各因素变动对利润的影响

利润指标是综合反映企业经营成果和经营业绩的重要指标，为了对利润进行科学规划，制定最优利润目标，控制利润的变动，有必要深入研究利润指标同其构成因素——销量、售价、单位变动成本、固定成本之间的内在联系，了解各因素变动对利润指标的影响。由基本公式 $\pi=(p-b)x-a$，可得到下列结论：

（1）单价的变动可改变销售收入，从而从正方向影响利润。

（2）单位变动成本的变动可改变变动成本总额，从而从反方向影响利润。

（3）固定成本的变动直接从反方向影响利润。

（4）销量的变动可通过改变贡献毛益总额从正方向影响利润。

（5）在产销多种产品条件下，增加贡献毛益率大的产品的比例，会从正方向影响利润，而增加贡献毛益率小的产品的比例，会从反方向影响利润。

综上可知，要增加利润，应从提高销量和单价，降低单位变动成本和固定成本四方面入手，在产销多种产品条件下，还可以增加贡献毛益率大的产品的比例。

同样，我们还可以分析各因素变动对保本点、保利点和安全边际的影响，本书从略。

（三）风险情况下的本量利分析

在实际经济活动中，由于产品的销量、单价、单位变动成本和固定成本都受多种因素变动的影响，所以对它们预期的变动往往难以在事前掌握得十分准确，而只能进行估计，即估计它们将有几种可能的数值，每个数值可能出现的概率是多少。在这种情况下，利润将相应地增加或降低到多少，这就会有多种可能，不可能通过一次简单的计算得到一个定值。我们把已知销量、单价、单位变动成本、固定成本的几种可能的数值以及每种数值出现的概率，及它们对利润的影响的不确定性的分析，称为风险情况下的本量利分析。对于风险情况下的本量利分析，应采用“概率分析法”。

概率分析法，是指以现代概率论原理为基础的针对那些有n种（n为大于1的正整数）可能后果且每种后果可能出现概率为已知的情况下，而采取的一种定量分析方法。

许多经济要素的未来发展水平是不确定的，经常会出现不同的结果，用概率论的术语讲就是发生多个事件或随机变量。出现每一随机变量的可能性相对于所有事件的集合用比率表示就是该随机变量的概率。不同随机变量其发生概率往往是不同的。概率分析法不仅要充分考虑各种可能事件，还要用概率来反映各种可能，进而估计特定研究对象未来最有可能达到的水平。概率分析法的一般程序如下：

（1）针对特定分析对象确定其未来可能出现每一种事件（随机变量）及其出现的概率。概率的确定分两种情况：第一种情况是在有历史数据的基础上利用统计的方法进行加工计算确定，称为**客观概率**；第二种情况是在缺乏历史数据时，由决策者根据以往经验凭其主观判断确定，称为**主观概率**。无论哪种概率，都必须符合两条规则：

①各个随机变量的概率 P_i 的取值范围为 $0\leq P_i\leq 1$。

②全部概率之和等于1，即$\sum_{i=1}^{n} P_i = 1$（假设有n个随机变量，P_i为第i个随机变量的概率）。

（2）根据因素的各个随机变量及其概率，计算其数学期望值。

期望值$\bar{E}$ = $\sum$(随机变量×概率)=$\sum_{i=1}^{n} x_i p_i$（x_i为第i个随机变量）

数学期望值的实质是一种以随机变量为基础，以相应概率为权数而计算的加权平均数。

（3）根据因素的期望值或在此基础上求得的有关指标进行分析计算，并得出结论。

1.风险情况下的保本分析

【例2-14】某企业经营A产品，通过对该产品销售价格、单位变动成本和固定成本总额的综合考察，确定有关因素可能达到的水平及其概率估计如图表2-21所示。

图表2-21 A产品有关资料

售价（元/件）	概率	单位变动成本（元/件）	概率	固定成本（元）	概率
10	0.7	6	0.6	120 000	0.7
8	0.3	5	0.4	100 000	0.3

要求：用概率分析法计算A产品保本点销量。

概率分析法有单项概率分析法和联合概率分析法（也称决策树分析法）两种。

解：（1）**单项概率分析法**。该法是指分别以售价、单位变动成本、固定成本出现的概率为权数，计算每一项（单项）的加权平均值（期望值），再利用保本点公式计算保本点销量（额）的一种分析方法。

期望售价$\bar{p}$=10×0.7+8×0.3=9.4（元/件）

期望单位变动成本$\bar{b}$=6×0.6+5×0.4=5.6（元/件）

期望固定成本$\bar{a}$=120 000×0.7+100 000×0.3=114 000（元）

预期保本量$x_0=\frac{\bar{a}}{\bar{p}-\bar{b}}=\frac{114\,000}{9.4-5.6}$=30 000（件）

（2）联合概率分析法。由于售价、单位变动成本和固定成本各有两种情况出现，所以各种情况的随机组合就有8种（2×2×2）。**联合概率分析法**是指分别计算每种组合的保本量（额），再以联合概率为权数计算其加权平均保本量（额），即期望保本量（额）的一种分析方法，如图表2-22所示（图表中P代表概率）。

图表2-22的计算表明，第一种组合是售价为10元/件，单位变动成本为6元/件，固定成本为120 000元时，保本点销量是：$\frac{120\,000}{10-6}$=30 000（件），这三个因素同时出现的可能性（称之为联合概率）是由这三个因素的个别概率决定的。根据概率论的原理，联合概率等于个别概率之积。因此，第一种组合的联合概率0.294是由0.7×0.6×0.7计算得出的，由此得到第一种组合情况下的保本量为8 820件

（30 000×0.294）。

图表 2-22　　联合概率分析法

售价（元/件）	单位变动成本（元/件）	固定成本（元）	组合	保本量（件）	联合概率	期望保本量（件）
（1）	（2）	（3）	（4）	（5）	（6）	（7）=（5）×（6）
10（P=0.7）	6（P=0.6）	120 000（P=0.7）	1	30 000	0.294	8 820
		100 000（P=0.3）	2	25 000	0.126	3 150
	5（P=0.4）	120 000（P=0.7）	3	24 000	0.196	4 704
		100 000（P=0.3）	4	20 000	0.084	1 680
8（P=0.3）	6（P=0.6）	120 000（P=0.7）	5	60 000	0.126	7 560
		100 000（P=0.3）	6	50 000	0.054	2 700
	5（P=0.4）	120 000（P=0.7）	7	40 000	0.084	3 360
		100 000（P=0.3）	8	33 333	0.036	1 200
合计					1	33 174

这是其中的一种可能，用同样的方法对其他各种组合依次进行计算，然后汇总，最终可以得到预期的保本点销量为33 174件。

上述联合概率分析法又称决策树分析法。决策树分析图如图表2-23所示。之所以称其为决策树，是因为如果把各种可能的组合用图示表示，恰似一个分叉的树枝。依据决策树的各个分枝进行决策分析，就是所谓的决策树分析。

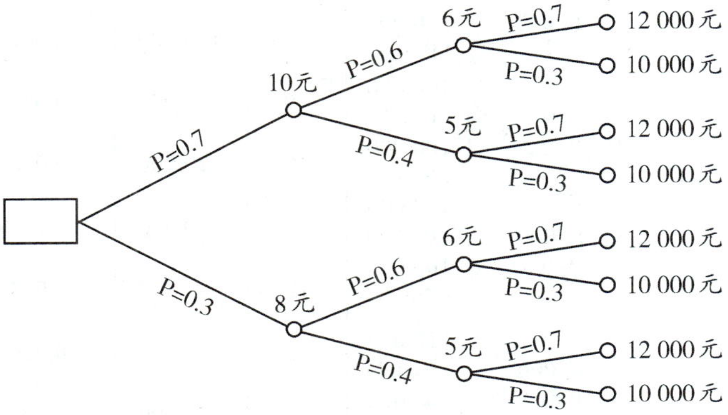

图表 2-23　决策树分析图

本例中，将单项概率分析法和联合概率分析法进行对比，发现它们的结果并不相同，相差了3 174件（33 174−30 000）。多数人认为，联合概率法更能接近客观实际情况，因此，在进行保本点的风险性分析时，均以联合概率法计算风险条件下的保本点。

2.风险情况下的利润分析

与风险情况下的保本分析一样，可采用相同的方法计算风险情况下的利润。

【例2-15】依例2-14的资料，再假设销量有以下两种可能，销量40 000件的概率为0.2，销量50 000件的概率为0.8。

要求：计算企业的预期利润。

解法一：单项概率分析法。

期望销量 $\bar{x}$=40 000×0.2+50 000×0.8=48 000（件）

预期利润 π=（9.4−5.6）×48 000−114 000=68 400（元）

解法二：联合概率分析法。

分析计算过程如图表2-24所示。

图表2-24　联合概率分析法

售价（元/件）	单位变动成本（元/件）	销量（件）	固定成本（元）	组合	利润（元）	联合概率	期望利润（元）
10（P=0.7）	6（P=0.6）	40 000（P=0.2）	120 000（P=0.7）	1	40 000	0.0588	2 352
			100 000（P=0.3）	2	60 000	0.0252	1 512
		50 000（P=0.8）	120 000（P=0.7）	3	80 000	0.2352	18 816
			100 000（P=0.3）	4	100 000	0.1008	10 080
	5（P=0.4）	40 000（P=0.2）	120 000（P=0.7）	5	80 000	0.0392	3 136
			100 000（P=0.3）	6	100 000	0.0168	1 680
		50 000（P=0.8）	120 000（P=0.7）	7	130 000	0.1568	20 384
			100 000（P=0.3）	8	150 000	0.0672	10 080
8（P=0.3）	6（P=0.6）	40 000（P=0.2）	120 000（P=0.7）	9	−40 000	0.0252	−1 008
			100 000（P=0.3）	10	−20 000	0.0108	−216
		50 000（P=0.8）	120 000（P=0.7）	11	−20 000	0.1008	−2 016
			100 000（P=0.3）	12	0	0.0432	0
	5（P=0.4）	40 000（P=0.2）	120 000（P=0.7）	13	0	0.0168	0
			100 000（P=0.3）	14	20 000	0.0072	144
		50 000（P=0.8）	120 000（P=0.7）	15	30 000	0.0672	2 016
			100 000（P=0.3）	16	50 000	0.0288	1 440
合计						1	68 400

期望利润为68 400元。

利润$\pi=\sum$每种组合的利润×该种组合的联合概率

将两种分析法进行比较，发现其计算结果完全相同。这并非偶然，利用概率之和等于1，可以证明，在不确定情况下，计算利润的两种方法，其结果完全相同。

3.单项概率分析法和联合概率分析法的比较

单项概率分析法计算简单，在计算出保本量后，可直接利用本量利关系的基本公式计算利润。

$$\pi=(\bar{x}-x_0)(\bar{p}-\bar{b})$$

$$=(\bar{p}\bar{x}-S_0)\frac{\bar{p}-\bar{b}}{\bar{p}}$$

其中：$\bar{x}$、$\bar{p}$、$\bar{b}$为加权平均值。采用这种方法与采用联合概率分析法计算的结果完全相同，而联合概率分析法在计算出保本量之后，却无法与计算利润的基本公式联系起来，即保本量$x_0\neq\frac{\bar{p}-\bar{b}}{\bar{p}}$或保本额$S_0\neq\frac{a}{cmR}$，只能利用利润$\pi=\sum$（每种组合的利润×该种组合的联合概率）来计算。

两种解法下的利润计算结果相同，且单项概率分析法又简单易懂，计算出来的保本业务量又适合本量利关系的基本公式，因而单项概率分析法具有联合概率分析法无可比拟的优越性。作者认为，利用单项概率分析法计算保本业务量和利润更具实用性。联合概率分析法虽然能够考虑所有因素变动的各种可能组合，并提供各种不同情况下的利润，但组合情况过多，计算比较复杂，尤其计算出来的保本业务量无法应用于本量利关系的基本公式：

$$\pi=(x-x_0)(p-b)=(S-S_0)\frac{p-b}{p}$$

*五、本量利分析中的敏感性分析

通过对有关因素变动对利润影响的分析，可得出结论：为使企业经营状况向好的方向发展，就应千方百计地扩大销量，提高单价，或降低单位变动成本，减少固定成本。在产销多种产品条件下，只要产销能平衡，还应想方设法增加贡献毛益率大的产品比例。由利润$\pi=(p-b)x-a=(x-x_0)\cdot(p-b)$可知，降低保本点，也就增加了安全边际，从而也就增加了利润，因此，上述措施的实质都是为了使企业获得更多的利润。我们已经知道单价、销量、单位变动成本、固定成本等因素的变动会引起利润同向或反向的变动，但引起变动的幅度有多大，并没有进行研究。本节就来解决这个问题。

所谓**本量利分析的敏感性分析**是指对影响目标利润实现的销量、单价、单位变动成本和固定成本四因素变化进行量化分析，以确定各因素变化对实现目标利润的影响及其敏感程度的一种利润规划的定量分析方法，主要包括影响目标利润的单因素临界值分析、影响目标利润的单因素敏感系数分析、影响目标利润的多因素敏感性分析。

（一）影响目标利润的单因素临界值分析

影响目标利润的单因素临界值分析是指当企业由盈利转为亏损时，只有一个因素变动而其他因素保持不变时，确定各个因素临界值的本量利分析。所谓**临界值**就是目标利润由正数（盈利）转为负数（亏损）时各因素变化的界线。临界值对销量和单价而言是最小允许值，对单位变动成本和固定成本而言是最大允许值，超越了这些临界值，就会由盈利转为亏损。

进行影响目标利润主要因素临界值的计算与分析，是为了有效识别营运风险，便于计量营运风险的大小，衡量企业在保本的前提下，能够承受各主要因素变化带来不利影响的程度和企业抵御营运风险的能力，制定应对营运风险的各种措施，有利于对营运风险进行监控。

由本量利关系的基本公式π=（p-b）x-a，令利润π为0，在销量x、单价p、单位变动成本b和固定成本a四个因素中，已知其中三个因素，便可以求出剩下的一个未知因素的临界值分别为：

$$x=\frac{a}{p-b} \qquad p=\frac{a+bx}{x}$$

$$b=\frac{px-a}{x} \qquad a=(p-b)x$$

【例2-16】设某企业只生产一种产品，单价10元/件，单位变动成本6元/件，全年固定成本预计1 200 000元，计划销量为500 000件。试计算企业由盈利转为亏损的各个因素的临界值。

解：全年目标利润为：

π=（10-6）×500 000-1 200 000=800 000（元）

（1）销量的临界值（最小允许值）：

x=1 200 000÷（10-6）=300 000（件）

（2）销售单价的临界值（最小允许值）：

p=（1 200 000+6×500 000）÷500 000=8.4（元/件）

（3）单位变动成本的临界值（最大允许值）：

b=（10×500 000-1 200 000）÷500 000=7.6（元/件）

（4）固定成本的临界值（最大允许值）：

a=（10-6）×500 000=2 000 000（元）

在计算出影响目标利润各因素的临界值后，通常采用边际分析法中的安全边际法进行风险分析。所谓**安全边际分析**，是指通过分析某因素实际或预计值与盈亏临界值的绝对差额和相对差额，衡量企业在保本的前提下，能够承受因某因素变动带来的不利影响程度和企业抵御营运风险的能力。安全边际分析主要包括安全边际量（绝对差额）和安全边际率（相对差额）两个指标。这里的安全边际量和安全边际率就是对本节前面讲的安全边际量和安全边际率的扩展，由销量扩展到单价、单位变动成本和固定成本。

安全边际量（MS量）是指某因素实际或预计值与该因素临界值之差，即：

某因素安全边际量=某因素实际或预计值-某因素临界值

某因素安全边际率（MSR）是指该因素的安全边际量与该因素的实际或预计值之比，即：

$$安全边际率=\frac{某因素安全边际量}{某因素实际或预计值}=\frac{某因素实际或预计值-该因素临界值}{某因素实际或预计值}$$

安全边际量与安全边际率，因正指标是最小允许值，其值越大项目越安全，企业发生亏损的可能性越小，抵御营运风险的能力越强，盈利能力越大。反指标是最大允许值，其值越小，项目越安全，同样企业发生亏损的可能性越小，抵御营运风险的能力越强，盈利能力越大。

【例 2-17】依据例 2-16 资料，分别计算销量、单价、单位变动成本、固定成本的安全边际量、安全边际率，分析各因素变动给目标利润带来的不利影响程度和企业抵御营运风险的能力。

解：(1) 销量的安全边际量=500 000-300 000=200 000（件）

销量的安全边际率=（500 000-300 000）÷500 000=40%

300 000 件是销量的临界值。当销量小于 300 000 件时，企业将发生亏损，即销量下降幅度不能超过 40%。

(2) 单价的安全边际量=10-8.4=1.6（元）

单价的安全边际率=（10-8.4）÷10=16%

单价的临界值为 8.4 元/件，单价如果下降到 8.4 元/件以下，企业将发生亏损，即单价下降幅度不能超过 16%。

(3) 单位变动成本的安全边际量=6-7.6=-1.6（元）

单位变动成本的安全边际率=（6-7.6）÷6=-26.7%

单位变动成本的临界值为 7.6 元/件，如超过 7.6 元/件，企业将发生亏损，即单位变动成本的增长不能超过 26.7%。

(4) 固定成本的安全边际量=1 200 000-2 000 000=-800 000（元）

固定成本的安全边际率=（1 200 000-2 000 000）÷1 200 000=-66.7%

固定成本的临界值为 2 000 000 元，如超过 2 000 000 元，企业将发生亏损，即固定成本的增长幅度不能超过 66.7%。

分析：由于销量、单价的安全边际率是正指标，即越大越好。根据图表 2-14，假定利用正指标评价企业营运安全程度的一般标准如图表 2-25 所示。

图表 2-25 利用正指标评价企业营运安全程度的一般标准

安全边际率	(0，10%]	(10%，20%]	(20%，30%]	(30%，40%]	40% 以上
安全程度	危险	值得注意	较安全	安全	很安全

本例中，销量的安全边际率=40%，单价的安全边际率=16%，分别处于“安全”和“值得注意”状态。反指标单位变动成本、固定成本也可以根据企业的具体情况，给出它们各自的安全程度指标。假定利用反指标评价企业营运安全程度的一般标准如图表 2-26 所示。

图表 2-26　　利用反指标评价企业营运安全程度的一般标准

安全边际率	(0，-10%]	(-10%，-20%]	(-20%，-30%]	(-30%，-40%]	-40% 以下
安全程度	危险	值得注意	较安全	安全	很安全

本例中，单位变动成本的安全边际率=-26.7%，固定成本的安全边际率=-66.7%，分别处于“较安全”和“很安全”状态。

通过上述指标的计算可知，单价的安全边际率较低，处于值得注意状态，其风险高于其他三个因素，应高度关注单价的变化。其亏损风险从大到小依次为：单价、单位变动成本、销量、固定成本，因单位变动成本、销量、固定成本的安全程度都在较安全及以上，所以企业发生亏损的可能性很小，抵御营运风险的能力很强，盈利能力很强。只要控制了各因素的变化范围，就可以保证企业不发生亏损。

（二）影响目标利润的单因素敏感系数分析

影响目标利润的单因素敏感系数分析是指当制约利润的因素（销量、单价、单位变动成本和固定成本）中，只有一个因素变动而其他因素保持不变时，确定对目标利润影响程度的一种本量利分析方法。

销量、单价、单位变动成本和固定成本这些因素的变化，都会引起目标利润的变化，但它们的敏感程度是不同的。有的因素即使只有较小的变化也会引起利润的较大变化，这种因素被称为**敏感性高的因素**；有的因素虽有较大变化，但对利润的影响却不大，这种因素被称为**敏感性低的因素**。

测定敏感性程度的指标称为**敏感系数（M）**，其公式为：

$$敏感系数（M）=\frac{利润变动率}{因素变动率}$$

$$其中：利润变动率（K_{\pi}）=\frac{变动后利润-变动前利润}{变动前利润}$$

$$销量变动率（K_x）=\frac{变动后销量-变动前销量}{变动前销量}$$

$$单价变动率（K_p）=\frac{变动后单价-变动前单价}{变动前单价}$$

$$单位变动成本变动率（K_b）=\frac{变动后单位变动成本-变动前单位变动成本}{变动前单位变动成本}$$

$$固定成本变动率（K_a）=\frac{变动后固定成本-变动前固定成本}{变动前固定成本}$$

根据定义可直接计算出目标利润对销量、单价、单位变动成本和固定成本的敏感系数公式，依次为：

$$M_x=\frac{K_{\pi}}{K_x}=\frac{(p-b)x}{\pi} \qquad M_p=\frac{K_{\pi}}{K_p}=\frac{px}{\pi} \qquad M_b=\frac{K_{\pi}}{K_b}=-\frac{bx}{\pi} \qquad M_a=\frac{K_{\pi}}{K_a}=-\frac{a}{\pi}$$

敏感系数的高低以其绝对值反映。

当敏感系数的绝对值大于1时，称该种因素为**敏感性高的因素**；当敏感系数的绝对值小于或等于1时，称该种因素为**敏感性低的因素**。确定敏感系数的目的是使企业管理人员清楚地知道，在影响利润的诸因素中，其敏感程度哪个高、哪个低，以便分清主次，及时采取必要的调整措施，确保目标利润的完成。

上述4个敏感系数与每个因素的变动百分比无关，即与变动后的数值无关，只与基期数值有关。无论每个因素增加或减少多少个百分点，敏感系数都是固定不变的。这样，我们就可以依敏感系数公式对4个因素的敏感性进行比较。

由于：$|M_x|-|M_a|=1$ $\qquad|M_p|-|M_b|=|M_x|$

可以证明，在企业盈利的条件下，将4个敏感系数按大小排列可得到下列结论：

（1）单价的敏感系数最高且$M_p>1$。

（2）销量的敏感系数大于固定成本的敏感系数，小于单价的敏感系数，且$M_x>1$。因此，销量的敏感系数既不会最高，也不会最低，即销量的敏感系数可能是第二，也可能是第三。

（3）单位变动成本的敏感系数不会最高，有第二、第三、第四3种可能。

（4）固定成本的敏感系数不会最高，也不会是第二，只能是第三或第四。

【例2-18】某企业只生产一种产品，单价4元/件，单位变动成本为2.6元/件，固定成本为80 000元，计划销量200 000件，请分别计算4个因素的敏感系数。

解：目标利润（π）=（4−2.6）×200 000−80 000=200 000（元）

销量的敏感系数（M_x）$=\frac{(p-b)x}{\pi}=\frac{(4-2.6)\times 200\,000}{200\,000}=1.4$

单价的敏感系数（M_p）$=\frac{px}{\pi}=\frac{4\times 200\,000}{200\,000}=4$

单位变动成本的敏感系数（M_b）$=-\frac{bx}{\pi}=\frac{-2.6\times 200\,000}{200\,000}=-2.6$

固定成本的敏感系数（M_a）$=-\frac{a}{\pi}=\frac{-80\,000}{200\,000}=-0.4$

敏感系数的高低依次为：

$|M_p|>|M_b|>|M_x|>|M_a|$

完全符合对敏感系数进行比较所得到的结论。

有了敏感系数，我们就可以进行目标利润的敏感性分析。

由敏感系数公式，可得：

$(K_\pi)_x=\frac{(p-b)x}{\pi}\cdot K_x$

$(K_\pi)_p=\frac{px}{\pi}\cdot K_p$

$(K_\pi)_b=-\frac{bx}{\pi}\cdot K_b$

$(K_\pi)_a=-\frac{a}{\pi}\cdot K_a$

式中：$(K_\pi)_x$为销量单独变动对利润变动率的影响；$(K_\pi)_p$为单价单独变动对

利润变动率的影响；$(K_\pi)_b$为单位变动成本单独变动对利润变动率的影响；$(K_\pi)_a$为固定成本单独变动对利润变动率的影响。

【例 2-19】按例 2-18 资料。

要求：（1）每个因素单独增长 10% 时，求利润的变动程度。

（2）每个因素单独降低 10% 时，求利润的变动程度。

解：（1）销量增长 10% 时：$(K_\pi)_x=1.4\times10\%=14\%$

单价增长 10% 时：$(K_\pi)_p=4\times10\%=40\%$

单位变动成本增长 10% 时：$(K_\pi)_b=-2.6\times10\%=-26\%$

固定成本增长 10% 时：$(K_\pi)_a=-0.4\times10\%=-4\%$

（2）销量降低 10% 时：$(K_\pi)_x=1.4\times(-10\%)=-14\%$

单价降低 10% 时：$(K_\pi)_p=4\times(-10\%)=-40\%$

单位变动成本降低 10% 时：$(K_\pi)_b=-2.6\times(-10\%)=26\%$

固定成本降低 10% 时：$(K_\pi)_a=-0.4\times(-10\%)=4\%$

由此可知，销量和单价单独增长 10% 时，利润将增长 14% 和 40%，单位变动成本和固定成本单独增长 10% 时，利润将降低 26% 和 4%。当每个因素都降低 10% 时，与增加 10% 时的变动幅度相同，只是方向相反。

本题中，由：

$(K_\pi)_x=1.4K_x$　　$(K_\pi)_p=4K_p$　　$(K_\pi)_b=-2.6K_b$　　$(K_\pi)_a=-0.4K_a$

可绘出利润的敏感性分析图如图表 2-27 所示。

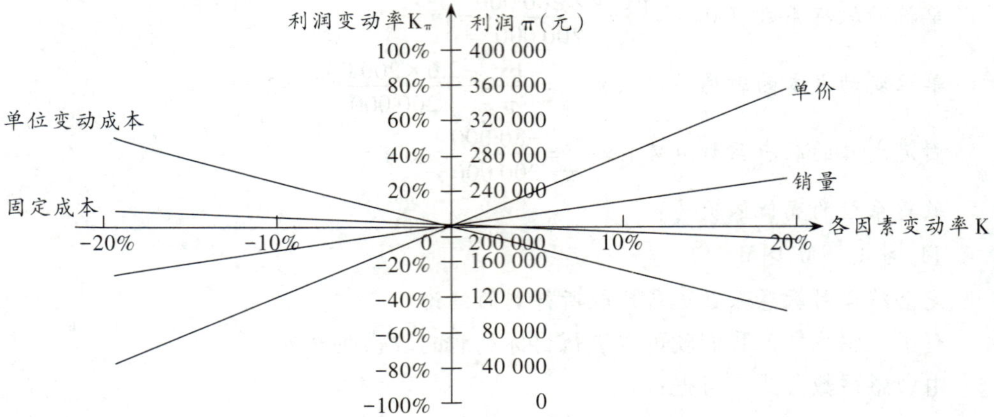

图表 2-27　利润的敏感性分析图

用图表示更直观。图表 2-27 中各直线的斜率表示各因素的敏感系数。斜率为正，表示此因素变化与利润变化同向；斜率为负，表示此因素变化与利润变化反向。斜率的绝对值越大，则其敏感程度越高；反之，则越低。

（三）影响目标利润的多因素敏感性分析

影响目标利润的多因素敏感性分析是指影响目标利润的多个因素变动（两个或两个以上因素同时变动），对评价指标的影响程度。一般假设每一因素都向不利方向变动，重新计算评价指标，将变动后的评价指标数值与变动前的评价指标数值进行比较分析，以确定评价指标的恶化程度。也可以假设每一因素都按预计情况（而非不利方向）变动，从整体上把握各主要因素的变动趋势。

【例 2-20】依据例 2-16 的资料，根据市场需求情况、企业生产能力和技术水平，预计销量、单价、单位变动成本、固定成本会发生如下变动，如图表 2-28 所示。由于采取降价措施，销量增加，企业要扩大生产能力，有可能产生规模效应，使单位变动成本降低，也有可能固定成本不变，由于材料、人工涨价，使单位变动成本增加，共 16 种情况。

要求：针对以上 16 种情况，分析各因素变化对利润的影响。

解：根据利润 $\pi=(p-b)x-a$，多因素变动的利润计算结果如图表 2-28 所示。

图表 2-28　　多因素变动的利润　　金额单位：元

	x（件）	400 000	500 000	600 000	700 000
b（元/件）	a / p（元/件）	10.5	10	9.5	9
6.6	1 200 000	360 000	500 000	540 000	480 000
6	1 200 000	600 000	800 000	900 000	900 000
5.7	1 320 000	600 000	830 000	960 000	990 000
5.4	1 440 000	600 000	860 000	1 020 000	1 080 000

根据利润计算公式，要确保实现或超过目标利润 800 000 元，可以增加销量和单价，或降低单位变动成本和固定成本。由于单价、销量、固定成本相互紧密联系，其中一个因素变动，一般都会引起另外两个因素变动，因此，同时提高单价和销量，并降低单位变动成本和固定成本，是办不到的。在本题中，通过降低单价，增加销量，会使利润增加，降低单位变动成本，增加固定成本，也会使利润增加。提高单价，降低销量不可行；提高单位变动成本，增加销量也不可行。在降低单价，增加销量，增加固定成本，降低变动成本的情况下，有八种组合可以超额完成目标利润，如图表 2-29 所示。

图表 2-29　　完成和超额完成目标利润的 9 种情况　　金额单位：元

	x（件）	500 000	600 000	700 000
b（元/件）	a / p（元/件）	10	9.5	9
6	1 200 000	800 000	900 000	900 000
5.7	1 320 000	830 000	960 000	990 000
5.4	1 440 000	860 000	1 020 000	1 080 000

企业如果能实现上述 9 种销量、单价、单位变动成本、固定成本的任意一种组合，都可以保证实现或超额完成目标利润计划。最佳组合是销量增加 40%，单价降

低10%，变动成本降低10%，固定成本增加20%，其数值依次为：700 000件、9元/件、5.4元、1 440 000元，利润将增加280 000元（1 080 000-800 000），增长率为280 000÷800 000=35%。总体来看，实现800 000元目标利润的风险不大。

本量利分析的敏感性分析主要是通过影响目标利润的单因素临界值分析、影响目标利润的单因素敏感系数分析、影响目标利润的多因素敏感性分析三个方面来完成的，临界值的计算有助于目标利润财务风险的防范，提高决策的可靠性，减少投资决策失误。通过敏感系数可以使企业管理人员清楚地了解影响目标利润的诸多因素的敏感程度，以便抓住主要矛盾，及时采取必要的调整措施，确保实现目标利润。在多因素同时变动的情况下，计算分析各因素的变动，有利于防范风险，掌握评价指标的变动趋势，便于对目标利润的可行性做进一步分析。

通过对本量利分析基本内容的学习，我们对本量利之间的相互依存关系有了更深刻的认识和理解。总结如下：

$$\left.\begin{aligned}\text{利润}\pi &= \text{总收入} - \text{总成本} = px - (bx + a)\\ &= \text{总收入} - \text{变动成本} - \text{固定成本} = px - bx - a\\ &= (\text{单价} - \text{单位变动成本}) \times \text{销量} - \text{固定成本} = (p - b)x - a\end{aligned}\right\}$$

与单价、单位变动成本、

销量和固定成本有关

$$\left.\begin{aligned}&= \text{单位贡献毛益} \times \text{销量} - \text{固定成本} = cm \cdot x - a\\ &= \text{贡献毛益} - \text{固定成本} = Tcm - a\\ &= \text{贡献毛益率} \times \text{销售额} - \text{固定成本} = cmR \cdot S - a\end{aligned}\right\}\text{与贡献毛益有关}$$

$$\left.\begin{aligned}&= \text{安全边际量} \times \text{单位贡献毛益} = (x - x_0) \cdot cm\\ &= \text{安全边际额} \times \text{贡献毛益率} = (S - S_0) \cdot cmR\\ &= \text{安全边际率} \times \text{贡献毛益} = MSR \cdot Tcm\end{aligned}\right\}\text{与安全边际、贡献毛益和保本点有关}$$

深刻地认识本量利之间的这些内在规律，可以为以后运用本量利分析打下良好基础。

第三节 变动成本法

一、变动成本法的概念及作用

变动成本法起源于20世纪30年代的美国，最初被称为直接成本法，主要是因为当时的产品成本只包括与业务量关系较明显的直接材料和直接人工。到了20世纪50年代，企业环境改变，竞争日趋激烈，这就要求会计能够提供与决策有关的信息。人们逐渐认识到传统的完全成本法所提供的信息越来越不适用于管理人员的内部决策。因此，西方国家的一些会计师和管理人员重新研究变动成本法，并在生产经营实践中加以运用，取得了很好的效果。从此，变动成本法开始受到重视。20世纪60年代以后，变动成本法风靡整个西方国家的管理会计界，成为人们决策控制的重要工具。

（一）变动成本法的概念

变动成本法是指在组织常规的产品成本计算过程中，以成本性态分析为前提，只将变动生产成本（直接材料、直接人工、变动制造费用）计入产品成本，而将变动非生产成本（变动销售费用、变动管理费用、变动财务费用）及固定成本（固定制造费用、固定销售费用、固定管理费用、固定财务费用）作为期间成本的一种成本计算方法。

为了便于以后的讨论，我们将我国1993年7月1日以前采用的成本计算方法称为**全部成本法**①；将我们现在的成本计算方法，称为**完全成本法**②，也就是通常所说的制造成本法。

（二）变动成本法的作用

变动成本法之所以在管理会计中具有非常广泛的应用，主要由于以下几点：

（1）它能提供每种产品的盈利能力资料。每种产品的盈利能力资料是管理会计提供的重要管理信息之一。利润规划和经营管理中的许多重要决策，都要考虑每种产品的盈利能力，因而可以克服利润额有时与销量脱节的现象。

（2）可为正确制定经营决策提供重要信息，变动成本法简化了成本计算工作，有利于进行成本计划、成本控制和成本分析。

（3）变动成本法便于与标准成本、弹性预算和责任会计等直接结合，在计划和日常控制的各个环节发挥重要作用。

二、变动成本法与完全成本法的区别

将变动成本法与目前的完全成本法进行比较，能够更进一步地认识变动成本法的本质，掌握其特点，从而更好地应用变动成本法。

（一）应用的前提条件不同

变动成本法首先要求进行成本性态分析，把全部成本划分为变动成本和固定成本两部分，尤其要把混合成本性质的制造费用按生产量分解为变动制造费用和固定制造费用两部分，而混合成本性质的销售和管理费用，则必须按销量分解为变动和固定费用两部分。

完全成本法首先要求把全部成本按其经济用途分为生产成本和非生产成本两部分。凡是在生产领域中为生产产品发生的成本归于生产成本；发生在流通领域和服务领域，为组织日常销售或进行日常行政管理及资金筹集而发生的成本，则归属于非生产成本。

（二）产品成本及期间成本的构成内容不同

在变动成本法下，产品成本只包括变动生产成本，而固定生产成本和非生产成本则全部作为期间成本处理。

在完全成本法下，产品成本则包括全部生产成本，只有非生产成本才作为期间

---

① 在全部成本法中，产品成本不仅包括直接材料、直接人工和制造费用，还包括管理费用、财务费用。全部成本法将计入产品成本的费用分为原材料、人工费、车间经费及企业管理费等成本项目。

② **完全成本法**是只将直接材料、直接人工、制造费用计入产品成本，而将销售费用、管理费用、财务费用作为期间费用的一种成本计算方法。

成本处理。

由于产品成本及期间成本不同，又派生出主营业务成本及存货成本的水平不同，在期末存货和本期销售均不为零的条件下，本期发生的产品成本最终要表现为主营业务成本和存货成本。因为在变动成本法下，固定生产成本被作为期间成本直接记入当期利润表，不可能转化为主营业务成本或存货成本；而在完全成本法下，固定生产成本被计入产品成本，并要在存货和销货之间进行分配，使一部分固定生产成本被期末存货吸收递延到下期，另一部分固定生产成本作为主营业务成本被记入当期利润表。因此，两种成本计算法所确定的期末存货成本及主营业务成本的水平不同。

上述两点区别如图表2-30所示。

图表2-30　变动成本法与完全成本法在应用的前提条件和成本构成内容方面的区别

项目	变动成本法	完全成本法
应用的前提条件	以成本性态分析为基础	以成本按用途分类为基础
成本划分的类别	变动成本： 变动生产成本：直接材料、直接人工、变动制造费用 变动非生产成本：变动销售费用、变动管理费用 固定成本： 固定生产成本 = 固定制造费用 固定非生产成本：固定销售费用、固定管理费用	生产成本：直接材料、直接人工、制造费用 非生产成本：销售费用、管理费用
产品成本（产成品存货成本及主营业务成本）包含的内容	变动生产成本：直接材料、直接人工、变动制造费用	生产成本：直接材料、直接人工、制造费用
期间成本包含的内容	变动非生产成本：变动销售费用、变动管理费用 固定成本：固定制造费用、固定销售费用、固定管理费用	非生产成本：销售费用、管理费用

为简化起见，本书如无特别提及，均将财务费用合并计入管理费用，不再单独列示。

【例2-21】A企业只生产一种产品，2021年有关业务量、售价和成本资料如图表2-31所示（假定本年投产4 000件，本年全部完工）。

要求：分别用变动成本法和完全成本法计算以下内容。

（1）该企业的产品成本和期间成本。

（2）该企业的本年主营业务成本及期末产成品存货成本。

图表 2-31 A企业有关业务量、售价和成本资料 金额单位：元

期初存货量	0	直接材料	24 000
本年投产完工量	4 000件	直接人工	12 000
本年销量	3 000件	变动制造费用	4 000
期末存货量	1 000件	固定制造费用	10 000
单价	20元/件	变动销售费用	600
		固定销售费用	1 400
		变动管理费用	300
		固定管理费用	2 700

解：（1）产品成本及期间成本计算表如图表2-32所示。

图表 2-32 产品成本及期间成本计算表 单位：元

项目		变动成本法		完全成本法	
		总成本	单位成本	总成本	单位成本
产品成本	直接材料	24 000	6	24 000	6
	直接人工	12 000	3	12 000	3
	制造费用			14 000	3.5
	变动制造费用	4 000	1		
	合计	40 000	10	50 000	12.5
期间成本	固定制造费用	10 000			
	销售费用	2 000		2 000	
	管理费用	3 000		3 000	
	合计	15 000		5 000	

（2）主营业务成本及期末产成品存货成本计算表如图表2-33所示。

图表 2-33 主营业务成本及期末产成品存货成本计算表 金额单位：元

项目	变动成本法	完全成本法
期初产成品存货成本	0	0
本期产品成本	40 000	50 000
可供销售的产成品存货成本	40 000	50 000
单位产品成本	10	12.5
期末产成品存货量（件）	1 000	1 000
期末产成品存货成本	10 000	12 500
本期产品主营业务成本	30 000	37 500

计算结果表明，按完全成本法确定的产品总成本、单位产品成本、期末产成品存货成本及销售产品成本要比变动成本法高，而它的期间成本却低于变动成本法。这种差异来自两种成本计算法对固定制造费用的不同处理方法，而它们共同的期间成本是销售费用和管理费用。

（三）提供的信息用途不同

典型的完全成本法形成于19世纪，它是适应企业内部事后将间接成本分配给各种产品，反映生产产品发生的全部资金耗费，确定产品实际成本和损益，满足对外提供报表的需要而产生的。因为在此法下，在单位变动成本和固定成本总额不变的条件下，只要增加产量，就可以降低单位产品成本。由于它提供的成本信息可以揭示外界公认的成本与产品在质的方面的归属关系，有助于促进企业扩大生产，能刺激增产的积极性，因而能广泛地被外界所接受。

变动成本法是为满足面向未来决策，强化企业内部管理的要求而产生的。它能提供科学反映成本与业务量之间、利润与销量之间有关量的变化规律的信息，因而有助于加强成本管理，强化预测、决策、规划、控制和考评等职能，促进以销定产，减少或避免因盲目生产而带来的损失。因为在不考虑其他因素的情况下，企业的营业利润从理论上说是单价、成本和销量这三个要素的函数，所以当单价和成本水平不变时，营业利润额应该直接与销量挂钩，营业利润额的变动趋势应该直接与销量的变动趋势相联系，而这一规律只有在变动成本法下才能得到充分体现。

（四）分期营业利润的计算程序不同

需要注意的是，本书如无特别说明，利润均指营业利润。管理会计的预测、决策、规划、控制和考评只考虑可控收入、可控成本，主要包括主营业务收入、主营业务成本、销售费用、管理费用，而不考虑不可控收入、不可控成本或与生产经营活动无关的收入、成本，或假设其为零，通常包括其他业务收入、其他业务成本、资产减值损失、公允价值变动收益、投资收益、信用减值损失、资产处置收益、营业外收入、营业外支出等，此时的营业利润也就是利润总额。

1.在变动成本法下，营业利润按下列步骤和公式计算：

营业收入-变动成本=贡献毛益

贡献毛益-固定成本=利润

式中：（1）营业收入=主营业务收入×（1-有关税率）

“有关税率”是指以主营业务收入为基数计算消费税、资源税等的比率。基于此，如无特别说明，以下均假设营业收入是扣除税金及附加的营业收入。

（2）变动成本=已售产品的变动生产成本+已售产品的变动非生产成本

=（单位变动生产成本+单位变动非生产成本）×销量

=单位变动成本×销量

（3）固定成本=固定生产成本+固定非生产成本

=固定制造费用+固定销售费用+固定管理费用

2.在完全成本计算法下，营业利润按下列步骤和公式计算：

营业收入-主营业务成本=营业毛利

营业毛利-期间费用=利润

其中：（1）营业收入与变动成本法下的营业收入完全相同。

（2）主营业务成本=已售产品的生产成本

$$=\text{期初产成品存货成本}+\text{本期增加产成品存货成本}-\text{期末产成品存货成本}$$

（3）期间费用=非生产成本=销售费用+管理费用

由于分期营业利润的计算程序不同又导致利润表的格式不同。在变动成本法下，生产成本和非生产成本是混在一起的。成本不是按管理职能分类，而是按照成本是否随销售数量变动而变动来进行归类，即按成本习性排列。所有的变动成本，既包括变动生产成本，又包括变动非生产成本，都归集到一起，先从营业收入中扣除，得出贡献毛益，然后再用贡献毛益减固定成本总额，得出营业利润。

在完全成本法下，先用营业收入减主营业务成本，得出营业毛利，再减销售费用和管理费用，得出营业利润。实际上，在完全成本法下的利润表是将成本按照生产成本（体现在主营业务成本中）和非生产成本归类的，即按生产、销售和管理等职能进行排列。

【例 2-22】仍以例 2-21 所示的图表 2-31 资料为依据，分别按两种成本法计算的利润（计算出营业利润），如图表 2-34 所示。

图表 2-34 按两种成本法计算的利润 金额单位：元

按变动成本法计算		按完全成本法计算	
营业收入（20×3 000）	60 000	营业收入（20×3 000）	60 000
减：变动成本		减：主营业务成本	
变动生产成本（10×3 000）	30 000	期初存货成本	0
变动销售费用	600	加：本期生产成本	50 000
变动管理费用	300	可供销售的产品成本	50 000
变动成本合计	30 900	减：期末存货成本（12.5×1 000）	12 500
贡献毛益	29 100	主营业务成本	37 500
减：固定成本		营业毛利	22 500
固定制造费用	10 000	减：期间费用	
固定销售费用	1 400	销售费用	2 000
固定管理费用	2 700	管理费用	3 000
固定成本合计	14 100	期间费用合计	5 000
营业利润	15 000	营业利润	17 500

由于两种成本计算方法对固定生产成本的处理不同，有人误以为必有下述三种情形存在：

（1）当生产量=销量时：

按完全成本法确定的利润=按变动成本法确定的利润

(2)当生产量＞销量时：

按完全成本法确定的利润＞按变动成本法确定的利润

(3)当生产量＜销量时：

按完全成本法确定的利润＜按变动成本法确定的利润

其实，这是一种错觉。两种成本计算法下的利润除了与产销量有关之外，还与发出存货的计价方法有关。可以证明，上述结论只在各期生产量都相等等一些特殊情况下才是正确的，并不具有普遍性。

【例 2-23】设某厂只生产一种产品。第一、第二年的生产量分别为30 000件、24 000件（为避免在完全成本法下，要将固定制造费用在完工产品和在产品之间进行分配，为简化起见，假定不存在在产品）。存货计价采用先进先出法，产品的单价为15元/件，单位变动生产成本为5元/件，固定制造费用每年的发生额为180 000元。假定销售及管理费用都是固定费用，每年发生额为25 000元。假设第一年的期初存货为0，销量为20 000件。第二年的销量按三种情况分别计算：(1) 25 000件；(2) 26 000件；(3) 30 000件。

要求：采用两种成本计算方法计算第一、第二年的利润。

解：两种成本法下，第一、第二年的利润如图表2-35、图表2-36所示。

图表2-35　**采用变动成本法计算的利润**　金额单位：元

项目	第一年	第二年		
销量（件）	20 000	25 000	26 000	30 000
产品销售收入	300 000	375 000	390 000	450 000
减：变动成本	100 000	125 000	130 000	150 000
贡献毛益	200 000	250 000	260 000	300 000
减：固定费用				
固定制造费用	180 000	180 000	180 000	180 000
固定销售、管理费用	25 000	25 000	25 000	25 000
固定费用合计	205 000	205 000	205 000	205 000
利润	-5 000	45 000	55 000	95 000

图表2-36　**采用完全成本法计算的利润**　金额单位：元

项目	第一年	第二年		
销量（件）	20 000	25 000	26 000	30 000
产品销售收入	300 000	375 000	390 000	450 000
减：销售成本				
期初存货	0	110 000	110 000	110 000
加：本期变动生产成本	150 000	120 000	120 000	120 000
固定制造费用	180 000	180 000	180 000	180 000
可供销售的产品成本	330 000	410 000	410 000	410 000
减：期末存货	110 000	112 500	100 000	50 000
主营业务成本	220 000	297 500	310 000	360 000
销售毛利	80 000	77 500	80 000	90 000
减：销售与管理费用	25 000	25 000	25 000	25 000
利润	55 000	52 500	55 000	65 000

在图表2-36中，第一年期末存货= $(\frac{180\ 000}{30\ 000}+5)\times 10\ 000=110\ 000$（元）。第二年，当销量分别为25 000件、26 000件、30 000件时，期末存货分别为：

$(\frac{180\ 000}{24\ 000}+5)\times(10\ 000+24\ 000-25\ 000)=112\ 500$（元）

$(\frac{180\ 000}{24\ 000}+5)\times(10\ 000+24\ 000-26\ 000)=100\ 000$（元）

$(\frac{180\ 000}{24\ 000}+5)\times(10\ 000+24\ 000-30\ 000)=50\ 000$（元）

对第二年的利润进行对比可以发现：

（1）当生产量24 000件 < 销量25 000件时：

完全成本法计算的利润52 500元 > 变动成本法计算的利润45 000元

（2）当生产量24 000件 < 销量26 000件时：

完全成本法计算的利润55 000元=变动成本法计算的利润55 000元

（3）当生产量24 000件 < 销量30 000件时：

完全成本法计算的利润65 000元 < 变动成本法计算的利润95 000元

同样，还可以举出当生产量 > 销量、生产量=销量时，完全成本法与变动成本法利润金额大小的三种可能情况。从中我们可以看到，即使前后期单位变动成本、固定成本总额、单价及存货计价方法都不变，也不能保证上述规律的存在。那么，两种成本计算法下的营业利润是否存在某种必然联系呢？回答是肯定的。

三、对变动成本法的评价

（一）变动成本法的优点

变动成本法是适用于面向未来，加强企业内部管理而产生的。由于它能够提供成本与业务量之间、利润与销量之间有关量的变化规律，因而有助于加强成本管理，强化管理会计预测、决策、规划、控制和考评等职能。因此，变动成本法在以下三个方面优于完全成本法：

（1）变动成本法正确揭示了成本与利润的关系，既符合“收益与费用相配比”的会计原则，又易于被管理者理解和掌握。

变动成本法将成本按成本性态分类，将与产品制造过程直接相关的变动生产成本列入产品成本，随产品出售或结存分别转入主营业务成本或存货成本，而将与各期经营活动能力和管理需要直接有关、不受产品生产量变动影响的固定制造费用列入期间成本，并随时间消逝而一次全部转销。这样做比完全成本法更符合“收益与费用配比”的会计原则，也体现了谨慎性原则。利润真正成了反映企业经营状况的“晴雨表”，有助于促使企业树立市场观念，努力开发市场，重视销售，以销定产，减少或避免因盲目生产而带来的损失。同时，成本计算排除了固定制造费用分配上的影响，存货流转计价和产量变动不再使利润的计算含混不清，净收益随销量变动而变动，更易于为管理者理解和掌握。

完全成本法就不具备这一特点。在本节例2-23中，在成本水平和单价都没有变动的情况下，第二年销售25 000件的利润52 500元却小于第一年销售20 000件的利润55 000元，出现了利润随销售的增加而减少的现象。

（2）变动成本法能够广泛应用于企业内部经营管理的预测、决策、规划、控制和考评。

变动成本法在产品生产成本的组成内容、成本的划分标准和利润的计算程序上的特点，清晰地揭示了成本、业务量和利润三者之间的内在联系，是进行本量利分析的前提，有利于进行销售、成本、利润预测，最佳产品生产组合和最优产品定价等短期经营决策。通过预测、决策、又能为制定全面规划提供依据，有助于将变动成本和固定成本指标分解落实给各个责任单位，分清各部门责任，有利于成本控制和业绩考评。

（3）变动成本法简化了产品成本计算。

变动成本法将固定制造费用列入期间成本，从贡献毛益中直接扣除，大大简化了产品成本计算中间接费用的分配过程，并可减少由于分配标准的多样性而可能产生的主观随意性，因而使产品成本的计算工作简化了。

（二）变动成本法的局限性

（1）变动成本法不符合财务会计的产品成本概念以及对外报告的要求。

在一般财务会计理论中，产品成本是指在生产领域为生产产品而发生的全部生产成本，当然也应包括固定生产成本。这种观念长期以来在世界范围内得到了广泛的支持和认可。一般认为，成本的概念非常注重成本的资本保全作用。企业处理存货，只有在获得的价值超过其成本时，才被认为是保全了资本。因此，成本也就成为企业经营管理最后的防线。人们常说的“亏本”中的“本”就是指成本。从这个意义上说，成本应该是全部成本。如果仅考虑变动成本，就不能保证企业不“亏本”。因此，企业的外部信息使用者很关心企业的总成本和单位成本状况。为此，各国会计界均把以完全成本法计算的产品成本列为“公认会计准则”的一部分和对外报告的标准。变动成本法计算的产品成本显然不能满足这一要求。

（2）变动成本法提供的信息不适用于国家宏观决策和企业长期决策的需要。

在我国社会主义市场经济中，国家需要及时了解企业的生产经营状况，以便制定正确的政策，引导国民经济健康、持续、快速发展。国家在考察某一部门、行业的经济效益状况时，通常要计算该行业的投入产出比例，计算的投入既包括人工消耗，又包括各种物耗，实际上与以完全成本法计算成本的要求差不多。在统计该部门所属企业的经济效益状况时，所运用的资料也都是以完全成本法为基础核算的会计资料。因此，在进行宏观决策时，完全成本法所提供的信息显然比变动成本法所提供的信息更有效。变动成本法也不适用于企业的长期决策。从长期来看，企业维持正常生产能力所需的费用可以调整。企业的生产能力可因长期决策不同而不同，因此固定成本和变动成本的水平不可能长期不变，而长期决策涉及的时间长，又要解决提高或降低生产能力、扩大或缩小经营规模的问题，必然突破相关范围，因此变动成本法所提供的资料不适用于企业长期决策的需要。

（三）统一的成本计算系统

企业会计既要对外服务，又要对内服务：一方面，要定期发布财务报告，为企业外部提供企业财务状况、经营成果和现金流量等信息；另一方面，要通过灵活多样的方式和方法，为企业内部经营管理提供信息。完全成本法虽然对内部经营管理有很大局限性，但却符合企业会计准则的要求，能够提供符合企业会计准则的会计报告；变动成本法虽然有利于企业内部的生产经营管理，能够提供短期决策的相关信息，却不能满足对外会计报告的要求。目前，变动成本法与完全成本法无法互相取代。那么，企业如何兼顾内部和外部两方面的要求呢？可以建立统一的成本计算系统，将两种成本计算方法结合起来。多数人认为，在日常按变动成本法组织核算，并随时提供能够满足企业内部管理需要的信息的基础上，可以定期将按变动成本法确定的成本、利润信息调整为按完全成本法反映的信息资料，以满足企业外部的需要。

具体做法是：

（1）把日常核算建立在变动成本法的基础上，“生产成本”“库存商品”账户只登记变动生产成本。

（2）设置“变动制造费用”账户，期末转入“生产成本”账户，再设置“固定制造费用”账户，归集本期发生的固定制造费用；期末将已销产品应分摊的固定制造费用转入“主营业务成本”账户，其金额可通过以下公式计算求得：

$$\text{固定制造费用分配率}=\frac{\text{产成品存货中月初固定制造费用}+\text{本月发生固定制造费用}}{\text{本月已销产品数量}+\text{期末在产品约当产量}+\text{期末产成品数量}}$$

已销产品应负担的固定制造费用=固定制造费用分配率×本月已销产品数量

（3）“主营业务成本”账户仍按完全成本法使用，已销产品的变动生产成本自“库存商品”账户转入，应负担的固定制造费用自“固定制造费用”账户转入。“管理费用”“销售费用”账户仍按完全成本法使用，只是明细账分为变动费用项目和固定费用项目两大部分。

（4）根据有关账户资料加以调整，其调整公式如下：

$$\text{完全成本法下的期末产成品存货成本}=\text{变动成本法下的期末产成品存货成本}+\text{期末产成品存货中的固定制造费用}$$

可以证明：

$$\text{完全成本法下的营业利润}=\text{变动成本法下的营业利润}+\text{两种成本法下的营业利润差额}$$

两种成本法下的营业利润差额为：

$$\begin{aligned}&\text{完全成本法下的营业利润}-\text{变动成本法下的营业利润}\\&=\text{完全成本法下期末产成品存货中的固定生产成本}-\text{完全成本法下期初产成品存货中的固定生产成本}\\&=\text{期末产成品存货中的单位固定生产成本}\times\text{期末产成品存货量}-\text{期初产成品存货中的单位固定生产成本}\times\text{期初产成品存货量}\end{aligned}$$

这样，利用前面所设置的账户及其调整公式，便可分别编制变动成本法下的利润表和资产负债表，以及完全成本法下的利润表和资产负债表。

我们认为，从理论上看，上述做法是完全可行的。但在实务中，上述做法是很难执行的：一是变动成本法与税务机关的计税基础不一致，而带来诸多不便；二是变动成本法的账簿记录不符合会计准则的要求，给会计和审计工作带来不必要的麻烦。行之有效的方法应该是，日常仍按完全成本法核算，当企业内部管理进行预测、决策、规划、控制和考评需要有关会计资料时，利用现有的完全成本法的会计资料，按成本性态分析的方法，将全部成本分解为变动成本和固定成本。有两种做法：①在“生产成本”“制造费用”“管理费用”“销售费用”“财务费用”账户的明细账中，按“变动成本”和“固定成本”分设成本项目和费用项目。平时登记上述账户明细账时，就按变动成本和固定成本登记。如果是混合成本，还要按成本性态进行分解，之后再进行登记。这样做便于期末汇总，但增加了平时的工作量，只有业务量不大、实现会计电算化的企业才有可能应用。②利用完全成本法下的有关上述账户数据，利用成本性态分析方法，将混合成本分解为变动成本和固定成本。运用变动成本法原理计算企业内部所需要的各种指标、数据。这种做法保留了传统的完全成本法的计算程序，以它为基础，从中取得运用变动成本法时所需的会计资料，不变更现有成本计算程序，从而避免了变更成本计算程序带来的麻烦，在实务中被有些企业应用。这就是企业日常仍按完全成本法而不按变动成本法组织核算的主要原因。

通过本章的学习，可以知道完全成本法下的营业净利润在产量大于销量、产量等于销量、产量小于销量时，都有可能大于、等于或小于变动成本法下的营业利润。因此，认为“在产量大于销量时，完全成本法下确定的营业利润大于变动成本法下确定的营业利润；在产量等于销量时，完全成本法下确定的营业利润等于变动成本法下确定的营业利润；在产量小于销量时，完全成本法下确定的营业利润小于变动成本法下确定的营业利润”的观点不具有普遍性，它只是在各期成本水平不变且各期生产量都相等等一些特殊情况下才成立。两种成本法下确定的营业利润差额等于期末存货中的固定制造费用减去期初存货中的固定制造费用，拓宽了上述三个结论的应用范围，无论在理论上，还是在实践上都具有普遍意义。

【例 2-24】仍以例 2-23 资料为例，验证两种成本法下营业利润差额的变动规律。

解：两种成本法下的营业利润差额计算表如图表 2-37 所示。

通过图表 2-37 可以看出：

完全成本法下确定的营业利润 − 变动成本法下确定的营业利润 = 期末产成品存货中的固定制造费用 − 期初产成品存货中的固定制造费用

图表 2-37 两种成本法下的营业利润差额计算表 金额单位：元

年数	产量（件）	销量（件）	完全成本法下确定的营业利润减去变动成本法下确定的营业利润	期末存货中固定制造费用减去期初存货中固定制造费用
第一年	30 000	20 000	55 000-（-5 000）=60 000	$\frac{180\ 000}{30\ 000}$×10 000-0 =60 000-0=60 000
第二年	24 000	25 000	52 500-45 000=7 500	$\frac{180\ 000}{24\ 000}$×（10 000+24 000-25 000）-60 000 =67 500-60 000=7 500
		26 000	55 000-55 000=0	$\frac{180\ 000}{24\ 000}$×（10 000+24 000-26 000）-60 000 =60 000-60 000=0
		30 000	65 000-95 000=-30 000	$\frac{180\ 000}{24\ 000}$×（10 000+24 000-30 000）-60 000 =30 000-60 000=-30 000

第三章

预测分析

本章介绍管理会计的“预测经济前景”职能。预测按涉及的时期长短分为长期预测和短期预测。由于长期预测涉及的时间长（1年以上），不确定因素多，不能可靠地进行预测的误差估计，从而风险太大，较难操作；而短期预测（又称经营预测）涉及时间短（不超过1年），不确定因素较少，能比较可靠地进行误差估计，从而风险较小，更具可操作性。鉴于此，本章预测分析仅指经营预测，即利用定量分析和定性分析的方法，进行销售预测、成本预测、利润预测和资金预测，并给出误差估计的一些基本方法，对上述经营预测进行误差分析，为决策分析提供科学依据。

第一节 预测分析概述

一、预测分析及其作用

预测是指根据过去和现有的信息，运用一定的科学手段和方法，预计、推测事物未来发展必然性或可能性的行为，即根据过去和现在预计未来，由已知推断未知的过程。

预测的范围很广，而对于现代企业来说，就是要进行经营预测。所谓**经营预测**，是指企业根据现有的经济条件、所掌握的历史资料以及客观事物的内在联系，对生产经营活动的未来发展趋势和状况进行的预计和测算。

管理会计中的**预测分析**，是指运用专门方法进行经营预测的过程，因此，也称为**经营预测分析**。

经营成败的关键是决策，而决策的基础是科学的预测，预测分析直接为决策服务，是决策的先导与前提。没有准确的预测，要做好符合客观发展规律的科学决策是难以想象的。但是预测并不能代替决策，因为预测分析要解决的是如何科学准确地预见或描述未来的问题，而决策的结论则是直接支配未来的行动方案。

预测分析也要为规划服务，它所提供的许多数据最终被纳入预算，成为编制预算的基础。但预测分析可以反复循环进行，并可根据需要选用不同的方法，其信息只具有指导性，起参考作用；而计划或预算的程序则具有相对稳定性，其信息具有严肃性和强制性。预测可在计划之前进行，也可在计划或预算的执行过程中进行，以指导修正计划或预算。

总之，企业要在市场竞争中立于不败之地，就必须掌握“鉴往知来”的本领。企业不仅要了解市场的过去和现状，更为重要的是必须面向未来，对未来发展趋势作出科学的预计和推测，缺乏科学预测的管理是盲目的和不健全的。

二、预测分析的步骤

为了做好经济活动的预测分析工作，保证这一工作顺利进行，一般应采取以下几个工作步骤。

（一）确定预测对象

要进行预测分析，首先必须确定预测对象，即确定预测分析的具体内容、范围、目的和要求。预测对象是根据企业经营的总体目标来设计和确定的，确定预测对象是做好预测分析的前提，是制订预测分析计划、确定信息资料来源、选择预测方法和组织预测人员的依据。

（二）收集和整理资料

预测分析所需的资料是进行预测分析的重要依据。要做好经济活动的预测分析工作，就必须掌握有关预测对象从过去到现在的经济数据资料和其他信息资料。这些资料有过去的纵向资料，有现在的横向资料，有市场信息、同行业的竞争情况，有国内外经济发展趋势等。在占有大量资料的基础上，企业还要对这些资料进行整理、归纳、鉴别，去伪存真，去粗取精，尽量从中发现与预测对象有关的各因素之间的规律性和相互依存关系。

（三）选择预测方法

每种预测方法都有特定的用途，对于不同的预测对象、内容和所掌握的资料，一般应采用不同的预测方法。如果选择的预测方法不当，那么就不能达到预测的目的。对于那些资料齐全，可以建立数学模型的预测对象，应在定量分析方法中寻找适当的方法；而对于缺乏资料的预测对象，应当根据经验去选择适当的定性预测方法。当然，在现实经济生活中，预测对象与影响其结果的各因素之间的关系非常复杂，如有可能，对于同一预测对象也可采用几种不同的预测分析方法，比如在抓住主要矛盾进行定量分析的同时再加上合理的定性分析，以便相互对比，发现问题。

（四）对初步预测结果进行分析、修正

作出初步预测后，对于采用定量预测方法的，由于数学模型不可能把非计量因素考虑进去，所以需要结合定性分析的结论对其预测值进行修正，对其可能发生变化的幅度和可能产生的影响进行判断分析。也就是要分析内部、外部的各种影响因素，考虑重大因素的影响，确定预测中可能产生的最大误差范围，分析误差可能产生的原因，以便说明预测结果的可靠程度，将修正后的预测结果通过报告形式上报给企业有关领导，作为决策的第一手资料。

（五）对最终预测结果在执行中进行改进

预测毕竟是预计和推测，实际情况下的发生值往往偏离预测值。为了缩小预测值与实际值之间的差距，在生产经营过程中，企业应将实际值与预测值进行对比，计算预测的差异，找出其产生原因。若是预测方法不够合理，应及时修正预测方法；若是某些预测的因素没有达到预计的结果，而对这些因素可以人为地施加影响，则在以后的经营过程中，应对这些因素进行人为控制，以便使它们达到最佳预计结果；如果这些因素非人为可以影响，则只有改变当前的预计结果使其更符合实际。这样，通过修正预测方法和预计数据，可以提高预测的精确性与可靠性。

三、经营预测分析的基本内容

在市场经济条件下，市场决定生产，因此，销售预测成为企业经营决策的基础和首要环节；根据市场和企业自身的实际情况，在进行挖潜的基础上应对成本作出预测；销售预测及成本预测决定了企业的利润预测；实现企业的目标利润必然要有资金投入，从而还应对资金需求作出预测，以便筹集必要的资金以满足生产经营的需要，因此，经营预测分析的基本内容包括销售预测、成本预测、利润预测和资金预测。

四、预测分析的方法

预测分析的具体方法很多，基本上可以归为以下两类：定量分析法与定性分析法。

（一）定量分析法

定量分析法又称数量分析法，是指在完整掌握与预测对象有关的各种要素量化资料的基础上，运用现代数学方法进行数据处理，据以建立能够反映有关变量之间规律性联系的各类预测模型的方法体系。定量分析法又分为趋势预测分析法和因果预测分析法。

1.趋势预测分析法

趋势预测分析法，是指将时间（月、年）作为制约预测对象变化的自变量，把未来作为历史的自然延续，属于按事物自身发展趋势进行预测的一种预测分析方法。

这种预测分析方法的基本原理是：企业过去和现在存在的某种发展趋势将会延续下去，而且过去和现在发展的条件同样适用于未来，可以将未来视为历史的自然延续。因此，该法又称为“**时间序列分析法**”。属于这种方法的有平均法和时间序列回归分析法。此种预测分析方法多用于销售预测，也可用于成本预测。

2.因果预测分析法

因果预测分析法，是指根据预测变量及其相关联变量之间的因果关系，建立因果预测的数学模型，按预测因素（即非时间自变量）的未来变动趋势来推测预测对象（即因变量）未来水平的一种相关预测方法。

这种预测方法的基本原理是：预测对象受到许多因素的影响，它们之间存在着复杂的关系，通过对这些变量内在规律性的研究，可建立一定的数学模型，在已知自变量的条件下，可利用数学模型直接推测预测对象的水平。属于这种方法的有本量利分析法、回归分析法、经验曲线预测分析法、投入产出法、经济计量法等多种方法。此种预测方法可用于销售预测、成本预测、利润预测和资金预测等全部经营预测分析。

趋势预测分析法与因果预测分析法的主要区别在于，前者的自变量是时间单位（月或年），后者的自变量是时间单位以外的业务量。

（二）定性分析法

定性分析法又称**非数量分析法**，是指由有关方面的专业人员根据个人经验和知识，并考虑政治、经济形势、市场前景、消费倾向、价格政策等对预测对象的影响，结合预测对象的特点进行综合分析，对事物的未来状况和发展趋势作出推测的一种预测方法。它一般不需要进行复杂的定量分析。这种预测方法在企业缺乏完备的历史资料，或主要因素难以作定量描述的情况下尤为适用。

经营预测的定性分析法主要包括：市场调查法、专业人员判断分析法。定性分析法主要适用于销售预测，也适用于成本预测、利润预测和资金预测等全部经营预测分析。

（三）两种预测方法的关系

定量分析法与定性分析法在实际应用中并非互相排斥，而是相互补充、相辅相成的。经营预测人员要根据企业的具体情况和预测对象，把它们正确地结合起来运用。在占有比较完备的资料的条件下，应先运用一定的数学方法进行加工处理，找出有关变量之间规律性的联系，作为预测未来的一个重要依据。但是，任何数学方法的应用都是以过去的资料赖以产生的条件作为基础来预测未来的，这些过去的资料赖以产生的条件有可能在本期已发生较大变化，而这种变化又有可能无法计量，如国家的方针政策以及政治经济形势的变动，消费者心理以及习惯的改变，投资者的意向以及职工素质的变化等。这样，根据定量分析所得到的结果，还要根据这些因素进行修正，依靠熟悉情况和业务的专家进行分析判断，提出修正意见。由此可见，只有把定量分析和定性分析正确地结合起来，相互取长补短，才能提高预测分析的准确性和预测结论的可信性。

五、预测分析的原则

（一）灵活性原则

预测分析可灵活地采用多种方法，不能指望有一种能适应任何情况、绝对成功的预测方法。选择预测方法，必须具体问题具体分析，结合企业具体情况，尽量选择简便易行、成本低而效率高的方法。如有可能，企业应将多种预测方法所得到的预测结果进行对比分析，找出产生差异的原因，并进行修正，以使预测结果更趋于正确。

（二）可信性原则

尽管预测不是主观的随意猜测，但也不可避免地带有一定的“估计”成分，出现误差也在所难免。一个成功的预测应能对预测中出现的误差范围进行预计，只要出现的误差是在允许的范围内，预测结果就是可信的。换句话说，只要预测的结果有助于企业作出科学的、正确的决策，则预测就是可信的。否则，一个不能对预测误差进行预计的预测则是不可信的。不可信的预测，也就失去了预测本身的意义。

（三）效益性原则

进行预测总要付出一定的代价，即预测费用。一般而言，企业在预测方面的花费，同由于对未来经营状况估计不足而造成的损失相比往往是微不足道的。但是，有时企业可能由于对预测方法选择不当，或者为片面追求预测精度等原因而浪费预测费用，使得投入大于产出，也就失去了预测的意义。只有预测费用较低而效益很高的预测才是可行的。

六、预测分析的误差估计方法

一个可信的预测应能给出误差估计，如果不能对预测误差进行合理的估计，其预测就不具有可信性，就无法保证预测结果的可靠性。由于预测的已知数据资料和方法不同，预测误差估计的方法也不可能完全相同，企业只能根据预测的已知数据资料和方法，去选择预测误差估计的方法，下面介绍几种误差估计的基本方法。

（一）利用n期历史数据资料的误差估计

已知n期历史数据资料为（x_1，y_1），（x_2，y_2），…，（x_n，y_n），x_i为第i期自变量，y_i为第i期实际值，i=1，2，…，n，其对应的预测值为$\hat{y}_1$，$\hat{y}_2$，…，$\hat{y}_n$，预测期的自变量为x_{n+1}，预测期的预测值为$\hat{y}_{n+1}$，$\bar{y}=\sum y_i\frac{w_i}{w}$为n期实际值的平均值。其中：$w_i$为$y_i$（i=1，2，…，n）的权数，$w=\sum_{i=1}^{n}w_i$为权数之和，$\frac{w_i}{w}$为饱和权数，即$\sum_{i=1}^{n}\frac{w_i}{w}=1$。

1.平均误差法

（1）考虑预测期自变量的平均误差法

考虑预测期自变量的平均误差法是用距预测期最近的n期历史数据中，每期实际值与该期预测值，或与第n+1期预测值，或与平均值之差的绝对值除以该期自变量，求和后乘以$\frac{1}{n}$，再乘以预测期的自变量，以此作为平均误差的一种方法。

$$平均误差\delta=\left(\frac{|y_1-\hat{y}_1|}{x_1}+\frac{|y_2-\hat{y}_2|}{x_2}+\cdots+\frac{|y_n-\hat{y}_n|}{x_n}\right)\cdot\frac{1}{n}\cdot x_{n+1}$$

$$=\sum_{i=1}^{n}\frac{|y_i-\hat{y}_i|}{x_i}\cdot\frac{1}{n}\cdot x_{n+1} \quad ①$$

$$或平均误差\delta=\left(\frac{|y_1-\hat{y}_{n+1}|}{x_1}+\frac{|y_2-\hat{y}_{n+1}|}{x_2}+\cdots+\frac{|y_n-\hat{y}_{n+1}|}{x_n}\right)\cdot\frac{1}{n}\cdot x_{n+1}$$

$$=\sum_{i=1}^{n}\frac{|y_i-\hat{y}_{n+1}|}{x_i}\cdot\frac{1}{n}\cdot x_{n+1} \quad ①'$$

$$或平均误差\delta=\left(\frac{|y_1-\bar{y}|}{x_1}+\frac{|y_2-\bar{y}|}{x_2}+\cdots+\frac{|y_n-\bar{y}|}{x_n}\right)\cdot\frac{1}{n}\cdot x_{n+1}$$

$$=\sum_{i=1}^{n}\frac{|y_i-\bar{y}|}{x_i}\cdot\frac{1}{n}\cdot x_{n+1} \quad ①''$$

（2）不考虑预测期自变量的平均误差法

①绝对值平均误差法。绝对值平均误差法是将历史数据各期实际值与该期预测值，或与第n+1期预测值，或与平均值之差的绝对值乘以饱和权数，求和后作为平

均误差的一种方法。

平均误差$\delta=\sum_{i=1}^{n}\left|y_i-\hat{y}_i\right|\cdot\frac{w_i}{w}$ ②

或平均误差$\delta=\sum_{i=1}^{n}\left|y_i-\hat{y}_{n+1}\right|\cdot\frac{w_i}{w}$ ②′

或平均误差$\delta=\sum_{i=1}^{n}\left|y_i-\bar{y}\right|\cdot\frac{w_i}{w}$ ②″

②回归标准差平均法。回归标准差平均法是将历史数据各期实际值与预测值之差的平方乘以饱和权数，求和后，再开平方（称为回归标准差），以此作为平均误差的一种方法。

平均误差$\delta=\sqrt{\sum_{i=1}^{n}(y_i-\hat{y}_i)^2\cdot\frac{w_i}{w}}$ ③

③标准差平均法。标准差平均法是将历史数据各期实际值与平均值之差的平方乘以饱和权数，求和后，再开平方（称为标准差），以此作为平均误差的一种方法。

平均误差$\delta=\sqrt{\sum_{i=1}^{n}(y_i-\bar{y})^2\cdot\frac{w_i}{w}}$ ③′

公式②、②′、②″、③、③′的可信程度不如公式①、①′、①″。在一般情况下，应尽量应用公式①、①′、①″，除非在历史数据很多或不能应用公式①、①′、①″的情况下，公式②、②′、②″、③、③′才有一定的应用价值。

2.最大误差法

（1）考虑预测期自变量的最大误差法

考虑预测期自变量的最大误差法是将历史数据各期实际值与该期预测值，或第n+1期预测值，或平均值之差的绝对值，除以该期对应的自变量，取其最大值，乘以预测期自变量，作为最大误差的一种方法。

最大误差$\Delta=\max\left\{\frac{\left|y_1-\hat{y}_1\right|}{x_1},\frac{\left|y_2-\hat{y}_2\right|}{x_2},\ldots,\frac{\left|y_n-\hat{y}_n\right|}{x_n}\right\}\cdot x_{n+1}$ ④

或最大误差$\Delta=\max\left\{\frac{\left|y_1-\hat{y}_{n+1}\right|}{x_1},\frac{\left|y_2-\hat{y}_{n+1}\right|}{x_2},\ldots,\frac{\left|y_n-\hat{y}_{n+1}\right|}{x_n}\right\}\cdot x_{n+1}$ ④′

或最大误差$\Delta=\max\left\{\frac{\left|y_1-\bar{y}\right|}{x_1},\frac{\left|y_2-\bar{y}\right|}{x_2},\ldots,\frac{\left|y_n-\bar{y}\right|}{x_n}\right\}\cdot x_{n+1}$ ④″

（2）不考虑预测期自变量的最大误差法

不考虑预测期自变量的最大误差法，是将历史数据各期实际值与该期预测值，或n+1期预测值，或平均值之差的绝对值求和，作为最大误差的一种方法。

最大误差$\Delta=\sum_{i=1}^{n}\left|y_i-\hat{y}_i\right|$ ⑤

或最大误差$\Delta=\sum_{i=1}^{n}\left|y_i-\hat{y}_{n+1}\right|$ ⑤′

或最大误差$\Delta=\sum_{i=1}^{n}|y_i-\bar{y}|$ ⑤″

（3）考虑预测期预测值（因变量）变动范围的最大误差法

考虑预测期预测值（因变量）变动范围的最大误差法是通过分析预测值的变动范围，用预测值变动的上、下限来估计最大误差的一种方法。假设M为预测值变动的上限（如销售预测中企业的市场最大份额或企业的最大生产能力），m为预测值变动的下限（如销售预测中企业的市场最小份额或在最不利条件下企业的销售量或销售额）。

最大误差$\Delta=M-m$ ⑥

（4）考虑标准差δ的最大误差法

根据统计学的原理，在概率（可用饱和权数表示）为正态分布的情况下，随机变量y（即实际值）出现在区间$[\bar{y}-3\delta,\bar{y}+3\delta]$内的概率为99.73%，因此，不妨认为，实际值与预测值的最大误差不超过3δ。

最大误差$\Delta=3\delta=3\cdot\sqrt{\sum_{i=1}^{n}(y_i-\bar{y})^2\cdot\frac{w_i}{w}}$ ⑦

公式⑦只适合平均法，并且在历史数据很多的情况下，才有应用价值。

（二）利用连续可微函数关系y=f（x）的误差估计

假设采用因果预测分析法进行预测，已经建立了预测值y与自变量x的连续可微函数y=f（x）。

1.一般误差法

如果由x计算y时，x有误差Δx，则由此计算的y值有：

绝对误差$|\Delta y|\approx|f'(x)\cdot\Delta x|$ ⑧

相对误差$\frac{|\Delta y|}{|y|}\approx\frac{|f'(x)\cdot\Delta x|}{|f(x)|}$ ⑨

2.最大误差法

在自变量x的变动范围内，利用微积分原理，求f（x）的最大值M和最小值m：

最大误差$\Delta=M-m$ ⑥′

该公式与公式⑥形式完全相同，只是前者是离散变量，后者为连续变量，所以将该公式记为⑥′。

（三）误差估计方法的适用范围

上述误差估计的方法适用于预测分析中的定量分析法，每个误差估计公式都有其适用范围。一般说来，公式①″、②″、③′、④″、⑤″、⑦适用于趋势预测分析法中的平均法，公式①、①′、②、②′、③、④、④′、⑤、⑤′适用于趋势预测分析法和因果预测分析法中的回归分析法，公式⑥、⑥′适用于能找到预测值的有限变动范围，公式⑧、⑨适用于因果预测分析法中预测值是自变量的连续可微函数。究竟应用哪个公式进行误差估计，应根据预测的内容、方法和已获得的相关数据进行选择。

第二节 销售预测

一、销售预测概述

销售预测是指在充分调查、研究的基础上，预计市场对本企业产品在未来时期的需求趋势的经营预测。在市场经济“以需定销，以销定产”的条件下，作为商品经营者的企业必然十分关心在未来一定时期内哪些产品适销对路，企业能在市场上占有多大份额，经营某项业务究竟能赚取多少利润，成本多高，要用多少资金等。因此，在企业预测系统中，销售预测处于先导地位，它对于指导利润预测、成本预测和资金预测，安排经营计划，组织生产等都起着重要作用。这是由于销售是企业经营管理的关键，企业在产品生产、质量控制以及管理和经营上的各种努力，只有在产品销售后才能得以回报，所以，离开了可靠的销售预测，企业所做的各种预测和决策就没有意义了。随着我国市场经济的不断完善，多种形式的经济实体并存和竞争使企业的销售预测显得尤为重要，也更复杂了。只有认真研究各种销售预测的方法，根据实际情况灵活运用，才能使销售预测的结果真实可靠。

下面分别介绍销售预测的定量分析法和定性分析法。

二、销售预测的定量分析法

销售预测的定量分析法主要有趋势预测分析法和因果预测分析法，分别介绍如下：

（一）趋势预测分析法

趋势预测分析法在销售预测中的应用较为普遍，其具体应用形式包括平均法和时间序列回归分析法。

1.平均法

平均法是指根据所掌握的特定预测对象若干时期的销售量（额）历史资料，按照一定方法进行处理，确定其平均值，以确定预测销售量（额）的方法。具体包括加权平均法、算术（简单）平均法、指数平滑法三种。

影响平均法预测值的主要因素有两个，其一是计算平均数所选择的期数n（即数据的个数），其二是每期数据的权数。对同一个预测内容，选择的期数和权数不同，可能会得到完全不同的结果，而期数和权数的选择，又常因人的主观认识不同而不同。而平均法的实质就是预测值取前n期实际值的平均数，因而预测值只能在所取n个实际值中的最大值和最小值之间变动，而不会超出这个范围，因而也就大大限制了平均法在经营预测中的应用。以销售量预测为例说明如下。

【例3-1】某企业生产一种产品，2014—2021年销量资料如图表3-1所示。

要求：分别采用加权平均法、算术（简单）平均法、指数平滑法预测2022年销售量，并进行误差估计。

（1）加权平均法。**加权平均法**是指在掌握t期资料的基础上，按近大远小的原则确定各期权数，并据以计算加权平均值的方法。其公式为：

图表 3-1 销售资料 单位：万吨

年份	2014	2015	2016	2017	2018	2019	2020	2021
时间序列 t	1	2	3	4	5	6	7	8
销量 y_t	41	44	50	46	47	52	45	55

$$预测销售量\bar{y}_t=\frac{\sum_{i=1}^{t}第i期销售量\times第i期权数}{各期权数之和}=\frac{\sum_{i=1}^{t}y_i\cdot w_i}{\sum_{i=1}^{t}w_i}=\sum_{i=1}^{t}y_i\cdot\frac{w_i}{w}$$

其中：$w=\sum_{i=1}^{t}w_i$

假设选择 t=5 期平均，则应从 2017—2021 年，因近期对预测值影响较大，2017—2021 年的权数依次为 1、2、3、4、5，则 2022 年预计销售量为：

$$\bar{y}_5=\frac{46\times1+47\times2+52\times3+45\times4+55\times5}{1+2+3+4+5}=\frac{751}{15}\approx50（万吨）$$

显然，如果改变期数和权数，就会得到不同的预测结果。

（2）算术平均法。**算术平均法**又称**简单平均法**，是各期权数都为 1 时的加权平均法。因此，算术平均法是加权平均法的特殊情况。本例中 2022 年预计销售量为：

$$\bar{y}_5=\frac{46+47+52+45+55}{5}=49（万吨）$$

（3）指数平滑法。**指数平滑法**是指利用事先确定的平滑指数，在考虑预测期前一期实际销售量 y_{t-1} 和前一期预测销售量 $\bar{y}_{t-1}$ 的基础上，预测第 t 期销售量的一种方法。其公式为：

预测销售量 $\bar{y}_t$=平滑指数×前期实际销售量+（1−平滑指数）×前期预测销售量

$$=\alpha\cdot y_{t-1}+(1-\alpha)\cdot\bar{y}_{t-1}\quad（t=2，3，\cdots，n）$$

①平滑指数的确定。平滑指数 α 是一个经验数据，其取值范围通常是 0.3~0.7，在本例中，假设 α=0.3，仍选用 t=5 期平均。

②初始预测值的确定。初始预测值 $\bar{y}_1$ 不能通过预测公式 $\bar{y}_t=\alpha y_{t-1}+（1-\alpha）\bar{y}_{t-1}$ 得到，而是一个主观估计值，在本题中，假设 $\bar{y}_1$ 等于第 1 年实际值 46.00 万吨。

采用指数平滑法预测 2022 年销量如图表 3-2 所示。

图表 3-2 采用指数平滑法预测销售量 单位：万吨

年份	时间序列	本期实际值	0.3×前期实际值	前期预测值	0.7×前期预测值	本期平滑预测值
2017	1	46.00				46.00
2018	2	47.00	13.80	46.00	32.20	46.00
2019	3	52.00	14.10	46.00	32.20	46.30
2020	4	45.00	15.60	46.30	32.41	48.01
2021	5	55.00	13.50	48.01	33.61	47.11
2022	6		16.50	47.11	32.98	49.48

2022年的销售量预测为49.48万吨。

从指数平滑法的公式可以看出，这仍然是加权平均法，因为：

$$\bar{y}_t=\alpha\cdot y_{t-1}+(1-\alpha)\cdot\bar{y}_{t-1}$$

$$=\alpha\cdot y_{t-1}+\alpha\cdot(1-\alpha)y_{t-2}+\alpha\cdot(1-\alpha)^2y_{t-3}+\cdots+\alpha\cdot(1-\alpha)^{t-2}y_1+(1-\alpha)^{t-1}\bar{y}_1$$

图表3-2的计算结果，也可由该公式直接计算。

$$\bar{y}_6=0.3\times55+0.21\times45+0.147\times52+0.1029\times47+0.07203\times46+0.16807\times46$$

$$=49.48\text{（万吨）}$$

由此可见，越是近期的实际值，其权数越大；越是远期的实际值，其权数越小，而$\bar{y}_1$只不过是一个起点而已。本例中由近及远的权数依次为0.3、0.21、0.147、0.1029、0.07203、0.16807，第t期的预测值是前t−1期的实际值与第一期预测值的加权平均数，此时权数之和 $(1-\alpha)^{t-1}+\sum_{i=2}^{t}\alpha(1-\alpha)^{i-2}=1$，即加权平均法预测销售量$\bar{y}_t$公式分母（即各期权数之和）为1，完全符合加权平均法的计算公式，因此，指数平滑法也是加权平均法。

这样，我们就可以将加权平均法、算术平均法、指数平滑法统称为平均法，其区别只在于数据的个数和权数的权值有所不同而已。

（4）误差估计。由于平均法只有预测期之前t期实际值和第t+1期预测值（即t期平均值）$\bar{y}_t$，所以用误差估计公式①″、②″、③′、④″、⑤″、⑦比较合适，本例利用公式③′计算平均误差。

加权平均法的平均误差：

$$\delta=\sqrt{(46-50)^2\times\frac{1}{15}+(47-50)^2\times\frac{2}{15}+(52-50)^2\times\frac{3}{15}+(45-50)^2\times\frac{4}{15}+(55-50)^2\times\frac{5}{15}}$$

$$=4.2505\text{（万吨）}$$

算术平均法的平均误差：

$$\delta=\sqrt{\frac{(46-49)^2+(47-49)^2+(52-49)^2+(45-49)^2+(55-49)^2}{5}}$$

$$=3.8471\text{（万吨）}$$

指数平滑法的平均误差：

$$\delta=\sqrt{(46-49.48)^2\times0.16807+(46-49.48)^2\times0.07203+(47-49.48)^2\times0.1029+}$$
$$\sqrt{(52-49.48)^2\times0.147+(45-49.48)^2\times0.21+(55-49.48)^2\times0.3}$$

$$=4.2226\text{（万吨）}$$

利用公式⑦计算它们的最大误差3δ，依次为：12.7515万吨、11.5413万吨、12.6678万吨。相比之下，算术平均法的预测销售量49万吨更具可信性。

综上可知，对同一种产品销售量的预测，采用加权平均法、算术平均法、指数平滑法的预测结果依次为：50万吨、49万吨、49.48万吨。即使采用同一种方法，比如加权平均法，由于选择期数不同，权数不同，其预测结果也多不相同。但不管各自预测结果如何，其预测值始终在5期实际值的最大值55万吨和最小值45万吨之间，各种平均法的预测值均不会超过这个范围。当销量呈现明显上升趋势或下降趋势时，采用加权平均法进行预测显然是不妥当的。

2.时间序列回归分析法

时间序列回归分析法是指通过分析一段时间内销售量y与时间t的函数关系，来建立回归模型并据此进行预测的方法。时间序列回归分析法又分为直线回归法和曲线回归法两大类。

（1）直线回归法

这里的直线回归法就是第二章第一节成本性态分析中的直线回归法，所不同的只是那里将成本作为业务量的函数，而在这里是将销售量（额）y作为时间t的函数。

【例3–2】某企业2016—2021年的销售量如图表3–3所示。

图表3–3　第1—6年（2016—2021年）销售量　单位：万件

时间序列 t_i	1	2	3	4	5	6
销售量 y_i	5.7	8.3	11.5	16	22.4	31

要求：采用直线回归法预测2022年销售量。

解：根据图表3–3数据，将2016—2021年销售量描绘在以横轴为时间、纵轴为销售量的直角坐标系上，如图表3–4所示。其实际图形就是一条曲线。现在用直线去逼近，根据图表3–3数据加工出求解r、a、b所需数据见图表3–5。

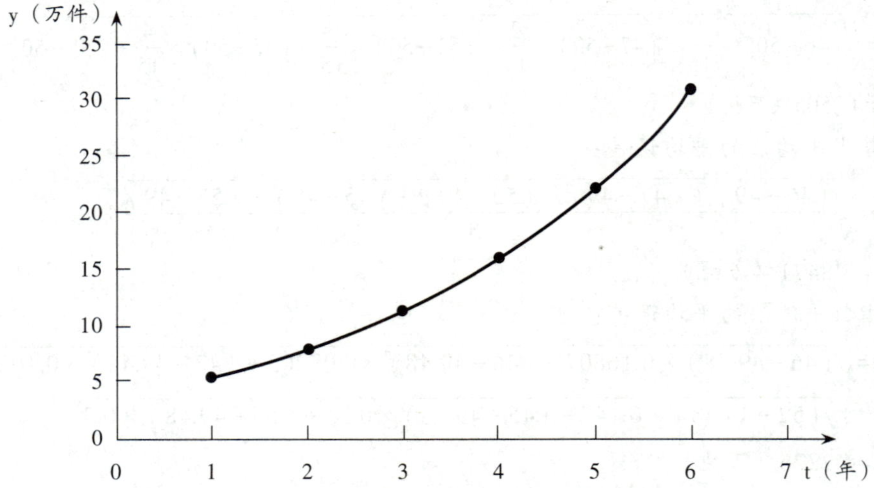

图表3–4　销售函数实际图形

$$相关系数\ r=\frac{6\times418.8-21\times94.9}{\sqrt{(6\times91-21^2)\times(6\times1952.39-94.9^2)}}=\frac{519.9}{533.27}=0.97>0.8$$

这说明y与t之间高度正相关，存在线性关系，因此，可以用直线y=a+bt描述其变动趋势。将有关数据代入a、b的计算公式可得：

图表 3-5 直线回归法的计算

时间序列t	销售量y_i	y_it_i	t_i^2	y_i^2
1	5.7	5.7	1	32.49
2	8.3	16.6	4	68.89
3	11.5	34.5	9	132.25
4	16	64	16	256
5	22.4	112	25	501.76
6	31	186	36	961
$\sum t_i=21$	$\sum y_i=94.9$	$\sum y_it_i=418.8$	$\sum t_i^2=91$	$\sum y_i^2=1952.39$

$$b=\frac{6\times418.8-21\times94.9}{6\times91-21^2}=\frac{519.9}{105}=4.95$$

$$a=\frac{94.9-21\times4.95}{6}=-1.51$$

因此，

$y=-1.51+4.95t$

预测2022年的销售量为t=7时的y值：

$y=-1.51+4.95\times7=33.14$（万件）

将直线函数在直角坐标系下描点作图，如图表3-6所示。

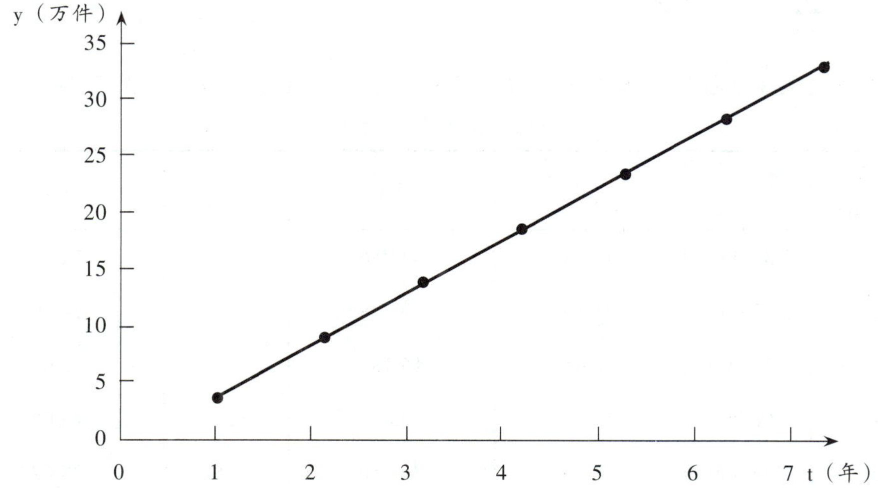

图表 3-6 y=-1.51+4.95t图形

（2）曲线回归法

从销售预测的角度来看，将过去一定时期的历史资料描绘在直角坐标系上，这些点多数都形成一条曲线，而不是直线，如【例3-2】中的图表3-4，就是一条很规范的曲线，尽管在局部可以直代曲，采用直线回归法进行预测，但有时这些曲线非常规范，比如接近指数曲线、对数曲线、三角函数曲线、幂函数曲线、多项式曲线等，在不违反成本效益原则的前提下，采用曲线回归法会得到比直线回归法更好的效果。下面就指数曲线回归法和二次曲线回归法举例说明：

【例 3-3】仍沿用【例 3-2】的资料，利用指数曲线回归法预测 2022 年的销售量。

解：由图表 3-4 可以看出，【例 3-2】中函数的实际图形就是一条曲线，形状与指数曲线特别接近，因此，以指数曲线逼近图表 3-4 的实际曲线，进行销售预测，先建立指数曲线方程 $y=a \cdot b^t$（y=销售量，t=年数）。为便于数学处理，两边取对数得：

$$\lg y=\lg a+t \cdot \lg b$$

这是以 lga 为截距，以 lgb 为斜率，以 t 为自变量，lgy 为因变量的一元对数直线方程，因此，不需再像求回归直线那样利用最小平方法，分别对 a 和 b 求偏导数，解二元一次方程组，而是直接利用回归直线法求出该对数直线方程就可以了。比照回归直线法，可知：

$$相关系数 r=\frac{n\sum t_i \cdot \lg y_i-\sum t_i \cdot \sum \lg y_i}{\sqrt{[n\sum t_i^2-(\sum t_i)^2] \cdot [n\sum (\lg y_i)^2-(\sum \lg y_i)^2]}}$$

$$\lg b=\frac{n\sum t_i \cdot \lg y_i-\sum t_i \cdot \sum \lg y_i}{n\sum t_i^2-(\sum t_i)^2}$$

$$\lg a=\frac{\sum \lg y_i-\lg b \cdot \sum t_i}{n}$$

根据图表 3-3 数据，加工出求解 r、lgb、lga 所需有关数据，见图表 3-7。

图表 3-7 对数直线回归分析法

年数 t_i（n=6）	销售量（件）y_i	$\lg y_i$	$t_i \lg y_i$	t_i^2	$(\lg y_i)^2$
1	57 000	4.756	4.756	1	22.620
2	83 000	4.919	9.838	4	24.197
3	115 000	5.061	15.183	9	25.614
4	160 000	5.204	20.816	16	27.082
5	224 000	5.350	26.750	25	28.623
6	310 000	5.491	32.946	36	30.151
$\sum t_i=21$		$\sum \lg y_i=30.781$	$\sum t_i \lg y_i=110.289$	$\sum t_i^2=91$	$\sum (\lg y_i)^2=158.289$

$$相关系数 r=\frac{6\times 110.289-21\times 30.781}{\sqrt{(6\times 91-21^2)\times(6\times 158.289-30.781^2)}}=\frac{15.333}{15.418}=0.99>0.8$$

说明 t 与 lgy 高度正相关。

$$\lg b=\frac{n\sum t_i\lg y_i-\sum \lg y_i\sum t_i}{n\sum t_i^2-(\sum t_i)^2}=\frac{6\times 110.289-21\times 30.781}{6\times 91-21^2}=\frac{15.333}{105}=0.146$$

解得 $b=10^{0.146}=1.399587$

$$\lg a=\frac{\sum \lg y_i-\lg b\sum t_i}{n}=\frac{30.781-0.146\times 21}{6}=4.619$$

解得 $a=10^{4.619}=41\ 591$

得指数函数 $y=a\times b^t=41\ 591\times 1.399587^t$

将指数函数在直角坐标系中作图，如图表3-8所示。

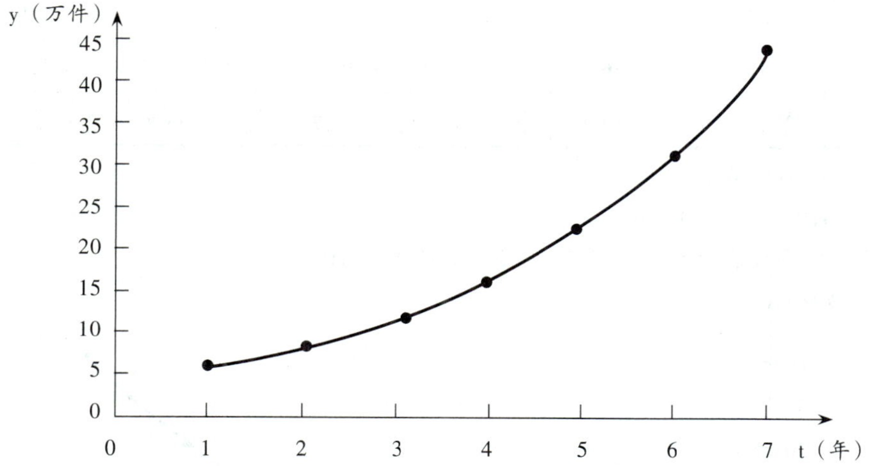

图表3-8 $y=4.1591\times 1.399587^t$图形

预测2022年的销售量为t=7时的y值：

$y=41\ 591\times 1.399587^7=437\ 521$（件）$=43.752$（万件）

【例3-4】仍沿用例3-2资料，利用二次曲线回归法预测2022年的销售量。

解：从图表3-4也可以看出，利用二次曲线能较好逼近，设二次曲线方程为 $y=a+bt+ct^2$，利用最小平方法，可求得标准方程组：

$$\begin{cases}\sum y_i=na+b\sum t_i+c\sum t_i^2\\ \sum t_i y_i=a\sum t_i+b\sum t_i^2+c\sum t_i^3\\ \sum t_i^2 y_i=a\sum t_i^2+b\sum t_i^3+c\sum t_i^4\end{cases}$$

从而解出a、b、c，建立起二次曲线方程 $y=a+bt+ct^2$ 进行趋势预测。

对已知图表3-3数据加工出解二次曲线标准方程组所需数据，见图表3-9。

将图表3-9中有关数据代入标准方程组得：

$$\begin{cases}94.9=6a+21b+91c\\ 418.8=21a+91b+441c\\ 2\ 074.4=91a+441b+2\ 275c\end{cases}$$

解得：$a=5.619$

$b=-0.397$

$c=0.764$

图表 3-9 二次曲线回归分析法

年数 t_i（n=6）	销量 y_i（万件）	t_i^2	t_i^3	t_i^4	t_iy_i	$t_i^2y_i$
1	5.7	1	1	1	5.7	5.7
2	8.3	4	8	16	16.6	33.2
3	11.5	9	27	81	34.5	103.5
4	16	16	64	256	64	256
5	22.4	25	125	625	112	560
6	31	36	216	1 296	186	1 116
$\sum t_i=21$	$\sum y_i=94.9$	$\sum t_i^2=91$	$\sum t_i^3=441$	$\sum t_i^4=2\ 275$	$\sum t_iy_i=418.8$	$\sum t_i^2y_i=2\ 074.4$

得二次曲线方程：

$y=5.619-0.397t+0.764t^2$

将二次函数在直角坐标系下作图，如图表3-10所示。

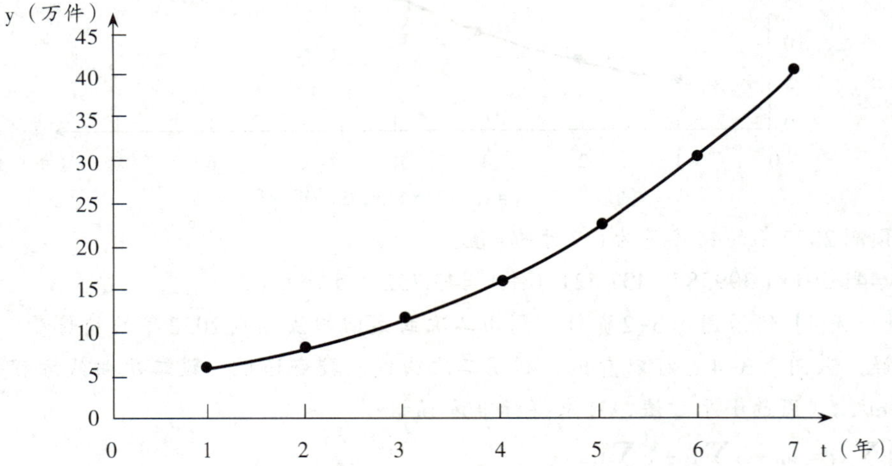

图表 3-10 $y=5.619-0.397t+0.764t^2$图形

2022年预测销售量为：

$y=5.619-0.397\times7+0.764\times49=40.276$（万件）

【例3-2】、【例3-3】、【例3-4】对同一种产品，利用相同的数据，采用直线回归法、指数曲线回归法、二次曲线回归法得到了不同的预测结果，它们依次是33.14万件、43.75万件、40.276万件，可以看出它们之间有较大差异，先从直观上分析如下，利用最小平方法，分别得到：

回归直线 $y=-1.51+4.95t$

回归指数曲线 $y=4.1591\times1.399587^t$（注：因以万件为单位，故将41 591写为4.1591）

回归二次曲线 $y=5.619-0.397t+0.764t^2$

各年实际销售量、预测销售量见图表3-11。

图表3-11 各年实际销售量、预测销售量 单位：万件

时间序列 t_i	1	2	3	4	5	6	7（预测值）
实际销售量 y_i	5.7	8.3	11.5	16	22.4	31	—
$y=-1.51+4.95t$ 预测销售量	3.44	8.39	13.34	18.29	23.24	28.19	33.14
$y=4.1591\times1.399587^t$ 预测销售量	5.82	8.15	11.40	15.96	22.34	31.26	43.75
$y=5.619-0.397t+0.764t^2$ 预测销售量	5.99	7.88	11.30	16.26	22.73	30.74	40.276

实际销售量、直线函数、指数函数、二次曲线函数的图形分别是图表3-4、图表3-6、图表3-8、图表3-10。

从表和图可以看出，曲线回归比直线回归更接近实际，但指数曲线和二次曲线哪个更接近实际，直观上却看不出来，进行误差分析比直观分析更具可靠性，下面进行误差分析。

3. 误差分析

（1）最大误差法。由误差估计公式④，直线回归法的最大误差为：

$$\Delta=\max\{\frac{|5.7-3.44|}{1},\frac{|8.3-8.39|}{2},\frac{|11.5-13.34|}{3},\frac{|16-18.29|}{4},\frac{|22.4-23.24|}{5},\frac{|31-28.19|}{6}\}\times7$$

$=2.26\times7=15.82$（万件）

同理可知指数曲线回归法的最大误差为0.84万件，二次曲线回归法的最大误差为2.002万件。

通过对比，指数曲线回归法更具可信性。

（2）平均误差法。由误差估计公式①，直线回归法的平均误差为：

$$\delta=\left(\frac{|5.7-3.44|}{1}+\frac{|8.3-8.39|}{2}+\frac{|11.5-13.34|}{3}+\frac{|16-18.29|}{4}+\frac{|22.4-23.24|}{5}+\frac{|31-28.19|}{6}\right)\times\frac{1}{6}\times7$$

$$=(2.26+0.045+0.613+0.573+0.168+0.468)\times\frac{1}{6}\times7=4.8148\text{（万件）}$$

同理可知，指数曲线回归法的平均误差为0.3418万件，二次曲线回归法的平均误差为0.8567万件。

通过对比，指数曲线回归法更具可信性，其预测结果比直线回归法和二次曲线回归法更具可靠性。因此，以指数曲线 $y=4.1591\times1.399587^t$ 进行销量预测的准确度，高于直线回归法和二次曲线回归法的准确度。相对于预测值43.752万件，最大误差不超过0.84万件，平均误差0.3418万件，显然是可接受的。

（二）因果预测分析法

因果预测分析法也是销售预测中经常采用的方法，如：铝材厂可根据未来城市

发展规划、旅馆业建设规模等资料，预测短期铝合金门窗、柜台的销售量；建材厂可根据某地区基建工程指标和企业市场占有率预测某种标号水泥在该地的未来销售量；为主机配套服务的配件附件厂可根据主机生产厂未来生产计划、库存配件附件量以及消耗情况，来预测本企业可望实现销售的配件附件数量等。这显然都属于因果预测分析法。

1.因果预测分析法的程序

①确定影响销量的主要因素x。

②根据有关资料确定销量y与x之间的数量关系，建立因果预测模型。

③根据未来有关自变量x的变动情况，预测销售量。

2.因果预测分析的方法

由于影响销售量的因素很多，而影响不同产品销售量的因素又各不相同，因而不同产品销售量的因果预测模型也各不相同。本节只介绍几种常见的因果预测分析方法，如回归分析法、关联指标推测法。

（1）回归分析法

回归分析法包括线性回归分析和非线性回归分析两种。**线性回归分析**又分为一元线性回归分析（也称直线回归分析）和多元线性回归分析；**非线性回归分析**又分为一元非线性回归分析（也称曲线回归分析）和多元非线性回归分析。前面的时间序列回归分析则是当只有一个自变量，且自变量取时间变量时的一元直线回归分析和一元非线性回归分析，是特殊的一元回归分析。这里的回归分析法，是指自变量取时间变量以外的一元直线回归分析和曲线回归分析，仅以直线回归分析为例。

【例3-5】某家具厂通过调查发现，家具的销量与居民住房建筑许可证数量有很大关系，已知本地区2016—2021年连续6年的历史资料如图表3-12所示。

图表3-12　某家具厂连续6年的历史资料

项目 \ 年份	2016	2017	2018	2019	2020	2021
民房建筑许可证（万个）x	4	6	5	9	11	13
本地区家具销量（万套）y	12	13	12.5	14.5	15	16

如果该厂的市场占有率为25%，预计2022年可发放民房建筑许可证为15万个。

要求：采用直线回归法预测2022年的家具销售量。

解：按直线回归分析所需资料，整理历史资料如图表3-13所示。

$$相关系数\ r=\frac{6\times692-83\times48}{\sqrt{(6\times448-48^2)\times(6\times1160.5-83^2)}}=\frac{168}{168.57}=0.9966>0.8$$

x与y高度正相关。

$$b=\frac{168}{6\times448-48^2}=0.4375 \qquad a=\frac{83-0.4375\times48}{6}=10.333$$

图表3-13　历史资料整理加工结果

年份	家具销量（万套）y_i	民房建筑许可证（万个）x_i	x_iy_i	x_i^2	y_i^2
2016	12	4	48	16	144
2017	13	6	78	36	169
2018	12.5	5	62.5	25	156.25
2019	14.5	9	130.5	81	210.25
2020	15	11	165	121	225
2021	16	13	208	169	256
$\sum$	$\sum y_i=83$	$\sum x_i=48$	$\sum x_iy_i=692$	$\sum x_i^2=448$	$\sum y_i^2=1\ 160.5$

预测模型：$y=10.333+0.4375x$

$y_{2022}=10.333+0.4375\times15=16.8955$（万套）

该厂2022年预测家具销售量$=16.8955\times25\%\approx4.22$（万套）

该厂预计家具销量约为4.22万套。

其误差估计可采用最大误差法和平均误差法（见例3-2至例3-4的误差估计）。

（2）关联指标推测法

关联指标推测法是指在已知两种或两种以上的产品之间的市场需求具有较高关联度的情况下，根据某一种或几种产品的需求量来推测另一种产品需求量的一种预测方法。

【例3-6】某汽车轮胎厂根据对历史资料的调查和分析得出结论，某地区汽车轮胎的需求量大约是汽车产量的6倍。2021年该地区汽车产量为100 000辆，预计2022年增产50%。此外，该地区目前已有汽车300 000辆，估计每辆汽车平均每年需更换2个轮胎，该厂的市场占有率为60%。如果预计2022年增产50%的误差不超过±3%，试预测该厂2022年的轮胎销售量并作出误差估计。

解：设预测轮胎销售量为y，汽车产量为x。

由题意得：$y=(300\ 000\times2+6x)\times60\%$

$=360\ 000+3.6x$

2022年预测轮胎销售量：

$y=360\ 000+3.6\times100\ 000\times(1+50\%)$

$=900\ 000$（个）

即该厂2022年预测轮胎销售量为900 000个。

误差估计：

因　$|\Delta x|=100\ 000\times50\%\times3\%=1\ 500$（辆）

$y_x'=3.6$

故预测误差不超过：

$|\Delta y|=|y_x{}'\cdot\Delta x|=3.6\times1\ 500=5\ 400$（个）

相对于预测轮胎销售量900 000个，误差不超过5 400个，显然预测是可信的。

在后面的成本预测、利润预测和资金预测中，其误差估计与销售预测误差估计基本相同，为节省篇幅，不再赘述。

三、销售预测的定性分析法

（一）销售预测的市场调查法

销售预测的市场调查法是指在市场调查的基础上，根据产品销售的具体特点和调查所得的资料，结合其他预测方法进行销售预测的方法。所谓**市场调查**是指通过了解与特定产品有关的供销环境和各类市场情况，作出该产品有无现实市场或潜在市场以及市场大小的结论的过程。它是销售量预测的基础。

1.市场调查的内容

（1）对产品本身的调查。任何产品都有其市场的寿命周期，通常可以分为试销期、成长期、饱和期、衰退期四个阶段。即使对同一种产品来说，由于受到科学技术水平、社会经济发展水平以及消费环境变化的影响，其在不同的社会时期的寿命周期也有不断缩短的趋势。对产品本身的调查，就是要查清产品在当前市场的寿命周期长度以及所处的寿命周期阶段，以把握产品的市场销售前景。

（2）对消费情况的调查。一种产品能否销售主要取决于市场需求，而消费者的情况、消费心理、个人爱好、消费的习惯、对产品及其供应者的要求等都会影响到产品需求量。因此，掌握消费者的爱好和对产品的购买意图等是市场调查的一项很重要的内容。尤其对于生活消费品的销售预测，更是如此。因为生活消费品使用面广，挑选性强，消费者的消费意愿极易变化，消费行为对市场需求的影响更为直接。

（3）对经济发展趋势的调查。一国或地区的社会经济发展趋势会直接或间接地影响市场需求。因此，了解国民收入增长情况、社会商品购买力情况、消费动向、行业生产增长速度和规模等，将有助于对产品的市场需求作出正确的判断。

（4）对市场竞争情况的调查。市场经济离不开竞争，要能在市场竞争中求得生存和发展，既要清楚本企业产品的竞争能力，又要了解竞争对手的情况，包括在产品设计、生产、销售、价格等方面有哪些新动向，对销售将会产生什么影响，以便知己知彼，正确估计本企业产品在市场上的地位。

2.市场调查的方法

（1）全面调查。**全面调查**是对涉及同一产品的所有销售对象进行逐个了解，经综合整理后，探明该产品在未来一定时期内销售量的增减变动趋势。该法虽然内容详尽可靠，但费时、费钱，不符合成本效益原则，因此，很少在销售预测中使用。

（2）重点调查。**重点调查**是通过对有关产品在某些重点销售单位历史销售情况的调查，经过综合分析后，基本上掌握未来一定期间产品销售变动的总体情况。

（3）抽样调查。**抽样调查**是按照随机原则，从有关产品的总体中抽出某个组成部分进行调查，经分析推断后，测算出有关产品的需求总量。抽样调查的具体方法一般有：简单随机抽样、类型随机抽样、机械随机抽样、整群随机抽样。

（二）专业人员判断分析法

专业人员判断分析法是通过一些具有丰富经验的经营管理人员或知识渊博的外界经济专家对企业一定时期特定产品的销售业务量情况作出判断和预计的一种方法。此法一般适用于不具备完整可靠的历史资料、无法进行定量分析的企业。判断分析法具体又包括以下三种方法：

1.推销员判断法

推销员判断法又称意见汇集法，是由企业的推销人员根据他们的调查，将各个顾客或各类顾客对特定预测对象的销售预测值填入卡片或表格，然后由销售部门经理对此进行综合分析以完成预测销售任务的一种方法。此法的原理是：基层销售人员最熟悉市场，能直接听到顾客的意见，因而能够提供直接反映顾客要求的信息，因此，该法也称用户期望法。

采用此法进行销售预测所需的时间短、费用低，因此，比较实用，但这种方法是建立在假定推销人员都能够向企业反映真实情况的基础上，而推销人员的素质各异，他们对形势的估计有可能过于乐观或悲观，从而干扰预测结论。如果企业在销售量方面对其规定定额，则他们就会有意地低估预测值，为自己留有充分的余地；若企业按预测销售业务量核拨业务经费，则推销员就有可能有意高估预测值。另外，也可能因为顾客对预测对象不了解或推销员的介绍资料不够详细，而使得所汇报的意见过于分散。为避免这种现象出现，应采取以下措施：

（1）把企业过去的预测与实际销售量资料、企业的未来规划以及未来的社会经济发展趋势信息都提供给各推销人员，供他们参考。

（2）组织多人对同一产品或市场进行预测判断，再将这些数据加以平均处理，以消除偏差。

2.经营管理人员判断法

经营管理人员判断法是由企业召集有关经营管理人员，特别是那些最熟悉销售业务的销售主管人员，以及各地经销商负责人集中开会，由他们在会上根据多年的实践经验和判断能力对特定产品未来销售量进行判断和预测的一种方法。这种方法能够集思广益，博采众长，快捷、实用，但预测结果也会受到有关人员主观判断能力的影响。因此，应用此法时，应事先向预测人员提供近期有关政治、经济形势以及市场情况的资料，并在他们各自预测的基础上进行讨论、分析、综合平衡，最终得出结论。

3.专家判断法

专家判断法是由见识广博、知识丰富的经济专家根据他们多年的实践经验和判断能力对特定产品的未来销售量进行判断和预测的一种方法。这里的“专家”是指本企业或同行业的高级领导人、销售部门经理以及其他外界专家等，但不包括推销员和顾客。专家判断法具体有以下三种形式：

（1）专家个人意见集合法。这种方法首先向各个专家征求意见，要求他们对本企业产品销售的未来趋势和当前的状况作出独立的个人判断，然后再对此加以综合，确定预测值。采用这种方法可以集中各方面专家从不同角度反映的意见，有时比推销员判断法更准确，但由于每个专家占有的资料有限，因此，也不可避免地带有片面性。

（2）专家小组法。专家小组法是由若干个专家组成几个预测小组，分别以小组为单位判断预测，再进行综合论证的一种方法。此法能够在预测过程中发挥集体智慧，相互启发，在一定程度上可弥补上述方法的片面性，但小组的预测结论常常会受到一两个权威人士意见的左右。

（3）德尔菲法。德尔菲法由美国兰德公司在20世纪40年代首先倡导使用。它主要通过函询方式，通过向见识广、学有专长的各有关专家发出预测问题调查表的方式来搜集和征询专家们的意见，并经过多次反复、综合、整理、归纳各专家的意见以后，作出预测判断。

采用这一方法征询意见时，各专家之间应尽量互不通气，以使各人能根据自己的经验、观点和方法进行预测，避免专家之间因为观点不同、地位不同等原因而相互干扰和影响。同时，在每次重复征询意见过程中，都应注意把上次征询意见的结果进行加工整理后反馈给各专家，特别要注意不应忽略少数人的意见，以使各专家在重复预测时能作出较全面的分析和判断。

【例3-7】某公司准备开发一种新产品，由于该新产品没有销售记录，公司特聘请7位专家采用德尔菲法预测其一定时期内的销售量。经过这些专家连续3次预测，对该产品最乐观、最悲观和最可能3种情况的销售量水平作出估计。预测所取得的数据见图表3-14。

图表3-14　德尔菲法专家意见汇总表　单位：件

专家编号	第一次判断情况			第二次判断情况			第三次判断情况		
	最高	最可能	最低	最高	最可能	最低	最高	最可能	最低
1	2 300	2 000	1 500	2 300	2 000	1 700	2 300	2 000	1 600
2	1 500	1 400	900	1 800	1 500	1 100	1 800	1 500	1 300
3	2 100	1 700	1 300	2 100	1 900	1 500	2 100	1 900	1 500
4	3 500	2 300	2 000	3 500	2 000	1 700	3 000	1 700	1 500
5	1 200	900	700	1 500	1 300	900	1 700	1 500	1 100
6	2 000	1 500	1 100	2 000	1 500	1 100	2 000	1 700	1 100
7	1 300	1 100	1 000	1 500	1 300	1 000	1 700	1 500	1 300
平均值	1 986	1 557	1 214	2 100	1 643	1 286	2 086	1 686	1 343

该公司在最后一次预测销售量的基础上，按算术平均法预测该新产品未来销售量为：

$$\frac{2\,086+1\,686+1\,343}{3}=1\,705\text{（件）}$$

通过上述对销售预测定量分析法和定性分析法的介绍，我们看到，定量分析与定性分析并不存在严格的界线。有些方法本身就是定性分析与定量分析的结合，先在市场调查的基础上，通过定性分析，再采用定量分析的方法进行预测。因此，要想提高预测的准确程度，就应采用多种预测方法并从不同的角度进行预测，分析各种方法之间的差异，以确定每种预测方法的可信程度。

第三节 成本预测

一、成本预测概述

成本是衡量一个企业经营状况的重要指标，是会计管理的主要对象之一。**成本预测**就是根据企业目前经营状况和发展目标，利用专门的方法对企业未来成本水平和变动趋势所进行的预计和推测。

一般说来，成本预测的内容主要包括成本变动趋势预测和目标成本预测。所谓**成本变动趋势预测**，是指根据成本的历史数据，按照成本性态并运用数学方法，来预测计划年度可能实现的成本水平。所谓**目标成本**是为实现目标利润所应达到的成本水平或应控制的成本限额，是企业在生产经营活动中某一时期要实现的目标成本。确定目标成本，是为了控制生产经营过程中的活劳动消耗和物化劳动消耗，降低产品成本，实现企业的目标利润。

成本预测的方法很多，常用的主要是定量分析法中的因果分析法，本节只介绍本量利分析法、回归分析法、经验曲线预测法。

二、成本预测的本量利分析法

成本预测的本量利分析法是指在销售预测和利润预测的基础上，结合本量利分析进行的成本预测。该法主要应用于目标成本预测，具体又分为以下两种情况。

在考虑产品应交消费税、应交资源税等“税金及附加”的情况下：

（一）按全部产品进行目标成本预测

目标成本=预测营业收入-目标利润-税金及附加

（二）按单项产品预测目标成本

目标成本=预计单价×（1-相关税率）×预测销售量-该产品目标利润

注：“相关税率”是指以主营业务收入为基数计算消费税、资源税等的比率。

【例3-8】假定某企业预测甲产品全年销售量为230 000件，预计售价28元/件，产品相关税率为5%，预测产品目标利润为1 600 000元，试确定该产品的目标成本。

解：目标成本=28×（1-5%）×230 000-1 600 000

=4 518 000（元）

在实际工作中，目标成本还可以选择某一先进成本。它可以是国内外同种产品的先进成本水平，可以是本企业历史上最好成本水平，可以是按平均先进水平制定的定额成本或标准成本，也可以是根据本企业上年实际成本和上级下达的成本降低任务计算的成本。

三、回归分析法

这里的回归分析法与本章第二节销售预测中的回归分析法完全相同，只是变量的内容发生了变化。这里仅以直线回归法为例。

【例3-9】某公司生产甲产品，2016—2021年的成本资料见图表3-15。

图表3-15　运用某公司成本资料

项目＼年份	2016	2017	2018	2019	2020	2021
总产量（千件）x	48	53	55	68	90	116
总成本（万元）y	50	54	56	64	85	104

试用直线回归分析法预测2022年计划产量为135千件时的成本总额。

解：根据图表3-15的数据和计算中所需项目列表计算，见图表3-16。

图表3-16　运用直线回归法对有关数据加工整理

期数n	产量x_i（千件）	成本y_i（万元）	x_iy_i	x_i^2	y_i^2
1	48	50	2 400	2 304	2 500
2	53	54	2 862	2 809	2 916
3	55	56	3 080	3 025	3 136
4	68	64	4 352	4 624	4 096
5	90	85	7 650	8 100	7 225
6	116	104	12 064	13 456	10 816
n=6	$\sum x_i=430$	$\sum y_i=413$	$\sum x_iy_i=32\,408$	$\sum x_i^2=34\,318$	$\sum y_i^2=30\,689$

$$相关系数\ r=\frac{6\times 32\,408-430\times 413}{\sqrt{(6\times 34\,318-430^2)\times(6\times 30\,689-413^2)}}$$

$$=\frac{16\,858}{\sqrt{21\,008\times 13\,565}}=0.9986>0.8$$

说明x与y高度正相关，计算回归系数：

$$b=\frac{6\times 32\,408-430\times 413}{6\times 34\,318-430^2}=\frac{16\,858}{21\,008}=0.802 \qquad a=\frac{413-0.802\times 430}{6}=11.36$$

得到直线回归方程：

$y=11.36+0.802x$

当2022年计划产量为135千件时，成本总额为：

y=11.36+0.802×135=119.63（万元）

即计划产量为135千件时，成本总额为119.63万元。

如果影响成本的因素有两个，可根据二元线性回归方程：z=a+bx+cy和实际观测数据建立回归方程的联立方程组，求出a、b、c的值，然后代入二元线性回归方程，即可预测下一期的成本。求解a、b、c的标准方程组如下：

$$\begin{cases}\sum z_i = na + b\sum x_i + c\sum y_i \\ \sum x_i z_i = a\sum x_i + b\sum x_i^2 + c\sum x_i y_i \\ \sum y_i z_i = a\sum y_i + b\sum x_i y_i + c\sum y_i^2\end{cases}$$

将观测数据代入方程组，便可求出a、b、c的值。如果影响成本的因素有m个，便根据m元线性回归法进行预测；如果成本与变量之间的关系是非线性的，就应该用非线性回归分析法进行预测。

四、经验曲线预测法

（一）经验曲线概述

经验曲线也称学习曲线。我们知道，在现实经济生活中存在着这样一种现象，即当人们进行某项工作取得经验后，其工作效率就会提高，对于工业企业员工来说也是如此。当企业重复生产某种产品时，随着生产的不断进行，生产该种产品所需的劳动时间将会不断减少。这种取得经验后的经济效果直接反映在劳动成本及其有关的直接成本中。

重复生产某项产品的次数越多，经验越丰富，生产效率就越高，从而生产单位产品所耗费的时间也就越少。如果按照不同产量计算生产一个单位产品平均所用的时间，则其平均所用的时间是产量的单调下降幂函数，这个幂函数曲线也就是经验曲线。这一经验曲线可以直接反映出随着生产的不断重复，单位产品所需的平均耗费时间的下降趋势。单位产品耗费时间减少意味着单位产品成本的降低。经验曲线现象在生产大型产品，如制造飞机、轮船、大型计算机、宇宙飞船等行业中尤其明显。经验曲线的理论非常重要，如果我们能够很好地认识它，就可以利用它对产品成本进行预测并作出有关决策。

（二）经验曲线的计算公式

经验曲线的函数关系式为：

$$y=ax^{-b}=\frac{a}{x^b}$$

式中：y为生产x产品时平均单位产品所需直接人工小时数；a为生产第一件产品时所需的直接人工小时数；x为产品产量；b为经验系数（学习率指数）（0<b<1）。

这一等式表明，平均生产单位产品所需直接人工小时数随产品产量的增加而呈幂函数降低趋势，其几何图形如图表3-17所示。

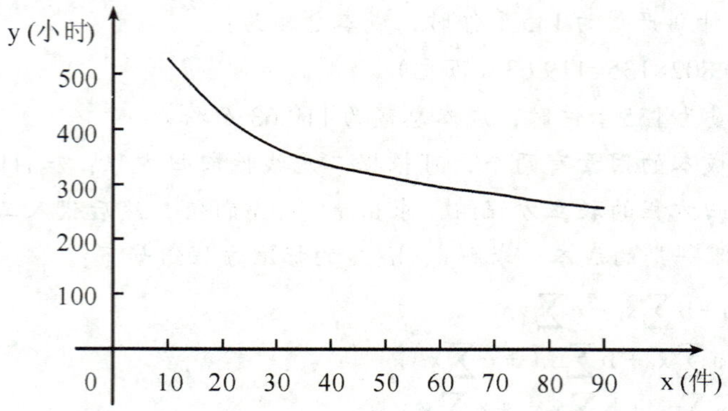

图表 3-17　$y=1\,127x^{-0.3219}$的幂函数图形

如果设L为表示生产x单位产品所需的全部人工小时数，则经验曲线的函数关系式还可表示为：

$L=y\cdot x=ax^{(1-b)}$

这一等式表明，总人工小时数随产量的增加以递减率增加，其几何图形如图表3-18所示。

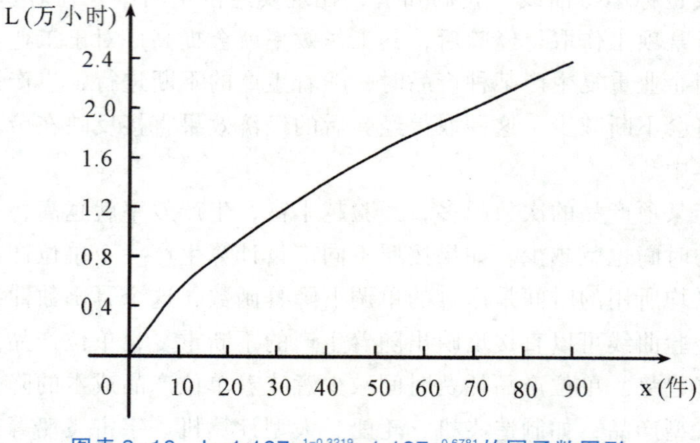

图表 3-18　$L=1\,127x^{1-0.3219}=1\,127x^{0.6781}$的幂函数图形

（三）经验曲线在成本预测分析中的应用

很多工业企业的资料都证明，累计产品每增加一倍，单位产品所需的平均耗费时间，几乎按同一固定比例下降，这是一个客观规律，我们称这一固定比例为学习率R。根据这一规律，可按下述方法确定学习率R。

设x为某一特定水平的生产量，如果根据生产记录，能够知道生产x个单位产品和生产2x个单位产品所需的平均耗费时间为y（x）和y（2x），则学习率为：

$$R=\frac{y(2x)}{y(x)}\times 100\%$$

在相关范围内，不论x取何值，学习率R均不变。因此，经验曲线也就用这个百分比来命名。例如，某工业企业生产两个单位产品平均每个用了45小时，生产4个单位产品平均每个用了36小时，则学习率为：

$R=\frac{y(4)}{y(2)}\times100\%=\frac{36}{45}\times100\%=80\%$

对于生产该种产品，在相关范围内，不论x取何值，都应有$R=\frac{y(2x)}{y(x)}\times100\%=80\%$，因此，称该工业企业的经验曲线为80%的经验曲线。

工业企业中确实存在着80%的经验曲线，这是被实践证明了的客观规律。80%的经验曲线意味着，在以平均人工小时进行计算时，当每次产品生产的数量是原有产量一倍的时候，则生产每一单位产品的平均人工小时数，将减少到原生产所需的平均人工小时数的80%。

【例3-10】假设某大型机械设备厂，直接人工小时符合80%的经验曲线，该企业到目前共生产出新型A设备50台。根据成本资料记载，生产50台A设备时，平均每台产品需320个直接人工小时，现有一设备公司欲向该厂订购40台新型A设备。

要求：(1) 如果接受该订单，则累计生产到90台时，预测平均每台产品所需直接人工小时数。

(2) 预测生产该40台A设备所需的全部直接人工小时数。

(3) 如果单位人工小时的成本是20元，预测生产完40台设备所需直接人工小时成本。

解：(1) 设经验曲线为$y=ax^{-b}$。

已知$x_1=50$台时，$y_1=320$小时，学习率R=80%。

又意味着当$x_2=2x_1=2\times50=100$（台）时，$y_2=0.8y_1=0.8\times320=256$（小时），从而有：

$$\begin{cases}320=a50^{-b}\\256=a100^{-b}\end{cases}$$

解得：$b=\lg\frac{320}{256}\div\lg\frac{100}{50}=0.3219$

$a=320\times50^{0.3219}=1\ 127$

经验曲线为：$y=1\ 127\cdot x^{-0.3219}$

$L=y\cdot x=1\ 127\cdot x^{0.6781}$

$y(90)=1\ 127\times90^{-0.3219}=265$（小时）

(2) $L=L(90)-L(50)=265\times90-320\times50=7\ 850$（小时）

(3) 所需直接人工小时成本$=7\ 850\times20=157\ 000$（元）

图表3-17和图表3-18就是根据【例3-10】的幂函数描点作图得出的。

企业可以根据订货价格和预计成本决定是否接受该批订货。很明显，一个企业可以将对经验曲线效应敏感的产品定低价。因为业务量的增加可以使企业更充分地利用经验曲线，并使企业在与竞争对手竞争中保持市场领先地位。

第四节 利润预测

一、利润预测概述

利润对于企业来说是一个非常重要的经济指标。企业在一定时期内的所有生产经营活动的好坏，管理水平的高低，最后都要在利润这一指标上反映出来。

利润预测是按照企业经营目标的要求，通过对影响利润变动的成本、销量、价格因素的综合分析，测算企业未来一定时期内可能达到的利润水平和变动趋势。进行科学的利润预测，可使企业根据国内外市场的变化和本企业的生产经营状况及其他有关信息，规划出本企业的最优目标利润，采取积极有效的措施，改变企业生产经营管理，实现最大经济效益。由此可知，测算利润不是利润预测的重点和终点，而应以目标利润的预测为中心，利润预测要为预测目标利润服务。

利润预测的内容一般包括两部分：目标利润预测和目标利润敏感性分析。所谓**目标利润**是指企业在未来一段时间内，经过努力应该达到的最优化利润控制目标。所谓**利润敏感性分析**就是第二章第二节**本量利分析的敏感性分析**。利润预测分析的方法仍然是定性分析和定量分析两种基本方法，其中，定量分析法主要是比例分析预测法和本量利分析预测法。

二、比例分析预测法

比例分析预测法是指根据各种年利润率指标（如销售利润率、产值利润率、资金利润率）来预测计划期利润的一种方法。比例分析预测法主要适合对目标利润的预测。由于利润率指标不同，比例分析预测法又分为：

（一）销售利润率法

该法是根据行业销售利润率或预定的销售利润率，结合销售预测来确定目标利润的一种方法。其计算公式为：

目标利润=预计营业收入总额×销售利润率

其中，销售利润率是指年产品销售利润与年产品营业收入之比。

【例3-11】某企业按同行业平均销售利润率预测2022年企业的目标利润，已知同行业平均销售利润率为20%，企业预测2022年营业收入为80 000 000元。

要求：采用销售利润率法预测2022年企业目标利润。

解：2022年目标利润=80 000 000×20%=16 000 000（元）

（二）产值利润率法

该法是根据企业的历史资料和现实条件，参考同行业产值利润率水平确定的产值利润率，结合企业的工业总产值计划或目标来确定目标利润的一种方法。其计算公式为：

目标利润=预计工业总产值×产值利润率

其中，产值利润率是指年产品销售利润与年工业总产值之比。

（三）资金利润率法

该法是根据企业预计的资金利润率水平，结合基期实际资金占用状况与未来计划投资额来确定目标利润的一种方法。其计算公式为：

目标利润=（基期占用资金+计划投资额）×预计资金利润率

其中，资金利润率是指年产品销售利润与该年使用资金之比。

（四）利润增长百分率法

该法是根据企业基期已达到的利润水平，结合过去连续若干年（通常为近3年）利润增长率的变动趋势，以及影响利润的有关因素在未来可能发生的变动情况，确定一个相应的利润增长率，然后确定未来目标利润的一种方法。其计算公式为：

目标利润=基期利润×（1+预计利润增长率）

【例3-12】假设某企业只生产A产品，2021年产品单价500元/件，单位变动成本200元/件，固定成本总额20 000 000元，销售A产品240 000件，如果企业要求2022年利润增长率达到25%，采用利润增长百分率法预测2022年目标利润。

解：因2021年实现利润=（500-200）×240 000-20 000 000=52 000 000（元）

所以，

预测2022年目标利润=52 000 000×（1+25%）=65 000 000（元）

三、本量利分析预测法

本量利分析预测法就是根据事先预计的销量、成本、价格水平测算可望实现的利润额。其计算公式是：

$\pi=(P-b)x-a$

【例3-13】假设某企业只生产A产品，2021年产品单价500元/件，单位变动成本200元/件，固定成本总额20 000 000元，预测2022年销售A产品300 000件，但要增加固定成本5 000 000元，单价、单位变动成本均不变。

要求：采用本量利分析预测法预测2022年企业目标利润是多少。

解：预测2022年目标利润=（500-200）×300 000-（20 000 000+5 000 000）

=65 000 000（元）

此预测目标利润公式与事后的实际利润计算公式$\pi=(P-b)x-a$完全相同，都是以价格、销量、成本等因素为自变量，以它们事先存在为前提，利润只能是因变量，若以这种模式预测出来的目标利润作为未来的利润奋斗目标，其实质反映的不过是“以销定利”的指导思想和经营方针，而没有反映如何实现目标利润，以及实现目标利润风险的大小，不便于营运管理。

因此，本量利分析预测法的主要作用不在于进行目标利润预测，而在于通过成本、利润、业务量的内在联系，进行反映实现目标利润风险大小的单因素临界值分析，当影响目标利润的有关因素发生变化时，对目标利润影响程度的单因素敏感系数及多因素敏感性进行分析，以确保目标利润的实现，这些内容就是第二章第二节已经介绍过的本量利分析的敏感性分析，这里不再赘述。

第五节 资金预测

一、资金预测概述

资金预测一般是指在销售预测、成本预测、利润预测的基础上，依据企业未来发展目标，并考虑影响资金的各项因素，运用专门方法预计和测算企业未来一定期间内资金需要量的过程。资金预测是企业资金管理的重要内容，采用适当的方法，科学地预测资金需要量，才能为正确编制年度资金需要计划提供依据，使资金既能保证生产经营需要，又不会有太多闲置，提高资金利用效率。

资金预测的主要内容是资金需要量预测。所谓资金需要量预测就是以预测期企业生产经营规模的发展和资金利用效果的提高为依据，在分析有关历史资料、技术经济条件和发展规划的基础上，对预测期资金需要量进行科学的预计和测算。

对资金需要量的预测，既可以分项目进行，比如对固定资金需要量、流动资金需要量等分别进行预测，也可直接进行资金总需要量预测，企业应根据自身资金需要情况确定分项目预测，还是进行资金总需要量预测。

二、资金需要量的分项目预测

（一）固定资金需要量预测

固定资金需要量预测是对未来一定时期内企业进行生产经营活动所需固定资金进行预计和测算。要预测固定资金需要量，首先要预测固定资产的需要量，再根据固定资产所需资金进行固定资金需要量预测。

在工业企业全部固定资产中，生产设备是企业进行生产经营活动的主要物资，是决定生产经营能否继续的基本因素。生产设备品种繁多、构成复杂，且数量大，占用资金多，因此，固定资产需要量的预测应以生产设备为重点。在正确预测生产设备需要量的基础上，其他各类固定资产可以根据生产设备配套的需要量以及企业的实际需要和可能条件合理地进行测算。在固定资产需要量预测的基础上，便可进行固定资金需要量预测，具体分为以下三步进行。

第一步：根据企业某类设备现有台数、计划生产任务需用台时定额总数和单台设备全年计划有效工作台时数计算某类设备多余或不足数，其计算公式为：

$$\text{某类设备多余(+)或不足(-)台数}=\text{某类设备现有台数}-\frac{\text{计划生产任务需用台时定额总数}}{\text{单台设备全年计划有效工作台时数}}$$

式中：

$$\text{计划生产任务需用台时定额总数}=\sum\text{每种产品计划产量}\times\text{单位产品台时定额}\times\text{定额改进系数}$$

$$\text{定额改进系数}=\frac{\text{预计新定额}}{\text{现行定额}}$$

$$\text{单台设备全年计划有效工作台时数}=(\text{全年制度工作日数}-\text{设备检修停台日数})\times\text{每日开班数}\times\text{每班工时数}$$

全年制度工作日数，是指全年日历数减去节假日和星期日（11天+104天）以后的工作日数，按250天计算。设备检修停台日数，一般可以根据设备修理计划并参照上年有关的实际资料加以计算。每日开工班数，根据实际情况按一班、两班或三班计算，每班工作时数，一班制按8小时计算，两班制平均按7.5小时计算，连续生产的设备，通常是不间断地操作的，全年制度工作日数按日历日数计算，每日制度工作时数按24小时计算。

第二步：企业的其他配套性设备，如厂房、动力设备、传导设备、运输设备等，它们的需要量与生产设备有一定的比例关系。配套性固定资产需要量，可在测定生产设备需要量的基础上，按照它们在基年与生产设备的比例关系，结合预测年度提高设备利用率的要求进行测算。将测算年度需用量与基年实用数进行比较，就可求出预测年度该类设备的多余或不足量。

对于非生产性固定资产的需要量，应按照企业的实际需要和可能条件决定，一般是在企业现有非生产性固定资产的基础上，结合职工人数的增加和改善职工物质文化生活的实际需要，估算出预测年度需要增加的非生产性固定资产项目。

第三步：在预测出固定资产需用量以后，根据各项固定资产的重置价值，求出合计数，就是预测的固定资金需要量。

【例3-14】某企业现有某类机床24台，计划年度生产甲、乙两种产品，年产量分别为600件和400件，单位产品定额台时分别为100台时和120台时，定额改进系数为90%。该企业两班制生产，每班平均工作7.5小时，全年制度工作日数250天，每台机床检修停台日数预计16天。企业每增加一台机床，就要增加一台动力设备，机床增加5~10台，还需扩大厂房面积50平方米。企业年度计划改扩建职工浴池300平方米。如果每台机床重置价值120 000元，配套动力设备5 000元，改扩建厂房及职工浴池预计每平方米所需资金分别为1 000元和1 500元。

要求：(1) 确定计划年度机床多余或不足台数。

(2) 对计划年度所需资金作出预测。

解：(1) 机床多余（+）或不足（-）台数 $= 24 - \dfrac{(600\times100+400\times120)\times90\%}{(250-16)\times2\times7.5}$

$=-4$（台）

(2) 固定资金需要量 $=(120\,000+5\,000)\times4+300\times1\,500$

$=950\,000$（元）

从上述可知，机床缺少4台，计划年度资金需要量为950 000元。

（二）流动资金需要量预测

预测流动资金需要量的方法很多，最常见的有资金占用比例法、定额日数计算法、因素测算法等。这些方法，有的只适合对某些流动资产所需流动资金的预测，有的既可以对某些流动资产所需流动资金的预测，又可以对全部流动资金需要量进行预测。

1.资金占用比例法

资金占用比例法是根据影响流动资金需要量的相关指标（如净产值、营业收入、营业利润等），按基年流动资金实际平均占用额与相关指标的比例关系，来预测流动资金需要总量的一种方法。其基本计算公式是：

$$\text{预测期流动资金需要总量} = \text{预测期相关指标} \times \frac{\text{基年相关指标}}{\text{流动资金率}} \times \left(1 + \text{预测期流动资金周转速度变动率}\right)$$

式中：$$\frac{\text{基年相关指标}}{\text{流动资金率}} = \frac{\text{基年流动资金实际占用额} - \text{不合理平均占用额}}{\text{基年相关指标实际数额}}$$

流动资金周转速度变动率提高取负数，降低取正数。

【例 3-15】某企业2021年营业收入为500万元，流动资金平均占用额为80万元，不合理平均占用额5万元。预计2022年营业收入为600万元，假设流动资金周转速度变动率提高5%。

要求：预测2022年流动资金需要总量。

解：2022年流动资金需要总量 $=600\times\frac{80-5}{500}\times$（1−5%）=85.5（万元）

2.定额日数计算法

定额日数计算法又称周转期预测法，它是根据流动资金完成一次循环所需要的日数（资金定额日数）和每日平均周转额（每日平均资金占用额），来计算流动资金需要量的一种方法。该方法的计算过程比较复杂①，但结果比较准确，它是预测流动资金需要量的基本方法，通常适用于原料及主要材料、辅助材料、燃料、修理用备件、包装物、低值易耗品、在产品、自制半成品、产成品、外购商品等流动资产所需流动资金的预测。其计算公式为：

$$\text{某项流动资产所需流动资金定额} = \text{该项流动资产每日平均周转额} \times \text{资金定额日数}$$

【例 3-16】某企业生产A产品，每日平均产量为100件，单位计划成本为430元，产成品资金定额日数为20天。

要求：计算A产品的资金定额。

解：A产品的资金定额=430×100×20=860 000（元）

3.因素测算法

因素测算法又称**因素调整法**，它是以有关流动资金项目上年度的实际平均需要量为基础，根据预测年度的生产任务和加速流动资金周转的要求，进行分析调整，来预测流动资金需要量的一种方法。其计算公式为：

$$\text{流动资金需要量} = (\text{上年度流动资金实际平均占用额} - \text{不合理平均占用额}) \times (1+\text{计划年度生产增减百分比}) \times (1+\text{流动资金周转速度变动率})$$

其中，计划年度生产增加百分比取正号，减少百分比取负号；流动资金周转速度变动率提高取负号，降低取正号。

【例 3-17】某企业上年度流动资金平均占用额为260万元，不合理平均占用额

① 王庆成. 财务管理学［M］. 北京：中国财政经济出版社，1995.

为10万元，计划年度生产增长10%，流动资金周转变动率提高5%。试预测计划年度流动资金需要量。

解：流动资金需要量=（260−10）×（1+10%）×（1−5%）=261.25（万元）

即预测计划年度流动资金需要量为261.25万元。

上述方法也适用于某项流动资产所需流动资金的预测，对企业的不同流动资产所需的流动资金，可以分项目采用不同的预测方法进行资金需求预测，然后再加总便是全部流动资金需要量预测，其结果要比直接进行流动资金总量预测更为准确。

三、资金需要总量预测

在资金总量预测中，常用的定量分析方法是因果分析法中的回归分析法、销售百分比法和编制现金预算法，这里只介绍前两种方法，编制现金预算法在第六章介绍。

（一）回归分析法

在销售、成本预测中，回归分析法是重要的预测方法。资金需要量预测，是假定在销售预测的基础上，对过去若干期的销售量（额）x和资金需要量y进行分析和研究，确定反映销售量（额）与资金需要量之间依存关系的回归直（曲）线，从而预测未来期间的资金需要量。具体做法和销售预测、成本预测中的回归分析法完全相同，仅仅是自变量和因变量内容不同而已，为节省篇幅，这里不再举例。

（二）销售百分比法

销售百分比法又称**预计资产负债表法**，它是在销售预测的基础上，假定营业收入与资产负债表中某些资产、负债项目存在固定的百分比关系，以此预计资产、负债和所有者权益变动额，然后利用会计恒等式确定筹资需求的一种方法。其中，“固定的百分比关系”是指随着营业收入的变动，资产负债表某些资产、负债项目自然而然成正比例变动，这些项目称为“**敏感项目**”，反之，凡不是随着营业收入变动自然而然成正比例变动的资产、负债和所有者权益项目，称为“**非敏感项目**”。利用会计恒等式可以证明：

对外筹资需求量=对外债务筹资+对外股权筹资

=Δ敏感资产−Δ敏感负债+Δ非敏感资产−Δ累计折旧−Δ留存收益−Δ非敏感负债−Δ资本公积−Δ其他综合收益

$$=(S_1-S)\left(\frac{A}{S}-\frac{L}{S}\right)+\Delta\text{非敏感资产}-D-\Delta\text{留存收益}-\Delta\text{非敏感负债}-\Delta\text{资本公积}-\Delta\text{其他综合收益}$$

式中：A为基期资产项目中“敏感项目”总额；L为基期负债项目中“敏感项目”总额；S为基期营业收入总额；S_1为预测期营业收入总额；D为预测期计提折旧；Δ表示增量。

公式中的Δ非敏感资产、D、Δ留存收益、Δ非敏感负债、Δ资本公积、Δ其他综合收益，分别是预测期比基期增加的非敏感资产、折旧额、留存收益额、非敏感负债、资本公积、其他综合收益，分别解释如下。

1.Δ非敏感资产

在资产负债表中，“固定资产”项目是固定资产净值=固定资产原值-折旧，由于每年都要计提折旧，不管固定资产是否增加，固定资产净值都在逐年减少，不可能不发生变化，本书将固定资产净值用“固定资产原值”减“折旧”表示，固定资产原值列入非敏感资产，折旧作为企业内部资金来源单独列示。

2.D

D为预测期计提折旧额，即新增折旧额，累计折旧是企业内部的两大资金来源之一，如果固定资产的平均使用寿命是10年，按直线法计提折旧，则每年折旧额将接近固定资产原值的十分之一，其金额不可能忽略不计，不考虑累计折旧，就会虚增对外筹资需求量。

3.Δ留存收益

留存收益虽然会随营业收入的增加而增加，但受企业股利分配政策的影响，不会与营业收入成正比例变动，要通过预算管理中的预计利润表和预计资产负债表来预测留存收益的增加额。按下列步骤计算：

（1）Δ盈余公积=预测期净利润×10%（盈余公积计提比例）

（2）Δ未分配利润=（基年未分配利润+预测期预计净利润）（1-股利分配率）-基年未分配利润。其中，股利分配率是根据企业的股利分配政策预计的，而不是基期的股利分配率。

（3）Δ留存收益=Δ盈余公积+Δ未分配利润

【例3-18】某公司2021年营业收入总额为60 000万元，通过预计利润表（可参看第六章预算管理第二节预计利润表的编制）预计2022年税后净利润为846万元，根据股利政策，预计股利发放率为可供分配利润的40%，该公司2021年12月31日资产负债表见图表3-19。

要求：计算留存收益的增加额。

图表3-19 资产负债表（2021年12月31日） 单位：万元

资产		负债及所有者权益	
货币资金	13 700	应付票据	800
应收票据	500	应付账款	7 200
应收账款	8 000	应交税费	4 000
存货	13 000	长期借款	9 000
固定资产	60 400	实收资本	67 000
其中：原值	90 000	盈余公积	12 500
累计折旧	29 600	未分配利润	500
无形资产	5 400		
资产总计	101 000	负债及所有者权益总计	101 000

解：（1）Δ盈余公积=预测期净利润×10%=846×10%=84.6（万元）

（2）Δ未分配利润=（基年未分配利润+预测期预计净利润）（1−股利分配率）−基年未分配利润

=（500+846）×（1−40%）−500=307.6（万元）

（3）Δ留存收益=Δ盈余公积+Δ未分配利润=84.6+307.6=392.2（万元）

留存收益增加额为392.2万元

4.Δ非敏感负债、Δ资本公积

等式左边的对外筹资需求量=债务筹资+股权筹资=（短期借款+长期借款+应付债券）+（实收资本+股本溢价），因此，非敏感负债不包括短期借款、长期借款、应付债券；资本公积不包括股本溢价。

5.Δ其他综合收益

Δ其他综合收益就是预测年份其他综合收益增加额。

【例3−19】利用例3−18的资料，已知该公司预测2022年营业收入为90 000万元，假设该企业只销售一种产品，预测营业收入增加30 000万元（90 000−60 000）是多销售600 000件产品的结果，但生产能力已经饱和，多生产600 000件产品需要增加设备，已知每购入一套生产设备需要4 000万元，每套生产设备最大生产能力为500 000件产品。13 700万元货币资金中有8 500万元是周转中的货币资金，2022年预计折旧额为3 000万元，由于有9 000万元长期借款，预计应付利息增加660万元，试预测2022年对外筹资需求量。

解：基期敏感资产=周转中货币资金+应收票据+应收账款+存货

=8 500+500+8 000+13 000=30 000（万元）

基期敏感负债=应付票据+应付账款+应交税费

=800+7 200+4 000=12 000（万元）

已知2022年折旧增加3 000万元，由例3−18，留存收益增加392.2万元，非敏感负债中的应付利息增加660万元，不包括股本溢价的资本公积，其他综合收益没有变化，由于预测期比基期增加600 000件产品，生产能力已经饱和，还要购入生产设备，购入一套不够，购入两套将有剩余生产能力400 000件，考虑企业今后发展，应购入两套设备，需8 000万元（4 000×2），即非敏感资产中的固定资产原值增加8 000万元。

$$\text{对外筹资需求量} = (S_1 - S)\left(\frac{A}{S} - \frac{L}{S}\right) + \Delta\text{非敏感资产} - D - \Delta\text{留存收益} - \Delta\text{非敏感负债} - \Delta\text{资本公积} - \Delta\text{其他综合收益}$$

$$= (90\,000 - 60\,000)\left(\frac{30\,000}{60\,000} - \frac{12\,000}{60\,000}\right) + 8\,000 - 3\,000 - 392.2 - 660 - 0 - 0$$

$$= 9\,000 + 8\,000 - 3\,000 - 392.2 - 660$$

$$= 12\,947.8\ (\text{万元})$$

故2022年企业需对外筹资12 947.8万元。相应的，2022年预计资产负债表中短期借款、长期借款、应付债券、实收资本、股本溢价合计数也将增加12 947.8万元。上述计算过程也可以通过编制2022年预计资产负债表来完成，因此，销售百分比法也称预计资产负债表法。

由于资产负债表的构成项目比较复杂，难免会忽略个别项目的变动，再加上此法的先天不足，因此，采用销售收入百分比法预测对外筹资需求量，仅仅是匡算，准确性较差，应与分项目资金预测或编制现金预算法等预测方法结合起来使用。

销售百分比法在理论上是正确的，但也存在如下不足：

1. 固定的百分比关系很难实现

销售百分比法是假定营业收入与资产负债表中每个项目或者存在固定的正比例关系，或者不随营业收入的变动而变动，而实际上可能是高度正相关、正相关、微弱正相关或无关，而不一定是完全成正比例或完全不相关，例如，固定资产只能随营业收入的增长呈跳跃式变动，而不可能成正比例变动或不变。

2. 区分周转中的货币资金将增加工作量

货币资金不一定都随营业收入的增加而增加，如由“短期借款”“长期借款”“其他应收款”等增加的货币资金与营业收入无关，虽然都强调是“周转中的货币资金”，但在计算的时候，由于资产负债表只有“货币资金”一个项目，没有区分周转中的货币资金和非周转中的货币资金，但在应用销售百分比法时要把“货币资金”区分为周转中的货币资金和非周转中的货币资金，会增加工作量。

尽管存在上述不足，企业可以根据自己的资产负债表、利润表、财务报表附注的实际情况进行分析，利用销售百分比法进行资金预测。

第四章

投资决策分析（上）——对内短期投资决策

本章介绍管理会计“参与经济决策”职能的对内短期投资决策，也称经营决策，是在经营预测的基础上进行的，重点介绍与投资决策有关的基本因素，在此基础上进行短期投资决策分析。本章是营运管理的重要内容，首先给出短期投资决策的评价标准和评价方法，然后进行生产决策、定价决策和存货决策分析，以便企业在经营活动中增加收益或降低成本，从而达到“在提高资源利用效率基础上的净收益更大化”的管理会计目标。

第一节 投资决策分析概述

一、投资决策的概念及分类

要掌握投资决策分析，首先要了解什么是决策，什么是投资决策。

（一）投资决策的概念

所谓**决策**，是指为达到一定目的，对已确定的两个或两个以上的互斥备选方案进行分析比较，权衡利害得失，从中选择最优方案的过程；即使方案只有一个，对于决策者来说，是否决定采用这个方案，也要做出抉择，这一过程也属于决策；从多个独立可行方案中选出一组最优方案的组合，这一过程同样属于决策；抑或在非确定条件下，选择一个确定方案的过程也属于决策。简言之，决策就是为达到一定目的，选择和决定未来活动方案。

从会计的角度出发，决策包括筹资决策、投资决策和分配决策，其中：

（1）**筹资决策**是指筹资主体为满足企业融资的需要，对筹资方案进行分析判断和评价，从而确定筹资方案的过程。

（2）**投资决策**是指投资主体为了实现其预期的投资目标，运用一定的科学理论、方法和手段，通过一定的程序，对投资方案进行分析、论证，从而决定投资方案的过程。

（3）**分配决策**主要是指公司制企业按照国家有关规定，兼顾公司发展和投资者及有关各方利益的基础上，对实现的净利润进行分配，确定留存收益和向投资者分配净利润的比例。

管理学家亨利·法约尔（Henri Fayol）认为：“管理的重心在经营，经营的重心在决策。”诺贝尔奖获得者西蒙（H.A.Simon）干脆说：“管理就是决策。”可见决策是所有企业在生产经营活动中必不可少的一个重要环节。

本书只介绍投资决策的内容，筹资决策、分配决策的内容将在“财务管理”课程中介绍。

（二）投资决策的分类

基于企业生产经营活动的多样性和复杂性，投资决策可以按照不同的分类标准进行分类，最有实际意义的分类如下：

1.按资金投入企业内外及影响时间的长短分类

以此为标志，投资决策可分为对内短期投资决策、对外短期投资决策、对内长期投资决策、对外长期投资决策。

（1）**对内短期投资决策**，简称**短期投资决策**，也称**经营决策**，是指主要利用企业现有生产能力、技术和经营条件，为取得最佳经营收益，在一个经营年度或大于1年的一个经营周期内，为实现其目标的投资决策。如生产决策、定价决策、存货决策等。

（2）**对外短期投资决策**，是指企业向那些并非为本单位使用的资产项目投入资金，且在年内为实现其目标的投资决策。例如，企业为购入期限不超过1年的债券以及准备持有时间不超过1年的股票、基金等短期有价证券的投资决策，通常称为**短期证券投资决策**。

不论是对内短期投资决策，还是对外短期投资决策，其主要目的是使企业的现有资源得到最佳利用，以获得最好的经济效益。由于涉及时间较短，短期投资决策一般不考虑货币时间价值、投资风险价值和通货膨胀补偿价值。

（3）**对内长期投资决策**，也称**长期投资决策**或**资本支出决策**，是指企业直接为本单位使用的非流动资产项目投入大量资金，获取收益的持续时间在1年以上，能在较长时间内影响企业经营获利能力的投资决策。如固定资产的购建与更新改造决策。

（4）**对外长期投资决策**，是指企业向那些并非直接为本单位使用的资产项目投入资金，且在1年以上才能实现其目标的投资决策。例如，企业对购入期限1年以上的债券以及持有时间1年以上的股票、基金的投资决策，通常称为**长期证券投资决策**。

不论是对内长期投资决策，还是对外长期投资决策，因其发挥效益时间长，不确定因素多，通常要考虑货币时间价值、投资风险价值和通货膨胀补偿价值。

2.按投资决策条件的确定程度分类

按此标志分类，投资决策可以分为确定型投资决策、风险型投资决策和不确定型投资决策。

（1）**确定型投资决策**，是指决策所涉及的备选方案的各项条件都是已知的，且一个方案只有一个明确的结果。确定型投资决策按投资决策方案之间的关系又分为单一方案投资决策、互斥方案投资决策和组合方案投资决策。

①**单一方案投资决策**，也称拒绝或接受方案投资决策，是指只需对一个备选方

案做出拒绝或接受的选择。

②**互斥方案投资决策**，是指需要在两个或两个以上的备选方案中只选出一个最优方案，即选取某个方案必须以排除其他方案为条件的投资决策。

③**组合方案投资决策**，是指在资源约束条件下，在多个备选方案中选取一组方案，使其经济效益达到最优化的投资决策。

确定型投资决策由于不存在不确定性因素，因此，只要建立起投资决策的评价标准，经过比较，就可在单一方案中做出拒绝或接受的投资决策；在互斥方案中做出选择最优方案的投资决策；在多个可同时选取的方案中做出最优组合的投资决策。

（2）**风险型投资决策**，是指决策所涉及的备选方案的各项条件虽然是已知的，但表现出若干种变动趋势，每一方案的执行都会出现两种或两种以上的不同结果，可以依据有关数据通过预测来确定其客观概率，再依据客观概率选择最优方案的决策。这类投资决策由于结果具有不唯一性，因此，决策存在一定风险。

（3）**不确定型投资决策**，是指决策所涉及的各种备选方案的各项条件并不都是已知的，主要表现为决策者事先不知道决策可能出现几种结果，或者虽然知道决策的几种可能结果，但不知道出现各种结果客观概率的决策。例如，购买公司股票，投资者事先不知道将来可能达到的投资报酬率；矿产资源的勘探，事先虽然知道只有找到和找不到两种结果，但却不知道两种结果出现的概率是多少。

不确定型投资决策并无历史资料可以作为决策的依据，要判断哪一个方案较好，缺乏现成的单一标准。为了比较各种备选方案，决策者必须主观地拟定标准，主观地预测各种选择的结果，通常有以下两种做法：一是主观地划分有限种结果，并给出各种可能出现结果的主观概率，将其变为风险型投资决策，从而采用风险型投资决策的评价标准；二是在主观地划分有限种结果的基础上，采用其他标准，如大中取小法、小中取大法等一些方法（将在本章第三节述及）。做出这类投资决策难度较大，需要决策者不仅有较高的理论水平和丰富的实践经验，还要具有相应的胆略和气魄。

在实践中，很难将风险型投资决策和不确定型投资决策严格区分开，因为对风险型投资决策的概率往往只能进行估计和测算，不能准确知道，而对不确定型投资决策也可以估计一个概率。因此，在长期投资决策中，对二者不加区分，统称为**非确定型投资决策**。

投资决策除了按上述标志进行分类外，还可以按其他标志进行分类，如按投资决策的重要程度，可将投资决策分为战略投资决策和战术投资决策；按投资决策所处的管理层次，可将投资决策分为高层投资决策、中层投资决策和基层投资决策；按投资决策的内容，可将投资决策分为生产决策、定价决策、存货决策、设备更新改造决策、固定资产购建决策等；按投资决策的侧重点，可将投资决策分为计划决策和控制决策；按投资决策目标的多少，可将投资决策分为单目标投资决策和多目标投资决策等。

按不同标志的分类，是为了达到不同的管理目标而进行的。管理会计中经常使用的投资决策分类是前两个标志的分类。不同的标志，会得到不同的分类结果，而不同的分类结果并非彼此独立无关，而是常常相互联系的。提出投资决策其他标志的分类，是为了从各个不同的侧面认识投资决策，从而对投资决策有更深刻的理解。

二、投资决策分析的概念及基本程序

（一）投资决策分析的概念

投资决策分析顾名思义就是对投资决策进行分析，是指管理会计人员为了有效履行参与经济决策职能，协助企业管理当局做出正确判断和决策，在调查研究的基础上，充分利用财务会计信息和其他有关资料，根据企业的主客观条件，借助科学理论和专门方法对企业活动方案进行测算和对比分析，权衡利弊得失，给出活动方案的结果，供企业管理当局参考，进行决策的过程。可见，投资决策分析是经营管理的核心，是企业未来发展兴衰成败的关键，也是管理会计的核心内容。

（二）投资决策分析的基本程序

为了保证投资决策尽可能达到主客观一致，必须有一系列科学的基本程序。它们主要包括：为实现企业一定的经营目标，寻求对策方案，分析与选择最优方案，加以组织实施。所以，投资决策的程序实际上是一个提出问题、分析问题、解决问题的分析、判断过程。可具体概括为以下几个步骤：

1.提出投资决策问题，确定投资决策目标

因为投资决策是为了要解决问题，实现某项预期目标，所以首先要弄清楚一项投资决策要解决什么问题，要达到什么目的。例如，产品的最优价格如何确定，现有生产能力如何充分利用，新增生产能力如何筹建等。投资决策目标一般应具有以下特点：第一，目标成果可以计量；第二，目标的实现在主、客观上具有现实的可能性。

2.设计备选方案

在明确提出投资决策目标的前提下，应充分考虑现实与可能性，设计一种或多种可能实现投资决策目标的备选方案。备选方案的提出，一般要经过形成基本设想，做出初步方案，最后确定备选方案的反复补充修改过程。

3.广泛地收集与各备选方案有关的信息

收集尽可能多的与备选方案有关的各种可计量因素，以便决策人员评价分析，如有关方案的预期收入和预期支出，而且要求各项预测的数据尽可能准确，如果没有确切的数据，应尽量请专家估计。

4.对备选方案实施决策

评价分析投资决策方案，对备选方案可行性进行全面详尽的评价与分析。在此基础上，进行确定型投资决策和非确定型投资决策，并提出落实中选方案的措施，以保证其付诸实施。

5.组织、监督方案的实施

以上的投资决策程序是通过预算来组织实施的，在实际工作中，投资决策分析与生产经营计划是交叉进行的，投资决策的结果要变成预算体现出来，然后将预算与实际比较，将发生的差异与存在的问题反馈出来，以便及时采取改进措施，从而保证投资决策目标实现。

三、投资决策分析必须考虑的基本因素

投资决策分析必须考虑的基本因素是相关收入和相关成本。

（一）相关收入

相关收入是指与特定决策方案相联系的、能对决策产生重大影响的、在决策中必须予以充分考虑的收入，即该特定决策方案的相关收入。如果某项收入只属于某个经营决策方案，即若有这个方案存在，就会发生这项收入，若该方案不存在，就不会发生这项收入，那么这项收入就是相关收入。这里的相关收入是指可控收入。

可控收入是指对于一个单位（例如企业、分厂、车间、班组、部门等），属于其权责范围内，可以事先预知将要发生，能为其所控制的收入，即这个单位的可控收入。简言之，就是能为单位行为直接制约的收入，称为该单位的可控收入；反之，收入的发生，不属于某一单位权责范围内，不能为这个单位加以控制的，叫作这个单位的**不可控收入**，也就是不能为该单位行为所制约的收入。

可控收入与不可控收入是针对特定单位来说的。一项收入，对某个特定的单位来说是可控的，对另外的单位则可能是不可控的。例如，销售收入对利润中心是可控收入，对成本中心却是不可控收入；可控收入与不可控收入是针对特定的期间而言的，可控收入是指在收入发生之前单位能够直接制约的收入，收入一旦发生之后就是不可控收入了。例如，产品销售一旦完成，无论是对销售部门，还是生产车间而言，销售收入都是不可控收入了。管理会计在履行其职能时，凡是涉及收入，通常都是指可控收入，一般不考虑不可控收入，尤其是在对责任中心进行考评时，只考虑可控收入，不考虑不可控收入。

相关收入的计算，要以特定决策方案的单价和相关销售量为依据。相关收入包括差别收入、边际收入等。

1.差别收入

在进行方案投资决策分析时，两个备选方案间预期收入的差异数称为**差别收入**，也称**差量收入**。

对于单一投资决策方案，由预期销量增减所形成的收入差异也称为**差量收入**。

2.边际收入

通常收入与业务量是紧密相关的，收入的增减会随业务量的增减而变化。因此，我们可以建立以收入为业务量的函数。在数学上，**边际收入**就是收入对业务量的一阶导数，即收入的差量与业务量的差量之比，当业务量的差量无限变小时的极限。设收入 y 是业务量 x 的连续可微函数：

$y=f(x)$

$$\lim_{\Delta x \to 0} \frac{\Delta y}{\Delta x} = f'(x)$$

在现实的经济活动中，业务量之差不会无限变小，最小只能小到一个单位，否则，就没有什么实际意义了。所以，

$$边际收入 = \lim_{\Delta x \to 1} \frac{f(x+\Delta x) - f(x)}{\Delta x} = f(x+1) - f(x)$$

因此，在现实经济活动中，边际收入的计量，就是业务量增加或减少一个单位所引起的收入变动。因此，我们可以把边际收入看成是差别收入的特殊情形。

与相关收入相对立的概念是无关收入，如果无论是否存在某投资决策方案，均会发生某项收入，那么就可以断定该项收入是上述方案的**无关收入**。显然，无关收入都是不可控收入，在投资决策中，不能考虑无关收入，否则，就有可能导致投资决策失误。

（二）相关成本

相关成本是指与特定投资决策方案相联系的，能对投资决策产生重大影响的，在投资决策中，必须予以充分考虑的成本，即该特定决策方案的相关成本，又称**有关成本**。这里的相关成本均指可控成本，相关成本是进行投资决策时应认真考虑的各种形式的未来成本，是可随投资决策的选择而改变的成本，相关成本包括差别成本、边际成本、机会成本、付现成本、重置成本、专属成本、可避免成本、可延缓成本、加工成本等。

1.差别成本

管理人员在进行投资决策之前，要对不同的备选方案进行比较，每个备选方案都会发生一定的预期成本，这样就有必要将不同备选方案的预期成本加以比较。两个备选方案间预期成本的差异数称为**差别成本**，也称**差异成本**、**差量成本**。

除上述含义之外，对于单一投资决策方案，由于预期业务量增加或减少所形成的成本差异也称为**差量成本**。

差别收入与差别成本之差称为**差别利润**或**差量利润**。

2.边际成本

边际成本是在假定成本为业务量函数的基础上，成本对业务量的导数，即成本的差量与业务量的差量之比，当业务量的差量无限变小时的极限。设成本 y 是业务量 x 的连续可微函数：

$$y=g(x)$$

$$边际成本 = \lim_{\Delta x \to 0} \frac{g(x+\Delta x) - g(x)}{\Delta x} = g'(x)$$

与边际收入同理，在现实经济活动中，Δx不可能趋于零，最小只能小到一个单位，即只能趋于 1：

$$边际成本 = \lim_{\Delta x \to 1} \frac{g(x+\Delta x) - g(x)}{\Delta x} = g(x+1) - g(x)$$

因此，边际成本的计量，就是业务量增减一个单位所引起的成本变动，我们可

以把边际成本看成是差别成本的特殊情况。

3.机会成本

投资决策过程中，在若干个备选方案中，选取最优方案而放弃另一个次优方案所丧失的潜在利益，就构成了实施最优方案的**机会成本**。对于交易或事项而言，就是由于放弃某一方案实现的机会而失去的潜在收益。这部分收益应由被选方案的收益来补偿，如果被选方案的收益不能补偿机会成本，说明被选方案不是最优的。机会成本虽然不是实际支出，也不记入账簿，有时甚至难以计量，但是，在进行投资决策时，要把它作为一个现实的重要因素加以考虑，否则，就可能做出错误的选择，不能取得应有的效果。

4.付现成本

付现成本是指那些未来某项投资决策所引起的需要在最近期间或将来支付现金的成本，是一种未来成本。付现成本是在某项投资决策需要付现但又要全面衡量该项投资决策在经济上是否真正有利时，应予认真考虑的，尤其是在企业资金紧张的时候更应慎重对待。在实际经济活动中，企业往往宁愿采纳总成本较高而付现成本较低的方案，而不采纳总成本较低而付现成本较高的方案。在这种情况下，付现成本比总成本意义更大。只有符合企业目前实际支付能力的方案，才算得上是最优方案。

5.重置成本

重置成本是指目前从市场上重新取得某项现有资产所需支付的成本，也称为**现时成本**或**现行成本**。它带有现时估计的性质。与重置成本直接对应的概念是**账面成本**，即一项资产在账簿中所记录的成本。通常，企业资产是按历史成本或实际成本记账的。有些备选方案需要动用企业现有的资产，在分析评价时不能根据账面成本来估价，而应该以重置成本为依据。

例如，某企业库存商品账面单位成本为200元/件，重置成本为250元/件，若按历史成本考虑，售价定为230元/件，认为可获毛利30元/件，但这些商品出售后再依重置成本补进时，反而每件亏损20元。不难看出，重置成本在定价决策中是不可忽视的重要因素。

6.专属成本

专属成本是指那些能够明确归属于特定投资决策方案的固定成本。它往往是为了弥补生产能力不足的缺陷，增加有关装置、设备、工具等长期资产而发生的。专属成本的确认与取得上述装置、设备、工具的方式有关。若采用租入的方式，则专属成本就是与此相关联的租金成本；若采用购买方式，则专属成本的确认还必须考虑有关装置、设备、工具本身的性质，如果取得的装备等是专用的，即只能用于特定方案，则专属成本就是这些装备的全部取得成本；如果取得的装备等是通用的，则专属成本就是与使用这些装备有关的主要使用成本（如折旧费等）。

7.可避免成本

可避免成本是指通过企业管理当局的某项决策可以改变其发生数额的成本。也就是说，如果企业采用了某个特定的方案，与其相联系的某项支出必然发生；反之，如果企业拒绝接受该项方案，则与此相联系的某项支出就不会发生。成本的发生及其数额与投资决策行为密切相关，这样的成本就属于可避免成本，如酌量性固定成本就属于可避免成本。

8.可延缓成本

可延缓成本是指对已经选定的某方案如果推迟执行，不至于对于企业的全局产生重要影响，那么，与此方案相关的成本，就称为可延缓成本。例如，某企业的办公条件较差，原来打算在计划年度改善办公条件，在办公室安装空调，现在考虑到计划年度资金比较紧张，经过讨论决定将改善办公条件、安装空调的方案推迟到下个计划年度执行，那么，与安装空调相关的成本就属于可延缓成本。因为安装空调与否，对企业的全局不会产生重要影响。

与相关成本对立的概念是无关成本。凡不受投资决策结果影响，已经发生或注定要发生的成本就是**无关成本**。如果无论是否存在某项投资决策，均会发生某项成本，那么就可以断定该项成本是上述方案的无关成本，无关成本一般都是不可控成本。在短期经营决策中，不能考虑无关成本，否则，可能会导致投资决策失误。

无关成本主要包括沉没成本、共同成本、不可避免成本、不可延缓成本等。

1.沉没成本

沉没成本，是指由过去决策所引起的已支付过的且无法收回的成本。凡是过去已经发生，不是目前决策所能改变的成本，都是沉没成本。例如，假定某企业有一台生产设备，原价20 000元，累计折旧18 000元。账面价值（净值）2 000元就是沉没成本。很明显，沉没成本一经耗费就一去不复返了。虽然在投资决策中不必考虑沉没成本，但是，要注意区分和判别沉没成本，否则可能导致投资决策失误。

2.共同成本

共同成本，是与专属成本相对立的成本，是指应由多个方案共同负担的注定要发生的固定成本。由于它的发生与特定方案选择无关，因此，在投资决策中可以不予以考虑，也属于比较典型的无关成本。

3.不可避免成本

不可避免成本，是与可避免成本相对应的成本概念，是指通过企业管理当局的某项决策不能改变其发生数额的成本。也就是说，该项成本的发生与特定的投资决策方案无关，其发生与否并不取决于有关投资决策方案的取舍。约束性固定成本就属于不可避免成本。

4.不可延缓成本

不可延缓成本，是与可延缓成本相对应的概念，是指即使企业受到资源稀缺的约束，对于已经选定的某方案也必须立即执行，不得推迟，否则，将对企业的全局产生重要影响，那么与此方案相关的成本，就称为不可延缓成本。例如，企业某项关键设备出现严重故障，需要立即进行大修理，否则，将影响企业的正常生产经营活动，致使企业遭受重大损失。这时，即使企业资金再紧张，也必须想方设法，立即修复该项关键设备，使其尽快投入运行。因此，与关键设备进行大修理相关的成本就属于不可延缓成本。由于不可延缓成本具有较强的刚性，注定要发生，所以必须要保证对它的支付，没有什么选择的余地。

之所以将相关收入、相关成本作为投资决策分析必须考虑的基本因素，是因为在对内或对外短期投资决策分析中，直接以相关收入扣除相关成本作为投资决策分析的标准。而在对内或对外长期投资决策分析中，则是利用货币时间价值、投资风险价值和通货膨胀补偿价值，对相关收入和相关成本进行调整，采用一定的方法进行定量和定性分析，以取得投资决策的最终结果，从而可知，相关收入、相关成本不论是在短期投资决策，还是在长期投资决策中，都是必须考虑的基本因素。

四、短期投资决策分析的内容

短期投资决策分析顾名思义就是对短期投资决策进行分析，是指借助科学理论，运用专门方法进行短期投资决策的过程。

短期投资决策就是前面提到的对内短期投资决策的简称。短期投资决策分析的内容就是对内短期投资决策的内容。概括地说，主要包括生产决策、定价决策、存货决策。

（一）生产决策

生产决策是指短期（不超过1年）内，在生产领域中，围绕是否生产，生产什么，怎样生产以及生产多少等问题而展开的决策。例如：新产品开发的品种决策；亏损产品是否停产、转产或增产的决策；有关产品是否深加工的决策；单一产品生产数量决策；产品组合生产数量决策；零部件是自制还是外购的决策；选用不同加工设备的决策以及风险型生产决策和不确定型生产决策等。

（二）定价决策

定价决策是指短期（不超过1年）内，在流通领域中，围绕如何确定销售产品价格水平问题而展开的决策。这种决策经常采用的方法包括：以成本为导向的定价方法；以需求为导向的定价方法；以特殊要求为导向的定价方法；调价决策方法及定价策略等。

（三）存货决策

存货决策是指为确定存货既能满足生产需要，又能使其储备总成本最低的进货批量和再订货点而展开的决策，并称使储备总成本最低的进货批量为**经济订货量**。为保证生产所需最低存货量，企业发出订单时，尚有存货的库存量，称为**再订货点**，反过来说就是，企业存货达到再订货点时，企业就要发出订单。确定再订货点就是确定订单发出的时间。确定经济进货批量和再订货点能使企业存货保持在最优水平上，使存货占用资金得到最经济、最合理、最有效的使用。

五、短期投资决策分析常用的工具方法

在短期投资决策中，对于不同的投资决策内容，需要采用不同的投资决策分析方法进行比较和判断，才有可能得出正确的决策结果。短期投资决策通常不改变企业现有生产能力，涉及时间比较短，在分析时不考虑货币时间价值，投资风险价值

和通货膨胀补偿价值，从实际工作中看，短期投资决策分析经常采用的工具方法主要有本量利分析法和最优分析法。

（一）本量利分析法

本量利分析法第二章已经述及，是指在成本性态分析的基础上，通过数学模型，对变动成本、固定成本、业务量、单价和利润五因素进行综合分析，揭示它们之间的内在规律性联系，为管理会计预测、决策、规划、控制和考评提供支持的一种工具方法。

本量利分析法主要适用于已经有备选方案的经营决策，如单一方案是否可行，多个互斥方案选优。

1.本量利分析法的评价标准

由本量利的基本公式：

营业利润 π=（单价-单位变动成本）×销售量-固定成本

$=(p-b)x-a$

可以得到利用本量利分析法的投资决策标准：

（1）营业利润最大（在涉及某个方案时就是净收益最大）

在单一方案投资决策中，净收益大于零，可行，否则不可行；在多个互斥可行的备选方案中，净收益最大的方案为最优方案。其中，净收益=相关收入-相关成本。

（2）贡献毛益最大（边际贡献最大）

在多个互斥可行备选方案中选优，固定成本为无关成本时，从本量利基本公式可以看出，贡献毛益最大方案为最优方案，其实质也是净收益最大。由于“贡献毛益”也称“边际贡献”，因此，也称此法为“边际分析法”。

（3）成本最低

在互斥可行备选方案中选优，对于多个互斥可行方案均不存在相关收入或相关收入相同时，从本量利基本公式可以得到结论：成本最低的方案为最优方案，其实质也是净收益最大。

从中可以看到，贡献毛益最大（边际贡献最大）、成本最低都是本量利分析的特殊情况。除此之外，成本无差别点分析法、利润无差别点分析法等也都是本量利分析法的具体应用。此外，在风险型投资决策分析中，还可将概率分析法与本量利分析法结合使用。

2.本量利分析法常用的工具方法

利用本量利分析法在互斥可行备选方案中选优时，常用的工具方法有差量分析法和相关分析法。

（1）差量分析法

差量分析法也称**差别分析法**或**差额分析法**，是指在计算两个备选方案之间产生的差量收入和差量成本的基础上，计算差量收益，根据差量收益的大小来确定最优方案的方法。这里的差量收益是指差量收入与差量成本之间的差异数，即：

差量收益=差量收入-差量成本

以甲方案减乙方案之差为标准，差量收益若为正值，则选甲，若为负值，则选乙。

如果有两个以上的备选方案，可两个两个地进行比较分析，最终以能提供最大收益的方案为可行方案。比如有甲、乙、丙三个备选方案，先将甲与乙进行差量分析，中选方案再与丙进行差量分析以选出最优方案。

（2）相关分析法

相关分析法是指在多个备选方案中，分别就同一个与方案相关的指标（如净收益、贡献毛益或成本）进行计算，根据各个方案金额的大小来确定最优方案的方法。投资决策标准是：净收益或贡献毛益最大的方案为最优方案（或成本最低的方案为最优方案）。在只有两个备选方案的情况下，差量分析与相关分析的本质完全相同，其结果也完全相同，只是计算顺序不同。

【例4-1】某企业计划生产A或B产品。A、B两种产品预期销售单价分别为32元/件和50元/件，销售数量分别为200件和100件，单位变动成本分别为15元/件和24元/件。

要求：根据以上资料，做出生产哪种产品对企业较为有利的决策。

解：有关资料见图表4-1。

图表4-1　A、B产品贡献毛益及差量贡献毛益　单位：元

项目	A产品	B产品	差量
销售收入	32×200=6 400	50×100=5 000	6 400-5 000=1 400
变动成本	15×200=3 000	24×100=2 400	3 000-2 400=600
贡献毛益	6 400-3 000=3 400	5 000-2 400=2 600	1 400-600=800

差量分析法：

差量贡献毛益=差量收入-差量成本

=（6 400-5 000）-（3 000-2 400）

=800（元）

因差量贡献毛益大于0，故应选择生产A产品。

相关分析法：

A产品贡献毛益=6 400-3 000=3 400（元）

B产品贡献毛益=5 000-2 400=2 600（元）

A产品贡献毛益比B产品贡献毛益多800元（3 400-2 600）。

故应选择生产A产品。

通过两种分析方法对比可知，差量分析法是根据图表4-1中的差量栏数字（1 400-600=800）计算出差量贡献毛益；相关分析法是根据图表4-1贡献毛益行数字（3 400-2 600=800）计算出差量贡献毛益。这只不过是加法交换率和结合律的

应用，其计算结果完全相同。因此，在只有两个备选方案时，采用差量分析法和相关分析法，在计算上并无本质差别。在备选方案超过两个时，采用相关分析法比采用差量分析法更容易些。

需要特别提及的是：差量分析法和相关分析法不仅是本量利分析法经常采用的方法，实际上，凡是有有限个备选方案选优的投资决策，都可以采用差量分析法或相关分析法。

（二）最优分析法

最优分析法是研究如何合理安排和分配有限的人力、物力、财力等资源，找出使资源充分发挥潜力，使价值标准最大化（如收益最大）或最小化（如成本最小）方案的方法。解决这类问题需要微积分中最大最小值原理以及运筹学中线性规划、动态规划等高等数学方法。在最优分析法中，并不需要事先设计一个或几个备选方案，而是通过分析过程来形成一个最优方案。

上述两种方法是短期投资决策分析中常用的基本方法，除此之外，在不确定型投资决策分析中，还有大中取小法、小中取大法、大中取大法等，将在下节述及。

第二节 短期投资决策（1）——生产决策

生产决策是企业经营决策的重要一环。一个企业经常碰到的决策问题，大多是生产方面的决策问题。这些需要决策的问题，往往有多种方案可以进行，不同的方案，往往经济效益相差很多。通过生产决策，选取一个最佳方案，就能提高企业的经济效益。

本节主要介绍生产品种决策、生产数量决策、生产组织决策、非确定型的生产决策。

一、生产品种决策

（一）新产品开发的品种决策

企业只有不断地开发新产品，促进产品更新换代，才能不断满足社会需要，维持并扩大市场占有率，取得经营主动权。如果跟不上市场发展趋势，不开发新产品，企业最终将被市场所淘汰。

这里介绍的新产品开发的品种决策，是指可以利用企业现有生产能力来开发某种在市场上有销路的新产品，主要涉及新产品品种的选择问题、开发新产品与减少老产品的决策问题，此类决策主要采用本量利分析法。

【例 4-2】某企业设计生产能力为10 000机器工时，目前只生产甲产品一种产品。由于甲产品受销售情况的影响，实际开工率只能达到设计生产能力的70%。企业为了充分利用生产能力，决定将剩余生产能力用于生产新产品乙或新产品丙，二者取其一。该企业的固定成本总额为30 000元，乙和丙两种新产品的有关资料见图表4-2。

要求：根据上述资料做出开发哪种新产品较为有利的决策。

图表4-2 乙、丙产品有关资料

项目	乙产品	丙产品
剩余生产能力（机器工时）	10 000×（1-70%）=3 000	
每件产品定额（机器工时）	10	15
销售单价（元/件）	180	270
单位变动成本（元/件）	140	220

解：由于固定成本30 000元是共同成本，故为无关成本。因此，只需采用本量利分析法，以贡献毛益最大为标准，利用相关分析法进行决策。

乙产品贡献毛益总额=（180-140）$\times\frac{3\,000}{10}$=12 000（元）

丙产品贡献毛益总额=（270-220）$\times\frac{3\,000}{15}$=10 000（元）

乙产品贡献毛益总额比丙产品多2 000元（12 000-10 000），故应选择生产新产品乙。本题也可以采用差量分析法，得到的结果完全相同。

【例4-3】某企业原来生产甲产品，现准备开发乙产品或丙产品，有关资料见图表4-3。

图表4-3 甲、乙、丙产品有关资料 单位：元

方案 / 项目	甲产品（实际）	乙产品（预计）	丙产品（预计）
销售收入	100 000	180 000	170 000
变动成本	50 000	150 000	130 000
贡献毛益	50 000	30 000	40 000
固定成本	20 000		
利润	30 000		

如果开发乙产品，甲产品产量必须削减$\frac{1}{4}$；开发丙产品，甲产品产量必须削减$\frac{1}{2}$，那么该企业应如何决策？

解：在这项决策中，由于开发新产品并不增加固定成本，因而固定成本是无关成本。在决策时，只需结合生产能力，采用本量利分析法，以增加贡献毛益最大为标准，利用相关分析法进行分析。

开发乙产品增加的贡献毛益=30 000-50 000$\times\frac{1}{4}$=17 500（元）

开发丙产品增加的贡献毛益=40 000-50 000$\times\frac{1}{2}$=15 000（元）

开发乙产品比开发丙产品多增加贡献毛益2 500元（17 500-15 000）。故应选

择开发乙产品。

（二）亏损产品是否停产的决策

亏损产品是否停产的决策，主要研究在企业组织多品种生产时，如果某一种产品的收入低于按完全成本法计算的产品成本，出现了亏损，那么是停产该亏损产品或转产，还是按原有规模继续生产该亏损产品，抑或是增产该亏损产品。下面从两个方面讨论。

1.剩余生产能力无法转移时，亏损产品是否停产的决策

所谓**生产能力无法转移**，是指当亏损产品停产以后，闲置下来的生产能力无法被用于其他方面，既不能转产，又不能将有关设备转作他用。

此时，只需考虑亏损产品的贡献毛益。当亏损产品贡献毛益小于0时，这种产品生产越多，亏损越多，除非特殊需要，否则应停产该亏损产品；当亏损产品贡献毛益大于0时，这种产品对企业还是有贡献的，它之所以亏本，就是因为贡献毛益还不足以弥补全部固定成本，如果停止生产，由于固定成本依然存在，亏损不仅不能减少，反而会增加。因此，应继续生产该亏损产品，如果生产能力允许，又能保证销售，还应增产该亏损产品，因为增加的贡献毛益就是使企业减少的亏损或增加的利润。

【例4-4】某企业组织多品种生产，2021年C产品销售收入为100万元，在完全成本法下的产品主营业务成本为150万元，其变动成本率为80%，假定2022年其他条件均不变，剩余生产能力无法转移。

要求：做出2022年是否继续生产C产品的决策，并说明若停止生产C产品会造成什么后果。

解：生产C产品的贡献毛益=100×（1-80%）=20（万元）

因为生产C产品的贡献毛益大于0，所以应当继续生产C产品，否则，将会使企业减少20万元的利润。

2.剩余生产能力可以转移时，亏损产品是否停产的决策

如果亏损产品停产以后，闲置下来的生产能力可以转移，如转产其他产品、用于承揽零星加工业务、将有关设备对外出租等，此时必须进一步考虑机会成本因素。

当亏损产品的贡献毛益大于与生产能力转移有关的机会成本时，就不应当停产，如有条件，还应增产亏损产品，不然的话，企业将因此而减少与亏损产品贡献毛益与有关机会成本之差等额的利润；当亏损产品的贡献毛益小于与生产能力转移有关的机会成本时，应当停产；如贡献毛益等于机会成本，停不停产都一样。

确认与生产能力转移有关的机会成本，应当具体问题具体分析，如果将闲置下来的生产能力转产其他产品或用于承揽零星加工业务，则与继续生产亏损产品有关的机会成本就是转产或承揽零星加工业务可望获得的贡献毛益（在有专属固定成本时，应是剩余贡献毛益）；如果将闲置下来的设备用于对外出租，则与继续生产亏损产品有关的机会成本就是可望获得的租金收入。

【例4-5】仍按例4-4的资料，若停止生产C产品，可将生产能力转产D产品，

其单位售价为164元/件，单位变动成本110元/件，通过市场销售预测，D产品一年可销售5 000件，转产D产品需追加机器投资30 000元。

要求：对是否停产C产品而转产D产品做出决策。

解：转产D产品剩余贡献毛益总额=（164-110）×5 000-30 000=240 000（元）

D产品贡献毛益大于C产品贡献毛益40 000元（240 000-200 000）。

故应当停产C产品，转产D产品，这样可使企业多获得40 000元的利润。

（三）有关产品是否深加工的决策

某些制造企业生产的产品可按不同的加工深度组织经营，如深加工前的半成品、联产品或副产品既可以直接销售，又可以进行一定程度的深加工。因此，这类企业就会面临对上述产品究竟是直接销售还是进一步加工的决策。

在这类决策中，深加工前的半成品、联产品或副产品的成本（无论是变动成本还是固定成本）都属于沉没成本，是与决策无关的成本，相关成本只包括与深加工有关的成本，而相关收入则包括直接出售和加工后出售的有关收入。对于此类问题也采用本量利分析法，一般以收益或贡献毛益最大为标准，利用差量分析法或相关分析法进行决策分析。

【例4-6】某企业生产的甲半成品，单位变动生产成本为50元/件，售价为60元/件，年产量为1 000件。若经过深加工可加工为乙产品，每件变动加工成本为80元，售价为150元/件。

要求：就以下各不相关情况做出甲半成品是直接出售还是加工成乙产品再出售的决策。

（1）企业现已具备深加工1 000件甲半成品的能力，不需追加专属成本，深加工能力无法转移。

（2）企业深加工需租入一台专用设备，年租金为15 000元。

（3）企业只具有深加工800件甲半成品的能力，该能力可用于对外承揽加工业务，预计一年可获得的贡献毛益为9 000元。

解：依题意分3种情况分析如下。

（1）编制收益表见图表4-4。

图表4-4　　收益表（一）　　单位：元

项目	进一步加工为乙产品	直接出售甲半成品	差量
相关收入	150×1 000=150 000	60×1 000=60 000	150 000-60 000=90 000
相关成本	80×1 000=80 000	0	80 000-0=80 000
相关收益	150 000-80 000=70 000	60 000-0=60 000	10 000

故应进一步加工成乙产品再出售，可比直接出售多获利10 000元。

（2）编制收益表见图表4-5。

故应直接出售甲半成品，可比进一步加工成乙产品多获利5 000元。

图表 4-5 收益表（二） 单位：元

项目	进一步加工为乙产品	直接出售甲半成品	差量
相关收入	150 000	60 000	90 000
相关成本	95 000	0	95 000
其中：加工成本	80 000	0	
专属成本	15 000	0	
相关收益	55 000	60 000	-5 000

（3）编制收益表见图表4-6。

图表 4-6 收益表（三） 单位：元

项目	进一步加工为乙产品	直接出售甲半成品	差量
相关收入	150×800=120 000	60×800=48 000	120 000-48 000=72 000
相关成本	73 000	0	73 000-0=73 000
其中：加工成本	80×800=64 000	0	
机会成本	9 000	0	
相关收益	120 000-73 000=47 000	48 000-0=48 000	-1 000

故应直接出售甲半成品，可比进一步加工成乙产品多获利1 000元。

二、生产数量决策

在生产的产品品种确定以后，决策者就要面临生产多少的问题。企业已正式投产的产品，在价格已定及现有的生产经营条件下，产品的生产数量究竟为多少时，才能使企业利润或净收益最大，就是生产数量决策问题。对于此类问题，如果能够建立利润或净收益与产销量的函数关系，则不需要有备选方案，通常采用最优分析法，利用高等数学方法求解最优方案。下面主要介绍单一产品生产数量决策、产品组合生产数量决策以及最优生产批量决策问题。

（一）单一产品生产数量决策

单一产品生产数量决策通常采用最优分析法，评价标准是利润或净收益最大。如果已知利润或净收益是产销量的连续可微函数，当边际利润为0（即边际收入等于边际成本）时，利润最大，以此来确定可使利润最大的产品生产数量。

【例 4-7】某企业生产甲产品，已知单位售价70元/件，该产品的总成本函数为 $TC=150\ 000+10x+0.003x^2$。

要求：为获取最大利润，应生产多少甲产品？

解：由已知得，

利润 $\pi=70x-(150\,000+10x+0.003x^2)$

$=-0.003x^2+60x-150\,000$

令：$\pi_x'=-0.006x+60=0$

解得：x=10 000（件）

故该企业为获取最大利润，应生产10 000件甲产品。

（二）产品组合生产数量决策

当企业利用现有生产能力生产两种或两种以上产品时，由于企业的资源是有限的，即受到生产能力、材料供应、市场销售、资金等各种资源的限制，生产的总规模不能超越这些约束条件，就需要确定每种产品各生产多少才能使利润或净收益最大化，即做出**产品最优组合决策**，或称**企业资源合理利用决策**。

如果企业生产的多种产品之间在企业的生产能力上或市场需求上都互不相关，则不存在多种产品之间的生产数量决策问题。

如果企业生产的多种产品在企业的生产能力方面互不相关，但在市场需求方面却相互影响，比如洗衣粉多销了必然影响肥皂的销量，在这种情况下，企业应尽可能生产和销售贡献毛益比较大的产品。

如果企业生产的多种产品在企业的生产能力方面相互影响，一种产品增产了，必然影响其他产品的生产，这就涉及**产品组合数量决策**。

由于在确定产品组合时，一般不改变现有生产能力，因此，固定成本为无关成本，在这种情况下，贡献毛益最大的产品组合，其利润也必然最大。产品最优组合决策通常采用的分析方法是最优分析法，以贡献毛益最大作为评价方案优劣的标准，具体采用的是线性规划问题中的图解法和单纯形法。**线性规划问题**是指在一定的目标下（如利润最大或成本最小），将有限资源最有效地分配到各项经济活动中的一种目标函数和约束条件都是线性的数学模型的问题。通常，在一个数学模型中，若干个需要确定的未知数，称为**决策变量**。把模型所要达到的目标表示成这些变量的函数，称为**目标函数**。在实现目标的过程中，会有各种客观条件的限制，这些限制表示成与决策变量有关的等式或不等式，称为**约束条件**；满足全部约束条件的决策变量组成的集合，称为**可行解集**；只有两个变量的可行解集也称为**可行解区域**。线性规划模型的特点是目标函数和约束条件都是线性的。

1.只生产两种产品的数量决策

如果企业只生产两种产品，可用线性规划问题中的图解法求得最优组合（当然也可用单纯形法求得最优组合，但要比图解法麻烦得多），具体步骤为：

（1）根据两种产品的有关资料，确定目标函数和约束条件。

（2）根据约束条件，在平面直角坐标系中绘出相应的直线，确定产品组合的可行解区域。

（3）在可行解区域内，确定使目标函数达到最优的产品组合。

【例4-8】某企业生产A、B两种产品，每种产品都要经过一车间和二车间进行加工才能完成，有关资料见图表4-7。

图表4-7 A、B产品有关资料

项目	A产品	B产品	最大生产能力
单位贡献毛益（元）	14	8	
一车间单位产品加工时间（小时）	15	5	36 000
二车间单位产品加工时间（小时）	6	12	26 400
预测销售量（件）	2 400	1 800	

要求：确定A、B产品的最优组合。

解：（1）确定目标函数及约束条件，设A产品的产量为x，B产品的产量为y，贡献毛益总额为S。

目标函数：S=14x+8y

约束条件：$\begin{cases} 15x+5y\leqslant 36\,000 \\ 6x+12y\leqslant 26\,400 \\ 0\leqslant x\leqslant 2\,400 \\ 0\leqslant y\leqslant 1\,800 \end{cases}$

（2）根据目标函数及约束条件作图表4-8，图表4-8中满足4个约束条件的可行解区域是由直线L_1、L_2、L_3、L_4、x=0及y=0围成的闭凸五边形OABCD，在这个区域内，任何一组产量都满足全部约束条件。在区域之外，任何一组产量都不能满足全部约束条件。

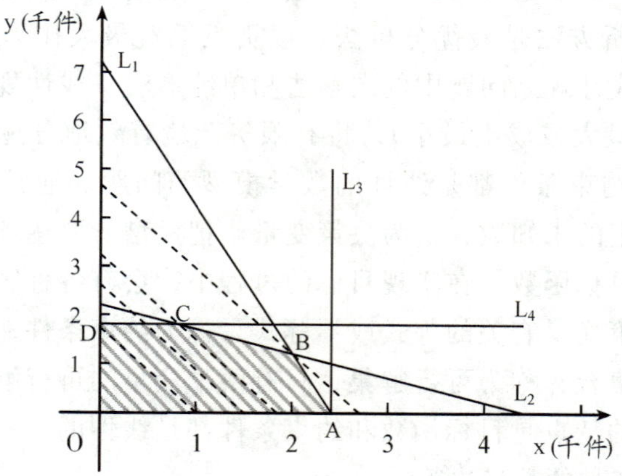

图表4-8 产品最优组合图

（3）确定使目标函数达到最优的产量组合。可以证明，使目标函数达到最优的产量组合一定在角点上取得。一般有两种做法：

①求出5个角点O、A、B、C、D的坐标，代入目标函数S，使S值最大的产量组合便为最优解。但这样求解太麻烦（尤其角点比较多时，更是如此）。

②通常的做法是，将目标函数改写成：$y=\frac{S}{8}-\frac{7}{4}x$

对于每给定的一个S值（比如S=1，2，…）都可以确定一条斜率为$-\frac{7}{4}$，在y

轴上截距为$\frac{S}{8}$的直线，在这条直线上的任何一点，都使目标函数值为S，故称这样的直线为“**等值线**”，在图表4-8中以虚线表示。要使$\frac{S}{8}$最大，就是要在斜率为$-\frac{7}{4}$的直线中，找出一条与凸五边形OABCD相交且在y轴上使截距$\frac{S}{8}$最大的直线，这条直线就是过凸多边形上的一个角点，斜率为$-\frac{7}{4}$，且距离原点最远的那条直线，该角点坐标即为最优产量组合。

在本题中，显然是过角点B、斜率为$-\frac{7}{4}$的那条直线距离原点最远，角点B的坐标可通过解方程组得到：

$$\begin{cases}15x+5y=36\,000\\6x+12y=26\,400\end{cases}$$

即直线L_1与L_2的交点，得到B（2 000，1 200）。

即生产2 000件A产品、1 200件B产品时，贡献毛益最大，其值为：

MaxS=14×2 000+8×1 200=37 600（元）

故应生产2 000件A产品和1 200件B产品。

2.生产两种以上产品的数量决策

如果企业生产两种以上的产品，图解法就难以胜任了。在这种情况下，一般用线性规划问题中的单纯形法求解。单纯形法是用线性代数解联立方程时在迭代法的基础上发展起来的，它是用来求解具有线性关系的极值问题的最一般而有效的专门方法。可以证明，只要线性规划问题存在可行解，则它必有基本可行解（角点），而可行解集的角点个数只有有限多个。为了求得最满意解，我们只需要在这有限多个角点中找到满足目标函数的角点。与上面图解法的基本思路完全一致，只是首先求得一个角点（基本可行解），利用有关判别定理判定它是否一定是最满意解。如果经过判定它是最满意解，则计算终止；否则，就设法迭代到另一个角点，并使目标函数值有所改进。如此进行下去，经过有限次迭代，最后必定可以求得一个最满意解。

由于采用单纯形法求解两种以上产品的最优组合，计算工作量太大，一般应借助电子计算机求解。为节省篇幅，本书不再举例，读者可参考线性规划方面的著作。

（三）最优生产批量决策

在成批生产单一产品的企业里，如果全年产品生产总量是固定的，这时就会遇到每批产品生产多少、全年分为几批生产最为经济的问题。同样，在成批生产多种产品的企业里，如果全年每种产品的生产量都是固定的，有些设备要分批轮换生产几种不同的产品，也会遇到每批产品生产多少、全年分为几批生产最为经济的问题，这就是最优生产批量的决策问题。

对这类问题进行决策，一般采用的方法是最优分析法。通常以相关总成本最低作为评价方案优劣的标准，由于全年生产量固定，因此，产品的生产成本与生产批量无关，而与生产批量相关的成本只有调整准备成本和储存成本。

调整准备成本是指在每批产品投产前进行调整准备工作而发生的成本。如调整机器设备、准备工卡模具、布置生产线等。这类成本每次发生额基本相等，它与每批生产批量没有直接联系，而与生产批次成正比。

储存成本是指为储存存货而发生的各种成本。其中一部分在一定时期内与存货储存数量多少无关，相对稳定的成本，称为**固定储存成本**，如仓库及设备折旧费、仓库职工的固定工资、办公费等。另一部分是与存货数量成正比例变动的成本，称为**变动储存成本**，如仓储费、仓库内部搬运费、存货占用资金的利息费用等。固定储存成本与生产批量无关，所以这里只考虑与产品生产批量成正比例变动的变动储存成本。

调整准备成本与变动储存成本显然是此增彼减的关系，最优生产批量决策就是确定使调整准备成本与变动储存成本之和最低时的生产批量，并称该生产批量为**最优生产批量**。

1.一种产品分批生产时的最优生产批量

若设D=全年生产量　　　　Q=生产批量

K=每批调整准备成本　　　C=单位产品全年储存成本

P=每日生产量　　　　　　d=每日领用量

T=全年相关总成本　　　　N=生产批次

则有：

全年相关总成本=调整准备成本+平均变动储存成本

式中：

调整准备成本=全年生产批次×每批调整准备成本$=\frac{D}{Q}\cdot K$

平均变动储存成本=年平均储存量×单位产品年储存成本

$$=\frac{\text{每批生产终了最高储存量}}{2}\times\text{单位产品年储存成本}$$

$$=\frac{Q}{2}\left(1-\frac{d}{P}\right)\cdot C$$

即　$T=\frac{D}{Q}\cdot K+\frac{Q}{2}\cdot C\cdot\left(1-\frac{d}{P}\right)$　　　根据微分极值原理

令　$T_Q{}'=-\frac{D}{Q^2}\cdot K+\frac{C}{2}\left(1-\frac{d}{P}\right)=0$

解得：最优生产批量 $Q^*=\sqrt{\frac{2\cdot D\cdot K}{C\cdot(1-\frac{d}{P})}}$

最优生产批次 $N^*=\frac{D}{Q^*}$

全年相关最低总成本 $T^*=\sqrt{2\cdot D\cdot K\cdot C\cdot(1-\frac{d}{p})}=\frac{2\cdot D\cdot K}{Q^*}$

【例 4-9】某企业每年生产A产品7 200件，成批组织生产，每件A产品年储存成本为6元，每批调整准备成本为400元，平均每日产出60件，每日耗用20件。

要求：计算最优生产批量，最优生产批次及相关最低总成本。

解：相关总成本 $T=\frac{7\,200}{Q}\times400+\frac{Q}{2}\times6\times（1-\frac{20}{60}）$

$Q^*=\sqrt{\frac{2\times7\,200\times400}{6\times(1-\frac{20}{60})}}$=1 200（件）

$N^*=\frac{7\,200}{1\,200}$=6（批）

$T^*=\frac{2\times7\,200\times400}{1\,200}$=4 800（元）

2.几种产品轮换分批生产的最优生产批量

企业用同一种设备依次轮换分批生产几种产品时，由各种产品生产批次都相同，年调整准备成本之和与年平均储存成本之和相等时，相关总成本最低的原理，可得出：

最优生产批次 $N^*=\sqrt{\frac{\sum D_iC_i(1-\frac{d_i}{P_i})}{2\sum K_i}}$

第i种产品的最优生产批量 $Q_i^*=\frac{D_i}{N^*}$（式中，i=1，2，…，n，代表第i种产品）

【例 4-10】某企业有设备一台，分批生产甲、乙两种产品，有关资料见图表4-9。

图表4-9　甲、乙产品有关资料

项目	甲产品	乙产品
全年生产量（D_i）	9 000件	6 000个
每批调整准备成本（K_i）	180元/件	196元/个
单位产品年储存成本（C_i）	2元/件	4元/个
每日生产量（P_i）	50件	60个
每日领用量（d_i）	20件	40个

要求：确定甲、乙两种产品的最优生产批量。

解：最优生产批次 $N^*=\sqrt{\frac{9\,000\times2\times(1-\frac{20}{50})+6\,000\times4\times(1-\frac{40}{60})}{2\times(180+196)}}$

=5（批）

甲产品最优生产批量 Q^*（甲）$=\frac{9\,000}{5}$=1 800（件）

乙产品最优生产批量 Q^*（乙）$=\frac{6\,000}{5}=1\,200$（个）

三、生产组织决策

前面已经介绍了生产什么和生产多少的问题。生产组织决策，则是要解决如何组织和安排生产的问题，即怎样生产的问题。下面主要介绍零部件是自制还是外购的决策、选用不同加工设备的决策、设备出租或出售的决策。通常采用本量利分析法和最优分析法进行综合分析。

（一）零部件是自制还是外购的决策

企业经常会遇到零部件是自己生产还是从市场上购买的选择问题。这类问题主要是关系到企业能否根据“扬长避短”的原则，合理地利用有限的生产经营能力，以实现更好的经营成果。因为自制或外购的预期收入是相同的，所以只需将自制与外购两个方案的预期成本相比较，以成本最低为择优的标准，利用相关分析法或成本无差别点分析法进行决策。分两种情况讨论如下：

1.需用量确定时自制或外购的决策

【例 4-11】企业常年生产，每年需用 1 800 个 K 部件，其市场售价为 25 元/个，企业有能力安排辅助车间组织生产，每天能生产 25 个，单位变动成本 20 元/个，每天耗用 5 个，每批生产准备成本为 840.5 元；若外购，每次订货成本为 160 元，每个 K 部件年储存成本为 2.5 元。

要求：做出 K 部件是自制还是外购的决策。

解：依题意，用本量利分析的相关分析法进行决策。

（1）自制相关总成本 T=生产成本+生产准备成本+储存成本

设 Q 为生产批量或进货批量，则自制相关总成本：

$$T=20\times1\,800+\frac{1\,800}{Q}\times840.5+\frac{Q}{2}\times\left(1-\frac{5}{25}\right)\times2.5$$

令 $T_Q'=0$，解得自制相关总成本最低的生产批量：

$$Q^*=\sqrt{\frac{2\times1\,800\times840.5}{2.5\times(1-\frac{5}{25})}}=1\,230\text{（个）}$$

自制相关最低总成本：

$$T_{(1230)}=20\times1\,800+\frac{1\,800}{1\,230}\times840.5+\frac{1\,230}{2}\times\left(1-\frac{5}{25}\right)\times2.5=38\,460\text{（元）}$$

（2）外购相关总成本 T=采购成本+订货成本+储存成本

$$T=25\times1\,800+\frac{1\,800}{Q}\times160+\frac{Q}{2}\times2.5$$

令 $T_Q'=0$，解得外购相关总成本最低采购批量：

$$Q^*=\sqrt{\frac{2\times1\,800\times160}{2.5}}=480\text{（个）}$$

外购相关最低总成本：

$T_{(480)}=25\times1\ 800+\dfrac{1800}{480}\times160+\dfrac{480}{2}\times2.5=46\ 200$（元）

由于自制K部件可比外购K部件节省7 740元（46 200−38 460），故应自制K部件。

2.需用量不确定时自制或外购的决策

需用量不确定时，可分为以下两种情况讨论：

（1）自制不增加专属成本或机会成本

若自制单位变动成本小于外购单位购买成本，应自制。

若自制单位变动成本等于外购单位购买成本，自制与外购都一样。

若自制单位变动成本大于外购单位购买成本，应外购。

（2）自制需增加专属成本或机会成本

若自制单位变动成本大于或等于外购单位购买成本，应外购。

若自制单位变动成本小于外购单位购买成本，采用“成本无差别点分析法”进行决策。所谓**成本无差别点分析法**是指在各备选方案的相关收入为0或相等，相关业务量为一不确定因素时，通过求解成本无差别点（即两个备选方案相关成本相等时的业务量），确定某个备选方案相关业务量使相关成本最低的变动范围，来做出互斥方案决策的一种方法。若设a为自制增加的专属成本或机会成本，b为自制时的单位变动成本，P为外购时的单位购买成本（即买价），其决策过程是，求出成本无差别点$x_0=\dfrac{a}{P-b}$。

当需求量大于0小于x_0时，应外购。

当需求量等于x_0时，自制与外购都一样。

当需求量大于x_0时，应自制。

【例4−12】企业需用的F配件既可以自制，又可以从市场上买到，市价20元/件，每年自制F配件需增加专属成本30 000元，单位变动成本为14元/件。

要求：就下列各不相关情况做出需求量在什么范围内F配件自制或外购的决策。

（1）不存在数量折扣。

（2）存在数量折扣，当购买量大于等于8 000件时，单价为18元/件。

解：（1）外购总成本 $y=20x$

自制总成本 $y=14x+30\ 000$

成本无差别点 $x_0=\dfrac{30\ 000}{20-14}=5\ 000$（件）

故当需求量小于5 000件时，应外购；大于5 000件时，应自制；等于5 000件时，自制外购均可。

（2）需求量在8 000件以内，不存在数量折扣时，成本无差别点与（1）一致：

$x_0=\dfrac{30\ 000}{20-14}=5\ 000$（件）

需求量大于等于8 000件时：

外购总成本 y=18x

自制总成本 y=14x+30 000

成本无差别点：

$x_0=\frac{30\,000}{18-14}$ =7 500（件）不在折扣范围（大于、等于8 000件）内，即当需求量大于、等于8 000件时，外购总成本-自制总成本=18x-（14x+30 000）=4x-30 000 =4×8 000-30 000=2 000>0，说明外购总成本始终大于自制成本。

从图表4-10可以看出，需求量小于5 000件时，应外购；需求量为5 000件时，自制、外购都一样；需求量大于5 000件时，应自制。

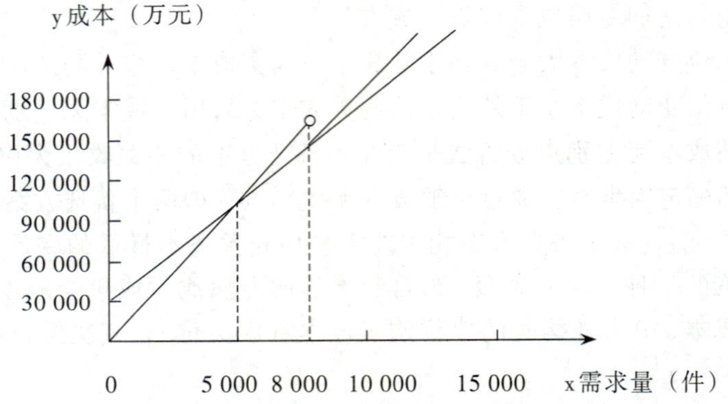

图表4-10　配件外购与自制成本分界图

自制与外购决策也可以扩展为所有既可以由外界完成，又可以由企业自行解决的业务活动方面的短期决策，比如委托他人经销产品还是自设零售门店销售产品的决策等。

（二）选用加工设备的决策

企业在产品品种、数量决策之后，选用什么设备来加工，就是选用不同加工设备的决策。

1.不足设备购置、租赁或外协的决策

当企业开发新产品遇到某些设备不足时，可以购建设备，也可以租赁设备，还可以找外协单位加工，其采用决策分析的方法与零部件是自制还是外购的决策分析方法完全相同。

【例4-13】某企业投产某新产品，铣床加工能力不足，预计全年尚缺1 200机器小时。若委托外单位加工，每机器小时加工费为15元；若购置一台新铣床自行加工，设备购价49 000元，可使用10年，期满无残值，但自行加工每小时耗用动力费2元，人工费5元，维护保养费1元。试进行铣床购建还是外协的决策。

解：采用相关分析法以相关成本最低为标准进行决策分析如下：

外协年相关成本 $C_{协}$=15×1 200=18 000（元）

外购年相关成本 $C_{购}$=（2+5+1）×1 200+$\frac{49\ 000}{10}$=14 500（元）

故应选择外购设备自行加工，可比外协节约3 500元（18 000−14 500）。

2.选用不同类型设备的决策

有些企业，同一种产品可以用不同类型的设备加工制造，如同一种产品既可以用手工操作方式，又可以安排半机械化、机械化或自动化设备进行加工制造。在一般情况下，机械化或自动化程度越高，产品单位变动成本就越低，因为可以降低材料消耗，降低工人劳动强度，提高劳动生产率，但这就相应要求增加固定成本。反之，则会出现相反情况。因此，必须根据市场供求条件、产品所处的寿命周期阶段等信息以及未来的销量变动趋势，以销定产，根据生产计划规模决定选用何种设备，而不能片面地认为机械化、自动化程度越高越好。这种决策仍以成本最低为最优标准，通常采用相关分析法或成本无差别点分析法。

【例4-14】企业可采用两种设备生产某产品。自动化设备生产时，单位变动成本为3元/件，年固定成本为15 000元；机械化设备生产时，单位变动成本为5元/件，年固定成本为10 000元。

要求：根据以下各不相关情况做出采用何种设备进行生产的决策。

（1）该产品每月销量为300件。

（2）该产品年最高销量可达2 000件。

（3）该产品正处于成长期，预计本年销量可达到2 500件。

解：（1）设产销量为x，则自动化生产和机械化生产的总成本分别为：

$y_{自}$=3x+15 000=3×（300×12）+15 000=25 800（元）

$y_{机}$=5x+10 000=5×（300×12）+10 000=28 000（元）

因此，应选择自动化设备进行生产。

（2）由于该产品年最高销量可达2 000件，即销量是不固定的，故应采用成本无差别点分析法。

令5x+10 000=3x+15 000，可得出成本无差别点：

x_0=2 500（件）

当x<2 500件时，选择机械化设备。

当x>2 500件时，选择自动化设备。

当x=2 500件时，选择哪种设备都一样。

因全年生产总量2 000件<2 500件。

故应选择机械化设备生产。

（3）解法一：

$y_{自}$=3x+15 000=3×2 500+15 000=22 500（元）

$y_{机}$=5x+10 000=5×2 500+10 000=22 500（元）

解法二：直接利用（2）的结果，预计销售量2 500件等于成本无差别点销售量2 500件。

从计算结果看，选择哪种设备都可以，但因该产品正处于成长期，故应选择自动化设备。

在进行这类方案决策时，既要防止贪大求洋，盲目追求技术上的先进性，而不考虑经济上的合理性，又要避免不求进取，守业经营，不敢担风险。我们应当从经济技术的最佳结合上动态地考虑问题。

（三）设备出租或出售的决策

在市场经济条件下，企业必须以市场为导向，根据市场需求不断调整企业的生产经营方向和策略。企业在进行生产经营方向调整时，有时会产生闲置设备。一旦出现设备闲置，企业就面临设备出租还是出售的决策问题。通常以收益最大为最优标准，采用相关分析或差量分析法进行决策分析。

【例 4-15】假设某企业适应市场需求的变化进行生产结构的调整。在调整过程中，有一台设备不再使用，其原始价值为200 000元，累计折旧为20 000元。现有一个客户愿意以150 000元租赁10个月，租金立即支付，租赁期满归还企业（预计归还后已无使用价值），租赁期的维修费用、保险费用预计为35 000元，由企业自己负担。对于该设备还有一种处理方法，即通过经纪人以100 000元出售，经纪人佣金等费用预计为销售额的6%。

要求：对出租还是出售该设备做出选择。

解：采用差量分析法。

差量收入=150 000-100 000=50 000（元）

差量成本=35 000-100 000×6%=29 000（元）

差量收益=50 000-29 000=21 000（元）

故应出租该设备，可比出售该设备多获21 000元的收益。

在这里，该设备的账面净值180 000元属于沉没成本，不是相关成本，因而，在决策时不予考虑。由于该设备属于闲置设备，没有其他用途，也不存在机会成本。

四、非确定型的生产决策

在本章第一节的投资决策分类中，按投资决策的肯定条件分类，投资决策可分为确定型投资决策、风险型投资决策和不确定型投资决策。上述生产决策中的生产品种决策、生产数量决策、生产组织决策都是确定型投资决策，这类投资决策所涉及的各种备选方案的各项条件都是已知的，且一个方案只有一个明确的结果，只要经过比较分析就可在多个互斥备选方案中选出最优方案。

如果在生产经营决策中，涉及的每个备选方案一般都有多种可能结果。企业应如何进行投资决策方案的分析评价呢？下面分两种情况进行分析评价。

（一）风险型生产决策

这类投资决策所涉及的各种备选方案的各项条件都是已知的，且一个方案有多种结果都是确定的，每种结果出现的概率都是已知的，对于这种类型生产决策一般采用概率分析法，以收益（利润）最大（或贡献毛益最大，或成本最低）为标准进行分析评价。

【例 4-16】某公司准备开发新产品A和B，预测A产品和B产品单价分别为300元/件和285元/件，单位变动成本分别为268元/件和256元/件；固定成本总额为24 000元，销售量是一随机变量，有关预测资料见图表4-11。

图表 4-11 A、B产品销量及概率

预计销售量（件）	概率	
	A产品	B产品
600	0	0.1
800	0.1	0.2
900	0.1	0.2
1 000	0.3	0.4
1 200	0.3	0.1
1 400	0.2	0

要求：做出开发何种新产品的决策。

解：因是风险型生产决策，故应采用概率分析法。由单一概率法可得：

A产品期望销售量=800×0.1+900×0.1+1 000×0.3+1 200×0.3+1 400×0.2
=1 110（件）

B产品期望销售量=600×0.1+800×0.2+900×0.2+1 000×0.4+1 200×0.1
=920（件）

A产品贡献毛益=（300−268）×1 110=35 520（元）

B产品贡献毛益=（285−256）×920=26 680（元）

故应开发A产品，可望比开发B产品多获8 840元（35 520−26 680）的利润。

（二）不确定型生产决策

这类投资决策所涉及的各种备选方案的各项条件并不都是已知的，主要表现为决策者事先不知道投资决策可能出现的结果，或者虽然知道投资决策的几种可能结果但不知道出现各种结果的客观概率。对于这种类型的生产决策，一般都可转化为以下两种处理办法：

第一，如果知道投资决策的几种可能结果但不知道出现各种结果的客观概率，可以人为地给出各种可能结果的主观概率，把不确定型生产决策转化为风险型生产决策，从而采用概率分析法进行投资决策分析。

第二，选择其他标准进行评价分析，如小中取大法、大中取小法、大中取大法、折中决策法，分别介绍如下：

（1）小中取大法

小中取大法也称为**悲观决策法**。由于这种方法由瓦尔德首创，因此，在有关文献上也称为**瓦尔德决策准则**。其基本思路是：首先从各个方案中选出一个最小的收益值，然后再从中选出一个收益值最大的方案作为中选方案。

【例4-17】假设某企业为了扩大甲产品产量，经过市场调查，针对三种可能出现的自然状态，拟订了三种不同的产量方案，对每个方案在三种自然状态下可能形成的贡献毛益，也做了相应的估计，见图表4-12。

图表4-12 甲产品有关资料 金额单位：元

生产方案（件）	自然状态		
	销路较好	销路一般	销路较差
2 000	40 000	29 000	21 500
2 500	49 000	28 000	18 600
3 000	58 500	33 600	7 000

要求：采用小中取大法为该公司做出生产数量的决策。

解：依题意编制分析表，见图表4-13。

图表4-13 采用小中取大法编制的分析表 金额单位：元

生产方案（件）	自然状态			最小收益值
	销路较好	销路一般	销路较差	
2 000	40 000	29 000	21 500	21 500
2 500	49 000	28 000	18 600	18 600
3 000	58 500	33 600	7 000	7 000

从图表4-13中可见，在小中取大法下，最小收益值均集中在销路较差栏，而最小收益值中的最大值是21 500元，因此，应选择产量为2 000件的方案为中选方案。

这种做法是从最不利的情况下选择最满意的方案，所选择的是最小值中的最大值，因此，属于小中取大的悲观决策方法。

（2）大中取小法

大中取小法也称为最小的最大后悔值决策法。这种方法由萨凡奇首创，因此，在有关文献上也称为萨凡奇决策准则。当某种自然状态出现时，就可以很清楚地看出哪一个方案是最满意方案。如果决策者当初没有选择这个方案，而是采用了其他方案，就会感到后悔。最优方案的收益值与所采用方案的收益值之差就称为后悔值，即损失额。大中取小法就是从各个方案的最大后悔值中选择最小值的方案作为中选方案。

【例4-18】仍用例4-17的资料。

要求：采用大中取小法进行生产数量的决策。

解：依题意编制分析表，如图表4-14所示。

图表 4-14 采用大中取小法编制的分析表 金额单位：元

生产方案（件）	自然状态			最大后悔值
	销路较好	销路一般	销路较差	
2 000	58 500-40 000=18 500	33 600-29 000=4 600	21 500-21 500=0	18 500
2 500	58 500-49 000=9 500	33 600-28 000=5 600	21 500-18 600=2 900	9 500
3 000	58 500-58 500=0	33 600-33 600=0	21 500-7 000=14 500	14 500

从图表4-14中可见，最大后悔值中的最小值是9 500元，因此，产量为2 500件的方案为中选方案。

这种做法是从最不利的情况下选择后悔值，即损失额最小的方案作为最满意方案。

综上，无论小中取大法，还是大中取小法，都是决策者对不确定性决策方案持审慎、稳健态度。

（3）大中取大法

大中取大法又称最大的最大收益值法，是在各种不确定投资决策方案中，选择最有利的市场需求情况下具有最大收益值的方案作为最满意方案的投资决策方法。

【例 4-19】仍用例 4-17 的资料。

要求：采用大中取大法为该企业做出生产数量的决策。

解：依题意编制分析表，见图表4-15。

图表 4-15 采用大中取大法编制的分析表 金额单位：元

生产方案（件）	自然状态			最大收益值
	销路较好	销路一般	销路较差	
2 000	40 000	29 000	21 500	40 000
2 500	49 000	28 000	18 600	49 000
3 000	58 500	33 600	7 000	58 500

从图表4-15可见，在大中取大法下，最大收益值均集中在销路较好栏，而最大收益值中的最大值是58 500元，因此，产量为3 000件的方案为中选方案。

由此可见，大中取大法的基本点是选择最有利情况下的最大收益值作为最满意方案。一般而言，它是决策者对前途非常乐观并充满信心的选择标准。

（4）折中决策法

折中决策法是在确定乐观系数α和各方案预期最高收益值和最低收益值的基础上，以α和$1-\alpha$为权数计算出每个方案的加权平均值，并在各方案的预期价值，即加权平均值中选取最大加权平均值方案作为最满意方案的投资决策方法。由于这种方法是由西方学者赫威兹创立的，因此，又称为赫威兹决策法。决策者在确定乐观系数α时，既不能过于乐观，又不能过于悲观，而应采取现实主义的态度，根据实际情况和自己的实践经验折中确定。α的取值范围是0<α<1，如果α取值接近1，则比较乐观；如果接近0，则比较悲观。每个备选方案的预期价值按照以下公式进行计算：

预期价值=最高收益值×α+最低收益值×（1-α）

【例4-20】仍用例4-17的资料，已知该企业将乐观系数定为0.7。

要求：用折中决策法进行生产数量的决策。

解：每种产量的预期价值计算如下：

2 000件方案的预期价值=40 000×0.7+21 500×（1-0.7）=34 450（元）

2 500件方案的预期价值=49 000×0.7+18 600×（1-0.7）=39 880（元）

3 000件方案的预期价值=58 500×0.7+7 000×（1-0.7）=43 050（元）

故应选择生产3 000件的方案，因为其预期价值最高，为43 050元。

例4-17至例4-20是对同一个问题采用4种不同的投资决策方法，其决策结果并不一定相同，小中取大法，选择生产2 000件的方案；大中取小法，选择生产2 500件的方案；大中取大法和折中决策法，选择生产3 000件的方案。从中可以看出，对于不确定型生产决策，中选方案的标准通常取决于决策者对未来所持的态度（比如是乐观的态度，还是稳健的态度），并与决策者的胆识、气魄、经验及智慧等密切相关。由于出发点不同，投资决策的结果也往往不同。

第三节 短期投资决策（2）——定价决策

产品定价决策是最复杂的管理决策之一。定价决策将影响企业的经营规模、产品组合和长期获利能力。选择一项适当并且能被市场所接受的售价，对企业的成功有着不可低估的影响。企业应当重视定价决策。

一、定价决策的范围

管理会计中的定价决策只是在一定范围内才起作用的，而并非适用于所有商品的价格确定。西方将高度发达的市场经济环境中的价格划分为垄断价格、完全自由竞争价格和企业可控价格三大类。其中，垄断价格（不论是国家垄断价格还是企业财团垄断价格）对于个别企业来说，始终具有强制性的支配效能，企业只有执行的义务，没有变更的权力，不存在定价决策问题。在完全自由竞争条件下，即当市场上某种商品的供应者与消费者的数量都很多，又很分散，则此时完全由供求规律支配所形成的价格为完全自由竞争价格。由于个别企业的市场占有率较低，若擅自提价或降价，只会失去原有市场或招致损失。因此，企业必须根据市场客观的供求规律去测定均衡价格并自觉地执行它，而不必为如何制定价格去操心，因为这一职能将由市场本身有效地执行。只有企业可控价格才属于管理会计中的定价决策范围。所谓**企业可控价格**是指企业可以自行进行决定的价格。企业的经济效益与定价决策的好坏有着密切的联系。

二、企业的定价目标

一般认为，企业要做好定价工作，必须按定价程序做好以下三项工作：第一是确定定价目标；第二是研究和选择定价方法；第三是研究和制定定价策略、掌握定价技巧。确定定价目标，是每一个企业制定产品价格的首要过程。所谓**定价目标**，就是指每一种产品的价格在实现以后应达到的目的。在定价决策中，要求所选择的价格，能够为实现企业所期望的各项目标提供最大的可能性。但实际上，没有一项价格能够同时实现企业的各项目标。所以，管理部门在制定一项价格之前，应当确认最重要的目标。企业的定价目标一般有以下几种：

（一）利润最大化

获取最大利润是多数企业定价的最基本目标，也是最终目标，但利润最大化并不意味着价格最大化。价格的高低是影响企业利润的重要因素，但不是决定利润大小的唯一因素。企业利润的实现，归根到底要以产品是否能够顺利实现销售，是否能够满足市场需要为前提。如果产品价格定得过高而卖不出去，利润将成为泡影，失去了市场将比少赚一些利润的损失更大。因此，在一般情况下，利润最大化是对达到企业长期目标的总利润而言。不同企业为实现这一目标，往往根据不同情况，对不同产品选择不同的定价目标。

（二）目标投资报酬率

目标投资报酬率是企业经常采用的注重长期利润的一种定价目标，是指投资者确定的每一单位投资应获得的纯利或毛利，通常用百分比表示。投资报酬率被广泛地认为是衡量管理效率的决定性指标。管理决策者可以通过选择什么样的售价来达到目标投资报酬率，以帮助经营。

（三）保持并提高市场占有率

市场占有率是指某一特定品牌产品的销售量占本行业同种产品销售量的百分比，也称**市场份额**。它是反映企业经营状况好坏和产品竞争能力强弱的一个重要指标，能否维持并提高市场占有率，对企业来说有时比获得预期收益更为重要。企业要发展，产品就必须有稳定的销路，只有销售量不断扩大，才能在不断满足市场需求的同时，使企业的利润稳步增长。

定价决策是一项极其复杂的问题，管理决策者在制定价格时必须在短期目标与长期目标之间进行权衡。从长期来看，价格必须补偿全部成本并能带来充分的投资报酬。但是从这点出发，很可能会导致企业采取不够灵活的定价策略，使企业在短期经营中无力与雄心勃勃的竞争对手较量，甚至妨碍企业实现长期目标。成本数据可以作为定价决策的依据，但不应妨碍管理决策者在需求扩大或竞争压力增大时对价格进行调整。

鉴于此，本书将介绍以成本为导向的定价决策方法、以市场需求为导向的定价决策方法、以特殊要求为导向的定价决策方法、调价决策方法和定价策略。

三、以成本为导向的定价决策方法

成本是企业在生产经营过程中所发生的各项费用的总和，是构成产品价格的基本因素，也是价格的最低经济界限。从长期来看，销售价格必须足以补偿生产成本和非生产成本，并为投资者提供合理的利润，以维持企业的生存和发展。以成本为基础制定产品价格，不仅能保证生产中的耗费得到补偿，而且能保证企业获得必要的利润。“成本加成定价法”是最普遍采用的产品定价方法，也是最基本的产品定价方法。

成本加成定价法是指在“成本基数”的基础上加成，得到目标销售价格。这里的“成本基数”，可以是完全成本法下计算的产品成本，也可以是变动成本法下计算的变动成本或变动生产成本。下面分别讨论以这两种“成本基数”为基础的成本加成定价法。

（一）完全成本加成定价法

企业采用完全成本加成定价法，其“成本基数”为单位产品成本，虽然管理及销售费用不包括在成本基数之内，却是考虑“加成”的基础，因此，“加成”必须能充分弥补这些成本，并为企业提供满意的利润。也就是说，“加成”的内容包括期间费用及合理利润，其计算公式为：

产品单价=单价产品成本×（1+加成率）

式中：

$$加成率=\frac{投资额\times 期望的投资报酬率+期间费用}{预计产量\times 单位产品成本}$$

【例 4-21】假设某公司投资 2 000 000 元，每年产销 A 产品 50 000 件，在完全成本法下单位产品成本为 30 元/件，管理及销售费用每年 700 000 元，如果该公司期望投资报酬率为 25%。

要求：确定 A 产品的目标销售价格。

解：依题意，

$$加成率=\frac{2\ 000\ 000\times 25\%+700\ 000}{50\ 000\times 30}\times 100\%=80\%$$

A 产品单价=30×（1+80%）=54（元/件）

故 A 产品的目标销售价格为 54 元/件。

（二）变动成本加成定价法

企业采用变动成本加成定价法，其“成本基数”为单位产品的变动成本。虽然全部固定成本不包括在“成本基数”之内，但是，它们是考虑“加成”的基础。因此，“加成”必须弥补这些成本，并为企业提供满意的利润。也就是说，“加成”的内容包括全部固定成本及合理利润，其计算公式为：

产品单价=单位变动成本×（1+加成率）

式中：

$$加成率=\frac{投资额\times 期望的投资报酬率+固定成本}{预计产量\times 单位变动成本}$$

【例 4-22】假设某企业投资 2 000 000 元，每年产销 A 产品 50 000 件，单位变动成本为 20 元/件，固定性制造费用每年为 500 000 元，固定性管理及销售费用每年

700 000元，假设企业期望报酬率为25%。

要求：采用变动成本加成定价法确定A产品的目标销售价格。

解：依题意，

$$加成率=\frac{2\ 000\ 000\times 25\%+1\ 200\ 000}{50\ 000\times 20}\times 100\%=170\%$$

A产品单价=20×（1+170%）=54（元/件）

故A产品的目标销售价格为54元/件。

综上可知，成本加成定价法的实质是：

产品单价=总成本下的单位产品成本+单位产品目标利润

式中：

$$总成本下的单位产品成本=\frac{产品总成本+期间费用}{产量}$$

$$=\frac{变动成本+固定成本}{产量}$$

在此原则下，还可以给出其他成本加成定价法的计算公式，比如在变动成本法下：

产品单价=单位变动生产成本×（1+加成率）

式中：

$$加成率=\frac{投资额\times 投资利润率+固定成本+变动管理及销售费用}{预计产量\times 单位变动生产成本}$$

四、以市场需求为导向的定价决策方法

在市场经济环境下，企业必须以市场为导向，以销定产。在其他条件不变、销售量或销售结构一定的情况下，产品销售价格越高，销售收入也越高，从而实现的利润就越多。但是销售价格提高，市场需求就会减少，从而导致销售量趋于减少，而且随着销售量减少，以销定产，生产规模缩小，达不到规模经济的效果，产品单位成本又会相应提高，反过来导致利润减少。由此可见，产品销售价格的变动与影响利润变动因素之间存在着错综复杂的消长关系。定价决策的中心问题就是如何根据这种关系确定价格、数量的最优组合，以促进企业在一定市场容量下实现利润最大化。在这个基础上形成的销售价格就是最优销售价格。因此，如何以市场为导向，适应一定市场环境，正确地确定产品的最优价格就成为产品定价决策的关键所在。

对企业自行定价的产品，究竟如何以市场需求为导向进行定价决策呢？高价创造的单位贡献毛益高，而低价有促销的功能，究竟是定价越高越好还是越低越好呢？要回答这个问题，必须把价格和市场需求量联系起来考虑：定价过高，销售量就会减少，一旦达不到保本点，企业就会发生亏损；定价偏低，可能无法提供贡献毛益或贡献毛益较少，也会发生亏损。

可见，最优价格既不应是水平最高的价格，也不应为水平最低的价格。确定最优售价应充分考虑价格、收入、成本、销售量之间的关系。采用利润最大化定价法进行产品定价决策，由于收入和成本函数有“连续型”和“离散型”之分，故最优

价格的确定有公式法与列表法两种方法。

1.公式法

公式法是指当销售收入函数与成本函数均是产销量的连续可微函数且边际利润等于0时，即边际收入等于边际成本时利润最大，此时的销量、价格即利润最大的销量-售价组合，这一价格就是最优价格。

【例4-23】某企业生产甲产品欲投放市场，经预测甲产品的收入函数和成本函数分别为：

$TR=120x-0.01x^2$

$TC=100\,000+5.6x+0.001x^2$

要求：用公式法求销量-售价的最优组合。

解：令 $\frac{dTR}{dx}=\frac{dTC}{dx}$，即，

$120-0.02x=5.6+0.002x$

解得：$x=5\,200$（件）

由于只有一个极值点 $x=5\,200$（件），故该点就是使利润最大的销售量，此时，产品单价为：

$P=\frac{TR}{x}=120-0.01x$

$=120-0.01\times5\,200=68$（元/件）

故甲产品的销量为5 200件、单价为68元为销量-售价的最优组合。

此法的优点是：以微分极值原理为理论依据，可直接将收入函数和成本函数对销量求导数，计算结果比较精确。缺点在于：售价与销量的函数关系以及总成本函数关系不容易确定。另外，只有可微函数才能求导数，对于非连续函数则无法用公式法，只能借助列表法才能求得最优销量-售价组合。

2.列表法

如果收入函数和成本函数都是离散型的，可以通过列表法找到使利润最大的销量和单价，该点的销量、售价就是最优销量-售价组合。

【例4-24】某企业销售丙产品，通过产品试销、市场预测分析和本企业成本情况，取得有关资料见图表4-16。

图表4-16 丙产品有关资料

售价（元/件）	82	78	74	68.5	66	61.5	58	54.5
销售量（万件）	225	250	275	300	325	350	375	400
销售收入（万元）	18 450	19 500	20 350	20 550	21 450	21 525	21 750	21 800
变动成本（万元）	1 935	2 150	2 200	2 400	2 567.5	2 765	2 850	3 040
固定成本（万元）	3 000	3 000	3 250	3 250	3 250	3 500	3 500	3 500

要求：试确定最优价格。

解：根据上述资料，对边际收入、边际成本、边际利润、总成本及利润进行计算，见图表4-17。

图表4-17 丙产品利润

销量（万件）	售价（元/件）	销售收入TR（万元）	边际收入（万元）	总成本TC（万元）			边际成本（万元）	边际利润（万元）	利润π（万元）
				变动成本	固定成本	合计			
225	82	18 450	—	1 935	3 000	4 935	—	—	13 515
250	78	19 500	1 050	2 150	3 000	5 150	215	835	14 350
275	74	20 350	850	2 200	3 250	5 450	300	550	14 900
300	68.5	20 550	200	2 400	3 250	5 650	200	0	14 900
325	66	21 450	900	2 567.5	3 250	5 817.5	167.5	732.5	15 632.5
350	61.5	21 525	75	2 765	3 500	6 265	447.5	-372.5	15 260
375	58	21 750	225	2 850	3 500	6 350	85	140	15 400
400	54.5	21 800	50	3 040	3 500	6 540	190	-140	15 260

图表4-17中的边际收入是指销售量每增加一个单位（25万件）所增加的收入。边际成本是指销售量每增加一个单位（25万件）所增加的成本。边际利润是边际收入与边际成本之差（也等于销售量每增加一个单位所增加的利润）。从图表4-17可以看出，当销售量为325万件、单价为66元时，企业利润最大，为15 632.5万元。因此，66元/件为最优价格。

从例4-24可以看出，边际利润为0时的价格68.5元/件，或边际利润（140万元）从正数最接近于0时的价格58元/件，或边际利润（-140万元）从负数最接近于0时的价格54.5元/件都不是最优价格；边际利润为0也不能说明降价毫无意义。也就是说，在离散情况下"边际收入等于或最接近边际成本，即边际利润等于或最接近0时的价格为最优价格"这一结论已不具有普遍性。利润最大的价格既不一定是边际利润为0时的价格，也不一定是边际利润从正数最接近于0时的价格，更不一定是边际利润从负数最接近于0时的价格。

五、以特殊要求为导向的定价决策方法

以特殊要求为导向的定价决策方法是指企业面临生产能力、市场需要发生了变化或为了扩大或维护企业的市场占有率，或参加订货会议以及投标活动过程中遇到强劲的竞争对手等环境下所采用的定价方法。这种定价基本上属于"一次性"定价。

以特殊要求为导向的定价决策所采用的方法是本量利分析法，其基本模式如下：

单位变动成本：

直接材料　　　　××元/件

直接人工　　　　××元/件

变动制造费用　　××元/件

变动销售及管理费用××元/件

单位变动成本合计A元/件价格下限

成本加成：

加：单位固定成本××元/件

　　　　　　　　B元/件

加：单位预期利润××元/件

　　　目标价格D元/件价格上限

（以上“单位变动成本合计A元/件价格下限”至“目标价格D元/件价格上限”为：弹性区间）

上述模式表明，企业在特殊环境下，价格应该定在［A，D］这个区间内，即价格P应满足：A≤P≤D，A为价格的下限，D为价格上限。至于实际价格如何，则由企业管理决策者根据实际情况斟酌确定。从长远来看，价格应维持在上限D上，D-A是价格变动的弹性区间或者是企业降价的最大容许程度。具体地说：

（1）当企业存在闲置生产能力，又不能转移时，为了充分利用企业的闲置生产能力，占领市场，在短期内，企业只要将价格定在A元/件以上就可以了。也就是说，当企业存在闲置生产能力时，如果企业不亏损，其产品价格至少应该定为A元/件。

【例4-25】某企业现有产品生产能力7 500件，正常售价300元/件，正常产量6 000件，剩余生产能力不能转移，单位变动成本210元/件，固定成本180 000元，现有客户报价225元/件追加订货1 500件，请问应否接受？

解：对于这类是否接受特殊价格追加订货的决策，其接受标准是，接受追加订货的贡献毛益大于或等于追加的专属成本和机会成本。反之，则不接受订货。

本题由于生产能力不能转移，追加订货没超过剩余生产能力，因此，没有机会成本和专属成本，其贡献毛益为：

（225-210）×1 500=22 500（元）

故应接受该项订货，因接受订货可比不接受订货多获利22 500元。

应该强调的是，接受特别价格追加的订货必须以对正常的销售渠道无影响为前提。这实际上往往很难做到，因为这种特殊低价的订单有时会使正常渠道的售价也不得不降低。有时会对老客户产生潜在的和心理上的影响，从而失去一些老客户，甚至使客户怀疑产品的质量和企业的信用，这就有可能得不偿失，企业必须慎重对待。因此，这种方法，适用于只有个别用户需要，不对其他客户产生影响的情况。

（2）从长期的角度看，如果企业要保本，其产品价格P至少应定为B元/件，实际上，这就是保本点的价格。

$$P=B=b+\frac{a}{x}$$

$$=A+\frac{a}{x}$$

（3）企业的经营目标不是保本而是实现预期利润，因此，企业要实现预期利润，其产品价格P至少应定在D元/件。实际上，这就是实现目标利润的价格水平。

$$P=D=b+\frac{a+\pi_{目}}{x}=B+\frac{\pi_{目}}{x}$$

上述后两种情况，有助于在市场需求发生变化或参加订货会议、贸易洽谈会以及投标活动过程中，迅速地报出基于一系列不同销售量或订货量的产品价格基数。

【例4-26】假设某公司在生产能力范围内生产A产品的单位变动成本为40元/件，固定成本总额为10 000元，现在企业的销售部门准备参加商品交易会，此行之目的是实现目标利润20 000元。销售部门要求提供销售量在500~1 000件（包括500件和1 000件）每间隔100件的保本点价格和实现预期利润的价格，以便作为贸易洽谈时的重要依据。

解：根据上述资料，依据公式 $B=b+\frac{a}{x}$ 及 $D=b+\frac{\pi_{目}+a}{x}$ 计算并编制报价单，见图表4-18。

图表4-18 报价单

销售量（件）	500	600	700	800	900	1 000
保本点价格（元/件）	60	56.67	54.92	52.25	51.11	50
预期利润价格（元/件）	100	90	82.86	77.50	73.33	70

有了上述报价单，销售部门就可以根据不同订货量下的产品价格基数合理确定企业的产品价格。

六、调价决策方法

在非完全自由竞争市场经济环境下，不可能指望某种产品的价格一成不变，企业必须随时了解市场对产品的需求，对某些产品的价格进行适当调整，以使企业取得最大利润。调价决策方法一般有以下两种。

（一）需求价格弹性法

在市场经济条件下，价格与销售量存在着紧密的依存关系，通常表现为价格提高，销售量下降，价格降低，销售量增加。也就是说，价格的变动与销售量的变动方向相反。若设x为销售量，P为价格，价格与销售量的依存关系可表示为：

$x=f(P)$

如果x是P的连续可微函数，价格与销售量的变动幅度用价格变动率和销量变动率来反映，则价格的变动率对销量变动率的影响程度可用需求价格弹性来表示，公式为：

$$需求价格弹性E=\lim_{\Delta P\to 0}\frac{\frac{\Delta x}{x}}{\frac{\Delta P}{P}}=\frac{P}{x}\cdot\lim_{\Delta P\to 0}\frac{\Delta x}{\Delta P}=\frac{P}{x}\cdot f'(P)$$

由于销量x是价格P的单调递减函数，故应有f′（P）<0。

设x、P分别为调价前的销售量、单价，x_1、P_1分别为调价后的销售量、单价，则调价金额$\Delta P=P_1-P$（$\Delta P>0$为提价，$\Delta P<0$为降价）。

在实际经济活动中，需求价格弹性被定义为：

$$E=\frac{\frac{\Delta x}{x}}{\frac{\Delta P}{P}} \quad ①$$

E也称为需求价格弹性系数，由此可得：

$$\frac{\Delta x}{x}=E\cdot\frac{\Delta P}{P} \quad ②$$

即需求量的变动率$\frac{\Delta x}{x}$总是以价格的变动率$\frac{\Delta P}{P}$的E倍变动，由于$\frac{\Delta x}{x}$与$\frac{\Delta P}{P}$的变动方向相反，由①式可知，价格弹性E<0，这就是说，当价格增加或减少H%时，销售量则减少或增加$|E|\cdot H\%$。

当$|E|>1$即$E<-1$时称为价格弹性大。

当$|E|\leq 1$即$-1\leq E<0$时称为价格弹性小。

当企业掌握了某种产品的价格弹性后，就可以利用价格弹性进行调价决策。

当需求价格弹性已知时，由②得$\Delta x=x\cdot E\cdot\frac{\Delta P}{P}$，把利润看成是ΔP的函数，则调价后的利润$\pi(\Delta P)=(P+\Delta P-b)(x+\Delta x)-a=(P+\Delta P-b)(x+x\cdot E\cdot\frac{\Delta P}{P})-a$。

令$\pi'(\Delta P)=0$，解得：

$$\Delta P=\frac{b}{2}-\frac{P(1+E)}{2E}$$

且可得下述结论：

（1）$|E|\leq 1\Longleftrightarrow\Delta P>0$　（应提价）

（2）$|E|>1\Longleftrightarrow\frac{P(1+E)}{2E}>0\Longleftrightarrow\begin{cases}\frac{b}{2}>\frac{P(1+E)}{2E}\Longleftrightarrow\Delta P>0(应提价)\\ \frac{b}{2}=\frac{P(1+E)}{2E}\Longleftrightarrow\Delta P=0(不调价)\\ \frac{b}{2}<\frac{P(1+E)}{2E}\Longleftrightarrow\Delta P<0(应降价)\end{cases}$

【例4-27】某产品在某市销售，据测定其需求价格弹性系数为-4，该产品现行价格为38元/件，年平均销售量为80 000件，固定成本总额为480 000元。试就下列两种情况，做出什么价格水平才能使企业利润最大的决策。

（1）单位变动成本为31元/件。

（2）单位变动成本为24元/件。

解：（1）调价金额为，

$$\Delta P=\frac{31}{2}-\frac{38\times(1-4)}{2\times(-4)}=1.25$$（元/件）>0，应提价。

$P_1=38+1.25=39.25$（元/件）

此时利润：

$\pi=x_1\ (p_1-b)\ -a$

$=x\ (1+\frac{\Delta P}{P}\cdot E)\ (P_1-b)\ -a$

$=80\ 000\times\ [1+\frac{1.25}{38}\times\ (-4)\ ]\ \times\ (39.25-31)\ -480\ 000$

$=93\ 158$（元）

比不调价多获得13 158元{93 158-［（38-31）×80 000-480 000］}利润。

（2）调价金额为，

$$\Delta P=\frac{24}{2}-\frac{38\times(1-4)}{2\times(-4)}=-2.25$$（元/件）<0，应降价

$P_1=38-2.25=35.75$（元/件）

此时利润：

$\pi=80\ 000\times\ [1+\frac{-2.25}{38}\times\ (-4)\ ]\ \times\ (35.75-24)\ -480\ 000=682\ 632$（元）

比不调价多获得42 632元{682 632-［（38-24）×80 000-480 000］}利润。

由此可知，当单位变动成本为31元/件时，应提价1.25元/件，售价为39.25元/件；当单位变动成本为24元/件时，应降价2.25元/件，售价为35.75元/件。

上述方法是假设需求价格弹性为已知。而要求得需求价格弹性，就必须掌握价格与销售量依存关系的数学表达式，这在实际工作中却很难找到或者要花费高昂的代价，此时也就没有必要去确定价格与销售量的依存关系。在不能确定价格与销售量依存关系的数学表达式时，可采用利润无差别点法进行调价决策。

（二）利润无差别点法

利润无差别点法是指销售量为一不确定因素时，利用调价后预计销售量与利润无差别点销售量之间的关系进行调价决策的一种方法，也称**价格无差别点法**。其中，**利润无差别点销售量**是指某种产品调价后的利润等于调价前利润的销售量。

$$利润无差别点销售量\ x_0=\frac{固定成本+调价前可获利润}{拟调单价-单位变动成本}$$

即 $$x_0=\frac{a+\pi_0}{P_1-b}$$

其中：π_0是调价前利润，P_1是调价后的单价，b是单位变动成本，a是固定成本。

（上式由$\pi_0=\ (P_1-b)\ x_0-a$直接得到）

设x为最大生产能力，x_1为调价后的预计销售量，因为利润是销售量的单调递

增函数，只有 $x>x_0$，$x_1>x_0$，同时满足，调价后的利润才会大于调价前的利润，否则，利润不会增加，因此，有下述结论：

（1）$x>x_0$ 与 $x_1>x_0$，同时满足，可调价。

（2）$x>x_0$，$x_1=x_0$ 或 $x=x_0$，$x_1>x_0$，调价与不调价无差异。

（3）$x>x_0$ 与 $x_1>x_0$，有一个不成立，则不能调价。

【例 4-28】某企业生产 A 产品，其售价为 200 元/件，单位变动成本 120 元/件，可销售 20 000 件，固定成本为 600 000 元，企业现有最大生产能力为 38 000 件。

要求：利用利润无差别点法评价以下各不相关条件下的调价方案的可行性。

（1）若 A 产品售价调低为 170 元/件，预计销售量可达到 40 000 件。

（2）若 A 产品售价调低为 160 元/件，预计最大销量可达到 46 000 件，但企业必须追加 100 000 元的专属成本才能具备生产 46 000 件产品的能力。

（3）若 A 产品售价调高为 220 元/件，只能争取到 14 000 件订货，且剩余生产能力无法转移。

（4）若 A 产品售价调高为 220 元/件，只能争取到订货 14 000 件，但剩余生产能力可以转移，可获贡献毛益 200 000 元。

解：已知 $P=200$，$x=20\ 000$，$b=120$，$a=600\ 000$，

价格变动前利润 $\pi_0=(200-120)\times 20\ 000-600\ 000=1\ 000\ 000$（元）

方案（1）：

已知 $P_1=170$，$x_1=40\ 000$，

利润无差别点销售量 $x_0=\dfrac{a+\pi_0}{P_1-b}=\dfrac{600\ 000+1\ 000\ 000}{170-120}=32\ 000$（件）

因 $\hat{x}=38\ 000>x_0=32\ 000$，$x_1=40\ 000>x_0=32\ 000$，故调价方案可行，将比不调价多获利：

$[(170-120)\times 38\ 000-600\ 000]-1\ 000\ 000=300\ 000$（元）

方案（2）：

已知 $P_1=160$，$x_1=46\ 000$，$a=600\ 000+100\ 000=700\ 000$，$\hat{x}=46\ 000$，

$x_0=\dfrac{700\ 000+1\ 000\ 000}{160-120}=42\ 500$（件）

因 $\hat{x}=46\ 000>x_0=42\ 500$，$x_1=46\ 000>x_0=42\ 500$，故调价方案可行，将比不调价多获利：

$[(160-120)\times 46\ 000-700\ 000]-1\ 000\ 000=140\ 000$（元）

方案（3）：

已知 $P_1=220$，$x_1=14\ 000$，

$x_0=\dfrac{600\ 000+1\ 000\ 000}{220-120}=16\ 000$（件）

因 $x_1=14\ 000<x_0=16\ 000$，故调价方案不可行，将比不调价少获利：

$1\ 000\ 000-[(220-120)\times 14\ 000-600\ 000]=200\ 000$（元）

方案（4）：

已知P_1=220，x_1=14 000，π_0=1 000 000-200 000=800 000，

$$x_0=\frac{600\ 000+800\ 000}{220-120}=14\ 000\text{（件）}$$

因 $\hat{x}$=38 000>x_0=14 000，x_1=14 000=x_0，故调价与不调价都一样。

调价前利润=（200-120）×20 000-600 000=1 000 000（元）

调价后利润=（220-120）×14 000-600 000+200 000=1 000 000（元）

可见二者利润相等。

七、定价策略

企业在定价决策过程中，除了借助数学模型进行定量分析外，还要根据企业本身的实践经验和判断能力进行必要的定性分析，并采取灵活策略，随机应变。因此，企业在定价决策过程中还要结合定价策略，通盘考虑，以使企业取得尽可能多的利润。

（一）新产品定价策略

当新产品投放市场前定价时，通常有两种定价策略，一种叫撇脂法，另一种叫渗透法。

撇脂法是比喻从鲜奶中撇取乳酪，它是指在新产品上市时，先将价格定得很高，以获取较高的边际利润，随着产品销路的扩大，再逐步降价的方法。**渗透法**是指当新产品投放市场时，价格定得尽可能低一些，以扩大销售量，增加市场占有率，提高商品信誉，逐步获得高额利润的方法。前者着眼于短期收益，后者着眼于长期利益，二者各有利弊。

对于那些同类竞争产品差异性较大，能满足较大市场需要、弹性小、不易仿制的新产品，最好按撇脂法定价；而对于那些与同类产品差别不大、需求弹性大、易于仿制、市场前景光明的新产品应考虑按渗透法定价。

（二）配套产品定价策略

配套产品的定价策略可分为两种情况。一种是对互补关系的配套产品，如钢笔与墨水、唱机和唱片、照相机和胶卷等配套产品，在充分研究了产品市场和顾客的心理后，可以采用此降彼升的办法。比如照相机降价，而胶卷提价，通过降价打开照相机的销路，从而从胶卷总销量增加带来的增收中得到超过照相机降价损失的超额补偿，可谓“失之东隅，收之桑榆”。

另一种是具有配套关系的相关商品，就是既可以配套使用，也可以单独使用的产品，如沙发与茶几、床与床头柜等家具、西服套装中的上衣与裤子等，可以规定两组价格，即成套价格和单件价格，成套价格低于单件总价，则能通过成套销售增加企业总收入。

（三）心理定价策略

心理定价策略主要包括以下几种形式：

1.尾数定价法

比如，对某商品宁可定价99.80元，也不定为100元，这往往不是精确计算成

本的结果，而是为了适应消费者购买心理的一种取舍，这样既能给消费者一个价格较低的印象，又能使消费者认为企业定价认真准确，从而产生一种信任感。这种价格又叫诱人的价格，一般适用于价值较小、销售量大、销售面广、购买次数多的中、低档日用消费品。对于高档商品则不宜采用，否则会影响品牌信誉。

2.整数定价法

与尾数定价法相反，整数定价法是以整数为商品定价的一种方法。消费者购物时，特别是在选购耐用消费品或高档商品时，看重的往往是其质量。在他们看来，价格越高，说明质量越好，安全保险系数越大。“好货不便宜，便宜没好货”“一分钱一分货”的观念根深蒂固。因此，为高档商品或耐用消费品定价时，宜采用整数定价，给消费者一种质量好、可靠性强的印象，从而刺激其购买欲望。

3.对比定价法

当一种商品的品牌、性能不为广大消费者所熟悉与了解，其市场的接受程度较低，或亟待出售需降价处理的商品时，可向消费者宣传“原价×××元的商品，现以××元出售”，通过削价前后对比，促使顾客积极购买。

4.吉祥数字法

利用顾客万事都图个吉利的想法，可以采用顾客喜欢的吉祥数字为商品定价，如18元（已发）、88元（发发）、888元（发发发）、66元（六六大顺）等，使顾客觉得既买了商品，又讨了个吉利。

（四）折扣定价策略

折扣定价策略是指在一定条件下，以降低商品的销售价格来刺激购买者，从而达到扩大商品销售量的定价策略，具体方式有以下几种：

1.数量折扣

数量折扣是一种按购买者购买数量的多少所给予的价格折扣。购买者购买数量越多，则折扣越大。

2.现金折扣

现金折扣是一种按购买者付款期限长短所给予的价格折扣，其目的在于鼓励购买者尽早偿付货款，加速资金周转。

3.交易折扣

交易折扣是指生产企业在产品销售中，对中间商给予的不同优待，即按低于牌价销售商品。一般来说，对批发商价格折扣大些，对零售商价格折扣小些。

4.季节性折扣

季节性折扣是对购买者在商品淡季购买所付出的价格折扣。这样做，既鼓励了购买者提早采购，减轻了企业的仓储压力，又加速了企业资金周转，充分发挥企业的生产能力。

（五）竞争定价策略

竞争定价策略是通过刺探主要竞争对手的价格水平，决定自己的价格水平的定价策略。对于疲软的对手，常用低价倾销的手段，将对手挤跑，或挤倒；对于强硬的对手，常用你提我也提，你降我也降的定价策略；对于势均力敌的对手，常用联合协商、缔结价格合约的策略。

（六）供求状况定价策略

如果产品订单积存很多，产品生产已满负荷，这时就应将产品价格定得高些；反之，产品价格应定得低些。在通货膨胀时，往往需求较大，产品的提价应超前于成本的上升。

（七）分期收款定价策略

分期收款定价策略适用于价格偏高的耐用消费品的定价，如小汽车、住房等。在计价时，各期收款的价格中应包括延付利息在内。采用本策略，可促进及时销售，避免商品的大量积压。

通过本节的学习，我们应该看到，定价决策方法和调价决策方法给出了定价的数学模型，是定量分析方法，而定价策略也是定价决策方法，只是没有给出数学模型，属于定性分析方法。它们都有各自的局限性，在定价决策时必须都要考虑到，而不能顾此失彼。

第四节 短期投资决策（3）——存货决策

存货是指企业在日常活动中持有的以备出售的产成品或商品、处在生产过程中的在产品、在生产过程或在提供劳务过程中耗用的材料和物料。工业企业的原材料、半成品、产成品和商业企业的待售商品等存货，往往占用了企业极大部分的流动资金。虽然有人提出了向“零存货”进军的口号，至少在某些企业还不十分现实。

存货过多或存货不足对企业都是不利的。存货过多必然增加资金占用，不仅增加资本成本，还会增加储存费用；存货不足会影响企业生产、销售正常进行，造成停工待料、停售待货，或发生销售违约赔偿等损失。采购或投入的存货批量过少，会引起存货不足；批量过多，又会增加相关成本。**存货决策**就是指为确定存货既能满足生产需要，又能使其储备总成本最低的进货批量和再订货点而展开的决策，并称使储备总成本最低的进货批量为**经济（或最优）订货量**。为保证生产所需最低存货量，企业在发出订单时，尚有存货的库存量，称为**再订货点**。反过来说就是，企业存货达到再订货点时，企业就要发出订单。确定再订货点就是确定订单发出时间。确定经济进货批量和再订货点能使企业存货保持在最优水平上，使存货占用资金得到最经济、最合理、最有效的使用。

一、存货储备总成本包括的内容

（一）采购成本

采购成本是指由购买存货而发生的买价和运杂费等构成的成本，设年需用量为D，单位采购成本为U，采购成本=D·U（若为自制存货，采购成本即指存货生产成本）。

（二）订货成本

订货成本是指为订购存货而发生的各种成本。其中：一部分与订货次数无关，只是为了维持一定期间的采购能力而发生的相对稳定的成本，称为**固定订货成本**，如采购机构的管理费、办公费、采购人员工资等；另一部分是与订货次数成正比例关系的成本，称为**变动订货成本**，如差旅费、邮电费、商品检验费等。设Q为每次订货量，每次订货的变动订货成本为K，则变动订货成本=$\frac{D}{Q}\cdot K$（若为自制存货，订货成本即指调整准备成本）。

（三）储存成本

储存成本是指为储存存货而发生的各种成本。其中一部分在一定时期内与存货储存数量多少无关，相对稳定的成本，称为**固定储存成本**，如仓库及设备折旧费、仓库职工的固定工资、办公费等；另一部分是与存货数量成正比例变动的成本，称为**变动储存成本**，如仓储费、仓库内部搬运费、存货占用资金的利息费用等。设年单位变动储存成本为C，可以证明，平均储存量是最高储存量Q的一半，故平均变动储存成本=$\frac{Q}{2}\cdot C$。

（四）缺货成本

缺货成本是指由于存货数量不能及时满足生产和销售的需要而给企业带来的损失。比如缺货引起的停工损失、产成品库存缺货造成的拖欠发货损失（包括支付的罚金、信誉损失）、失去销售机会损失、因临时采取紧急措施补足缺货而发生的超额费用等。缺货成本大多是机会成本，计量比较困难，设缺货成本为E。

上述成本中的固定成本均与经济订货批量无关，这样，若设与经济订货批量相关的总成本为T，则有：

$$T=D\cdot U+\frac{D}{Q}\cdot K+\frac{Q}{2}\cdot C+E$$

虽然与经济订货量有关的存货总成本等于采购成本、变动订货成本、变动储存成本与缺货成本之和，但影响上述成本的因素却很复杂，确定经济订货量绝非易事。因此，我们先给出一些假设条件，将复杂问题简单化，建立经济订货量的基本模型，然后再将假设条件逐一取消，进行更一般情况下的决策分析。

二、经济订货量的基本模型

（一）经济订货量基本模型的假设条件

建立经济订货量基本模型的假设条件有：

（1）全年需求量固定不变，且可预知为D，不存在数量折扣，即存货单价稳定不变，U为已知常量。

（2）需要存货时，均能一次到货，而不是陆续到货。

（3）需要存货时，均能马上到货，即交货期为0。

（4）存货的消耗是连续的、均匀的。

（5）不允许缺货现象发生，即无缺货成本。

（6）企业总能通过银行存款、短期借款，或商业信用等方式，保证采购业务正常进行。

（二）经济订货量基本模型的计算公式

在上述假设条件下，存货相关总成本=变动订货成本+变动储存成本。

即：$T=\frac{D}{Q}\cdot K+\frac{Q}{2}\cdot C$　　　根据微分极值原理

令 $T_Q'=-\frac{D}{Q^2}\cdot K+\frac{C}{2}=0$，解得：

经济订货量 $Q^*=\sqrt{\frac{2\cdot D\cdot K}{C}}$

最佳订货次数 $N^*=\frac{D}{Q^*}$

最佳订货周期 $t^*=\frac{1}{N^*}$（年）$=\frac{12}{N^*}$（月）$=\frac{360}{N^*}$（天）

经济订货量占用资金$=\frac{Q^*}{2}\cdot U$

相关最低总成本 $T^*=\sqrt{2\cdot D\cdot K\cdot C}=Q^*\cdot C$

再订货点为0，即存货为0时再去订货。设再订货点为R，即R=0。

年变动订货成本、年变动储存成本、年相关总成本如图表4-19所示。

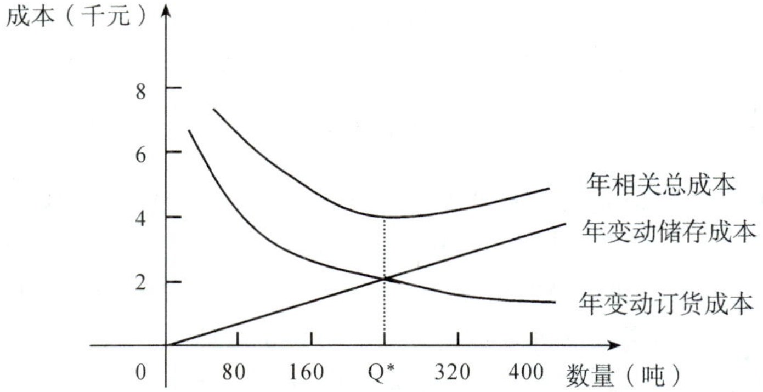

图表4-19　年变动订货成本、年变动储存成本、年相关总成本

【例4-29】某企业每年需用A材料720吨，每次订货成本为640元，每吨年储存成本为16元。要求：计算经济订货量、全年最佳订货次数、最佳订货周期、全年相关最低总成本及再订货点。

解：经济订货量 $Q^*=\sqrt{\frac{2\times720\times640}{16}}=240$（吨）

最佳订货次数 $N^*=\frac{720}{240}=3$（次）

最佳订货周期 $t^*=\frac{1}{3}$（年）=4（月）=120（天）

相关最低总成本 $T^*=240\times16=3\ 840$（元）

再订货点R=0

可以证明，经济批量Q^*正好等于订货成本与储存成本相等时的业务量，也就是说，当订货成本等于储存成本时，存货相关总成本最低（见图表4-19）。

三、经济订货量基本模型的扩展

经济订货量的基本模型是建立在一系列假设条件基础上的，但在实际工作中往往很难同时成立，下面就假设条件不能满足时逐一讨论如下。

（一）存在数量折扣

这里是取消经济订货量基本模型的第一条单价U不变的假设，其他假设仍成立。因为在现实生活中，供应商为了尽可能多地推销商品，一次订货量超过一定水平时，就给予一定的折扣，一次订货量越大，折扣也越大。此时，采购成本、订货成本和储存成本之和最低时的进货批量才是经济订货量。设有n个折扣区间（0，Q_1），[Q_1，Q_2），…，[Q_n，+∞），折扣后的价格依次为U_1，U_2，…，U_n，则相关总成本：

$$T=\begin{cases} D\cdot U_1+\dfrac{D}{Q}\cdot K+\dfrac{Q}{2}\cdot C & Q\in(0,Q_1) \\ D\cdot U_2+\dfrac{D}{Q}\cdot K+\dfrac{Q}{2}\cdot C & Q\in[Q_1,Q_2) \\ \cdots\cdots & \\ D\cdot U_n+\dfrac{D}{Q}\cdot K+\dfrac{Q}{2}\cdot C & Q\in[Q_n,+\infty) \end{cases}$$

这实质上是分段函数求极值，其做法是：

分别计算每个区间的极小值，根据微分极值原理，每个区间上的导函数都是：$T'_Q=-\dfrac{D\cdot K}{Q^2}+\dfrac{C}{2}$，令一阶导数等于零，解出$Q^*=\sqrt{\dfrac{2\cdot D\cdot K}{C}}$，确定$Q^*$所在区间，不妨设$Q^*\in$[$Q_i$，$Q_{i+1}$），可以证明，最小值一定在区间[$Q_i$，$Q_{i+1}$），[$Q_{i+1}$，$Q_{i+2}$），…，[$Q_n$，+∞）上取得，并且T（$Q^*$），T（$Q_{i+1}$），…，T（$Q_n$）分别是[$Q_i$，$Q_{i+1}$），[$Q_{i+1}$，$Q_{i+2}$），…，[$Q_n$，+∞）区间上的极小值，因此，只需分别计算T（$Q^*$），T（$Q_{i+1}$），…，T（$Q_n$），其中，总成本最低的进货批量即为经济订货量。

【例4-30】某厂全年需用B部件40 000个，每次订货成本为144元，单位储存成本为8元/个。当采购量小于500个时，单价40元/个；当采购量大于等于500个、小于1 000个时，单价39元/个；当采购量大于等于1 000个、小于2 000个时，单价38元/个；当采购量大于等于2 000个时，单价37元/个。试计算经济订货批量及再订货点。

解：

$$T(Q)=\begin{cases} 40\,000\times40+\dfrac{40\,000}{Q}\times144+\dfrac{Q}{2}\times8 & Q\in(0,500) \\ 40\,000\times39+\dfrac{40\,000}{Q}\times144+\dfrac{Q}{2}\times8 & Q\in[500,1\,000) \\ 40\,000\times38+\dfrac{40\,000}{Q}\times144+\dfrac{Q}{2}\times8 & Q\in[1\,000,2\,000) \\ 40\,000\times37+\dfrac{40\,000}{Q}\times144+\dfrac{Q}{2}\times8 & Q\in[2\,000,+\infty) \end{cases}$$

$$Q^*=\sqrt{\frac{2\times 40\,000\times 144}{8}}=1\,200（个）\in[1\,000,\ 2\,000)$$

$$T（Q^*）=40\,000\times 38+\frac{40\,000}{1\,200}\times 144+\frac{1\,200}{2}\times 8=1\,529\,600（元）$$

$$T（2\,000）=40\,000\times 37+\frac{40\,000}{2\,000}\times 144+\frac{2\,000}{2}\times 8=1\,490\,880（元）$$

从中可看出，相关总成本最低的采购批量是2 000个，即经济订货量为2 000个B部件，再订货点R=0。

总成本如图表4-20所示。

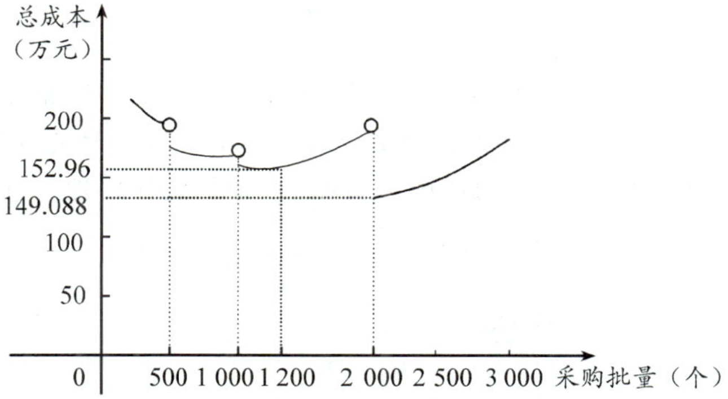

图表4-20 B部件相关总成本

（二）每批订货不能一次到货

这里是取消经济订货量的第二条假设，其他假设仍成立。因为在实际工作中，也存在一次订货后不能一次到达，而是陆续到达入库，陆续领用的情况。这时，由于存货边进边出，进库速度大于出库速度，存货最高储存量低于订货批量Q，而是$Q\cdot(1-\frac{d}{P})$（其中P为每日到货量，d为每日耗用量）。平均变动储存成本为$\frac{Q}{2}\cdot C\cdot(1-\frac{d}{P})$，存货总成本=变动订货成本+平均变动储存成本。

即：$T=\frac{D}{Q}\cdot K+\frac{Q}{2}\cdot C\cdot(1-\frac{d}{P})$

此公式与第二节最优生产批量决策公式类似。

与最优生产批量决策同理，可得：

经济订货量$Q^*=\sqrt{\frac{2\cdot D\cdot K}{C\cdot(1-\frac{d}{P})}}$

最佳订货次数$N^*=\frac{D}{Q^*}$

最佳订货周期$t^*=\frac{1}{N^*}（年）=\frac{12}{N^*}（月）=\frac{360}{N^*}（天）$

相关最低总成本$T^*=\sqrt{2\cdot D\cdot K\cdot C(1-\frac{d}{P})}=\frac{2\cdot D\cdot K}{Q^*}$

再订货点 R=0

（三）每批订货不能马上到货

这里取消经济订货量基本模型的第三条假设，其他假设仍成立。因为在实际工作中，所订货物大多不能马上到货，而要经过 L 天（L≠0）才到货，称 L 为**订货提前期**。

此时：经济订货量仍为 $Q^*=\sqrt{\dfrac{2\cdot D\cdot K}{C}}$

再订货点=每日耗用量×订货提前期

即：R=d×L

（四）存货非连续均匀耗用

这里取消经济订货量基本模型的第四条假设，因为存货不可能永远连续均匀耗用，尤其在“以销定产”的情况下，增加或减少存货的需求量是经常发生的事情。假设每日最大耗用量为 e，日平均耗用量为 d，由于不允许缺货，每日需要增加存货量 e−d，此时，存货总成本 $T=\dfrac{D}{Q}\cdot K+(\dfrac{Q}{2}+e-d)\cdot C$

经济订货量仍为 $Q^*=\sqrt{\dfrac{2\cdot D\cdot K}{C}}$

再订货点 R=d×L+（e−d）×L=e×L

（五）缺货成本的讨论

这里取消经济订货量基本模型的第五条假设，即允许缺货。因为在实际生产中，由于主观或客观原因，也可能发生缺货，主要有两条原因：一是存货每日耗用量发生变化；二是交货时间发生延迟。此时，与经济订货点相关的存货总成本=订货成本+储存成本+缺货成本。

若再设 S 为一次订货的缺货量，G 为年单位缺货成本，t 为两次订货的间隔期间，t_1 为存货量不为零的时间，t_2 为缺货的时间，即存货量为 0 的时间，可以证明，与经济订货量相关的存货总成本：

$$T=\frac{D}{Q}\cdot K+\frac{(Q-S)^2}{2Q}\cdot C+\frac{S^2}{2Q}\cdot G$$

利用多元函数微分学可得：

经济订货量 $Q^*=\sqrt{\dfrac{2\cdot D\cdot K}{C}\cdot\dfrac{C+G}{G}}$

经济缺货量 $S^*=\sqrt{\dfrac{2\cdot D\cdot K}{G}\cdot\dfrac{C}{C+G}}=Q^*\cdot\dfrac{C}{C+G}$

相关最低总成本 $T^*=\sqrt{2\cdot D\cdot K\cdot C\cdot\dfrac{G}{C+G}}$

再订货点 R=0

从理论上讲，当某项存货储存成本非常高，而缺货带来的损失很低时，企业才会考虑允许缺货情况发生，并按上述公式计算出经济订货量和经济缺货量。但从实践上看，上述公式很难应用，主要问题是年单位缺货成本很难估计或根本无法进行估计，更何况停工待料、停售待货是任何一个正常经营的企业都不允许发生的事情。因此，在正常情况下，是不可能出现经济缺货量的，也就是说，出现适当缺货会使企业存货储备总成本最低，缺货反而比不缺货还好的情况，是对单位缺货成本估计过低，显然不正常。

对采用“适时生产系统”的企业来说，是不允许缺货的。生产经营过程中的任何一个环节出现缺货，都将给企业造成无法估量的损失，这时，单位缺货成本应为无穷大，经济缺货量：

$$S^*=\lim_{G\to\infty}\sqrt{\frac{2\cdot D\cdot K}{G}\cdot\frac{C}{C+G}}=0$$

也就是说，单位缺货成本是无穷大，经济缺货量是0，只要存在缺货，存货相关总成本 $T=\frac{D}{Q}\cdot K+\frac{(Q-S)^2}{2Q}\cdot C+\frac{S^2}{2Q}\cdot G$ 就不可能最低。因此，不存在允许缺货的经济订货量。

（六）一般情况下的存货决策

作为一个正常经营的企业，一般都不会允许缺货的情况发生，之所以发生缺货，就是前面提到的两个原因：一是存货每日耗用量发生变化；二是交货时间发生延迟。仍假设e为日最大耗用量，d为日平均耗用量，B为安全储备量，L为订货提前期，M为延迟交货的天数，则最长收货时间=L+M，为保证不缺货，再订货点R=日最大耗用量×最长收货时间，即R= e×（M+L），将B= e×（M+L）−d×L，称为**安全储备量**，也称**保险储备量**。也就是说，有了安全储备量，企业就不会发生缺货。

很多教材都对安全储备量进行了讨论，将安全储备成本与缺货成本相权衡，我们认为，这种费时费力的讨论没有多大意义，因为安全储备成本与缺货成本相比较，少之又少，甚至可以忽略不计，因为一旦发生缺货，其损失几乎难以计量，为保证不缺货，增加点安全储备成本，又何乐而不为呢？

【例4-31】某制药厂全年需A材料1 800千克，每次变动订货成本为144元，单位变动储存成本为5元/千克，每次订货后只能每天运达25千克，每天平均消耗5千克，日最大耗用量可达20千克。每次发出订单后，一般一天后第一批货物25千克就可运到企业，最长不超过3天。

要求：计算经济订货量、再订货点和安全储备量。

解：经济订货量 $Q^*=\sqrt{\dfrac{2\times1800\times144}{5\times(1-\frac{5}{25})}}=360$（千克）

再订货点R=20×3=60（千克）

安全储备量=60−5×1=55（千克）

四、经济订货（生产）量基本模型之否定

经济订货（生产）量基本模型是在众多假设条件下，使存货相关总成本=订货成本+储存成本时的最低采购（生产）批量。一旦假设不能满足，就无法确定经济订货量。由于信息时代、网络时代的到来，存货的订货成本越来越小，甚至打个电话、发个短信、微信等就可以订货，尤其是供应链的网络化，将供应商、企业、分销商和零售商更加紧密地联系在一起，完成了由企业物资需求到给企业提供所需物资和服务的全过程，大大降低订货成本，使得存货相关总成本基本上等于储存成本。订货成本与储存成本的此消彼长，以及订货成本的微乎其微，已不足以影响存货相关总成本。因此，经济订货（生产）量将被ERP系统、适时生产系统的“零存货”全部取代，这只是个时间问题。

（一）ERP系统对经济订货（生产）量基本模型之否定

ERP系统向经济订货（生产）量发起挑战经历了物料需求计划（MRP）、制造资源计划（MRPⅡ）、企业资源计划（ERP）的发展过程。

1.MRP系统

MRP系统即“物料需求计划”（material requirement planning，MRP），是20世纪60年代发展起来的一种将库存管理与生产进度计划结合为一体的计算机辅助生产管理系统。它可以用来计算物料需求量和需求时间，而不需要用经济订货（生产）量基本模型和再订货点来确定物料需求量和需求时间，比按经济订货（生产）量和再订货点更适合按需要适时组织生产。

2.MRPⅡ系统

MRPⅡ系统，即制造资源计划（manufacturing resource planning，MRPⅡ），它是在闭环MRP的基础上加入了财务管理、营销管理、作业监控等功能模块，形成的一个覆盖企业全部生产资源的管理信息系统。这里的闭环MRP是指主生产计划及需求计划计算后，通过能力需求计划等模块进行生产能力平衡和计划调整，并收集生产活动执行情况，适时反馈，作为制订下一周期计划或调整计划的依据，形成计划—执行—反馈的生产管理循环。MRPⅡ不仅用来计算物料需求量和需求时间，而且可以进行生产监控，完成物料供应、产品生产、营销管理和财务管理。

3.ERP系统

ERP系统，即企业资源计划（enterprise resource planning，ERP），是吸收了供应链的管理思想和敏捷制造技术，使供应链在采购、生产、销售各环节的资源无间断地集成。ERP为生产管理专业化提供了工具，能正确预测所需材料，防止缺货，减少半成品库存。此外，ERP还能发挥计划和控制作用，采用库存循环盘点，保持了库存记录的准确性，解决了生产管理方面数据不准的问题。ERP可以计算一个产品族所有子项的现有库存成本、需求量成本、预计入库量的成本，从而将存货储存成本保持在最低水平。

特别是供应链的网络化，使得ERP能够通过对企业物流、信息流、资金流的

控制，从采购原材料开始，到制成产品，最后由销售网络把产品送到消费者手中，将供应商、企业、分销商、零售商直到最终用户连成一个整体的功能网络结构模式。经济订货（生产）量的基本模型已被彻底淘汰。

（二）适时生产系统对经济订货（生产）量基本模型之否定

适时生产系统（just-in-time production system）是以高科技为基础的。它与传统生产系统的不同在于：传统生产系统是一种生产程序由前向后的推动式生产系统，其生产过程是：原材料仓库—第一生产步骤—第一生产步骤半成品库—第二生产步骤—第二生产步骤半成品库……最后生产步骤—产成品库—产成品对外发运销售。由此可见，传统的推动式生产系统是前面生产步骤居于主导地位，后面生产步骤只是被动地接受前一生产步骤转移下来的加工对象，继续完成其未完的加工步骤。推行这种生产系统，在生产的各个环节极有可能形成原材料、在产品、半成品、产成品的大量积压，因此，有可能采用经济订货（生产）量基本模型确定经济订货（生产）批量，以使存货相关总成本最低。

适时生产系统则与此相反，它是采取由后向前的拉动式生产系统，企业要以顾客订单所提出的有关产品数量、质量和交货时间等特定要求作为组织生产的基本出发点，即以最终满足顾客需求为起点，由后向前逐渐推移，来全面安排生产任务。在这种新的生产系统中，前、后生产步骤中的主、客位置正好颠倒过来：它是由后面的生产步骤为主导，前面的生产步骤只能被动同时极为严格地按时、按质、按量地完成后面生产步骤所提出的生产任务。这一新的生产系统，之所以称为适时生产系统，即要求企业供、产、销的各个环节尽可能实现“零存货”。也就是说，原材料、外购零部件的供应能“适时”到达生产现场，而无须建立原材料、外购件的库存准备；生产的各个环节紧密地协调配合，前一生产步骤按后一生产步骤提出的加工要求，保质、保量地生产在产品或半成品，并“适时”地送达后一生产步骤，而无须建立半成品的库存储备；在销售阶段，要将已生产出来的产成品保质、保量地“适时”送到顾客手中，而无须建立产成品库存储备。由此可见，适时生产系统的目标是实现“零存货”，也就不存在经济订货（生产）量及再订货点问题。

综上可知，存货决策应根据企业的不同类型、不同的生产环境和不同的生产技术水平，采用不同的决策方法。

第五章

投资决策分析（下）——对内长期投资决策

本章介绍管理会计“参与经济决策”职能的“对内长期投资决策”，也称资本支出决策，重点内容是以新增生产能力为目的的新建项目和以恢复或改善生产能力为目的的更新改造项目的投资决策分析。

在掌握影响长期投资决策重要因素的基础上，利用静态评价指标和动态评价指标，在综合考虑投资效率（资源利用效率）和投资效果（投资收益或利润）的基础上，对单一项目是否可行、多个互斥可行项目选优和多个独立可行项目组合进行投资决策分析，从而使企业在对内长期投资决策中，实现“在提高资源利用效率基础上的净收益更大化”的管理会计目标。

第一节 长期投资决策分析概述

一、长期投资决策分析的含义

长期投资决策分析是指利用专门方法和程序进行长期投资决策的过程。这里的长期投资决策是在第四章中已经指明的对内长期投资决策，也称资本支出决策，是指企业直接为本单位使用的非流动资产项目投入大量资金，获取收益的持续时间在一年以上，能在较长时间内影响企业经营、获利能力的投资决策。由此可知，长期投资决策涉及投入资金数额较大，甚至巨大，对企业影响的持续时间长，因此，不确定因素多，承担风险的可能性大。

长期投资决策的主要内容是项目投资决策。这类投资的具体对象（即投资客体）称为**投资项目**，简称**项目**。本书中的投资项目是指至少涉及一项固定资产的投资行为。投资项目主要分为以新增生产能力为目的的新建项目和以恢复或改善原有生产能力为目的的更新改造项目。投资项目一般由生产、技术、财务等各方面有关人员组成的研究与开发部提出。投资项目的提出通常依据的信息有扩大销售的要求、市场发展动态、技术进步成果、专家建议、竞争环境的变化等。

长期投资决策分析与短期投资决策分析是相对应的，是与投资项目有关的决策过程。

二、与投资项目有关的几个基本概念

（一）项目建设投资

项目建设投资，简称**建设投资**，是使项目完全达到设计生产能力而进行的固定资

产、无形资产和开办费等的总和。其中，固定资产投资与固定资产原值的关系如下：

固定资产原值=固定资产投资+建设期资本化借款利息

（二）项目原始投资

项目原始投资，简称**原始投资**或**初始投资**，是在全部自有资金投资假设下，使项目完全达到设计生产能力、开展正常经营活动而支付的全部现实资金，包括建设投资和垫支营运资金两项内容。其中，**垫支营运资金**是指项目投产前后为使项目正常运营，分次或一次投放于流动资产的投资净增加额，即流动资产占用的资金减去为取得流动资产而发生的流动负债，即：

营运资金=流动资产-流动负债

（三）项目总投资

项目总投资也称**投资总额**，是指项目投资的总体规模，它等于原始投资与建设期资本化借款利息之和，即：

项目总投资=原始投资+建设期资本化借款利息

=建设投资+垫支营运资金+建设期资本化借款利息

=固定资产+无形资产+开办费+垫支营运资金+建设期资本化借款利息

（四）项目计算期

项目计算期是指项目从投资建设开始到最终清理结束整个过程的全部时间，即该项目的有效持续时间。项目计算期包括建设期和生产经营期，见本章第二节。

（五）项目可行性评价

项目可行性评价包括项目的技术可行性评价、国民经济可行性评价和财务可行性评价。

1.项目的技术可行性评价

项目的技术可行性评价分为广义的技术可行性评价和狭义的技术可行性评价。**广义的技术可行性评价**是指构成项目的组成部分及发展阶段中与技术问题有关的分析论证；**狭义的技术可行性评价**则专指对项目本身所采用的工艺技术、技术装备的构成以及产品内在的技术含量等方面内容进行的分析评价。

2.项目的国民经济可行性评价

项目的国民经济可行性评价是指在合理配置国家资源的前提下，从国家整体角度分析计算项目对国民经济的净贡献，据以判断项目的经济合理性。

3.项目的财务可行性评价

项目的财务可行性评价是指在国家现行财税制度和价格体系下，从项目财务角度分析计算项目的盈利能力，据以判断项目的财务可行性。

本书是以投资项目已具备技术可行性和国民经济可行性为前提，从投资项目的财务可行性角度来进行评价的。

三、长期投资决策分析评价指标的含义及分类

（一）长期投资决策分析评价指标的含义

长期投资决策分析评价指标是指用于衡量投资项目是否可行，或比较长期投资

项目优劣，据以进行长期投资项目决策的定量化标准与尺度。它是由一系列综合反映投资效益、投入产出关系的量化指标构成的，主要包括原始投资回收率、投资报酬率（也称为会计收益率或投资利润率）、静态投资回收期、动态投资回收期、净现值、净现值率、现值指数、内部收益率、年均净现值等一系列指标。

（二）长期投资决策分析评价指标的分类

长期投资决策分析评价指标可以根据不同的分类标准作出不同的分类，常用的分类标准主要有以下两种：

1.按是否考虑货币的时间价值分类

以此为标准可将全部评价指标分为静态指标和动态指标两大类。

（1）**静态指标**，也称**非贴现指标**，是指在计算过程中不考虑货币时间价值、投资风险价值和通货膨胀补偿价值的指标，主要包括原始投资回收率、投资报酬率、静态投资回收期等指标。

（2）**动态指标**，也称**贴现指标**，是指在计算过程中必须充分考虑和利用货币时间价值、投资风险价值和通货膨胀补偿价值的指标，主要包括动态投资回收期、净现值、净现值率、获利指数、内部收益率、年均净现值等指标。

2.按指标在投资决策中所处的地位不同分类

以此为标准可将全部指标分为主要指标和辅助指标两大类。

（1）**主要指标**，是指在投资决策分析中作为取舍标准的指标，通常指净现值和内部收益率两个指标。

（2）**辅助指标**，是指在投资决策中的参考指标，如所有的静态评价指标，以及动态指标中除了净现值和内部收益率外的其他指标。

当主要指标与辅助指标结论相反时，以主要指标为准；当主要指标之间结论相反时，就要考虑辅助指标，以帮助投资决策。

除上述两种分类标准之外，还有其他许多分类标准，如长期投资决策分析评价指标按指标性质不同可分为在一定范围内越大越好的正指标和越小越好的反指标，按指标本身的数量特征不同可分为绝对量指标和相对量指标等。

第二节 影响长期投资决策分析的重要因素

影响长期投资决策分析的因素，除了第四章第一节提到的相关收入、相关成本两项基本因素外，还有在短期投资决策分析中不予考虑、在长期投资决策分析中却起重要作用的因素——折现率、项目计算期和现金净流量。它们被称为影响长期投资决策分析的三大因素。**折现率**是由货币的时间价值、投资的风险价值和通货膨胀补偿价值三项因素共同决定的；**项目计算期**是由项目的建设期和项目的生产经营期两个因素决定的；**现金净流量**是由现金流入量和现金流出量两个因素确定的。

一、折现率

折现率也称**贴现率**，它是由货币的时间价值、投资的风险价值和通货膨胀补偿价值共同决定的。因此，只有解决了货币时间价值、投资风险价值和通货膨胀补偿价值的计量问题，才能讨论折现率。

（一）货币时间价值

货币时间价值是指在不考虑风险和通货膨胀条件下，货币在周转使用中由于时间因素而形成的增加价值，也可以表述为：货币经历一定时间的投资或再投资所增加的价值，在扣除风险价值和通货膨胀补偿价值后的报酬。货币时间价值的实质是资金周转使用后的增值额，一定量的资金，周转使用时间越长，增值额就越大。通俗地说，今天的1元钱比未来的1元钱更值钱。

货币的时间价值可以有两种表现形式：一是**相对数**，即**时间价值率**，简称**利率**，是指不考虑风险和通货膨胀时的社会平均资金利润率；二是**绝对数**，即**时间价值额**，简称**利息额**，是资金在再生产过程中带来的真实增值额，也就是一定金额的资金与利率的乘积。例如，购入10 000元国库券，在不存在风险和通货膨胀条件下，一年后获得本利和11 000元，两者的差额1 000元就是货币的时间价值额，10%的利率就是货币的时间价值率，二者都是货币时间价值的表现形式。在实际工作中，经常以资金时间价值率表示时间价值。

货币时间价值的计算有两种制度，一种是**单利制**，是指当期利息不计入下期本金，从而不改变计息基础，各期利息额不变的计算制度。我国银行的存贷款计息采用的就是单利制。另一种是**复利制**，是指当期未被支取的利息计入下期本金，改变计息基础，使每期利息递增，利上生利的计息制度。在扩大再生产条件下，企业运用资金所取得的收益往往要再投入经营周转中去（至少要存入银行，参加社会资金周转），不使之闲置。这一过程与复利制的原理一致，因此，按复利计算和评价企业货币时间价值比使用单利制更合理。西方国家及国际贸易惯例也按复利制计算货币时间价值，以反映货币不断运动、不断增值的规律。因此，在长期投资决策考虑货币时间价值因素时，都按复利制计算。本书若无特别说明，均按复利制计算，有关指标有复利终值、复利现值、年金（复利）终值、年金（复利）现值等。

我们将货币在一期或连续若干期的一段时期内的期初价值称为**现值**（即本金），是指某一期或连续若干期时点上的资金折算到期初（一般指现在）的价值，期末价值称为**终值**（即本利和），是指某一期或连续若干期时点上的资金折算到期末（一般指未来某一时点）的价值，又称未来值。

1.一次性收付款项终值和现值的计算

一次性收付款项是指在某一特定时点上一次性收取（或支付）的款项。一次性收付款项的货币时间价值的计算包括终值和现值的计算。

为方便计算，本书设定如下符号标识：P表示现值（也称本金或期初金额）；F表示终值（也称本利和）；i表示不考虑风险和通货膨胀时的利率，也称折现率（除非特别说明，均指年利率；如果用到日利率、月利率、季利率、半年利率，可用年利率换算，日利率=年利率÷360，月利率=年利率÷12，季利率或半年利率可以依此换算，在本节所有涉及货币时间价值的举例中，均假定是不考虑风险和通货膨胀的利率）；I表示利息；n表示计息期数（除非特别说明，一般一年按360天计算，一个季度按90天计算，一个月按30天计算，期数与利率要匹配）。

（1）单利终值与现值。

单利制条件下，当期利息不计入下期本金，即本生利而利不生利。

①单利利息的计算。

$I=P \cdot i \cdot n$

【例5-1】某人将10 000元存入银行，假定银行的年利率为4%，2年后该人可得到的利息为：

$I=10\ 000\times4\%\times2=800$（元）

②单利终值。

单利终值就是按单利制计算的终值，计算公式是：

$F=P+P \cdot i \cdot n=P\cdot(1+i \cdot n)$ ①

在上例中，2年后某人存入银行的终值，即本利和为：

$F=10\ 000+10\ 000\times4\%\times2=10\ 000\times(1+4\%\times2)=10\ 800$（元）

③单利现值。

单利现值就是按单利制计算的现值。单利现值与单利终值互为逆运算。其计算公式可以从单利终值计算公式推算出来：

$$P=\frac{F}{(1+i\cdot n)}$$ ②

【例5-2】假定某人想在4年后从银行取款11 600元，用来归还欠款。那么，在利率为4%、单利计息方式下，该人需要现在向银行存入多少现金？

$p=\dfrac{11\ 600}{1+4\%\times4}=10\ 000$（元）

（2）复利终值与现值。

①复利终值。

复利终值就是按复利制计算的终值，计算公式是：

$F=P\cdot(1+i)^n$ ③

式中：$(1+i)^n$称为复利终值系数，也称1元的复利终值，记为（F/P，i，n）。其实质是，不包含时间价值的1元货币（即现值1元），在时间价值的影响下，n年后的币值（即现值1元的终值）。

【例5-3】某人将10 000元存入银行，若年利率为6%，按复利计算，5年后的本利和将为多少？

解：$F=10\ 000\times(1+6\%)^5$

$=10\ 000\times$（F/P，6%，5）

在实际工作中，复利终值的计算主要有三种方法：

方法一：利用有统计功能的计算器确定复利终值系数，即计算（1+i）的n次幂。例5-3中，计算（1+6%）的5次幂，即$(1+6\%)^5=1.3382$，然后再计算出复利终值F=10 000×1.3382=13 382元。

方法二：利用“复利终值系数表”（本书末附表一），查出复利终值系数，该表第一行是利率i，第一列是期数n，$(1+i)^n$的值就在利率和期数的相交处。例如，通过该表可以查出例5-6中（F/P，6%，5）=1.338，然后再计算出复利终值F=10 000×1.338=13 380元，但该表通常只编制了整利率和整数期数的情况，如果利率为5.25%或期数为5.5年的情况则无法从表中直接查到。

方法三：利用Excel表。

Ⅰ利用Excel表的5个财务函数功能可直接计算出复利终值，分别是FV、PV、PMT、NPER和RATE，可以相应依次快捷计算出终值FV、现值PV、年金金额（或每期现金流金额）PMT、年限（或期数）n与收益率（每期复利率）r。

这5个函数都有5个自变量，如果加上类型Type（期初、期末）就是6个，排列顺序就是：Rate，Nper，Pmt，PV，FV，Type，除最后一个Type外，其他5个参数中要计算哪一个，就把哪一个去掉，写成函数头，其他参数顺序不变，如：

FV（Rate，Nper，Pmt，PV，Type）

PV（Rate，Nper，Pmt，FV，Type）

PMT（Rate，Nper，PV，FV，Type）

NPER（Rate，Pmt，PV，FV，Type）

RATE（Nper，Pmt，PV，FV，Type）

其中：Rate=r，为各期利率；Nper=n，为总投资期；

Pmt为各期现金流量的金额，各期相等，当Pmt取值为0时，Excel默认处理复利问题（复利现值PV或复利终值FV）；

PV为现值；FV为终值；

Type为0或1，如果现金流发生在期末，Type取值为0，如果现金流发生在期初，Type取值为1。

当PV或FV取值为0时，Excel默认处理年金问题，但处理年金问题时，PV和FV取值也可以不为0。另外，Excel函数规定，支出的款项用负数表示，收入的款项用正数表示。

对例5-3可利用Excel财务函数FV或者在单元格中直接输入“=FV（6%，5，0，-10 000，0）”或“=FV（6%，5，0，-10 000，1）”或“=FV（6%，5，　，-10 000）”，则返回结果为13 382.26，即5年后该人的本利和将为13382.26元。

Ⅱ利用Excel表的四舍五入函数ROUND或直接输入计算公式，如例5-3，在Excel表单元格中输入“=round（10 000*（1+6%）^5，2）”，则返回结果为13 382.26。

②复利现值。

复利现值就是按复利制计算的现值。复利现值与复利终值互为逆运算。计算公式可以直接从复利终值公式推算出来。

$$P=\frac{F}{(1+i)^n} \quad ④$$

式中：$\frac{1}{(1+i)^n}$称为复利现值系数，也称1元复利现值，记为（P/F，i，n），其实质是包含时间因素的1元货币（即终值为1元），消除n年时间因素影响后的币值（即终值为1元的现值）。

【例5-4】假设某人拟在5年后获得本利和1 000 000元，用于支付房款，如果年利率为5%，按复利计算。那么他现在应存入银行多少钱？

解：$P=1\ 000\ 000\times\frac{1}{(1+5\%)^5}$

$=1\ 000\ 000\times$（P/F，5%，5）

在实际工作中，复利现值计算与终值计算一样有三种方法：

方法一：利用有统计功能的计算器确定复利现值系数$(1+5\%)^{-5}=0.783526$，然后再计算出复利现值=1 000 000×0.783526=783 526。

方法二：利用“复利现值系数表”（本书末附表二），查出复利现值系数$(1+5\%)^{-5}=0.784$，然后再计算出复利现值=1 000 000×0.784=784 000。

方法三：利用Excel表。

Ⅰ对例5-4利用Excel财务函数PV或在单元格中直接输入“=PV（5%，5，0，1 000 000，0）”或“=PV（5%，5，　，1 000 000）”则返回结果为-783 526.17，即现在某人要拿出783 526.17元存入银行。

Ⅱ利用Excel表的四舍五入函数ROUND或直接在Excel表单元格中输入计算公式“=ROUND（1 000 000*（1+5%）^-5，2）”，返回结果为783 526.17。

2.系列等额收付款项中复利年金终值和复利年金现值的计算

年金是指在一定时期内每隔相同时间（如一年）就发生相同数额的系列收入或支出的款项。在现实经济生活中，分期等额形成或发生的各种偿债基金、折旧费、养老金、保险金、租金、等额分期收款或付款、零存整取储蓄存款中的零存数、整存零取储蓄存款中的零取金额、定期发放的固定奖金、债券利息和优先股股息以及等额回收的投资额等，都属于年金的范畴。

年金按收入或支出的时点不同，分为普通年金、即付年金、递延年金和永续年金。其中，普通年金应用最为广泛，其他几种年金终值和现值的计算均可在普通年金的基础上推算出来。以后凡涉及年金问题，若不特殊说明，均指普通年金。

（1）普通年金终值。凡在每期期末发生的年金称为**普通年金**，又称**后付年金**、**期末年金**，用A表示。**普通年金（复利）终值**又可简称为年金终值，是指普通年金各期A的终值之和，记作F_A，有多种表示方式：

$F_A=A(1+i)^0+A(1+i)^1+A(1+i)^2+\cdots+A(1+i)^{n-1}$　　定义

$=A\sum_{t=1}^{n}(1+i)^{t-1}$　　缩写

$=A\frac{(1+i)^n-1}{i}$　　公式　⑤

式中：$\sum_{t=1}^{n}(1+i)^{t-1}=\frac{(1+i)^n-1}{i}$ 称为年金终值系数，也称1元年金终值，记作（F/A，i，n）。其实质是不包含时间因素的1元年金（即现值1元的年金），在时间价值的影响下，n年后的价值（即1元年金的终值）。

公式⑤可推导如下：

将 $F_A=A(1+i)^0+A(1+i)^1+A(1+i)^2+\cdots+A(1+i)^{n-1}$

两边同乘（1+i）得：$(1+i)F_A=A(1+i)^1+A(1+i)^2+A(1+i)^3+\cdots+A(1+i)^n$

后式减前式得：$(1+i)F_A-F_A=A(1+i)^n-A$

整理得：$F_A=A\frac{(1+i)^n-1}{i}$

【例5-5】某企业计划连续4年于每年年末存入银行60 000元，作为第4年年末建一个停车场的基金。若年利率为5%，4年后积累的基金是多少？

解：$F_A=A\frac{(1+5\%)^4-1}{5\%}$

$=A(F/A，5\%，4)$

本例可用图表5-1解释如下：

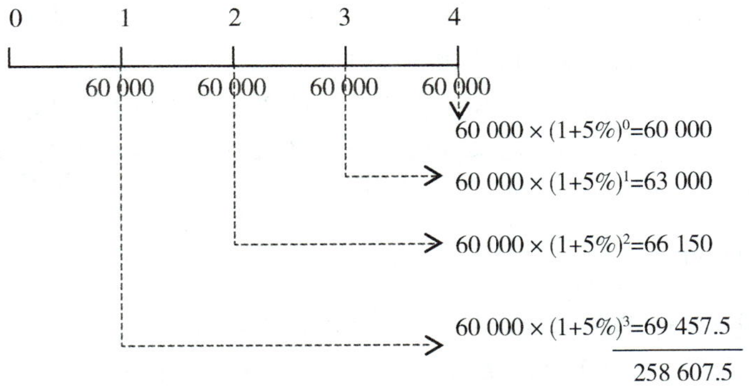

图表5-1 普通年金终值

图表5-1中，0是指第一年年初，1、2、3、4分别是指第一至第四年年末，从第一年年末至第四年年末，每年末都收到或付出60 000元，至第四年年末，这一系列款项的本利之和共计258 607.5元，即该笔年金的终值。

在实际工作中，普通年金终值的计算同样有三种方法，常用的是后两种方法。

方法一：利用有统计功能的计算器确定普通年金终值系数，然后再计算出普通年金终值。

方法二：利用“普通年金终值系数表”（本书末附表三），查出普通年金终值系数，然后再计算出普通年金终值=60 000×4.310=258 600（元）。

方法三：利用Excel表。

I 对例5-5利用Excel财务函数FV或在单元格中直接输入“=FV（5%，4，-60 000，0，0）”或者“=FV（5%，4，-60 000）”则返回结果为258 607.50，即4

年后这笔基金共258 607.50元。

Ⅱ利用Excel表的四舍五入函数，直接输入计算公式，如例5-5中，在Excel表单元格中输入“=ROUND（60 000*（1+（1+5%）+（1+5%）^2+（1+5%）^3），2）”，返回结果为258 607.5，显然不如利用函数FV简单。或输入“=ROUND（60 000*（（1+5%）^4-1）/5%，2）”，或=60 000*（（1+5%）^4-1）/5%，返回结果都是258 607.5。

（2）普通年金现值。**普通年金（复利）现值**简称**年金现值**，是指各期普通年金的现值之和，是按复利计息方法计算的若干相同间隔期期末收到或付出的系列等额款项的现时总价值，记作P_A，有多种表示方式：

$$P_A=A\frac{1}{(1+i)^1}+A\frac{1}{(1+i)^2}+A\frac{1}{(1+i)^3}+\cdots+A\frac{1}{(1+i)^n} \quad \text{定义}$$

$$=A\sum_{t=1}^{n}\frac{1}{(1+i)^t} \quad \text{缩写}$$

$$=A\frac{1-(1+i)^{-n}}{I} \quad \text{公式} \quad ⑥$$

公式⑥可用类似公式⑤的推导方式得出，式中的$\frac{P_A}{A}=\sum_{t=1}^{n}\frac{1}{(1+i)^t}=\frac{1-(1+i)^{-n}}{i}$称为**年金现值系数**，也称为1元年金现值，记作（P/A，i，n）。其实质是，包含n期时间因素的1元年金，消除时间因素影响后的价值。

【例5-6】某企业计划现在存入一笔款项，以便在将来的4年内每年年终向有突出贡献的科研人员发放80 000元春节慰问金，若银行年利率为5%，现在应存入的款项为多少？

解：$P_A=80\ 000\times\frac{1-(1+5\%)^{-4}}{5\%}$

$=80\ 000\times$（P/A，5%，4）$=80\ 000\times3.546=283\ 680$（元）

在实际工作中，普通年金现值的计算与普通年金终值计算有完全类似的三种计算方法，这里不再赘述。

本例可用图表5-2解释如下：

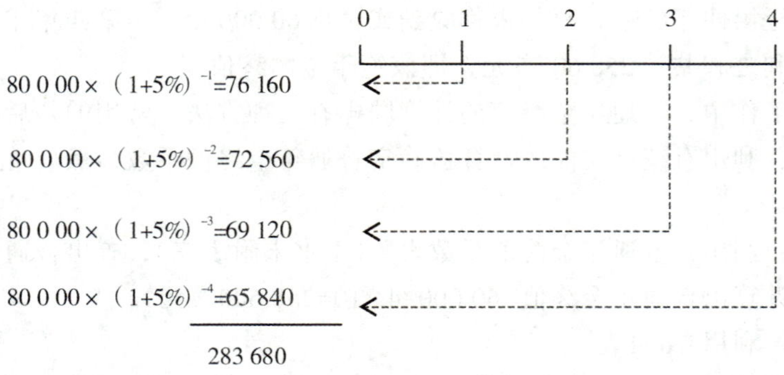

图表5-2　普通年金现值

在图表5-2中，0表示第1年年初，1、2、3、4分别表示第1年至第4年年末，每年年末收到（付出）的80 000元，按复利现值的计算方法计算的现值之和共计283 680元，即为该笔4年期普通年金的现值。

3.其他种类年金问题

（1）即付年金（复利）终值。凡在每期期初发生的年金称为**即付年金**，又称**先付年金**、**预付年金**、**期初年金**。**即付年金终值**是指即付年金各期A的终值之和，即按复利制计算的若干相同间隔期期初收到或付出的系列等额款项的未来总价值，有多种表示方式：

$F_A=A(1+i)^1+A(1+i)^2+A(1+i)^3+\cdots+A(1+i)^n$　　定义

$=A(F/A, i, n)(1+i)$　　公式

$=A[(F/A, i, n+1)-1]$　　公式　⑦

公式⑦也可以像普通年金终值公式一样推导，也可以将即付年金按定义，经过恒等变形（例如，提取公因式；加一项，再减去该项，利用加法结合律）得出。

$(F/A, i, n)(1+i)=(F/A, i, n+1)-1$称为预付年金终值系数。比较普通年金终值与预付年金终值的计算公式，可以看出，n期预付年金终值系数就是n期普通年金终值系数乘以（1+i），也等于（n+1）期普通年金终值系数减去1之后的差额，即期数加1，系数减1。预付年金终值系数$(F/A, i, n)(1+i)=(F/A, i, n+1)-1$可通过计算普通年金终值系数，经过简单计算求得。

【例5-7】某企业计划连续4年于每年年初存入银行60 000元，作为第4年年末建一个停车场的基金，若年利率为6%，4年后积累的基金是多少？

解：$F_A=60\,000\times(F/A, 6\%, 4)\times(1+6\%)$

$=60\,000\times4.375\times1.06$

$=278\,250$（元）

或 $F_A=60\,000\times[(F/A, 6\%, 4+1)-1]$

$=60\,000\times(5.637-1)$

$=278\,220$（元）

或由Excel表输入“=FV（6%，4，-60 000，0，1）”，则返回结果为278 225.58。

三种做法产生的结果均不相同，是系数表的尾数误差形成的。本节以后同一内容的不同公式所产生的误差均为此种情况，并不影响公式的正确性。

例5-7的含义可用图表5-3予以说明如下：

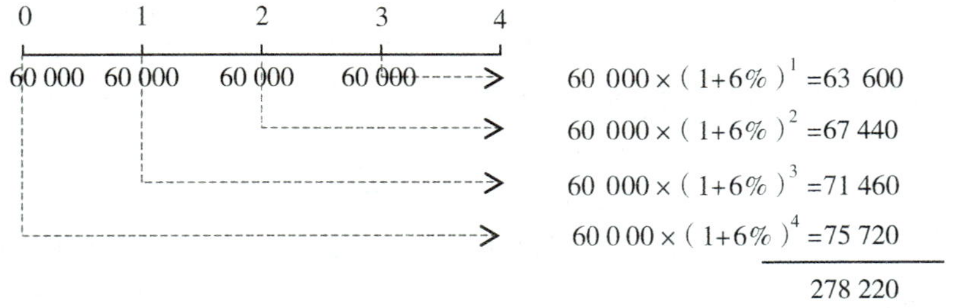

图表5-3 即付年金终值

在图表5-3中，0、1、2、3分别指第1年至第4年年初，每年年初都收到或付出60 000元，至第4年年末，这一系列款项的本利和之和共计278 220元，即该笔即付年金的终值。

（2）即付年金（复利）现值。

即付年金现值是指各期即付年金A的现值之和（也记为P_A），即按复利计息方法计算的若干相同间隔期期初收到或付出的等额系列款项的现时总价值，有多种表示方式：

$$P_A=\frac{A}{(1+i)^0}+\frac{A}{(1+i)^1}+\frac{A}{(1+i)^2}+\cdots+\frac{A}{(1+i)^{n-1}} \quad \text{定义}$$

$$=A(P/A,i,n)(1+i) \quad \text{公式}$$

$$=A[(P/A,i,n-1)+1] \quad \text{公式} \quad ⑧$$

式中的（P/A，i，n）（1+i）=（P/A，i，n−1）+1是期数为n、利率为i时，1元即付年金的现值，称为**即付年金现值系数**。可以看出，n期预付年金现值系数就是n期普通年金现值系数乘以（1+i），也等于（n−1）期年金现值系数加上1，即期数减1，系数加1。预付年金现值系数（P/A，i，n−1）+1=（P/A，i，n）（1+i）可利用普通年金现值系数，经过简单计算求得。

【例5-8】某人分期付款购买汽车一部，预计每年年初需付款30 000元，4年付清，若银行年利率为5%，该部汽车相当于现在一次付款多少元？

解：P_A=30 000×［（P/A，5%，4−1）+1］

=30 000×（2.723+1）

=111 690（元）

或P_A=30 000×（P/A，5%，4）（1+5%）

=30 000×3.546×1.05

=111 699（元）

或由Excel表输入"=PV（5%，4，30 000，0，1）"返回结果是111 697.44。

例5-8的含义可用图表5-4予以说明如下：

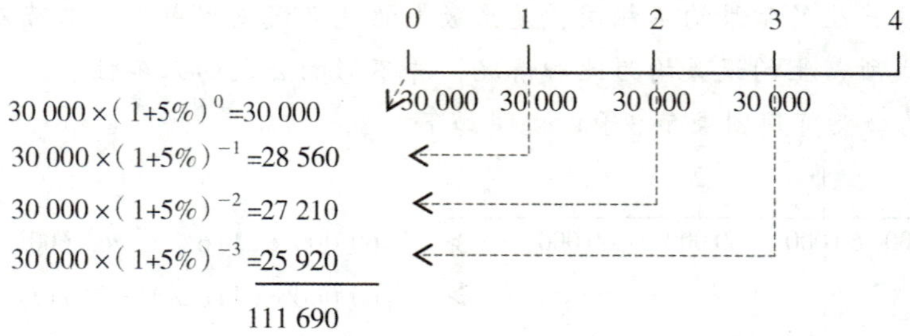

图表5-4　预付年金现值

在图表5-4中，0，1，2，3分别表示第1年至第4年年初。各年年初收（付）的等额系列款项，按复利现值计算方法计算的现值之和111 697.44元，就是这笔4年期即付年金的现值。

（3）递延年金（复利）现值。**递延年金**是指在一定时期内（如n期），从第0期开始隔m期（$n>m\geq1$）以后，各期期末才发生的系列等额收付款项。显然，凡不是从第1年年末开始的普通年金都是递延年金。递延年金的终值和普通年金终值的计算没有什么两样。递延年金现值就是各期递延年金A的现值之和，也记为P_A，有多种表示方式：

$P_A=A(1+i)^{-(m+1)}+A(1+i)^{-(m+2)}+\cdots+A(1+i)^{-n}$　　定义

$=A[(P/A, i, n)-(P/A, i, m)]$　　公式

$=A(P/A, i, n-m)(P/F, i, m)$　　公式　　⑨

从递延年金的表达式可以看出，递延年金现值的计算可以利用普通年金现值系数、复利现值系数，经过简单计算求得。

【例5-9】某企业年初存入一笔资金，从第3年年末起每年取出2 000元，至第6年年末取完，若年利率为4%，最初存入的款项应是多少？

解：据题意，A=2 000，n=6，m=2，i=4%

$P_A=2\,000\times[(P/A, 4\%, 6)-(P/A, 4\%, 2)]$

$=2\,000\times(5.242-1.886)$

$=6\,712$（元）

或　$P_A=2\,000\times(P/A, 4\%, 4)\times(P/F, 4\%, 2)$

$=2\,000\times3.630\times0.925$

$=6\,715.5$（元）

或由Excel表输入“=PV（4%，6，2 000，0，0）”得-10 484.27和“=PV（4%，2，2 000，0，0）”，得-3 772.19再相减得-6 712.08。故最初存入款项应是6 712.08元。

本例中，递延年金现值$P_A=2\,000\times(P/A, 4\%, 4)\times(P/F, 4\%, 2)$的含义可用图表5-5予以说明如下：

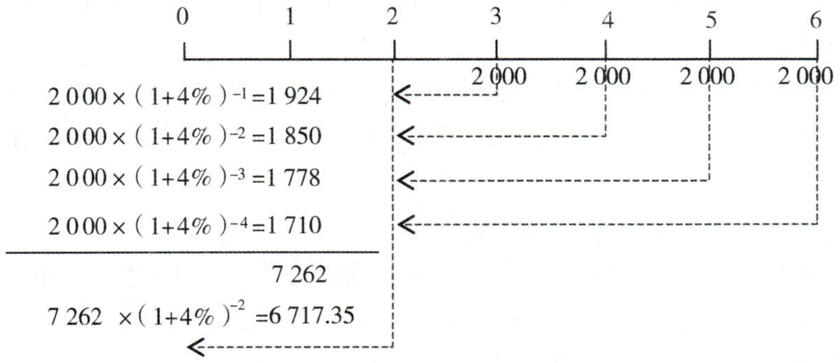

图表5-5　递延年金现值

（4）永续年金现值。**永续年金**是指无限期等额收付的特种普通年金。由于没有终止时间，因此没有终值。其现值只要利用普通年金现值公式$P_A=\frac{1-(1+i)^{-n}}{i}$，令$n\to\infty$便可得到：

$P_A=A\cdot\frac{1}{i}$ ⑩

4.复利与年金货币时间价值小结

在前述10个关于货币时间价值的计算公式中，公式③、④、⑤、⑥是最基本也是最主要的公式，后面的公式⑦~⑩都可以由这4个公式推导得到。

公式③、④涉及F、P、i、n这4个因素，实际上只要知道其中任何3个因素，都可以求出剩下的那一个因素；公式⑤、⑥涉及F_A或P_A，A，i，n这4个因素，同样只要知道其中任何3个因素，都可以求出剩下的那一个因素。比如，已知F_A，i，n，求A，则有：

$$A=\frac{F_A}{(F/A,i,n)}$$

此时A称为年偿债基金。

如果已知P_A，i，n，求A，则有：

$$A=\frac{P_A}{(P/A,i,n)}$$

此时A称为年回收额。

如果已知P_A，i，A，求n，则有：

$$n=-\frac{\lg(1-\frac{i\cdot P_A}{A})}{\lg(1+i)}$$

如果已知P_A，n，A，求i，此时需用插值法，将在下节介绍。

这就要求读者灵活运用上述公式，不能生搬硬套。

5.不等额系列收付款项的货币价值计算

前面我们在讨论系列收付款项的货币时间价值时，只讨论了系列等额收付款项的货币时间价值，在现实经济生活中，系列收付款项多数是不等额的，在投资与再投资过程中，也必须考虑其时间价值，下面就来讨论不等额系列收付款项的货币时间价值的计算问题。

不等额系列收付款项是指在一定时期内多次收付，而每次收付的金额不等或不都相等的款项。不等额系列收付款项的货币时间价值计算包括复利终值和复利现值的计算。

（1）不等额系列收付款项终值的计算。

不等额系列收付款项的复利终值等于每期期末收付款项的终值之和。再设P_t为第t年年末的收付款项，t=1，2，3，…，n，F为不等额系列收付款项的终值，根据不等额系列收付款项复利终值定义，其终值表达式为：

$$F=P_1(1+i)^{n-1}+P_2(1+i)^{n-2}+P_3(1+i)^{n-3}+\cdots+P_{n-1}(1+i)^1+P_n(1+i)^0$$

$$=\sum_{t=1}^{n}P_t(1+i)^{n-t}$$ ⑪

【例5-10】某人的存钱计划如下：第1年年末存3 000元，第2年年末存3 500

元，从第3年年末至第5年年末每年存4 000元。如果年利率为5%，那么他在第5年年末可以得到的本利和是多少？

解法一：

F=3 000×（F/P，5%，4）+3 500×（F/P，5%，3）+4 000×（F/P，5%，2）+4 000×（F/P，5%，1）+4 000

=3 000×1.216+3 500×1.158+4 000×1.103+4 000×1.050+4 000

=20 313（元）

解法二：

F=3 000×（F/P，5%，4）+3 500×（F/P，5%，3）+4 000×（F/A，5%，3）

=3 000×1.216+3 500×1.158+4 000×3.153

=20 313（元）

解法三：利用Excel表计算（略）。

（2）不等额系列收付款项的现值计算。

不等额系列收付款项的复利现值等于每期期末收付款项的现值之和。再设F_t为第t年年末的收付款项，t=1，2，3，…，n，P为不等额系列收付款项的现值，根据不等额系列收付款项的复利现值定义，其现值表达式为：

$$P=F_1(1+i)^{-1}+F_2(1+i)^{-2}+F_3(1+i)^{-3}+\cdots+F_n(1+i)^{-n}$$

$$=\sum_{t=1}^{n}F_t(1+i)^{-t} \quad ⑫$$

其计算有多种方法，例如：

方法一：由于$P=F_1(1+i)^{-1}+F_2(1+i)^{-2}+F_3(1+i)^{-3}+\cdots+F_n(1+i)^{-n}=\sum_{t=1}^{n}F_t(1+i)^{-t}$是n个复利现值之和，所以，直接利用复利现值（特殊情况还可以用年金现值）公式求出每个数值，再求和就可以了。

方法二：在Excel表中，利用净现值函数NPV（rate，value1，value2，…，valuen）计算。rate为某一期间的折现率，是一固定值。value1，value2，…，valuen代表第t（t=1，2，…，n）期期末的支出（负数）或收入（正数）。

【例5-11】某人想现在存一笔钱到银行，希望在第1年年末可以取3 000元，第2年年末可以取3 500元，第3—5年年末每年可以取4 000元。如果年利率为5%，那么他现在应该存多少钱在银行？

解法一：

P=3 000×（P/F，5%，1）+3 500×（P/F，5%，2）+4 000×（P/F，5%，3）+4 000×（P/F，5%，4）+4 000×（P/F，5%，5）

=3 000×0.952+3 500×0.907+4 000×0.864+4 000×0.823+4 000×0.784

=15 914.5（元）

或：P=3 000×（P/F，5%，1）+3 500×（P/F，5%，2）+4 000×（P/A，5%，3）×（P/F，5%，2）

=3 000×0.952+3 500×0.907+4 000×2.723×0.907

=15 909.54（元）

解法二：在Excel表中利用净现值函数，输入“=NPV（5%，3 000，3 500，4 000，4 000，4 000）”，返回结果是15 912.01元。

（二）投资的风险价值

1.风险概述

风险是指在某个特定状态下和给定时间内某一事件可能发生的结果的变动。当人们只能够事先确定采取某种行动可能形成的各种结果以及每种结果出现的概率，而行动的最终结果究竟会怎样人们不能预知，这就是风险。与风险相联系的另一个概念是不确定，即人们事先只知道采取某种行动可能形成的各种结果，但不知道它们出现的概率，或者两者都不知道，而只能做些粗略的估计。在实践中很难对二者加以区分，因为往往只能对风险问题的概率进行估计和测算，不确定问题也可以转化为风险问题。因此，当说到风险时，可能指的是确定意义上的风险，但更可能指的是不确定，对二者不进行区分。某一行动的结果具有多种可能而不肯定，就叫风险；反之，若某一行动的结果是肯定的，就叫没有风险。

投资风险是指估计的投资报酬率与实际（或期望）投资报酬率的变异程度，或者估计的投资报酬额与实际（或期望）投资报酬额的变异程度，即偏离程度。投资风险可能给投资者带来超出预期的收益，也可能带来超出预期的损失。一般说来，投资者对意外损失的关注比对意外收益要强烈得多，因此，人们研究风险时侧重减少损失，主要从不利的方面来考虑风险，经常把风险看成不利事件发生的可能性。

投资风险是客观存在的，投资决策所涉及的时间越短，风险就越小。短期投资决策一般不考虑风险因素，但长期投资决策就不能不考虑风险了。一般做法是，先对投资风险进行计量，再根据风险与收益的正相关性，计算出投资的风险价值。所谓**风险价值**，是指投资者因冒风险进行投资而要求的，超过货币时间价值（i）及通货膨胀补偿价值（g）的那部分通常按相对数计量的额外报酬，又称风险报酬率（r_r），也称风险收益率（本书将“**报酬率**”与“**收益率**”不做区别），至于风险价值的绝对数，即风险报酬额，由于不经常使用，本书没有提及。以后凡涉及风险价值，均以风险报酬率表示。

2.投资风险的计量

投资风险的大小通常用变异系数V表示，也称标准离差率。由于风险与概率直接相关，计算变异系数必须按下列顺序进行。

（1）计算期望报酬率（额）。设x_i为第i种可能结果的预计报酬率（额），P_i为第i种可能结果出现的概率，i=1，2，3，…，n，则期望报酬率（额）的公式如下：

$$\bar{E}=\sum_{i=1}^{n}x_i\cdot P_i \qquad ⑬$$

由于$0\leqslant P_i\leqslant 1$，$\sum_{i=1}^{n}P_i=1$，不难看出，期望报酬率（额）就是以概率为权数的加

权平均报酬率（额）。

（2）计算标准差。标准差σ是反映预计报酬率（额）x_i偏离期望报酬率（额）$\overline{E}$的程度，其计算公式如下：

$$\sigma=\sqrt{\sum_{i=1}^{n}(x_i-\overline{E})^2\cdot P_i} \quad ⑭$$

σ越小，说明偏离程度越小，风险也就越小；反之，σ越大，说明偏离程度越大，风险也就越大。

（3）计算变异系数。标准差是反映偏离程度的一个重要指标，但它是一个绝对数，只能用来比较期望值相同的互斥方案之间偏离程度的大小。对期望值不同的互斥方案之间偏离程度大小的比较，需要计算一个相对数，即变异系数V。其计算公式如下：

$$V=\frac{\sigma}{\overline{E}} \quad ⑮$$

变异系数V越小，变异（偏离）程度越小，风险也就越小；反之，变异系数V越大，变异（偏离）程度越大，风险也就越大。不论不同方案之间的期望值是否相同，均可用变异系数来衡量风险的大小。因此，变异系数是计量风险的一种可靠方法。

【例5-12】有两个投资方案A和B，预计有3种结果，其投资报酬率及概率分布如图表5-6所示。

图表5-6　A、B方案投资报酬率及概率分布

x_i		8%	10%	12%
P_i	A方案	0.2	0.6	0.2
	B方案	0.1	0.4	0.5

要求：试比较A、B两方案投资风险的大小。

解：（1）分别计算A、B方案的期望报酬率。

$\overline{E}_A=8\%\times0.2+10\%\times0.6+12\%\times0.2=10\%$

$\overline{E}_B=8\%\times0.1+10\%\times0.4+12\%\times0.5=10.8\%$

（2）分别计算A、B方案的标准差。

$\sigma_A=\sqrt{(8\%-10\%)^2\times0.2+(10\%-10\%)^2\times0.6+(12\%-10\%)^2\times0.2}$

$=1.26\%$

$\sigma_B=\sqrt{(8\%-10.8\%)^2\times0.1+(10\%-10.8\%)^2\times0.4+(12\%-10.8\%)^2\times0.5}$

$=1.33\%$

（3）分别计算A、B方案的变异系数。

$V_A=\frac{\sigma_A}{\overline{E}_A}=\frac{1.26\%}{10\%}=12.6\%$

$$V_B=\frac{\sigma_B}{\overline{E}_B}=\frac{1.33\%}{10.8\%}=12.3\%$$

因为 $V_A=12.6\%>V_B=12.3\%$，所以方案A的投资风险略大于方案B的投资风险。

3.投资风险价值的计量

一般决策者都是厌恶风险的。在投资风险增加的情况下，人们就要求对增加的风险进行补偿，这样才肯去冒风险，这就要计算风险价值，作为对风险的补偿尺度，即风险报酬率 r_r。其计算公式如下：

$$r_r=\beta \cdot V \qquad ⑯$$

式中：β为风险报酬系数，即将变异系数V（风险）转化为风险价值的一种系数。

从公式⑯可以看出，计量风险报酬率的关键在于确定一个恰当的风险报酬系数β。β值的大小主要取决于投资者对待风险的态度。投资者愿意冒风险，则往往取较小的β值，要求的风险报酬率就低；投资者不愿意冒风险，则往往取较大的β值，要求的风险报酬率就高。β值是一个经验数据，可参考下列方法来确定。

（1）根据以往的同类项目加以确定。投资报酬率r等于无风险利率 r_f 与风险报酬率 r_r 之和，即：

$$r=r_f+r_r= r_f +\beta \cdot V$$

因此：

$$\beta=\frac{r-r_f}{V}$$

参照以往同类项目的历史资料，运用上述公式即可确定β。

【例5-13】某企业准备进行一项投资，此类项目的投资报酬率为20%，其变异系数为0.5，无风险报酬率为14%，试求β系数。

解：$\beta=\frac{20\%-14\%}{0.5}=12\%$

（2）根据 $r=r_f+\beta \cdot V$ 及投资报酬率和变异系数的历史数据资料，运用一元线性回归法加以确定：

$$\beta=\frac{n\sum_{i=1}^{n} r_i \cdot V_i-\sum_{i=1}^{n} V_i \cdot \sum_{i=1}^{n} r_i}{n\sum_{i=1}^{n} V_i^2-(\sum_{i=1}^{n} V_i)^2}$$

（3）由企业领导或组织有关专家分析确定。前面两种方法都必须在历史资料比较充分的情况下采用。如果缺乏历史资料，则可由企业领导，如总经理、总会计师等根据经验加以确定，也可由企业组织有关专家分析确定。

确定β值后，根据投资项目的变异系数V按公式 $r_r=\beta \cdot V$ 即可计算出投资者要求的风险报酬率。

此外，关于风险与风险报酬的计量，还有其他一些方法。例如，在资本资产定价模型中，投资者要求的必要报酬率 $r=r_f+\beta\ (r_m-r_f)$，其中，r_f 表示无风险报酬率，β

表示市场风险的大小，r_m表示市场平均报酬率，风险报酬率$r_r=\beta(r_m-r_f)$，有关内容将在财务管理等课程中介绍。

（三）通货膨胀与通货膨胀率

通货膨胀是指因纸币发行量超过商品流通中的实际需要量，使得一个时期的物价普遍上涨，货币购买力下降，相同数量的货币只能购买比前期还少的商品所引起的货币贬值。通货膨胀一般用物价指数增长的百分比来表示，即一年后购买相同货物所需的货币量比现在需要的货币量增加的百分比数，称为**通货膨胀率**。

持续通货膨胀是一种世界性现象。在现实经济生活中，按通用货币表现的一切货币支出自然而然地包含了通货膨胀的影响。在长期投资决策中，如果不计量通货膨胀的影响，就会使计算出来的各项经济指标的数值中包含虚假因素，不能真实地反映各个投资方案可能取得的真实效益，并可能引起判断和决策上的失误。

通货膨胀和货币时间价值都随时间的推移而显示出它们的影响。货币时间价值意味着货币会随着时间的推移而增值；通货膨胀意味着货币会随着时间的推移而贬值。货币时间价值是利用折现率按复利进行计算的；通货膨胀是利用通货膨胀率进行计算的。这里的通货膨胀率是预计的，而不是政府机构已经公布的过去年份的通货膨胀率。

通货膨胀分为定率通货膨胀和变率通货膨胀两种情况。

1.定率通货膨胀

定率通货膨胀是指各年通货膨胀率都是同一个固定值的通货膨胀。

2.变率通货膨胀

变率通货膨胀是指各年的通货膨胀率并不是一个定值，即每一年的通货膨胀率都有可能不同。

（四）折现率的确定

折现率是指将未来的预计收益或成本折算成现值的比率。通常是投资者要求的最低报酬率，或者行业基准收益率，或者资本成本率等，根据决策者的需要而定。

通过对货币时间价值、投资风险价值以及通货膨胀的分析可知，投资者要求的最低报酬率，或者行业基准收益率，或者资本成本率等，都应考虑3项因素：

（1）资金的时间价值，即无风险和通货膨胀的报酬率i；

（2）投资的风险价值，即风险报酬率r_r；

（3）通货膨胀的补偿价值，即通货膨胀补偿率g。

因此，折现率为：

$$r=i+r_r+g$$

式中：$i+r_r$称为实际报酬率；$i+g=r_f$称为无风险报酬率；r称为名义报酬率或货币报酬率，也就是投资者要求的最低报酬率，或者行业基准收益率，或者资本成本率等，均用r表示。此时，折现率=无风险报酬率+风险报酬率，即$r=r_f+r_r$。

在实际投资决策过程中，都是直接给出折现率r，并不需要分别去计算时间价值率、风险报酬率和通货膨胀补偿率，折现率r往往由有关部门经过统计分析，定期公布，如国家有关部门制定颁发的行业基准收益率、资本成本率等，且不管是行业基准收益率、资本成本率或者投资者根据市场情况要求的最低报酬率等，都是名义报酬率r，即折现率包含了资金的时间价值i、投资风险的补偿价值r_r、通货膨胀的补偿价值g，并按公式$r=i+r_r+g$或$r=r_f+r_r$计算现值。之所以做出上述规定，是因为除了按上述规定综合考虑3项因素影响外，还有在无风险收益率的基础上，调整为包含风险收益率的折现率，再进行折现，称为“**风险调整贴现率法**”；或者把包含风险的现金流量调整成不包含风险的现金流量，再用无风险报酬率进行折现，称为“**风险调整现金流量法**（即肯定当量法）”，这些方法，都是理论上的探讨，很难符合实际，不仅费时费事，而且受主观因素影响太大，往往难以确定其正确性，人们不会采用弃简就烦且毫无可靠性的做法，故本书略去不谈。

本章对投资项目的财务可行性评价，主要是通过项目建设期和生产经营期各年的现金净流量，按折现率r统一换算为现值，据以对投资方案进行决策的。

由于在投资决策中不同的投资者对待风险的态度不同以及投资项目所实际面临的风险不同，投资者所要求的最低报酬率是不同的；同时，通货膨胀对不同投资项目的影响程度一般也是不同的。这两个方面的不同，导致各投资者对投资最低报酬率的要求不同。

二、项目计算期

项目计算期是指项目从投资建设开始到最终清理结束整个过程的全部时间，即该项目的有效持续时间。完整的项目计算期包括建设期和生产经营期。其中，建设期（记为S，S≥0）的第一年年初（记为第0年）称为**建设起点**，建设期的最后一年年末（第S年）称为**投产日**；项目计算期的最后一年年末（记为第n年）称为**终结点**；从投产日到终结点之间的时间间隔称为**生产经营期**（记为P）。项目计算期、建设期和生产经营期之间有如下关系：

$n=S+P$

确定生产经营期有两个标准：一个是项目的自然寿命，另一个是项目的经济寿命。**自然寿命**是指项目从全新投产使用到报废，按其物理性能所能使用的期限。它是由项目的有形损耗决定的。**经济寿命**是指项目年均使用成本最低的使用期限。它往往低于项目的自然寿命，是由项目的有形损耗和无形损耗共同决定的。从理论上讲，生产经营期应采用项目的经济寿命标准。经济寿命的计算见本章第五节。在实际工作中，不同项目有不同的标准，可参看企业财务通则有关固定资产使用年限的规定或参看投资银行界关于项目评估方面的年限标准。

三、现金流量

现金流量又称现金流动，在长期投资决策中，是指投资项目在其计算期内因资本循环而可能或应该发生的各项现金流入量与现金流出量的统称。它以收付实现制为基础，反映广义现金（货币资金）运动。企业在一定期间内收到的现金称为该期间的现金**流入量**，支出的现金称为该期间的现金**流出量**。一定期间内的现金流入量减去流出量的差额称为**现金净流量**或**净现金流量**。以收付实现制计算现金流量作为评价项目经济效益的基础有如下两个原因：

其一，采用现金流量可以将现金收支运动与其发生的时间紧密联系起来。只有这样，才能应用货币的时间价值进行投资效果的综合评价，真实地反映项目的投资效益。

其二，采用现金流量可以回避在贯彻权责发生制时必然遇到的因存货估价及费用摊销、分配的会计方法不一致而导致的不同方案利润指标相关性差的缺陷，使不同投资项目具有可比性。

（一）现金流量的内容

1.现金流入的内容

现金流入是指能够使投资项目现实货币资金增加的下列各项：

（1）**营业收入**，是指项目投产后每年实现的全部销售收入或业务收入。经营期现金流入项目，是指当期现销收入额与回收以前期应收账款的合计数。为简化核算，假定正常经营年度内每期发生的赊销额与回收的应收账款大体相等。营业收入是经营期主要的现金流入项目。

（2）**回收的固定资产余值**，是指与投资项目有关的固定资产在终结点报废清理或中途变价转让处理时所回收的价值，即处理固定资产净收益。

（3）**回收的营运资金**，主要是指项目计算期完全终止时（终结点）因不再发生新的替代投资而回收的原垫付的全部营运资金投资额。回收营运资金和回收固定资产余值统称为**回收额**。

（4）其他现金流入，是指除以上3项以外的现金流入项目。

2.现金流出的内容

现金流出是指能够使投资项目现实货币资金减少的下列各项：

（1）建设投资（含更新改造投资）。

（2）垫支营运资金。为简化分析，各年垫支营运资金投资额的合计应等于在终结点一次回收的营运资金。

（3）**付现成本**，又称**营运成本**，是指在经营期内为满足正常生产经营需要而动用现实货币资金支付的成本费用。某年的付现成本等于总成本费用扣除不需动用现实货币资金支付的成本费用，不需动用现实货币资金支付的成本费用，主要包括折旧费用、无形资产摊销、递延资产摊销，即：

付现成本=总成本费用-非付现成本=总成本费用-折旧及摊销额

在全部自有资金投资假设下，财务费用不考虑利息支出，即利息支出不属于现金流出。付现成本是生产经营阶段最主要的现金流出项目。

（4）**各项税款**，是指项目投产后依法缴纳的、单独列示的各项税款，包括增值税、所得税等。

（5）其他现金流出，是指不包括在以上内容中的现金流出项目。

3.确定现金流量的假设

（1）**财务可行性分析假设**。假设项目已经具备国民经济可行性和技术可行性。

投资决策确定的现金流量就是为了进行项目的财务可行性分析。

（2）**全部自有资金投资假设**，简称**全投资假设**，是指在确定项目的现金流量时，只考虑全部资金的运动情况，而不区分自有资金和借入资金等具体形式的现金流量，即使实际存在借入资金也将其作为自有资金对待。只有这样，才能正确评价项目本身所产生的经济效益。

（3）**时点指标假设**。为便于利用货币时间价值，不论现金流量具体内容所涉及的价值指标实际上是时点指标还是时期指标，均假设按照年初或年末的时点指标处理。其中，建设投资均假定在有关年度的年初发生，垫支的流动资金则在年末发生；经营期内各年的收入、成本、折旧、摊销、利润、税金等均在年末发生；项目的回收额均在终结点发生。现金流入为正数，现金流出为负数，且一般以年为单位进行计算。

（二）现金净流量的估算

1.现金净流量的理论公式

根据现金净流量的定义，其理论计算公式为：

第t年现金净流量=第t年现金流入量-第t年现金流出量

即：$NCF_t=CI_t-CO_t$

=（营业收入+回收固定资产余值+回收的营运资金+其他现金流入）-（建设投资+垫支营运资金+付现成本+各项税款+其他现金流出）

式中：NCF_t为第t年现金净流量；CI_t为第t年现金流入量；CO_t为第t年现金流出量，t=0，1，2，…，n；n为项目计算期。

在实务中，现金净流量的计算通常是通过编制投资项目的现金流量表来实现的。

2.现金净流量的简算公式

现金净流量的简算公式是指把现金净流量的计算分为建设期和经营期。在经营期内，把没有回收额的现金净流量称为**经营现金净流量**。根据项目回收额均在终结点发生的假设，将第n年现金净流量称为**终结点现金净流量**，以便给出不同的计算公式。

（1）建设期现金净流量的计算。若原始投资均在建设期内投入，则建设期现金净流量公式为：

第t年现金净流量=-第t年原始投资额

即：$NCF_t=-I_t$，t=0，1，2，…，S

式中：I_t为第t年投资额；原始投资$I=\sum_{t=0}^{S}I_t$；S为建设期年数。

若为固定资产更新改造投资，旧设备的机会成本为：

NCF_0=-［旧设备变现价值+（账面价值-变现价值）×所得税税率］

（2）经营期现金净流量的计算。

①经营现金净流量。

NCF_t=第t年营业收入-第t年付现成本-第t年所得税

$$=\left(\frac{\text{第t年}}{\text{营业收入}}-\frac{\text{第t年}}{\text{付现成本}}-\frac{\text{第t年折旧}}{\text{及摊销额}}\right)\times\left(1-\frac{\text{所得税}}{\text{税率}}\right)+\frac{\text{第t年折旧}}{\text{及摊销额}}$$

$$=\frac{\text{第t年}}{\text{营业收入}}\times\left(1-\frac{\text{所得税}}{\text{税率}}\right)-\frac{\text{第t年}}{\text{付现成本}}\times\left(1-\frac{\text{所得税}}{\text{税率}}\right)+\frac{\text{第t年折旧}}{\text{及摊销额}}\times\frac{\text{所得税}}{\text{税率}}$$

$$=\left(\frac{\text{第t年}}{\text{营业收入}}-\frac{\text{第t年}}{\text{变动成本}}-\frac{\text{第t年}}{\text{固定成本}}\right)\times\left(1-\frac{\text{所得税}}{\text{税率}}\right)+\frac{\text{第t年折旧}}{\text{及摊销额}}$$

=第t年净利+第t年折旧及摊销额

（t=S+1，S+2，…，n-1）

②终结点现金净流量。

NCF_n=第n年经营现金净流量+回收营运资金+回收固定资产余值

如果一边生产一边建设，可把原始投资现金流量计入建设期，经营现金净流量计入经营期。除了建设期的年份与经营期的年份发生交叉外，计算公式并不发生变化。

【例5-14】某公司准备上一新项目，经测算，有关资料如下：该项目需固定资产投资800 000元，开办费投资120 000元，第1年年初和第2年年初各投资460 000元。2年建成投产，投产后1年达到正常生产能力。投产前垫支营运资金100 000元。固定资产可使用5年，按直线法计提折旧，期满净残值为70 000元，开办费自投产年份起，分5年摊销完毕。根据市场调查和预测，投产后第1年的产品销售收入为200 000元，以后4年每年为850 000元（假设均于当年收到现金），第1年的付现成本为100 000元，以后各年为550 000元，企业所得税税率为25%。要求：计算该项目各年现金净流量。

解：计算该项目各年现金净流量，既可按简化公式计算，又可以按定义编制现金流量表。先计算相关指标：

项目计算期（n）=2+5=7（年）

固定资产年折旧$=\frac{800\ 000-70\ 000}{5}$=146 000（元）

开办费年摊销额$=\frac{120\ 000}{5}$=24 000（元）

第一种方法：按简化公式计算各年现金净流量。

（1）建设期现金净流量。

NCF_0=-460 000元

NCF_1=-460 000元

NCF_2=-100 000元

（2）经营现金净流量。

NCF_3=销售收入-付现成本-所得税=200 000-100 000-0=100 000（元）

$NCF_{4\sim6}$=（850 000-550 000-146 000-24 000）×（1-25%）+146 000+24 000

=267 500（元）

（3）终结期现金净流量。

NCF_7=267 500+100 000+70 000=437 500（元）

上述计算过程也可以通过编制经营现金流量表和投资项目现金流量表反映出来，如图表5-7和图表5-8所示。

图表5-7　　经营现金流量表　　单位：万元

项目	年份				
	3	4	5	6	7
销售收入（1）	20	85	85	85	85
付现成本（2）	10	55	55	55	55
折旧（3）	14.6	14.6	14.6	14.6	14.6
摊销额（4）	2.4	2.4	2.4	2.4	2.4
税前利润（5）=（1）-（2）-（3）-（4）	-7	13	13	13	13
所得税（6）=（5）×25%	0	3.25	3.25	3.25	3.25
税后净利（7）=（5）-（6）	-7	9.75	9.75	9.75	9.75
经营现金净流量（8）=（7）+（3）+（4） 或=（1）-（2）-（6）	10	26.75	26.75	26.75	26.75

图表5-8　　投资项目现金流量表　　单位：万元

项目	年份							
	0	1	2	3	4	5	6	7
建设投资	-46	-46						
垫支营运资金			-10					
经营现金净流量				10	26.75	26.75	26.75	26.75
回收固定资产余值								7
回收垫支营运资金								10
现金净流量合计	-46	-46	-10	10	26.75	26.75	26.75	43.75

第二种方法：按定义编制现金流量表，如图表5-9所示。

图表5-9　　某完整工业投资项目现金流量表　　单位：万元

项目计算期（第t年）	建设期			经营期				终结期
	0	1	2	3	4	5	6	7
1.0现金流入量：								
1.1营业收入	0	0	0	20	85	85	85	85

续表

项目计算期（第t年）	建设期			经营期				终结期
	0	1	2	3	4	5	6	7
1.2回收固定资产余值								7
1.3回收垫支营运资金								10
1.4其他现金流入量								
1.5现金流入量合计	0	0	0	20	85	85	85	102
2.0现金流出量：								
2.1建设投资	46	46						
2.2垫支营运资金			10					
2.3付现成本				10	55	55	55	55
2.4各项税款				0	3.25	3.25	3.25	3.25
2.5其他现金流出量								
2.6现金流出量合计	46	46	10	10	58.25	58.25	58.25	58.25
3.0现金净流量（1.5）-（2.6）	-46	-46	-10	10	26.75	26.75	26.75	43.75

【例5-15】某工业项目需固定资产投资100万元，开办费投资5万元，营运资金投资15万元，建设期1年，建设期与购建固定资产的资本化利息为20万元，固定资产投资与开办费投资于建设起点投入，营运资金于项目完工时（第1年年末）投入。该项目经济寿命10年，固定资产按直线法计提折旧，期满有净残值10万元，开办费自投产年份起分5年摊销，投产第1年预计可生产产品15万件，以后每年可生产20万件，预计单位售价10元/件，单位变动成本6元/件，固定成本30万元（不包括固定资产折旧和开办费摊销），所得税税率为25%。要求：计算各年现金净流量。

解：依题意计算如下指标：

项目计算期（n）=1+10=11（年）

年固定资产折旧额=$\frac{100+20-10}{10}$=11（万元）

年开办费摊销额=$\frac{5}{5}$=1（万元）

NCF_0=-105万元

NCF_1=-15万元

NCF_2=［10×15-6×15-（30+11+1）］×（1-25%）+12=25.5（万元）

$NCF_{3\sim6}$=［10×20-6×20-（30+11+1）］×（1-25%）+12=40.5（万元）

$NCF_{7\sim10}$=［10×20-6×20-（30+11）］×（1-25%）+11=40.25（万元）

NCF_{11}=40.25+10+15=65.25（万元）

【例5-16】企业拟上一项目，分别在第1年年初和第1年年末各投入50万元，建设期为1年，按直线法计提折旧，期满有净残值10万元，使用寿命10年，预计投产后每年可获营业利润20万元，所得税税率为25%。要求：计算各年现金净流量。

解：依题意，计算有关指标。

项目计算期（n）=1+10=11（年）

年折旧额=$\frac{100-10}{10}$=9（万元）

NCF_0=−50万元

NCF_1=−50万元

$NCF_{2\sim10}$=20×（1−25%）+9=24（万元）

NCF_{11}=24+10=34（万元）

第三节 长期投资决策的静态评价指标

一、原始投资回收率

原始投资回收率是指投资项目在一个正常经营年度经营现金净流量或平均经营现金净流量$\overline{NCF}$与原始投资I的比率，其公式为：

原始投资回收率（k）=$\frac{\overline{NCF}}{I}$×100%

式中：分子仅指经营现金净流量，不包括回收额，分母则只包括建设投资和营运资金投资，不包括建设期资本化利息，即：

$$I=\left|\sum_{t=0}^{s}NCF_t\right|$$

该指标是一个静态的相对量正指标。

利用该指标对项目进行评价时，应事先确定一个企业要求的最低投资回收率，一般应不小于项目经济寿命的倒数，如某项目经济寿命为5年，则企业要求的最低投资回收率应不小于$\frac{1}{5}$（20%）。对单一项目，当原始投资回收率大于等于企业要求的最低投资回收率，项目才可行，否则不可行；对多个互斥可行项目，应选择原始投资回收率最大的项目。

【例5-17】按例5-14的资料，计算该项目的原始投资回收率，若企业要求的最低投资回收率为20%，评价该项目是否可行。

解：$\overline{NCF}$=$\frac{10+26.75\times4}{5}$=23.4（万元）

I=80+12+10=102（万元）

原始投资回收率（k）=$\frac{\overline{NCF}}{I}$×100%=$\frac{23.4}{102}$×100%=22.94%

因原始投资回收率为22.94%，大于要求的最低投资回收率20%，故该项目可行。

该指标的优点是可以直接利用现金净流量信息，公式比较简单，便于计算；缺点是没有考虑货币时间价值、投资风险价值和通货膨胀因素，不能正确反映建设期长短及投资方式不同对项目的影响，而且该指标计算公式的分子、分母的时间特征不一致，分子是时期指标，分母是时点指标，可比基础较差。

二、投资报酬率

投资报酬率也称**投资利润率**、**会计收益率**（记作ARR），其公式有多种形式，如：

$$ARR=\frac{\overline{\pi}}{I}\times100\%$$

式中：I为原始投资；$\overline{\pi}$为年均净利润，以下同。

$$ARR=\frac{\overline{\pi}}{\overline{I}}\times100\%$$

式中：$\overline{I}=\frac{I}{2}$。

上述两个公式的分子$\overline{\pi}$还可以是年均营业利润、年均利润总额。实际上，应用较多的是第一个公式，本章如无特别说明均运用此公式。

该指标是一个静态的相对量正指标。

利用该指标对项目进行评价时，应事先确定投资者要求的最低投资报酬率。对单一项目，只有投资报酬率大于等于要求的最低投资报酬率，项目才是可行的。多个互斥可行项目选优时，应选择投资报酬率最大的项目。

【例5-18】按例5-15中有关资料，计算该项目的投资报酬率，要求的最低报酬率为20%，评价该项目是否可行。

解：依据年现金净流量=年净利+年折旧与摊销额，由例5-15可得经营期各年净利依次为13.5万元、28.5万元、28.5万元、28.5万元、28.5万元、29.25万元、29.25万元、29.25万元、29.25万元、29.25万元。从而：

$$年平均净利润（\overline{\pi}）=\frac{13.5+28.5\times4+29.25\times5}{10}=27.375（万元）$$

$$ARR=\frac{\overline{\pi}}{I}\times100\%=\frac{27.375}{120}=22.81\%>20\%$$

该项目可行。

投资报酬率指标的优点是简明、易算、易懂，能较好地反映投入产出关系，是不考虑货币时间价值的主要评价指标。其主要缺点是没有考虑货币时间价值、投资风险价值和通货膨胀补偿价值，第1年的1元利润与最后1年的1元利润被看作具有相同价值，有时可能导致错误决策，因此，只能作为辅助评价指标。

三、静态投资回收期

静态投资回收期又称**全部投资回收期**或**投资返本期**，简称回收期，是指以投资项目经营期现金净流量抵偿原始投资所需要的全部时间。该指标以年为单位，有两种形式：包括建设期的投资回收期（记作PP）和不包括建设期的投资回收期（记作PP′）。显然，当建设期为S时，PP′+S=PP。包括建设期的静态投资回收期的一般公式为：

$$PP=M+\frac{\left|\sum_{t=0}^{M}NCF_t\right|}{NCF_{M+1}}$$

式中：M是使$\sum_{t=0}^{M}NCF_t\leq 0$、$\sum_{t=0}^{M+1}NCF_t>0$的年数。

不包括建设期的投资回收期的一般公式为：

$PP'=PP-S$

当经营期前Q年现金净流量相等（记为NCF）且满足Q·NCF≥I（I为原始投资总额）时，不包括建设期的投资回收期为：

$$PP'=\frac{I}{NCF}$$

包括建设期的投资回收期为：

$PP=PP'+S$

该指标是一个静态的绝对量反指标。

使用回收期法时，应根据行业特点，事先规定一个投资者要求的最短投资回收期。对于单一方案，若计算的投资回收期小于等于要求的最短投资回收期，则项目可行；反之，不可行。若对多个互斥可行方案选优，应选择投资回收期最短的方案。

不论在什么情况下，都可以通过列表计算“累计现金净流量”的方式来确定包括建设期的投资回收期。只是在特殊情况下，可直接计算出不包括建设期的投资回收期PP′，然后再计算包括建设期的投资回收期PP=PP′+S，可达到简化计算的目的。

【例5-19】按例5-15提供的资料，计算静态投资回收期。若投资者要求的不包括建设期的投资回收期为5年，评价该项目是否可行。

解：根据已知现金净流量资料列表计算，如图表5-10所示。

图表5-10 累计现金净流量 单位：万元

年数t	0	1	2	3	4	5	…	11
每年现金净流量NCF_t	−105	−15	25.5	40.5	40.5	40.5	…	65.25
累计现金净流量$\sum NCF_t$	−105	−120	−94.5	−54	−13.5	27	…	

由于$\sum_{t=0}^{4}NCF_t=-13.5<0$，$\sum_{t=0}^{5}NCF_t=27>0$，故：

$$PP=4+\frac{|-13.5|}{40.5}=4.33\text{（年）}$$

不包括建设期的投资回收期为：

$PP'=PP-S=4.33-1=3.33$（年）

故，包括建设期的投资回收期为4.33年；不包括建设期的投资回收期为3.33年，小于要求的5年回收期，该项目可行。

【例 5-20】按例 5-16 提供的资料，计算静态投资回收期。若投资者要求的不包括建设期的投资回收期为 5 年，评价该项目是否可行。

解：因经营期前 9 年各年现金净流量都相等，为 24 万元，满足 9×24>100，故不包括建设期的投资回收期为：

$$PP'=\frac{100}{24}=4.17\text{（年）}$$

包括建设期的投资回收期为：

$$PP=PP'+S=4.17+1=5.17\text{（年）}$$

故，不包括建设期的投资回收期为 4.17 年，包括建设期的投资回收期为 5.17 年，不包括建设期的投资回收期 4.17 年小于要求的投资回收期 5 年，该项目可行。

静态投资回收期的优点是能够直观地反映原始投资的返本期限，计算简单，便于理解，是应用较为广泛的传统评价指标。其缺点是没有考虑货币的时间价值、投资风险价值和通货膨胀补偿价值，忽略了回收期后的现金流量，故存在一定弊端。因此，静态投资回收期只能作为辅助评价指标，与其他评价指标配合起来加以应用。

第四节 长期投资决策的动态评价指标

一、动态投资回收期

动态投资回收期是指按投资项目的行业基准收益率或设定的折现率，计算经营期现金净流量的现值补偿原始投资现值所需要的全部时间。包括建设期的动态投资回收期公式为：

$$PP=M+\frac{\left|\sum_{t=0}^{M}\frac{NCF_t}{(1+r)^t}\right|}{\frac{NCF_{M+1}}{(1+r)^{M+1}}}$$

式中：r是国家有关部门制定颁发的行业基准收益率或投资者事先设定的折现率；M 是使 $\sum_{t=0}^{M}\frac{NCF_t}{(1+r)^t}\leqslant 0$、$\sum_{t=0}^{M+1}\frac{NCF_t}{(1+r)^t}>0$ 的年数。

动态投资回收期指标通过列表计算“累计现金净流量现值”来确定包括建设期的投资回收期，比较简便易行。不包括建设期的动态投资回收期 PP′=PP−S。该指标是一个动态的绝对量反指标。

利用动态投资回收期对项目进行评价时，也应根据行业特点事先制定一个投资者要求的最低动态投资回收期。对于单一方案，若计算的动态投资回收期小于等于要求的最低动态投资回收期，则方案可行，否则不可行。对于多个互斥可行方案选优，应选择动态投资回收期最短的方案。

【例 5-21】按本章例 5-16 的资料，设行业折现率 r 为 10%，计算动态投资回收期。若投资者要求的不包括建设期的最低投资回收期为 5 年，评价该项目是否可行。

解：依据例5-16的现金净流量资料，列表计算如图表5-11所示。

图表5-11 累计现金净流量的现值 单位：万元

年数t	0	1	2	3	4	5
现金净流量NCF_t	-50	-50	24	24	24	24
复利现值系数$\frac{1}{(1+10\%)^t}$	1	0.909	0.826	0.751	0.683	0.621
现金净流量现值$\frac{NCF_t}{(1+10\%)^t}$	-50	-45.45	19.824	18.024	16.392	14.904
累计现金净流量现值$\sum\frac{NCF_t}{(1+10\%)^t}$	-50	-95.45	-75.626	-57.602	-41.21	-26.306
年数t	6	7	8	9	10	11
现金净流量NCF_t	24	24	24	24	24	34
复利现值系数$\frac{1}{(1+10\%)^t}$	0.564	0.513	0.467	0.424	0.386	0.350
现金净流量现值$\frac{NCF_t}{(1+10\%)^t}$	13.536	12.312	11.208	10.176	9.264	11.9
累计现金净流量现值$\sum\frac{NCF_t}{(1+10\%)^t}$	-12.77	-0.458	10.75			

因$\sum_{t=0}^{7}\frac{NCF_t}{(1+10)^t}=-0.458\leq 0$，$\sum_{t=0}^{8}\frac{NCF_t}{(1+10\%)^t}=10.75>0$，故包括建设期的动态投资回收期为：

$$PP=7+\frac{|-0.458|}{11.208}=7.04\text{（年）}$$

不包括建设期的动态投资回收期为：

$PP'=PP-S=7.04-1=6.04$（年）

由于不包括建设期的投资回收期为6.04年，大于要求的不包括建设期的最低动态投资回收期5年，故该项目不可行。

动态投资回收期的计算不能应用简化公式，且比静态投资回收期计算复杂。它考虑了货币时间价值、投资风险价值和通货膨胀补偿价值，优于静态投资回收期指标，但它仍无法揭示回收期后继续发生的现金净流量，也就不能完全反映投资的盈利程度，因此，仍不能将其作为主要评价指标，只能作为辅助评价指标与其他主要评价指标配合起来应用。

二、净现值

（一）净现值的定义

净现值是指在项目计算期内，按行业基准收益率或其他设定折现率r计算的各年现金净流量现值的代数和，也就是各年现金流入量现值之和减去各年现金流出量现值之和的差额（记为NPV），其基本公式为：

$$NPV=\sum_{t=0}^{n}\frac{NCF_t}{(1+r)^t}$$

或 $$NPV=\sum_{t=0}^{n}\frac{CI_t}{(1+r)^t}-\sum_{t=0}^{n}\frac{CO_t}{(1+r)^t}$$

式中：CI_t为第t年现金流入量；CO_t为第t年现金流出量；NCF_t为第t年现金净流量，即$NCF_t=CI_t-CO_t$；t=0，1，2，…，n，n为项目计算期。

特别需要注意的是，当经营期内不再追加投资，或者在不是边建设边生产的情况下（原始投资均在建设期投入），设建设期为S，则净现值为：

$$NPV=\sum_{t=s+1}^{n}\frac{NCF_t}{(1+r)^t}-\left|\sum_{t=0}^{S}\frac{NCF_t}{(1+r)^t}\right|$$，即净现值等于经营期现金净流量的现值减去原始投资的现值。

该指标是一个动态的绝对量正指标。

利用该指标对项目进行评价的标准是：对单一方案，NPV≥0，项目可行；反之，不可行。对多个互斥可行方案选优，要考虑原始投资额和项目计算期，在投资效果和投资效率之间进行权衡。

（二）净现值的计算

（1）利用复利现值、年金现值公式计算代数和。

（2）利用Excel表现值函数NPV计算。

利用净现值函数NPV（rate，value1，value2，…，value n），rate为某一期间的折现率，是一个固定值，value1，value2，…，value n是从第1期到第n期各期期末的支出（负数）或收入（正数）。

【例5-22】按例5-14的资料，设折现率r=10%，计算该项目的净现值，评价该项目是否可行。

解法一：$$NPV=-46-\frac{46}{1+10\%}-\frac{10}{(1+10\%)^2}+\frac{10}{(1+10\%)^3}+\sum_{t=4}^{7}\frac{26.75}{(1+10\%)^t}+\frac{17}{(1+10\%)^7}$$

$$=-46-46\times0.909-10\times0.826+10\times0.751+26.75\times(4.868-2.487)+17\times0.513$$

$$=-96.074+79.9228$$

$$=-16.1512（万元）$$

解法二：在Excel表中直接利用函数NPV求值或直接在单元格输入“=NPV（10%，-46，-10，10，26.75，26.75，26.75，43.75）-46”，返回结果是-16.14。

因NPV<0，故该项目不可行。

净现值指标的优点是充分考虑了货币时间价值、投资风险价值和通货膨胀补偿价值，且反映整个投资方案的净收益。其缺点是无法从动态的角度直接反映投资方案的实际收益率水平，而且对于原始投资额不同的方案，或者经济寿命不同的方案，单纯使用净现值法可能会得出不恰当的结论。此时，对多个互斥方案选优时，还要结合现值指数法、年均净现值法等进行评价。尽管如此，净现值指标仍不失为一种最佳的也是最主要的评价指标。

三、净现值率

净现值率是指投资项目的净现值与原始投资现值之比（记为NPVR），当原始投资均在建设期内（S年）投入，计算公式为：

$$NPVR=\frac{NPV}{\left|\sum_{t=0}^{S}\frac{NCF_t}{(1+r)^t}\right|}\times 100\%$$

净现值率是动态的相对量正指标。

利用该指标对项目进行评价的标准是：对单一方案，NPVR≥0，方案可行；反之不可行。对多个互斥可行方案选优，要考虑原始投资额和项目计算期，在投资效果和投资效率之间进行权衡。

【例5-23】按例5-14的资料，设折现率为10%，计算该项目的净现值率，评价该项目是否可行。

解：利用例5-22的计算结果：

$$NPVR=\frac{-16.1512}{|-96.074|}\times 100\%=-16.81\%$$

因NPVR=-16.81%<0，故该投资方案不可行。

净现值率的优点是可用于原始投资额不同的多个互斥可行方案的比较，该指标比其他动态相对量指标更容易计算。其缺点是不能从动态的角度反映投资方案的实际收益率水平，且对于经济寿命不同的多个互斥可行方案，单纯利用净现值率法可能会得出错误结论。

四、现值指数

现值指数又称**获利指数**、**盈利指数**（记为PI），是指投产后按行业基准收益率或设定折现率r计算的经营期各年现金净流量的现值合计与原始投资的现值合计之比，其计算公式为：

$$PI=\frac{\text{经营期各年现金净流量的现值合计}}{\text{原始投资的现值合计}}$$

特别的，当原始投资均在建设期内（S年）投入，则：

$$PI=\frac{\sum_{t=S+1}^{n}\frac{NCF_t}{(1+r)^t}}{\left|\sum_{t=0}^{S}\frac{NCF_t}{(1+r)^t}\right|}$$

现值指数是动态的相对量正指标。

利用该指标对项目进行评价的标准是：对于单一方案，PI≥1，方案可行；PI<1，不可行。对于多个互斥可行方案选优，要考虑原始投资额和项目计算期，在投资效果和投资效率之间进行权衡。

【例5-24】按例5-14的资料，假定折现率为10%，计算该项目的现值指数，评价该项目是否可行。

解：利用例5-22的计算结果：

$$PI=\frac{79.9228}{96.074}=0.8319$$

因PI<1，故该项目不可行。

当原始投资在建设期内全部投入时，PI与NPVR有如下关系：

PI=1+NPVR

五、内部收益率

内部收益率也称**内含报酬率**、**内部报酬率**，是指在项目计算期内各年现金净流量的现值之和为0时的折现率，或者经营期各年现金净流量的现值之和等于原始投资现值之和时的折现率，即考虑时间价值、投资风险价值和通货膨胀补偿价值的项目投资实际可望达到的（平均）收益率，即使$\sum_{t=0}^{n}\frac{NCF_t}{(1+r)^t}=0$时的折现率r，或使$\sum_{t=S+1}^{n}\frac{NCF_t}{(1+r)^t}=\left|\sum_{t=0}^{S}\frac{NCF_t}{(1+r)^t}\right|$时的折现率r，记为IRR。

内部收益率是动态的相对量正指标。

利用该指标对项目进行评价的标准是：对单一方案，IRR≥要求的最低报酬率，项目可行；反之，不可行。对多个互斥可行方案选优，要考虑原始投资额和项目计算期，在投资效果和投资效率之间进行权衡。

求解内部收益率IRR，要比上述其他方法复杂得多，这是因为$\sum_{t=0}^{n}\frac{NCF_t}{(1+r)^t}=0$实质上是一个以r为未知数的一元n次方程，而IRR只不过是其中一个正实数根。在复数域内，一元n次方程会有n个根。当n≤4时，可用求根公式求根，虽然当n=3或n=4时，求根公式较复杂，但毕竟还可求根，当n>4时，根本不存在求根公式，而项目计算期n一般都要大于4年，这就使得求解内部收益率IRR变得复杂起来。鉴于此，我们将投资方案分为常规方案和非常规方案两种情况进行讨论。所谓**常规方案**，是指在项目计算期内，前若干年现金净流量为负值，后若干年现金净流量为正值，现金净流量由负值改变为正值，只改变一次符号的方案。所谓**非常规方案**，是指不是常规方案的方案。如某项目在计算期6年内，从第0年一直到第6年年末，预计现金净流量分别为-100万元、-60万元、18万元、-5万元、80万元、90万元、120万元，此项目有3次变号。

（一）常规方案

1.利用净现值公式NPV和插值法计算

假设在项目计算期内，前S年现金净流量为负值，后（n-S）年现金净流量为正值。设$\sum_{t=0}^{n}\frac{NCF_t}{(1+r)^t}=0$，由笛卡尔定理知，正根的个数不多于项目的变号数，尽管

$\sum_{t=0}^{n}\frac{NCF_t}{(1+r)^t}=0$有n个根，由于常规方案只有一次变号，故正根的个数不会超过一个。只要项目盈利，唯一的正的内部收益率肯定存在。此时，设净现值NPV作为折现率r的一元连续可微函数，即设NPV（r）$=\sum_{t=0}^{n}\frac{NCF_t}{(1+r)^t}$，可知NPV（r）是在包含IRR某一区间上的单调降函数，通过逐次测试法去求IRR，即任取行业收益率正常变化范围内的一点r_1。若$\sum_{t=0}^{n}\frac{NCF_t}{(1+r_1)^t}=0$，则$r_1$就是IRR；若$\sum_{t=0}^{n}\frac{NCF_t}{(1+r_1)^t}>0$，则取$r_2>r_1$进行测试；若$\sum_{t=0}^{n}\frac{NCF_t}{(1+r_1)^t}<0$，则取$r_2<r_1$进行测试。如此进行下去，必可找到两点$r_P<r_Q$，使$\sum_{t=0}^{n}\frac{NCF_t}{(1+r_P)^t}>0$，$\sum_{t=0}^{n}\frac{NCF_t}{(1+r_Q)^t}<0$，此时IRR就在$r_P$与$r_Q$之间。通常，当$r_Q-r_P<5\%$时，就可在区间［$r_P$，$r_Q$］中以直代曲，用插值法求得IRR的近似值。求解内部收益率的基本原理如图表5-12所示。

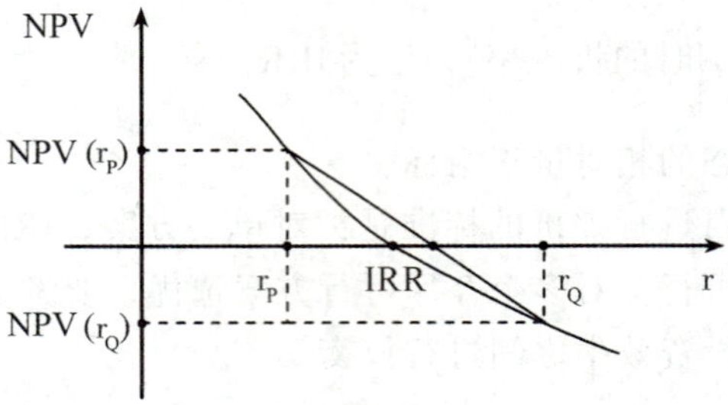

图表5-12　插值法原理示意图（一）

由此可得：

$$IRR=r_P+\frac{NPV(r_P)}{NPV(r_P)+|NPV(r_Q)|}(r_Q-r_P)$$

这就是人们所说的**逐次测试法**，从图表5-12可以看出，r_Q-r_P越小，IRR的准确度就越高。

特别的，当原始投资I在第0年一次投入，从第1年直到第n年各年现金净流量均相等（设为NCF），则由定义得：

$$\sum_{t=1}^{n}\frac{1}{(1+r)^t}=\frac{I}{NCF}$$

即：

$$(P/A，r，n)=\frac{I}{NCF}$$

此时，通过查年金现值系数表，若能查到r，使（P/A，r，n）$=\frac{I}{NCF}$，则r就是IRR；否则，便可查到$r_1<r_2$，使（P/A，r_1，n）$>\frac{I}{NCF}$，（P/A，r_2，n）$<\frac{I}{NCF}$，如图表5-13所示。

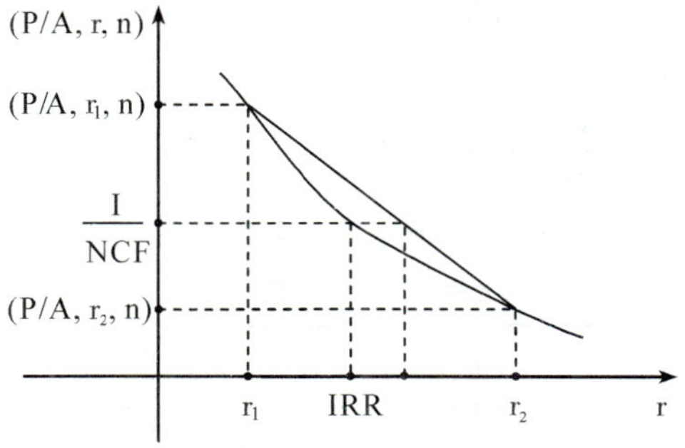

图表5-13 插值法原理示意图（二）

由此可得：

$$IRR=r_1+\frac{(P/A,r_1,n)-\frac{I}{NCF}}{(P/A,r_1,n)\quad(P/A,r_2,n)}(r_2-r_1)$$

2.利用Excel表内部收益率函数IRR（Values，Guess）

Values为数组或单元格的引用，是相同间隔的0，1，2，3，…期的一组支出（负数）和收入（正数）数值，包含用来计算返回的内部收益率的数字。Values必须包含至少一个正值和一个负值，以计算返回的内部收益率。函数IRR根据数值的顺序来解释现金流的顺序，故应确定按需要的顺序输入支付（负数）和收入（正数）的数值，即按顺序计算1期，2期，3期，…，n期的内部收益率，n为项目计算期。

Guess是对函数IRR计算结果的估计值。MicrosoftExcel使用迭代法计算函数IRR。从Guess开始，对函数IRR进行循环计算，直至结果的精度达到0.00001%。如果函数IRR经过20次迭代，仍未找到结果，则返回错误值#NUM!。在大多数情况下，并不需要为函数IRR的计算提供Guess值。如果省略Guess，假设它为0.1（10%）。如果函数IRR返回错误值#NUM!，或结果没有靠近期望值，可用另一个Guess值再试。

【例5-25】按例5-14资料，假定投资者要求的最低收益率为10%，用内部收益率法评价该项目是否可行。

解法一：因本题是常规方案，

设 $NPV(r)=-46-\frac{46}{(1+r)^1}-\frac{10}{(1+r)^2}+\frac{10}{(1+r)^3}+\sum_{t=4}^{7}\frac{26.75}{(1+r)^t}+\frac{17}{(1+r)^7}$

由例5-22知，NPV（10%）=-16.1512<0，故计算：

NPV（6%）=-46-46×0.943-10×0.890+10×0.840+26.75×（5.582-2.673）+17×0.665

=-0.75725（万元）

或在Excel表中输入“=NPV（6%，-46，-10，10，26.75，26.75，26.75，43.75）-46”，返回得-0.77。

NPV（4%）=-46-46×0.962-10×0.925+10×0.889+26.75×（6.002-2.775）+17×0.760

=8.6303（万元）

或在Excel表中输入“=NPV（4%，-46，-10，10，26.75，26.75，26.75，43.75）-46”，返回得8.65。

故 $IRR=4\%+\frac{8.6303}{8.6303+0.75725}\times(6\%-4\%)=5.83\%$

解法二：在Excel表中输入（如图表5-14所示）：

图表5-14 Excel表计算内部收益率

	A	B	C
1	期数	现金净流量NCF	内部收益率IRR
2	第0年	-46	—
3	第1年	-46	—
4	第2年	-10	—
5	第3年	10	—
6	第4年	26.75	—
7	第5年	26.75	—
8	第6年	26.75	—
9	第7年	43.75	6%

只需在单元格C9输入：=IRR（B2：B9），返回结果为6%，即为所求内部收益率IRR=6%

因为IRR=5.83%<10%，故该项目不可行。

【例5-26】某企业拟购入一台设备，共需资金90 000元，经济寿命为5年，期满无残值，预计每年可获净利10 000元，企业要求的最低投资报酬率为10%，用内部收益率法评价该项目是否可行。

解法一：年折旧额 $=\frac{90\ 000}{5}=18\ 000$（元）

$NCF_0=-90\ 000$ 元

$NCF_{1\sim5}=18\ 000+10\ 000=28\ 000$（元）

由 $-90\ 000+\sum_{t=1}^{5}\frac{28\ 000}{(1+r)^t}=0$ 得：

$(P/A,\ r,\ 5)=\frac{90\ 000}{28\ 000}=3.214$

查期数为5的年金现值系数表得如下数据：

(P/A，16%，5）=3.274>3.214

(P/A，18%，5）=3.127<3.214

$$\left.\begin{matrix}16\% \\ IRR \\ 18\%\end{matrix}\right\} \qquad \left.\begin{matrix}3.274 \\ 3.214 \\ 3.127\end{matrix}\right\}$$

从而有 $IRR=16\%+\frac{3.274-3.214}{3.274-3.127}\times（18\%-16\%）=16.8\%$

解法二：利用Excel表，IRR=17%。

因IRR=16.8%>10%，故该项目可行。

（二）非常规方案

在非常规投资方案下，使 $\sum_{t=0}^{n}\frac{NCF_t}{(1+r)^t}=0$ 的正实根IRR可能有多个，从而失去内部收益率的真实意义。

【例5-27】某企业花10万元购进一设备，预计可使用3年，期满无残值，其现金净流量依次为20万元、10万元、-20万元，试求其内部收益率。

解：$-10+\frac{20}{(1+r)^1}+\frac{10}{(1+r)^2}-\frac{20}{(1+r)^3}=0$

由其解得3个内部收益率，分别为0、100%、-200%。人们很难说清楚哪一个是该方案的真实报酬率，也可能哪一个都不是该方案的真实报酬率。

对于非常规方案，很难确定其内部收益率，从而在非常规方案下，不应采用内部收益率指标对投资方案进行评价。尽管如此，由于非常规方案在实际中极少见，绝大多数为常规方案，故内部收益率仍不失为主要评价指标，而在实际中得到广泛应用。

内部收益率的优点是能从动态的角度直接反映投资项目的实际收益率水平，又不受行业基准收益率高低的影响，比较客观，从而克服了净现值法、净现值率法及现值指数法的一个共同缺点，就是在一个设定的折现率基础上计算项目的投资收益额及报酬率，却不能据以了解各个投资方案本身可以达到的具体报酬率是多少。其缺点是假定各个项目在其全过程内是按各自的内部收益率进行再投资，而不是按资金市场上可能达到的收益率进行再投资，这一假定具有较大的主观性，缺乏客观的经济依据。其次，对非常规方案，难以用其进行评价。

六、年均净现值

年均净现值也称**等值年金**（记为UAV），是指把投资项目各年现金净流量按设定折现率r折算为相对于第0年现值，再除以n年的年金现值系数，换算为考虑时间价值、投资风险价值和通货膨胀补偿价值的年平均现值，即年金。其实质是将净现值总额平均分摊到每一年。其计算公式为：

$$UAV=\frac{NPV}{(P/A,r,n)}$$

该指标主要在互斥项目选优决策中，项目计算期不同、原始投资的现值相同时使用。该指标属于动态的正指标。

特别当各个投资方案的现金流入量相等或均无经营现金流入量时，可以只比较各方案的现金流出量，这时，年均净现值也可称为**年均成本**或**年均费用**，记为UAC。

七、PP、NPV、NPVR、PI、IRR、UAV之间的关系

在常规单一方案下，包括建设期的动态回收期PP、净现值NPV、净现值率NPVR、现值指数PI、内部收益率IRR、年均净现值UAV除包括建设期的动态投资回收期PP是动态反指标外，其余都属于动态正指标，而且在常规单一方案下，它们之间存在以下数量关系：

$PP<n \Leftrightarrow NPV>0 \Leftrightarrow NPVR>0 \Leftrightarrow PI>1 \Leftrightarrow UAV>0 \Leftrightarrow IRR>r$

$PP=n \Leftrightarrow NPV=0 \Leftrightarrow NPVR=0 \Leftrightarrow PI=1 \Leftrightarrow UAV=0 \Leftrightarrow IRR=r$

$PP>n \Leftrightarrow NPV<0 \Leftrightarrow NPVR<0 \Leftrightarrow PI<1 \Leftrightarrow UAV<0 \Leftrightarrow IRR<r$

这里的“$\Leftrightarrow$”表示互为充分必要条件，n为项目计算期，r为投资者要求的最低报酬率或行业基准收益率。由净现值指标对项目进行评价的标准，再利用上述数量关系，便可得到利用其他评价指标对项目进行评价的标准。事实上，把上述任何一个指标作为对项目进行评价的标准，都可根据上述数量关系，得到利用其他指标对项目进行评价的标准。对于常规方案，上述各评价指标的评价结果都是一致的。

对于非常规方案，除内部收益率外，上述关系仍成立。

第五节 长期投资决策分析的决策规则

计算评价指标的目的，是为长期投资决策提供决策的定量依据，进行项目的评价与选优。由于评价指标的适用范围不同，评价指标的自身特征不同，因此，在运用评价指标进行长期投资决策时，必须具体问题具体分析，不能简单地利用各个评价指标的评价标准进行决策，以避免导致错误的决策。本节从单一方案投资决策、互斥方案投资决策、独立方案投资组合决策三个方面给出决策规则如下：

一、单一方案投资决策分析

单一方案投资决策分析是指在只有一个投资项目可供选择的条件下，需要利用评价指标考查该独立项目是否具有财务可行性，从而作出接受或拒绝该项目的决策过程。

（一）常规方案下的单一方案投资决策

在常规方案下，前述的所有静态评价指标和动态评价指标都可作为单一方案投资决策的评价指标，其决策规则是：回收期小于等于基准回收期，原始投资回收率、投资报酬率大于等于基准收益率。净现值NPV、净现值率NPVR、年均净现值UAV大于等于0，现值指数PI大于等于1，内部收益率IRR大于等于行业基准收益率或设定折现率，则该项目具有财务可行性，可接受此方案；否则，该项目不具备财务可行性，应拒绝。

在动态评价指标中，根据NPV、NPVR、PI、IRR、UAV之间的关系（本章第四节第七部分），可以肯定，利用这些指标对单一方案进行评价时，会得到相同的结论。当利用静态评价指标得到的评价结论与上述动态评价指标得到的评价结论发

生矛盾时，应以动态评价指标为准。

【例5-28】按例5-14的资料，分别计算原始投资回收率（基准收益率为20%）、净现值、净现值率、现值指数、内部收益率，动态评价指标的基准收益率为10%，评价该项目是否可行。

解：由例5-17知，原始投资回收率为k=22.94%。

由例5-22知，NPV=-16.1512<0。

由例5-23知，NPVR=-16.81%<0。

由例5-24知，PI=0.8319<1。

由例5-25知，IRR=5.8%<10%。

根据静态评价指标，原始投资回收率22.94%大于基准收益率20%，可知，该项目可行，但从4个动态评价指标来看，该项目均不可行，因此，应以动态评价指标为准，该项目不可行。

由于5个动态评价指标的结论总是一致的，而净现值能准确地反映投资的效果，内部收益率能真实地反映投资的效率，因此，通常以净现值和内部收益率作为单一方案投资决策的主要评价指标，而其余动态评价指标可从不同的侧面提供投资项目的一些其他信息，也可作为辅助评价指标一并列示。

（二）非常规方案下的单一方案投资决策

在非常规方案下，除了不能使用内部收益率指标进行评价外，其他评价指标均可使用，其评价标准与常规方案完全相同。

【例5-29】按例5-27的资料，计算原始投资回收率（基准收益率为10%），净现值、现值指数（动态评价指标基准收益率为10%），评价该项目是否可行。

解：原始投资回收率（k）$=\frac{(20+10-20)\div 3}{10}\times 100\%=33\%$

$$NPV=-10+\frac{20}{(1+10\%)^1}+\frac{10}{(1+10\%)^2}-\frac{20}{(1+10\%)^3}$$

$$=-10+11.42=1.42>0$$

$$PI=\frac{11.42}{|-10|}=1.142>1$$

不论从静态评价指标原始投资回收率，还是从动态评价指标净现值、现值指数来看，该项目均可行。

例5-29中，如果用内部收益率评价，由例5-27可知，有三个内部收益率，分别为0、100%、-200%，从而很难作出正确评价。

由例5-29可知，在非常规方案下，内部收益率IRR很难确定，虽然有人对内部收益率进行改进，但作者认为，基本上是费力不讨好，还不如利用其他评价指标进行评价。

二、互斥方案投资决策分析

所谓**互斥方案**，是指多个相互排斥、不能同时并存的方案。**互斥方案投资决策分析**就是在每个入选方案已具备财务可行性的前提下，比较各个方案的优劣，利用评价指标从各个备选方案中选出一个最优方案的过程。因此，互斥方案投资决策分析也称**互斥方案选优**。

人们通常把净现值NPV作为评价投资效果的主要指标，把内部收益率IRR作为评价投资效率的主要指标。

关于互斥方案投资决策的决策规则，虽然众说纷纭，但主要有以下两种观点：

一是只注重投资的效果，而不注重投资的效率。其核心是净现值大者为优，前提是资金无限量①，其理由是企业的经营目标是获取尽可能多的净收益，而不是要获取尽可能高的收益率。如果只投资1元钱，收益率为100%也不过挣1元钱。持这种观点者只利用净现值指标进行选优决策。也有人利用差量净现值、差额内部收益率进行决策。可以证明，差量净现值与差额内部收益率及净现值的评价结果总是相同的，净现值、差量净现值、差额内部收益率三种评价方法没有本质区别。

二是只注重投资的效率，而不注重投资的效果。其核心是看单位投资收益的大小，理由是资金不可能无限量，资源稀缺是客观存在的，因此必须合理、有效地利用所有的经济资源。持此种观点者主要利用内部收益率进行决策，或者利用投资报酬率进行相关分析。这些指标都是相对数正指标，均以大者为优。

目前，西方企业较多地采用内部收益率。我国电力行业也较多地采用内部收益率，但更多行业还是看重净现值。

本书认为，对于互斥投资决策的决策规则，既不能单纯地看效果、以净现值最大为择优标准，又不能单纯地看效率、以内部收益率最大为择优标准，而应该以提高投资报酬率为基础的收益更大化为标准。

例如，有甲、乙两个投资项目，原始投资、净现值、内部收益率如图表5-15所示。

图表5-15　　甲、乙项目的原始投资、净现值、内部收益率　　金额单位：万元

项目	原始投资	净现值	内部收益率
甲	5 000	100	5%
乙	200	50	20%

如果从投资的效果看，应当选择甲项目，因为甲项目的净现值是乙项目净现值的2倍；如果从投资的效率看，应当选择乙项目，因为乙项目内部收益率是甲项目内部收益率的4倍。本书认为，资源稀缺现象在世界范围内是客观存在的，在资源利用上，不能选择“广投薄收”，为获得更多的收益而浪费大量资源，当然，也不能单纯为了追求资源的利用效率，而放弃取得更多的收益；投资的效果和效率都是不可忽视的重要标准，而必须在二者之间进行权衡，基本原则是：在提高投资报酬率基础上的收益更大化。

假设有甲、乙两个互斥项目，$n_{甲}$、$n_{乙}$分别表示甲、乙项目计算期，$\hat{P}_{甲}$、$\hat{P}_{乙}$分

① 荆新，王化成，刘俊彦. 管理会计学［M］. 北京：中国人民大学出版社，2020.

别表示甲、乙项目原始投资的现值，以净现值NPV和内部收益率IRR作为主要评价指标，以提高投资报酬率为基础的收益最大化为基本原则，给出决策规则如下：

（一）若$NPV_{甲} \geq NPV_{乙}$，$IRR_{甲} > IRR_{乙}$

投资效果与投资效率一致，选择甲项目。

（二）若$NPV_{甲} \geq NPV_{乙}$，$IRR_{甲} \leq IRR_{乙}$

投资效果与投资效率不一致，这时，就要结合项目原始投资和项目计算期，进行综合评价，分为以下4种情况：

1.$\hat{P}_{甲}=\hat{P}_{乙}$，$n_{甲}=n_{乙}$，以NPV大者为优，选择甲项目。

即：原始投资现值相同、项目计算期也相同时，以“**净现值**”最大的方案为最优方案。

2.$\hat{P}_{甲}=\hat{P}_{乙}$，$n_{甲} \neq n_{乙}$，以UAV大者为优。

即：原始投资现值相同、项目计算期不同时，以“**年均净现值**”大者为优。

3.$\hat{P}_{甲} \neq \hat{P}_{乙}$，$n_{甲}=n_{乙}$。

原始投资现值不同、项目计算期相同时，以“**剩余净现值**”大者为优。分以下两种情况：

（1）$\hat{P}_{甲}>\hat{P}_{乙}$，$n_{甲}=n_{乙}$，以甲项目剩余净现值$NPV_{甲}-\sum_{t=1}^{n_{甲}}\frac{(\hat{P}_{甲}-\hat{P}_{乙})\cdot K}{(1+r)^t}$与净现值$NPV_{乙}$比较，大者为优。

其中：K为资本成本（通常以国库券利率、银行存款或贷款利率表示）；r为行业折现率或投资者要求的最低报酬率。

（2）$\hat{P}_{甲}<\hat{P}_{乙}$，$n_{甲}=n_{乙}$，因为乙项目剩余净现值$NPV_{乙}-\sum_{t=1}^{n_{乙}}\frac{(\hat{P}_{乙}-\hat{P}_{甲})\cdot K}{(1+r)^t}<NPV_{乙}<NPV_{甲}$，可简化为直接选择净现值大的甲项目

4.$\hat{P}_{甲} \neq \hat{P}_{乙}$，$n_{甲} \neq n_{乙}$，原始投资现值不同、项目计算期也不同时，一般以“**年均剩余净现值**”大者为优，分以下4种情况：

（1）$\hat{P}_{甲}>\hat{P}_{乙}$，$n_{甲}>n_{乙}$，以甲项目“年均剩余净现值”$\left[NPV_{甲}-\sum_{t=1}^{n_{乙}}\frac{(\hat{P}_{甲}-\hat{P}_{乙})\cdot K}{(1+r)^t}-\sum_{t=n_{乙}+1}^{n_{甲}}\frac{\hat{P}_{甲}\cdot K}{(1+r)^t}\right]\div(P/A,r,n_{甲})$与乙项目“年均净现值”$NPV_{乙}\div(P/A,r,n_{乙})$比较，大者为优。

（2）$\hat{P}_{甲}>\hat{P}_{乙}$，$n_{甲}<n_{乙}$，以甲项目“年均剩余净现值”$\left[NPV_{甲}-\sum_{t=1}^{n_{甲}}\frac{(\hat{P}_{甲}-\hat{P}_{乙})\cdot K}{(1+r)^t}\right]\div(P/A,r,n_{甲})$与乙项目“年均剩余净现值”$\left[NPV_{乙}-\sum_{t=n_{甲}+1}^{n_{乙}}\frac{\hat{P}_{乙}\cdot K}{(1+r)^t}\right]\div(P/A,r,n_{乙})$比较，大者为优。

(3) $\hat{P}_{甲}<\hat{P}_{乙}$，$n_{甲}>n_{乙}$，以甲项目“年均剩余净现值”$\left[NPV_{甲}-\sum_{t=n_{乙}+1}^{n_{甲}}\frac{\hat{P}_{甲}\cdot K}{(1+r)^t}\right]\div$ (P/A，r，$n_{甲}$) 与乙项目“年均剩余净现值”$\left[NPV_{乙}-\sum_{t=1}^{n_{乙}}\frac{(\hat{P}_{乙}-\hat{P}_{甲})\cdot K}{(1+r)^t}\right]\div$ (P/A，r，$n_{乙}$) 比较，大者为优。

(4) $\hat{P}_{甲}<\hat{P}_{乙}$，$n_{甲}<n_{乙}$，由于乙项目“年均剩余净现值”。

$$\left[NPV_{乙}-\sum_{t=1}^{n_{甲}}\frac{(\hat{P}_{乙}-\hat{P}_{甲})\cdot K}{(1+r)^t}-\sum_{t=n_{甲}+1}^{n_{乙}}\frac{\hat{P}_{乙}\cdot K}{(1+r)^t}\right]\div(P/A,r,n_{乙})<\frac{NPV_{乙}}{(P/A,r,n_{乙})}<\frac{NPV_{甲}}{(P/A,r,n_{甲})},$$

所以可以简化为直接选择甲项目。

（三）互斥可行方案投资决策应用举例

1.投资项目决策

互斥可行方案投资决策是指从多个可行的投资项目中选优。

【例5-30】某公司决定新建一个工厂，有甲、乙两个方案可供选择，甲方案需在第0年投入100万元，1年后投产，投产前需垫支流动资金10万元，项目经济寿命3年，其现金净流量经测算分别为40万元、56万元、60万元，乙方案原始投资50万元于第0年投入，也是1年后投产，投产前需垫支流动资金10万元，项目经济寿命也是3年，其现金净流量经测算分别为25万元、30万元、32万元。设基准收益率为10%，银行超过3年期存款利率至少为4%。试作出投资决策。

解：$NPV_{甲}(10\%)=-100-\frac{10}{(1+10\%)^1}+\frac{40}{(1+10\%)^2}+\frac{56}{(1+10\%)^3}+\frac{60}{(1+10\%)^4}$

$=-109.09+116.076=6.986$（万元）

或在Excel表中输入“=NPV（10%，-10，40，56，60）-100”，返回得7.02。

$NPV_{乙}(10\%)=-50-\frac{10}{(1+10\%)^1}+\frac{25}{(1+10\%)^2}+\frac{30}{(1+10\%)^3}+\frac{32}{(1+10\%)^4}$

$=5.966$（万元）

或在Excel表中输入“=NPV（10%，-10，25，30，32）-50”，返回得5.97。

由 $-100-\frac{10}{(1+r)^1}+\frac{40}{(1+r)^2}+\frac{56}{(1+r)^3}+\frac{60}{(1+r)^4}=0$

利用插值法或直接利用Excel表解得：

$IRR_{甲}=12\%+\frac{0.982}{0.982+4.69}\times2\%=12.35\%$

由 $-50-\frac{10}{(1+r)^1}+\frac{25}{(1+r)^2}+\frac{30}{(1+r)^3}+\frac{32}{(1+r)^4}=0$

利用插值法或直接利用Excel表解得：

$IRR_{乙}=12\%+\frac{2.707}{2.707+0.351}\times2\%=13.77\%$

由此得到：$NPV_{甲}>NPV_{乙}$，$IRR_{甲}<IRR_{乙}$；

又因 $n_{甲}=4=n_{乙}$，

$\hat{P}_{甲}=100+\frac{10}{1+10\%}=109.09$（万元），$\hat{P}_{乙}=50+\frac{10}{1+10\%}=59.09$（万元），

$\hat{P}_{甲}>\hat{P}_{乙}$，

属于决策规则（二）中3（1）的情况，还需计算甲项目的剩余净现值：

$$6.986-\sum_{t=1}^{4}\frac{(109.09-59.09)\times 4\%}{(1+10\%)^{t}}=6.986-6.34=0.646\text{（万元）}$$

0.646万元小于乙方案净现值5.966万元，故选择净现值小、内部收益率大的乙方案。

从本例可以看出，若按净现值（即看投资的效果），应选择甲方案；若按内部收益率（即看投资的效率），应选择乙方案。投资效果与投资效率发生了矛盾。

甲方案比乙方案多1.02万元（6.986-5.966）净现值，是多投入50万元（109.09-59.09）资金的代价，如果将50万元资金存入银行，4年利息的现值是6.34万元，远远高于多得的净现值1.02万元，故选择乙方案。也就是说，如果有109.09万元资金，选择乙方案投入59.09万元资金，其内部收益率大于甲方案。将剩余50万元存入银行4年后净现值为12.306万元（5.966+6.34），远远大于选择甲方案的净现值6.986万元。也就是说，选择乙方案是因为项目内部收益率大于甲方案，综合净现值也大于甲方案。

2.投资建设期决策

有的建设项目可以通过采用某些措施，如集中施工力量、交叉作业、加班加点等缩短建设期，使项目提前竣工，早投入生产，早产生现金流入量。但采取上述措施往往要增加投资额，究竟应否缩短项目建设期，需要进行投资建设期决策。

【例5-31】某单位拟建一项目，正常建设期需6年，每年年初投入200万元，共1 200万元，如果把建设期缩短到3年，需在第1年年初一次投入1 380万元，假设投产前均需垫支营运资金40万元，投产后经济寿命为10年，每年经营现金净流量为495万元，项目终结无残值，基准收益率为16%，5年以上银行存款利率为5%以上，试分析应否缩短建设期。

解：设缩短建设期的方案为甲方案，正常建设期的方案为乙方案，则：

$$NPV_{甲}(16\%)=-1\,380-\frac{40}{(1+16\%)^{3}}+495\times\left[\sum_{t=1}^{13}\frac{1}{(1+16\%)^{t}}-\sum_{t=1}^{3}\frac{1}{(1+16\%)^{t}}\right]+\frac{40}{(1+16\%)^{13}}$$

$$=132.68\text{（万元）}$$

或利用Excel表输入=NPV（16%，0，0，-40，495，495，495，495，495，495，495，495，495，535）-1380，返回得132.92。

$$NPV_{乙}(16\%)=-200-\sum_{t=1}^{5}\frac{200}{(1+16\%)^{t}}-\frac{40}{(1+16\%)^{6}}+495\times\left[\sum_{t=1}^{16}\frac{1}{(1+16\%)^{t}}-\sum_{t=1}^{6}\frac{1}{(1+16\%)^{t}}\right]+\frac{40}{(1+16\%)^{16}}$$

$$=114.105\text{（万元）}$$

或利用Excel表输入=NPV（16%，-200，-200，-200，-200，-200，-40，495，495，495，495，495，495，495，495，495，535）-200，返回得114.41。

利用插值法或直接利用Excel表IRR函数，解得甲、乙方案内部收益率分别为：

$$IRR_{甲}=16\%+\frac{132.68}{132.68+45.4}\times2\%=17.49\%$$

$$IRR_{乙}=16\%+\frac{114.105}{114.105+13.68}\times2\%=17.79\%$$

得：$NPV_{甲}$（16%）>$NPV_{乙}$（16%），$IRR_{甲}<IRR_{乙}$。

又因：$n_{甲}=13<n_{乙}=16$，

$\hat{P}_{甲}=1\,380+\frac{40}{(1+16\%)^3}=1\,405.64$（万元），$\hat{P}_{乙}=200+200\times\sum_{t=1}^{5}\frac{1}{(1+16\%)^t}+\frac{40}{(1+16\%)^6}$ =871.2（万元），$\hat{P}_{甲}>\hat{P}_{乙}$，

本例属于决策规则（二）中4（2）情况，还需计算甲方案年均剩余净现值。

$$UAV_{甲}=\left[132.68-\sum_{t=1}^{13}\frac{(1405.64-871.2)\times5\%}{(1+16\%)^t}\right]\div(P/A，16\%，13)$$

$$=(132.68-142.749)\div5.342=-1.885\text{（万元）}$$

乙方案年均剩余净现值为：

$$UAV_{乙}=\left[114.105-\sum_{t=14}^{16}\frac{871.2\times5\%}{(1+16\%)^t}\right]\div(P/A，16\%，16)$$

$$=(114.105-14.2)\div5.668=17.626\text{（万元）}$$

乙方案的年均剩余净现值远远大于甲方案的年均剩余净现值。故选择净现值小、内部收益率大的乙方案，即不应缩短建设期。

从本例可看出，若按净现值，应选择缩短建设期。若按内部收益率，应选择正常建设期，在这里，投资的效果与投资的效率发生了矛盾。这时，就要考虑原始投资、项目计算期和有关辅助指标，才能作出正确决策。

3.固定资产更新决策

这里所说的固定资产更新决策，是指在原有旧设备还能继续使用，但市场上出现了性能更好、生产效率更高、能降低生产成本或能生产出质量更好产品的同类机器时，企业是否用这种新设备替换旧设备，抑或是通过修理继续使用旧设备，如果更新，应在何时更新。

在这里，要注意两点：

第一，要把继续使用旧设备和购置新设备看成两个互斥方案，而不是一个更换设备的特定方案。出售旧设备的净收益应看作继续使用旧设备的机会成本，不能作为购置新设备的一项现金流入。只有这样，才能使两个互斥方案建立在可比较的基础上。也就是说，不能把是否购置新设备建立在旧设备变现收入的大小上。新设备的原始投资就是购入新设备所发生的投资，不能扣减出售旧设备的净收益——旧设备变现价值+（账面价值-变现价值）×所得税税率，而应将其作为继续使用旧设备

的原始投资。

第二，关于固定资产的大修理费用，如果属于更新改造项目，且符合固定资产确认条件，应予以资本化，计入固定资产原值；如果属于维护固定资产正常运转和使用的，应予以费用化，直接计入当年付现成本。

固定资产更新决策又包括固定资产是否更新、是大修还是更新、何时更新3个方面。

（1）固定资产是否更新决策。

【例5-32】某企业有一生产设备已使用4年，原始价值为50 000元，预计还可使用6年，期满无残值。采用直线法计提折旧，年折旧额为5 000元，已提折旧20 000元，年付现成本12 000元。如果现在出售该设备，可获变价收入29 500元，使用该设备进行生产，每年可获销售收入30 000元。现在市场上出售一种自动化程度较高的设备，可取代目前正在使用的旧设备。新设备的买价及安装费共需投资53 500元，其经济寿命为6年，期满净残值为8 500元，采用直线法计提折旧每年折旧额为7 500元，使用新设备，每年可获得销售收入38 000元，年付现成本6 000元，假设所得税税率为25%，若该企业行业折现率为12%，资本成本为4%，该设备应否更新？

解：NCF_0（旧）=-［29 500+（30 000-29 500）×25%］=-29 625（元）

$NCF_{1\sim6}$（旧）=（30 000-12 000-5 000）×（1-25%）+5 000=14 750（元）

NCF_0（新）=-53 500元

$NCF_{1\sim5}$（新）=（38 000-6 000-7 500）×（1-25%）+7 500=25 875（元）

NCF_6（新）=25 875+8 500=34 375（元）

$$NPV_{旧}(12\%)=-29\ 625+14\ 750\times\sum_{t=1}^{6}\frac{1}{(1+12\%)^t}=31\ 012.25（元）$$

$$NPV_{新}(12\%)=-53\ 500+25\ 875\times\sum_{t=1}^{6}\frac{1}{(1+12\%)^t}+\frac{8\ 500}{(1+12\%)^6}=57\ 181.625（元）$$

利用插值法或Excel表IRR函数，解得旧、新方案内部收益率分别为：

$$IRR_{旧}=40\%+\frac{-2\ 352}{-2\ 352-2\ 721}\times10\%=44.64\%\%$$

$$IRR_{新}=40\%+\frac{-3\ 727.5}{-3\ 727.5-5\ 564.5}\times10\%=44.01\%$$

即有$NPV_{旧}$（12%）=31 012.25（元）<$NPV_{新}$（12%）=57 181.625（元）

$IRR_{旧}\geqslant IRR_{新}$

又因为$n_{旧}=6=n_{新}$，

$\hat{P}_{旧}$=29 500+（30 000-29 500）×25%=29 625（元），$\hat{P}_{新}$=53 500元，$\hat{P}_{新}>\hat{P}_{旧}$，

属于决策规则（二）3中（1），还需计算更新方案剩余净现值：

$$57\ 181.625-\sum_{t=1}^{6}\frac{(53\ 500-29\ 625)\times4\%}{(1+12\%)^t}=53\ 255.63（元）$$

53 255.63元大于继续使用旧设备的净现值31 012.25元，故应选择净现值大、

内部收益率小的更新方案。

从本例可以看出，若按净现值，应选择更新设备，若按内部收益率，则不应更新设备，投资效果与投资效率发生了矛盾，这时，就要考虑原始投资、项目计算期，才能作出正确决策。

例5-30与例5-32都属于决策规则（二）中3（1）的情况，但例5-30选择了净现值小、内部收益率大的方案，而例5-32选择了净现值大、内部收益率小的方案。

（2）固定资产是大修还是更新决策。

在这里，将NCF_0=-［大修费用+旧设备变现价值+（账面价值-变现价值）×所得税税率］的绝对值作为大修的原始投资，其他与固定资产更新决策完全相同。

（3）固定资产何时更新决策。

一种设备使用了一段时间后，一般会发生两个问题，一是效能衰退，二是技术陈旧。因此，为了提高生产效率，提高产品质量，降低产品成本，使产品更具竞争力，到了一定时期，旧设备就要更新，虽然《企业财务通则》规定了各种设备的预计使用年限。但不是更新的年限，固定资产的更新时间可以在预计使用年限之前，也可以在预计使用年限之后。这里所说的何时更新，是指确定最佳的更新周期。所谓**最佳更新周期**，是指在考虑时间因素的前提下，固定资产年均成本最低的使用年限，也称为固定资产的经济寿命。与经济寿命相联系的是固定资产的自然寿命。**固定资产的自然寿命**是指固定资产从全新投入使用到报废，按其物理性能所能使用的期限，一般大于等于固定资产的**经济寿命**。这里的**年均成本**，实际上是年均净现值的特殊情况，是在不考虑经营收入的前提下，专门就使用固定资产所发生的费用求年均净现值的绝对值。年均成本与年均净现值绝对值相等，符号相反。这是因为，年均净现值中的成本费用是现金流出量，用负数表示，年均成本中成本费用用正数表示；年均净现值中的现金流入用正数表示，年均成本中的现金流入用负数表示。从而，年均净现值是正指标，越大越好，而年均成本是反指标，越小越好。

确定固定资产最佳更新期，即经济寿命，实际上就是在设备自然寿命为m的情况下，分别取固定资产的使用年限n=1，2，3，…，m，计算出m个年均成本，从中选取年均成本最低的使用年限，就是最佳更新期（经济寿命）。因此，固定资产何时更新的决策就是在m个互斥方案中选优。其计算公式为：

$$\text{年均成本(UAC)}=\frac{\text{原始价值}-\text{第n年出售价或净残值}\times\text{第n年现值系数}+\sum_{t=1}^{n}\text{第t年维护修理费}\times\text{第t年现值系数}}{\text{n年年金现值系数}}$$

$$=\frac{\text{原始价值}-\text{第n年出售价或净残值}+\sum_{t=1}^{n}\text{第t年维护修理费}\times\text{第t年现值系数}}{\text{n年年金现值系数}}+\text{第n年出售价或净残值}\times\text{折现率}$$

$$=\frac{\text{原始价值}+\sum_{t=1}^{n}\text{第t年维护修理费}\times\text{第t年现值系数}}{\text{n年年金现值系数}}-\frac{\text{第n年出售价或净残值}}{\text{n年年金终值系数}}$$

特别的，当各年维护修理费为一常数D时：

$$\sum_{t=1}^{n}\frac{\text{第t年维护修理费}\times \text{t年现值系数}}{\text{n年年金现值系数}}=\text{年维护修理费D}$$

由此可知，固定资产何时更新决策就是求固定资产的经济寿命，也就是求年均成本最低的使用年限，所采用的方法就是年均净现值法的特殊情况，计算项目计算期不同、原始投资相同时的各个年均成本。

【例5-33】某企业拟购置一台设备，该设备的买价及安装费用为68 000元，设备自然寿命6年，年维护修理费依次是0、5 000元、10 000元、15 000元、20 000元、25 000元，不同年份报废时的净残值从第1年年末到第6年年末依次为13 000元、12 000元、11 000元、10 000元、9 000元和4 000元，企业资本成本为10%，求最佳更新年限。

解：分别计算不同使用年限的年均成本。

$$A_1=\frac{68\,000-13\,000\times(P/F,10\%,1)+0\times(P/F,10\%,1)}{(P/A,10\%,1)}$$

$$=\frac{68\,000-13\,000\times 0.909}{0.909}=61\,807\text{（元）}$$

$$A_2=\frac{68\,000-12\,000\times(P/F,10\%,2)+0+5\,000\times(P/F,10\%,2)}{(P/A,10\%,2)}$$

$$=\frac{68\,000-12\,000\times 0.826+5\,000\times 0.826}{1.736}=35\,840\text{（元）}$$

$$A_3=\frac{68\,000-11\,000\times(P/F,10\%,3)+\sum_{t=1}^{3}5\,000\times(t-1)\,(P/F,10\%,t)}{(P/A,10\%,3)}$$

$$=\frac{68\,000-11\,000\times 0.751+5\,000\times 0.826+10\,000\times 0.751}{2.487}=28\,701\text{（元）}$$

$$A_4=\frac{68\,000-10\,000\times(P/F,10\%,4)+\sum_{t=1}^{4}5\,000\times(t-1)\,(P/F,10\%,t)}{(P/A,10\%,4)}$$

$$=\frac{68\,000-10\,000\times 0.683+11\,640+15\,000\times 0.683}{3.17}=26\,200\text{（元）}$$

$$A_5=\frac{68\,000-9\,000\times(P/F,10\%,5)+\sum_{t=1}^{5}5\,000\times(t-1)\,(P/F,10\%,t)}{(P/A,10\%,5)}$$

$$=\frac{68\,000-9\,000\times 0.621+21\,885+20\,000\times 0.621}{3.791}=\frac{62\,411+34\,305}{3.791}=25\,512\text{（元）}$$

$$A_6=\frac{68\,000-4\,000\times(P/F,10\%,6)+\sum_{t=1}^{6}5\,000\times(t-1)\,(P/F,10\%,t)}{(P/A,10\%,6)}$$

$$=\frac{68\,000-4\,000\times 0.564+34\,305+25\,000\times 0.564}{4.355}=26\,211\text{（元）}$$

比较上述计算结果，年均成本最低的使用年限为5年，即最佳更新年限为5

年，也就是经济寿命为5年。

4.固定资产添置决策

这里所说的**固定资产添置决策**，是指已经决定要添置固定资产，对究竟添置何种固定资产、以什么方式添置的决策。

添置何种固定资产决策是指固定资产已经决定要购买，但到底是购买A设备还是购买B设备、是购买新设备还是购买旧设备的决策。

如何添置固定资产决策是指在已决定添置某种固定资产的基础上，进一步决定用什么方式取得该种固定资产的决策，是自制还是外购固定资产的决策；是分期付款还是一次付现购买固定资产的决策；是购买还是租赁固定资产的决策等。这显然都是互斥项目选优的决策，均可按照前面给出的决策规则进行决策，这里不再赘述。

三、独立方案投资组合决策

独立方案投资组合决策是指决策涉及多个相互独立的可行方案，这些方案之间可以实现任意组合，企业筹集到的资金不能满足全部可行方案，只能满足其中一部分方案（两个或两个以上），此时应该选择哪几个方案，也称为**资金限量决策**或**资金分配决策**。

独立方案投资组合的一般方法是，先按获利指数PI、或净现值率NPVR、或内部收益率IRR、或年均净现值从大到小将各独立投资方案排序，然后在资金约束条件下找出所有最大可能的投资组合，并计算其净现值之和，最后选择净现值之和最大的投资组合。其总原则是在提高资源利用效率基础上的净收益更大化。

【例5-34】某企业在拟订某年度投资计划时有A、B、C、D、E、F6个独立项目初步入选，按现值指数大小排序，有关资料如图表5-16所示。

图表5-16　A、B、C、D、E、F6个项目有关资料　金额单位：万元

投资方案	优先排序	投资额	现值指数PI	净现值NPV
A	1	30	1.25	7.5
B	2	15	1.20	3
C	3	40	1.12	4.8
D	4	20	1.09	1.8
E	5	10	1.08	0.8
F	6	5	1.05	0.25

当年有95万元资金可用于投资，试确定最优的投资组合。

解：按照排定的优先次序，找出资金总额不超过95万元最大可能的投资组合，如图表5-17所示。

这里，ABC、ACD、ACE、ABDE、BCDE都不是最大可能的投资组合，因为它们包含在上述投资组合之中，不必考虑。从而可以看出，ABCE投资组合的净现值之和最大，因而确定ABCE为最优投资组合。

图表 5-17　　A、B、C、D、E、F投资组合　　单位：万元

投资组合	投资总额	净现值之和
ABCE	95	16.10
ABCF	90	15.55
ACDF	95	14.35
ACEF	85	13.35
ABDEF	80	13.35
BCDEF	90	10.65

本书认为，在各独立可行方案经济寿命相同时，可以以获利指数PI、净现值率NPVR、内部收益率IRR为标准进行排序。当各独立可行方案经济寿命不同且相差较大时，应以年均净现值从大到小排序，从而把各独立项目的预计使用年限也考虑进去。

*第六节 长期投资决策分析的进一步分析

长期投资决策的主要评价指标——净现值和内部收益率，都是建立在确定的项目计算期、估算的现金净流量和选定的折现率的基础上，采用定量分析的方法确定其财务可行性。实际上，长期投资决策的财务可行性分析绝非这么简单、规范。长期投资时间长、耗资多、风险大以及不可逆转等特点决定了长期投资决策的复杂性，即项目计算期、折现率的预计、现金净流量的估算都存在着众多的不确定性，不仅不能十分准确地估计，有时候还与现实差异非常大，导致错误决策。因此，对投资项目的评价和取舍，不能仅仅依据净现值和内部收益率，机械地作出决策，还必须做进一步分析。

一、折现率分析

折现率虽然可取行业基准收益率、资本成本率或投资者要求的其他报酬率，但就某一具体项目而言，应如何选定折现率呢？作者认为，根据项目的具体情况，分段选定折现率更合适，至少在建设期取筹资的资本成本率（如为自有资金，取银行存款或贷款利率）作为折现率，在生产经营期取行业基准收益率作为折现率。这样做，不仅符合实际，而且符合稳健性原则。

【例 5-35】按例 5-16 的资料。要求：

（1）以行业基准收益率 r=10% 为折现率，计算净现值。

（2）建设期以资本成本 K=5% 为折现率，生产经营期以行业基准收益率 r=10% 为折现率，计算净现值。

（3）分析分段选定折现率是否符合谨慎性原则。

解：（1）$NPV=-50-\frac{50}{(1+10\%)^1}+\sum_{t=2}^{11}\frac{24}{(1+10\%)^t}+\frac{10}{(1+10\%)^{11}}=42.11$（万元）

（2）$NPV=-50\ \frac{50}{(1+5\%)^1}+\sum_{t=2}^{11}\frac{24}{(1+10\%)^t}+\frac{10}{(1+10\%)^{11}}=39.96$（万元）

（3）一般说来，资本成本率要小于行业基准收益率，从而很容易证明，采用分段折现率计算的净现值小于按行业折现率计算的净现值，更为符合谨慎性原则。

**二、长期投资决策的敏感性分析

在长期投资决策分析的决策规则中，净现值无疑是最重要的评价指标。在单一项目采纳与否的决策分析中，若为常规方案，净现值与内部收益率的评价结果总是一致的；若为非常规方案，内部收益率指标将失去作用，但仍可用净现值指标进行评价。在互斥可行项目选优决策规则中，净现值指标与内部收益率指标发生矛盾时的4种情况中，每种情况的决策都离不开净现值的计算，因为企业最终目标是取得更大收益，而不是取得更大收益率。因此，在项目决策分析过程中，即使已经选定了最优项目，也要对该项目的净现值进行敏感性分析，以使企业降低风险，达到预期目标。

（一）长期投资决策敏感性分析的含义

长期投资决策敏感性分析是指利用长期投资决策评价指标选定满意投资方案后，为了防范风险，提高决策的可靠性，确定投资决策评价指标的各因素变动对决策结果影响程度的一种定量分析方法。

长期投资决策的敏感性分析就是通过单一因素变动的敏感性分析、多因素变动的敏感性分析来完成的。

（二）长期投资决策敏感性分析的步骤

1.确定敏感性分析的评价指标

从理论上讲，对所有长期投资决策评价指标都可以进行敏感性分析，计算方法完全相同。为节省篇幅，本书举例均以大家公认的最重要的动态评价指标净现值NPV来进行长期投资决策的敏感性分析，其他评价指标均可以仿照净现值指标进行敏感性分析。

2.确定影响评价指标的主要因素

在选定评价指标之后，就要确定影响评价指标的主要因素，在选定评价指标为净现值的基础上，确定影响净现值的主要因素。

由净现值定义知道，净现值可以有以下两个等价的计算公式：

$$NPV=-\sum_{t=0}^{s}\frac{I_t}{(1+r)^t}+\sum_{t=s+1}^{n}\frac{NCF_t}{(1+r)^t}+\frac{W}{(1+r)^n}\Rightarrow$$

$$NPV=-\sum_{t=0}^{s}\frac{I_t}{(1+r)^t}+\sum_{t=s+1}^{n}\frac{(P_t-Q_t-D_t)\times(1-tR)+D_t}{(1+r)^t}+\frac{W}{(1+r)^n}$$

式中：I_t为第t年投资额，S为建设期年数，I为原始投资总额$=\sum_{t=0}^{S}I_t$，P_t为第t年营业收入，Q_t为第t年付现成本，D_t为第t年折旧，tR为所得税税率，W为回收额，r为折现率。

则有：

经营现金净流量NCF_t=（第t年营业收入–第t年付现成本–第t年折旧）×（1–所得税税率）+第t年折旧=（$P_t-Q_t-D_t$）×（1–tR）+D_t（t=S+1，S+2，…，n–1）

终结点现金净流量NCF_n=第n年经营现金净流量+回收额=NCF_n+W

从第一个公式可以看出，影响净现值的因素是：原始投资额、折现率、项目计算期、年现金净流量、回收额5个因素，由于投资项目已经选定，原始投资额是在当时历史条件下已经考虑了物价变动等情况确定的，一般不会变动，因为原始投资额变动，就可能不是原来的项目了，因此，不存在敏感性分析，回收额是由原始投资和项目经营期决定的，不是影响净现值的主要因素。因此，影响净现值变动的主要因素是折现率、年经营现金净流量、项目计算期3个因素。其中，折现率是反指标，越小越好；年经营现金净流量、项目计算期是正指标，越大越好。

从第二个公式可以看出，影响净现值的因素是：原始投资额、折现率、项目计算期、营业收入、付现成本、年折旧额、回收额、所得税率8个因素，由于年折旧额，回收额是由原始投资和项目经营期决定的，不是影响净现值的主要因素，所得税率是固定的，不存在敏感性分析，因此，影响净现值的主要因素是：折现率、项目计算期、营业收入、付现成本4个因素。如果只生产单一产品，由营业收入=单价×销量，影响净现值的主要因素也可以是折现率、项目计算期、单价、销量、付现成本5个因素。

为节省篇幅，本文只对净现值第一个公式进行敏感性分析，所谓**净现值的敏感性分析**，是指在净现值已经大于0的情况下，研究影响净现值的三大主要因素——折现率、项目计算期、经营现金净流量的变动对净现值的影响程度。

3.进行敏感性分析，主要有单一因素变动的敏感性分析，多因素变动的敏感性分析

（三）单一因素变动的敏感性分析

单一因素变动的敏感性分析，主要包括单一因素变动各主要因素临界值的计算与分析、单一因素变动各主要因素安全边际的计算与分析、单一因素变动各主要因素敏感系数的计算与分析3个方面内容。

1.单一因素变动各主要因素临界值的计算与分析

单一因素变动的各主要因素临界值是假设只有一个因素变动、其他因素不变的情况下，投资项目由可行转为不可行时评价指标各主要因素变化的分界点。该分界点称为**临界值**，对于净现值指标而言，临界值对于现金净流量、营业收入（或销量、单价）、项目计算期而言是最小允许值，对折现率、付现成本而言是最大允许值。

净现值指标的单一因素临界值的计算与分析就是计算净现值由正变负时各主要因素变化的界限，并进行分析。影响净现值的主要因素是折现率、项目计算期、年现金净流量，变化界限是0，临界值的计算是假设只有一个因素变动，其他因素不

变的情况下，令净现值=0，求出该变动因素的值，即为临界值，临界值对反指标折现率是最大允许值，对项目计算期、经营现金净流量两个正指标是最小允许值；超过临界值，净现值将由正变负，项目由可行变为不可行。

【例 5-36】A企业拟上一新项目，经测算，需要在项目建设起点一次性投资5 000万元，建设期1年，在第一年年末需垫支营运资金600万元，项目经济寿命10年，固定资产按直线法计提折旧，期满有净残值80万元，预计每年经营现金净流量2 000万元，所得税税率25%，投资者要求的最低投资报酬率为12%。

要求：先计算该项目的净现值，再分别计算净现值指标对折现率、项目计算期、经营现金净流量的临界值，指出项目由可行转为不可行时净现值各主要因素变化的界限。

解：先计算该项目净现值，因经营现金净流量为：

$NCF_0=-5\ 000$，$NCF_1=-600$，$NCF_{2\sim10}=2\ 000$，$NCF_{11}=2\ 000+(600+80)=2\ 680$

$$故净现值NPV=-5\ 000-\frac{600}{(1+12\%)^1}+\sum_{t=2}^{11}\frac{2\ 000}{(1+12\%)^t}+\frac{680}{(1+12\%)^{11}}$$

$$=4\ 749.453(万元)$$

（1）折现率临界值的计算。

$$令：0=-5\ 000-\frac{600}{(1+r)^1}+\sum_{t=2}^{11}\frac{2\ 000}{(1+r)^t}+\frac{680}{(1+r)^{11}}$$

$$解得：r=25\%+\frac{291.2168}{291.2168-(-123.133)}\times(27\%-25\%)=26.4\%$$

折现率的临界值为26.4%，也就是内部收益率IRR=26.4%，即折现率最大只能取到26.4%，超过26.4%，净现值将由大于零变为小于零，项目将由可行变为不可行。

（2）项目建设期临界值的计算。

$$令：0=-5\ 000-\frac{600}{(1+12\%)^1}+\sum_{t=2}^{n}\frac{2\ 000}{(1+12\%)^t}+\frac{680}{(1+12\%)^n}$$

$$解得：n=5+\frac{0-(-111.8762)}{901.3861-(-111.8762)}\times(6-5)=5.11(年)$$

项目计算期的临界值为5.11年，即项目计算期最小只能取到5.11年，小于5.11年，净现值将由大于零变为小于零，项目将由可行变为不可行。

（3）等额经营现金净流量临界值的计算。

$$令：0=-5\ 000-\frac{600}{(1+12\%)^1}+\sum_{t=2}^{11}\frac{NCF}{(1+12\%)^t}+\frac{680}{(1+12\%)^{11}}$$

解得：NCF=（5 000+600×0.893−680×0.287）÷（5.938−0.893）=1 058.6（万元）

等额经营现金净流量的临界值为1 058.6万元，即每年等额经营现金净流量最少只能到1 058.6万元，小于1 058.6万元，净现值将由大于零变为小于零，项目将由可行变为不可行。

在生产经营期，上述3个因素有一个偏离了预计值，只要采取适当措施，使其不超过临界值，就可保证项目获取收益。

临界值的计算与分析有助于项目的财务可行性分析，有利于财务风险的防范，提高决策的可靠性，减少投资决策失误。

2.单一因素变动各主要因素安全边际的计算与分析

临界值的计算，只是给出了投资项目由可行变为不可行各主要因素的变动界限，没有给出各主要因素的变动引起评价指标的变动程度，以评价投资项目的获利水平，提示投资项目风险，支持投资项目决策。长期投资决策的**安全边际**，是指影响评价指标各主要因素预计或计划值与其临界值的差额，以及差额与预计或计划值的比率。安全边际主要包括安全边际量（记为MS量）和安全边际率（记为MSR）两个指标。

安全边际量是指某因素的预计或计划值与某因素临界值之差，即：

MS量=某因素预计或计划值－某因素临界值

安全边际率是指某因素的安全边际量与该因素的预计或计划值之比，即：

$$MSR=\frac{某因素MS量}{某因素预计或计划值}=\frac{某因素预计或计划值-该因素临界值}{某因素预计或计划值}$$

安全边际量与安全边际率，正指标是最小允许值，其值越大项目越安全，反指标是最大允许值，其值越小，项目越安全。

【例5-37】根据例5-36资料，（1）计算折现率、项目计算期、经营现金净流量相对净现值的安全边际量。（2）计算三个因素的安全边际率。

解：（1）安全边际量

折现率的安全边际量=12%−26.4%=−14.4%

项目计算期的安全边际量=11−5.11=5.89（年）

经营现金净流量的安全边际量=2 000−1 058.6=941.4（万元）

（2）安全边际率

折现率的安全边际率=−14.4%÷12%=−120%

项目计算期的安全边际率=5.89÷11=53.55%

经营现金净流量的安全边际率=941.4÷2 000=47.07%

从安全边际量分析，折现率比预计12%增加14.4%；项目计算期比预计11年减少5.89年，当经营现金净流量比预计2 000万元降低941.4万元，该项目仍可行，折现率、项目计算期、经营现金净流量都有较大的变动空间，该项目是比较安全的。

从安全边际率分析，因对正指标而言，临界值是最小值，小于预计或计划值，故安全边际率大于0，且越大越好。对反指标而言，临界值是最大值，大于预计或计划值，故安全边际率小于0，且越小越好。从本例来看，反指标折现率的安全边际率为−120%，已经很小，正指标项目计算期的安全边际率53.55%已经很大、经营现金净流量的安全边际率47.07%，也已经很大，该项目是比较安全的。

3.单一因素变动各主要因素敏感系数的计算与分析

单一因素变动各主要因素敏感系数的计算与分析是指假设只有一个因素变动、其他因素不变的情况下，计算与分析评价指标对各因素变动的灵敏度。灵敏度是通过计算敏感系数来反映的，其计算公式是：

敏感系数=评价指标变动率÷因素变动率

式中：

$$\text{评价指标变动率}=(\text{相对于某因素变动后的评价指标值}-\text{某因素变动前的评价指标值})\div\text{某因素变动前的评价指标值}$$

因素变动率=（某因素变动后数值-该因素变动前数值）÷该因素变动前数值

以净现值为例，假设某因素为折现率，变动前为r，变动后为r_1，r变动前净现值为NPV，变动后净现值为NPV_1，则：

评价指标变动率=（NPV_1-NPV）÷NPV

因素变动率=（r_1-r）÷r

$$\text{敏感系数}=\frac{(NPV_1-NPV)\div NPV}{(r_1-r)\div r}$$

敏感系数的高低以其绝对值反映。当敏感系数绝对值大于1时，称该种因素为敏感性高的因素；敏感系数绝对值小于或等于1时，称该种因素为敏感性低的因素。

【例5-38】仍按例5-36的资料，假设各因素变动率均为增加10%，净现值相对于折现率、项目建设期、经营现金净流量的敏感系数分别为M_i、M_n、M_{NCF}。

（1）净现值相对于折现率的敏感系数

$$M_i=\{[(-5\,000-\frac{600}{(1+13.2\%)^1}+\sum_{t=2}^{11}\frac{2\,000}{(1+13.2\%)^t}+\frac{680}{(1+13.2\%)^{11}})$$
$$-4\,749.453]\div4\,749.453\}\div10\%=-1.25$$

分析：将不同的折现率代入上式，发现净现值相对于折现率的敏感系数M_i与i的变动率有关。

（2）净现值相对于项目计算期的敏感系数

$$M_n=\{[(-5\,000-\frac{600}{(1+12\%)^1}+\sum_{t=2}^{12.1}\frac{2\,000}{(1+12\%)^t}+\frac{680}{(1+12\%)^{12.1}}$$
$$-4\,749.453]\div4\,749.453\}\div10\%=1.13(\text{用插值法计算})$$

分析：将不同的项目计算期代入上式，发现净现值相对于项目计算期的敏感系数M_n与n的变动率有关。

（3）净现值相对于经营现金净流量的敏感系数

$$M_{NCF}=\{[(-5\,000-\frac{600}{(1+12\%)^1}+\sum_{t=2}^{11}\frac{2\,200}{(1+12\%)^t}+\frac{680}{(1+12\%)^{12.1}})-4\,749.453]$$
$$\div4\,749.453\}\div10\%=2.12$$

可以证明，净现值相对于经营现金净流量的敏感系数与变动率无关，有计算公式：

$$M_{NCF}=\sum_{t=s+1}^{n}\frac{NCF_t}{(1+r)^t}\div NPV$$ 注：NPV为因素变动前净现值

如本例，按公式计算：

$$M_{NCF}=\sum_{t=2}^{11}\frac{2\,000}{(1+12\%)^t}/4\,749.453=2.12$$

与按定义计算完全相同。

上述计算结果说明，折现率、项目建设期、现金净流量都是敏感性高的因素，本题敏感性从高到低依次是：经营现金净流量、折现率、项目建设期，但无普遍性。A企业本项目重点应关注年经营现金净流量。

通过敏感系数的计算与分析，可以使企业管理人员清楚地知道，在影响投资项目的诸因素中，其敏感程度哪个高、哪个低，以便抓住主要矛盾，及时采取必要的调整措施，以确保投资目标的实现。

（四）多因素变动的敏感性分析

多因素变动的敏感性分析，是指多因素变动（两个或两个以上因素同时变动），对评价指标的影响程度。一般假设每一因素都向不利方向变动，据以重新计算评价指标，将变动后的评价指标数值与变动前评价指标的数值进行比较分析，确定评价指标的恶化程度。也可以按预计情况（而非不利方向）变动，从整体上把握各主要因素的变动趋势。本文在评价指标选定为净现值的基础上，其多因素变动的综合计算与分析是指在年净现金流量、折现率、项目计算期同时变动的基础上，计算变动后的净现值，与变动前净现值的比较分析。为降低风险，常选择向不利方向变动。

【例5-39】仍按例5-36的资料，假设各因素都向不利方向变动，折现率增加到18%，经营现金净流量减少到每年1 600万元、项目计算期减少到9年。要求：评价该项目是否可行。

解：变动后的净现值

$$NPV=-5\,000-\frac{600}{(1+18\%)^1}+\sum_{t=2}^{9}\frac{1\,600}{(1+18\%)^t}+\frac{680}{(1+18\%)^9}=173.738(万元)$$

上述计算结果表明，折现率虽然增加了6%，经营现金净流量每年减少了400万元，项目计算期减少了2年，变动幅度很大，但该项目仍然可行。

在多因素同时变动情况下，通过各因素向不利方向变动的计算分析，有利于防范风险。为了系统掌握多因素同时变动的规律性，在对各因素可能变动范围进行（包括向有利和不利方向变动）预计的基础上，采用“弹性分析法”会增加敏感性分析的可靠性。所谓**弹性分析法**，是指在预计影响评价指标每个主要因素有多种可能的基础上，计算每种可能情况下评价指标的数值，分析项目投资后经济效益的综合情况、风险大小和变化趋势，对项目的可行性进行综合分析。通常进行列表计算，不仅直观，而且更有利于分析。

【例5-40】在例5-36资料的基础上，预计年经营现金净流量、折现率、项目计算期变动有以下12种情况：

（1 800，10%，9）、（2 000，12%，9）、（2 200，14%，9）、（2 200，18%，9）、（1 800，10%，10）、（2 000，12%，10）、（2 200，14%，10）、（2 200，18%，10）、（1 800，10%，11）、（2 000，12%，11）、（2 200，14%，11）、（2 200，18%，11）、

要求：计算每种情况下的净现值，并进行分析。

解：计算结果如图表5-18所示。

图表5-18　多因素同时变动的净现值　金额单位：万元

NCF / r / n / NP	1 800	2 000（基期）	2 200	
	10%	12%（基期）	14%	18%
9	3 472.81	3 580.29	3 634.98	2 247.08
11（基期）	4 725.96	4 749.45	4 700.77	2 980.44
13	5 801.19	5 681.51	5 520.86	3 507.12

从图表5-18中可以看出，在上述12种情况下，只要折现率不超过18%，现金净流量不低于1 800万元，项目计算期不少于9年，净现值都大于0，说明在基期数值的基础上，3个主要因素都有较大的变动空间，该项目不仅可行，而且比较安全。从图表5-18还可以看出，净现值NPV是项目计算期n的单调增加函数。

三、长期投资决策分析需要注意的几个问题

党的二十大报告明确指出："必须坚持系统观念。万事万物是相互联系、相互依存的。只有用普遍联系的、全面系统的、发展变化的观点观察事物，才能把握事物发展规律。"长期投资决策也是一个系统，在决策中也必修坚持系统观念。投资项目的评价与取舍不能采用僵化的模式，仅凭几个计算的数字，就盲目、轻易地进行决策，而必须充分注意到企业的内外部环境，具体问题具体分析，数量因素与质量因素并重，货币计量与非货币计量并重，定量分析与定性分析相结合，才能作出符合企业长远目标的投资决策。因此，除了要掌握前面的定量指标以外，还要注意以下几个问题：

（一）定量分析与定性分析相结合

对于影响项目计算期、折现率和现金净流量却又很难量化的不确定因素，如项目所在的地理位置、交通情况、资源的供求情况、市场发展前景、税收政策对项目的影响，投资项目的结果对生产的灵活性、质量的适当性和企业生产经营管理协调性的影响，甚至从战略的角度出发，考虑项目的选择能否给企业带来开发联产品的机会、扩大市场份额的机会、扩大生产能力的机会和进行投资组合的机会等，还必须结合定性分析的方法，综合起来分析，以判定项目是否最优。

（二）具体问题具体分析

每个企业都不能离开自己所处的内外部环境，因此不能机械地套用评价公式，只能具体问题具体分析，如在资金紧张时，可能选择投资总额较多的分次投资项

目，而不选择投资总额较少的一次投资项目。在经营风险较大的情况下，可能选择项目计算期短、净现值较小的项目，而不选择计算期长、净现值较大的项目。对于更新换代较快的高新技术项目，可能选择建设期短、原始投资较大的项目，而不选择建设期长、原始投资较小的项目等。

（三）战略分析

影响长期投资决策的三个重要因素——折现率、项目计算期、现金净流量，并不能完全由企业控制，由于外部顾客、竞争对手的影响，现金净流量、折现率都不一定达到预期的结果，从而影响净现值、内部收益率，因此，还要进行价值链分析、成本动因分析、竞争能力分析等战略分析，对长期投资决策的结果进行辅助分析与修正。

在长期投资决策中，投资收益的增加或减少会涉及方方面面，调整收益会牵一发而动全身，因此，要深入学习贯彻党的二十大报告精神："我们要善于通过历史看现实、透过现象看本质，把握好全局和局部、当前和长远、宏观和微观、主要矛盾和次要矛盾、特殊和一般的关系，不断提高战略思维、历史思维、辩证思维、系统思维、创新思维、法治思维、底线思维能力，为前瞻性思考、全局性谋划、整体性推进党和国家各项事业提供科学思想方法。"只有这样，我们才能在长期投资决策中抓住机遇，迎接挑战，为企业创造更大的效益。

第六章

预算管理

本章侧重介绍管理会计“规划经济目标”职能。所谓规划，即对企业未来的经济活动进行科学的安排与筹划，因此，也有人将“规划”称为“预算”或“计划”。它要求在最终决策方案的基础上，将事先确定的有关经营目标分解落实到各有关计划或预算中去，从而合理有效地组织协调供、产、销及人、财、物之间的关系，并为控制和考评创造条件。管理会计履行规划经济目标的职能主要是通过预算管理来实现的。

第一节 预算管理概述

一、预算及预算管理的概念

（一）预算的概念

所谓**预算**，是指主要以货币形式表现决策目标所涉及的未来某一特定期间，企业对财务及资源取得和配置的详细计划。简言之，预算就是决策目标的具体化，是为实现决策目标所做的财务计划。因此，预算是从“决策会计”到“执行会计”的中介，它既是对已经选定的各个决策方案进行综合和概括，总括地反映企业总体在一定期间内所应实现的目标和完成的任务，同时又要以它为依据，作进一步分解、落实，使之具体化为企业内部各层级应完成的任务，并以此作为它们进行业绩考评的依据。党的二十大报告在第四部分“构建高水平社会主义市场经济体制”中特别提到：“健全现代预算制度”，可见预算在日常生产经营活动中的重要性。

（二）预算管理的概念

预算管理是指企业以战略目标为导向，对企业未来一定期间内的经营活动和相应的财务结果，进行全面规划，科学、合理配置企业各种财务及非财务资源，按照预算编制、预算协调、预算控制、预算考评等程序，有效地组织企业生产经营活动，进而推动实现企业战略目标的管理活动。

预算管理是实施企业战略目标，全方位、全过程的一种整合性管理系统。其实质是进行业务流、资金流、信息流和人力资源流的整合。原国家经济贸易委员会早在2000年就把推行预算管理写进《关于国有大中型企业建立现代企业制度和加强企业管理的规范意见》中，财政部在2002年专门制定了《关于企业实行财务预算管理的指导意见》，足见预算管理在建立现代企业制度和加强企业管理方面的重要性。

二、预算管理的内容

预算管理包括经营预算、财务预算和资本支出预算3个方面：

（1）**经营预算**也称**业务预算**，是指与企业日常业务直接相关、具有实质性的基本活动的预算。它主要包括销售预算、生产预算、直接材料预算、直接人工预算、制造费用预算、产品成本预算、期末存货预算、销售与管理费用预算、其他收支预算。

（2）**资本支出预算**也称**专门决策预算**或**长期投资预算**，是指企业重大的或不经常发生的、需要根据特定决策编制的预算。它主要指投资决策预算，是企业管理当局根据目标利润和长期销售预测做出的列示预算年度内投资项目、时间、投资额、预计使用年限、年折旧额及资本成本等的预算，主要包括企业固定资产的购置、更新等在投资项目可行性研究基础上所编制的预算。

（3）**财务预算**是指与企业现金收支、经营成果和财务状况有关的各项预算。它主要包括现金预算、预计利润表、预计资产负债表和预计现金流量表。这些预算总括反映经营预算的结果。

上述各项预算相互联系，形成一个完整的预算体系。它们之间的联系如图表6-1所示。

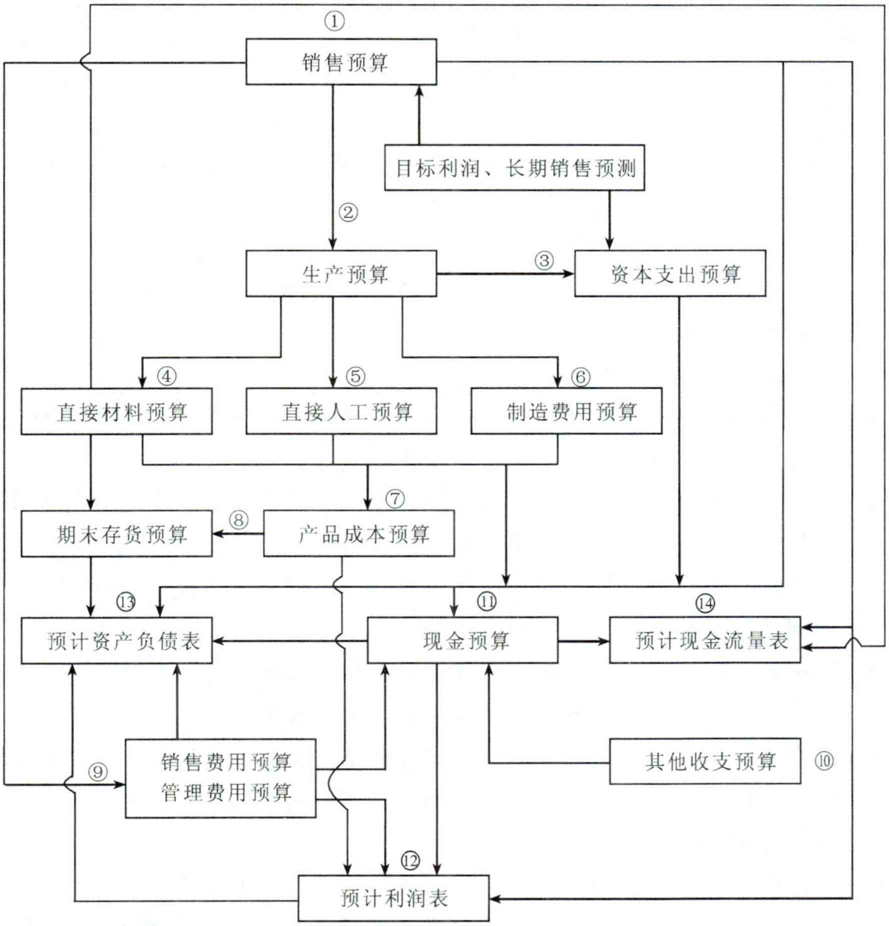

图表6-1　各项预算相互之间的联系

图表6-1不仅体现了各预算之间的联系，同时也体现了每项预算编制的依据和数据来源。从图表6-1中可以看出，销售预算是编制全面预算的关键和起点，销售预算编制得准确与否，直接关系全面预算的质量和全面预算管理的成败。本章第二节“预算编制”就是按图中所标示的序号，依次进行概括介绍的。

三、实施预算管理的应用环境

实施预算管理的应用环境，有以下几点：

（1）企业实施预算管理的基础环境包括战略目标、业务计划、组织架构、内部管理制度、信息系统等。

（2）企业应按照战略目标，确立预算管理的方向、重点和目标。

（3）企业应将战略目标和业务计划具体化、数量化作为预算目标，促进战略目标落地。业务计划，是指按照战略目标对业务活动的具体描述和详细计划。

（4）企业可设置预算管理委员会等专门机构组织、监督预算管理工作。该机构的主要职责包括：审批公司预算管理制度、政策，审议年度预算草案或预算调整草案并报董事会等机构审批，监控、考核本单位的预算执行情况并向董事会报告，协调预算编制、预算调整及预算执行中的有关问题等。预算管理的机构设置、职责权限和工作程序应与企业的组织架构和管理体制互相协调，保障预算管理各环节职能衔接，流程顺畅。

（5）企业应建立健全预算管理制度、会计核算制度、定额标准制度、内部控制制度、内部审计制度、绩效考核和激励制度等内部管理制度，夯实预算管理的制度基础。

（6）企业应充分利用现代信息技术，规范预算管理流程，提高预算管理效率。

四、预算管理的原则

实施预算管理，应遵循以下原则：

（1）战略导向原则。预算管理应围绕企业的战略目标和业务计划有序开展，引导各预算责任主体聚焦战略、专注执行、达成绩效。

（2）过程控制原则。预算管理应通过及时监控、分析等把握预算目标的实现进度并实施有效评价，对企业经营决策提供有效支撑。

（3）融合性原则。预算管理应以业务为先导、以财务为协同，将预算管理嵌入企业经营管理活动的各个领域、层次、环节。

（4）平衡管理原则。预算管理应平衡长期目标与短期目标、整体利益与局部利益、收入与支出、结果与动因等关系，促进企业可持续发展。

（5）权变性原则。预算管理应刚性与柔性相结合，强调预算对经营管理的刚性约束，又可根据内外环境的重大变化调整预算，并针对例外事项进行特殊处理。

五、预算管理的环节

预算管理的环节，是指全面预算管理应该做哪几个方面的工作，也称“应用预算管理工具方法”。一个成功、有效的预算管理，主要包括**预算编制**、**预算协调**、**预算控制**和**预算考评**四个环节，后面分节讲述。

六、预算管理的作用

由上述可知，预算管理是按照**预算编制**、**预算协调**、**预算控制**、**预算考核**等环节进行的，预算管理正是通过这些环节来发挥其职能作用的，具体作用主要有以下四个方面：

（一）约束作用

在预算编制过程中，通过预算编制，将企业的总体目标分解、落实到各个部门，从而使各部门都明确自己的工作目标和任务，制定具体的行动规划和有效的实际措施，约束各个部门执行预算，以保证本部门工作目标的实现。

（二）协调作用

在预算协调过程中，通过预算编制，能够将企业内部各部门的日常工作全部纳入预定的轨道，正确处理各部门的关系，协调各部门的工作，使之形成一个为共同完成企业总体经营目标的有机整体。

（三）控制作用

在预算控制过程中，预算编制为企业日常经营活动、财务收支业务提供了一个控制尺度，各部门在自己的经营活动中，要经常将工作成果与预算相对比，随时发现差异并分析查找原因，尽量使本部门的经营活动符合预算的要求，发挥预算管理的控制作用。

（四）标杆作用

在预算考核过程中，预算指标是考核和评价各个部门经营业绩的主要标杆，是将业绩考评与奖惩制度连接起来的桥梁，预算指标就是评价企业经营业绩优劣的标准。正确地编制预算，能最大限度地调动各个部门及其人员的主观能动性、激发他们的各种潜能，充分发挥他们的聪明才智。

第二节 预算编制

编制一项预算的工作，称为预算编制。它是推行预算管理的基础工作。

一、预算编制的主体

预算编制的主体问题，就是谁来编制预算。预算管理除了要按照责任清晰的要求实行分层管理以外，还要推行“归口分级”编制原则，也就是“谁干事谁编预算，干什么事编什么预算”。

一般说来，公司财务部或者公司专设的预算办公室是预算综合管理部门，负责对各车间、部室及单位的全面预算进行审查、汇总、平衡，对编制及管理工作进行指导、检查。

财务部负责编制公司总预算，包括编制公司现金预算、预计利润表、预计资产负债表、预计现金流量表，还有财务费用预算。

销售管理部（市场部门）负责编制销售预算、销售费用预算。

供应部门（采购机构）负责编制各种大宗原材料采购预算。

设备部门负责编制固定资产增减变化、折旧预算、修理计划等，编制备件、工具采购预算和库存预算。

技术开发部负责编制技术开发费支出预算，包括项目、效益测算、资金支出等资本性支出的科研项目支出预算。

人力资源部负责编制工资、奖金、津贴支出、补贴收入、劳务费和统筹保险、福利费的总额预算及各单位明细预算；年度教育培训费用支出、职工住房补贴和公积金的总额预算和分单位预算。

各车间、分厂作为预算的责任单位，实行以生产、成本控制为中心的预算管理。在预算的总体框架内，根据专业管理部门的预算要求，按照预算管理内容，编制本单位的预算，落实公司下达的控制目标和要求。

各职能部门作为各项费用的主管部门，要在公司年度、季度预算的总体框架内，编制本部门的年度、季度、月度费用支出预算。

预算涉及企业的各个部门及所有员工，只有经过自上而下-自下而上-自上而下反反复复协商、沟通，才能编制出适合企业实际情况的具体计划。

二、预算编制的起点

全面预算通常是将成本、费用按成本性态分为变动和固定两部分，在预测分析的基础上，以产能、销量、利润之一为起点进行编制的。也就是说，全面预算的编制起点有三种情况：

（一）以产能为起点

以产能为起点就是以企业的生产能力为起点，是指以企业的生产能力为基础，以产定销、以产定利进行全面预算的编制，主要适合垄断性或产品供不应求的企业采用。

（二）以销量为起点

以销量为起点就是以企业的销售量为起点，是指以销售预测的销售量或销售额为基础，以销定产、以销定利进行全面预算的编制，主要适合非垄断性或非产品供不应求的企业采用。本章就是以销量为起点进行全面预算的编制。

（三）以利润为起点

以利润为起点就是以企业的目标利润为起点，以预测的目标利润为基础，以实现目标利润在产量、成本、价格等方面必须达到的各项指标和有关措施进行全面预算的编制，主要适合公司制企业采用。

需要说明的是，对于产能、销量与利润，无论以何为起点，都不能摆脱另外两者的制约，都必须与另外两者在数量上钩稽起来。例如，某企业以销量为起点开始编制预算，接下来必须考虑的是产能是否能生产出足够的产品以满足销售数量。如果产能不足，要考虑在短时期内能否通过追加投资增加产能。如果可以，资金能否及时筹措到位。产能没有问题，就要考虑完成预测销售量后，能否实现目标利润。如果不能实现，则必须回到起点，推倒重来。

三、预算编制的模式

全面预算的约束、协调、控制和标杆作用，必然在一定程度上导致预算执行者和目标下达者之间的利益冲突，从而决定了全面预算的编制是一个复杂而烦琐的过程，它有如下三种模式：

（一）自上而下的模式

这种模式是建立在总部将下属各子公司或分部（包括各级职能部门）视为全面预算的被动主体，预算目标完全来自上层管理者，下层只是被动的执行单位，没有独立的决策权。其优点在于能够防止本位主义泛滥，保证预算目标最大化的实现。其缺点是基层人员的参与程度低，既可能使预算偏离实际，又可能影响预算顺畅地贯彻执行。这种模式与集权制的管理思想与风格一脉相承，适用于集权制企业。

（二）自下而上的模式

这一模式强调预算来自下属预算主体的预测，来自下级，总部只设定目标，只监督目标的执行结果，而不过多地介入过程的控制。其优点在于能发挥二级单位的积极性，强化其参与意识，并且有管理的认同感；其缺点在于难以避免下级预算单位在预算编制上的“宽打窄用”，可能导致严重的本位主义。它更多地适用于分权制公司。

（三）自上而下，自下而上，再自上而下的上下结合模式

这一模式在预算编制过程中，经历了自上而下和自下而上的往复，在几下几上的过程中，通过讨价还价，使得预算为各方所接受。它克服了前面两种模式的缺点，保留了它们的优点，但也不是完美无缺的。其缺点主要有：一是时间长，弄不好，预算成了踢皮球，踢来踢去，耗费了大量时间；二是代价较大，往往要耗费较多的人、财、物。

我国财政部颁布的《管理会计应用指引第200号——预算管理》对预算编制的要求是：企业一般按照分级编制、逐级汇总的方式，采用自上而下、自下而上、上下结合或多维度相协调的流程编制预算。预算编制流程与编制方法的选择应与企业现有管理模式相适应。

该应用指引还要求：

（1）企业应建立和完善预算编制的工作制度，明确预算编制依据、编制内容、编制程序和编制方法，确保预算编制依据合理、内容全面、程序规范、方法科学，确保形成各层级广泛接受的、符合业务假设的、可实现的预算控制目标。

（2）预算编制完成后，应按照相关法律法规及企业章程的规定报经企业预算管理决策机构审议批准，以正式文件的形式下达执行。

（3）预算审批包括预算内审批、超预算审批、预算外审批等。预算内审批事项，应简化流程，提高效率；超预算审批事项，应执行额外的审批流程；预算外审批事项，应严格控制，防范风险。

四、预算编制的工具方法

预算编制的工具方法有很多，介绍如下：

（1）固定预算。**固定预算**又称**静态预算**，是根据预算内正常的、可实现的某一业务量水平编制的预算，一般适用于固定费用或者数额比较稳定的预算项目。

（2）弹性预算。**弹性预算**也称**动态预算**或**变动预算**，是在成本性态分析的基础

上，依据本、量、利之间的关系，充分考虑预算期内有关指标可能发生的变化，按照多种业务量水平编制的预算。一般适用于与预算执行单位业务量有关的成本（费用）、利润等预算项目。

（3）增量预算。**增量预算**是以基期收入、成本及费用水平为出发点，结合预算期业务量水平及增加收入、降低成本、费用的措施，调整有关收入、成本、费用项目而编制的预算。

（4）零基预算。**零基预算**也称**零底预算**，是对预算收支以零为基点，对预算期内各项支出的必要性、合理性或者各项收入的可行性以及预算数额的大小，逐项审议决策从而予以确定收支水平的预算。一般适用于不经常发生的或者预算编制基础变化较大的预算项目，如对外投资、对外捐赠等。

（5）定期预算。**定期预算**是指在编制预算时，以不变的会计期间（一般为会计年度）作为预算期的一种预算编制方法。

（6）滚动预算。**滚动预算**又称**永续预算**或**连续预算**，是指在定期预算的基础上，每过去1个月，就根据新的情况进行调整和修订后几个月的预算，并在原来的预算期末补充1个月，使预算期始终保持为1年的预算。这种预算要求在1年中，头几个月的预算要详细完整，后几个月可以略粗一些。随着时间的推移，原来较粗的预算逐渐由粗变细，后面随之又补充新的较粗的预算，以此往复，不断滚动。

（7）概率预算。**概率预算**是对具有不确定性的预算项目，估计其发生各种变化的概率，根据可能出现的最大值和最小值计算其期望值，从而编制的预算，一般适用于难以准确预测变动趋势的预算项目，如销售新产品、开拓新业务等。

上面各种预算编制的方法虽然不同，但彼此并非互不相容。固定预算、弹性预算、增量预算、零基预算都是定期预算；弹性预算是同一预算期、同一内容、不同业务量水平的固定预算，增量预算是在固定预算或弹性预算基础上的预算。全面预算中的某些预算可以采用弹性预算，另一些预算则可采用其他预算，甚至同一预算中的某些项目采用增量预算，而另一些项目采用零基预算、弹性预算或概率预算等。也就是说，某些编制预算的方法既可以同时应用，又可以结合应用。在众多的预算编制方法中，固定预算是最基本的。由于企业未来生产经营结果的不确定性，弹性预算、滚动预算和零基预算是最实际的。

五、预算编制举例

预算编制建立在预测分析和决策分析的基础上，预算项目涉及的关键业务量都来自对企业未来经营业务和财务活动发展趋势进行预计和测算的结果，不可能准确无误，有时甚至误差相当大，采用固定预算法很难完成全面预算管理的目标。由于预算误差的范围可以估计，从而可预见业务的变动范围，在业务量变动范围内取相等的间隔，采用弹性预算法才有助于实现全面预算管理的目标。

为了了解并掌握预算编制的基本方法和各预算之间的相互联系，作如下简化：①企业只生产一种产品；②采用弹性预算法，只编制一种业务量的全面预算，省略其他业务量水平预算的编制。

本节以只生产和销售甲产品的A企业为例，以销量为起点，按下列顺序编制全面预算如下：

（一）销售预算

销售预算是预算期内预算执行单位销售各种产品或者提供各种劳务可能实现的销售量或者业务量及其收入的预算，主要依据年度目标利润、预测的市场销量或劳务需求及提供的产品结构以及市场价格编制。销售预算主要列示分季度和全年的预计销售量、销售单价和销售收入。在销售预算的正表下，通常还附有预计现金收入的计算，借以为编制现金预算提供必要的资料。

预计销售收入=预计销售单价×预计销售量

预计应收款项=预计销售收入+预计增值税销项税额

预计现金收入=收回以前季度应收款项+收回本季度应收款项

假设A企业预计20×2年每季度的最大销售量为4 000件，最小销售量为2 000件，一、二、三、四季度最有可能实现的销售量依次为2 000件、3 000件、4 000件、3 000件，A企业年最大生产能力为10 000件。单位产品售价0.8万元/件，每季度应收款项的60%于当季收到，39%于下季收到，1%为坏账，预计第一季度收回上年第四季度应收账款585万元，增值税税率为16%。

本例中每季度弹性预算的业务量范围显然是2 000～4 000件，取两相邻业务量的间隔为500件，则每个季度都应编制销售量为2 000件、2 500件、3 000件、3 500件、4 000件的销售预算。这里只编制每个季度最有可能实现销售量的销售预算，如图表6-2、图表6-3所示，以下其他预算均按此销售量编制。

图表6-2 销售预算（20×2年度）

季度	一	二	三	四	全年
预计销售量（件）	2 000	3 000	4 000	3 000	12 000
预计销售单价（万元/件）	0.8	0.8	0.8	0.8	0.8
预计销售收入（万元）	1 600	2 400	3 200	2 400	9 600

图表6-3 预计现金收入表（20×2年度） 单位：万元

季度	一	二	三	四	全年
预计销售收入	1 600	2 400	3 200	2 400	9 600
预计增值税销项税额	256	384	512	384	1 536
预计应收款项	1 856	2 784	3 712	2 784	11 136
收回上季度应收款项	585	724	1 086	1 448	—
收回本季度应收款项	1 114	1 670	2 227	1 670	—
预计现金收入	1 699	2 394	3 313	3 118	10 524

（二）生产预算

生产预算是从事工业生产的预算执行单位在预算期内所要达到的生产数量的预算。为了实现有效管理，还应当进一步编制直接材料预算、直接人工预算和制造费用预算。生产预算是根据销售预算编制的，列示分季度和全年的预计生产量。在一般情况下，预计生产量不等于预计销售量。为保证销售，还要有一定的库存量。预计生产量应按下列公式计算：

预计生产量=预计销售量+预计期末产成品存货量-预计期初产成品存货量

预计期末产成品存货量主要由预计销售量决定，因为预计销售量增加，平均每天销售量就增加，为保证供应，前期期末（也就是本期期初）产成品存货量也要增加，因此，上季度期末（也就是本季度期初）产成品存货量一般都按本季度预计销售量的一定比例确定。

假设A企业各季度期末产成品存货量为下一季度销售量的10%，预算年度期末产成品存货为220件。

A企业生产预算如图表6-4所示。

图表6-4 生产预算（20×2年度） 单位：件

季度	一	二	三	四	全年
预计销售量	2 000	3 000	4 000	3 000	12 000
加：期末存货	300	400	300	220	220
合计	2 300	3 400	4 300	3 220	12 220
减：期初存货	200	300	400	300	200
预计生产量	2 100	3 100	3 900	2 920	12 020

（三）资本支出预算

生产预算完成后，企业就要考虑现有生产能力能否完成预计生产量。如果不能，就要扩大生产能力，也就是要编制资本支出预算。

A企业预计生产量为年12 020件，在销售预算中已知年生产能力只有10 000件。为完成预计生产量，拟添置400万元的机器设备。资本支出预算如图表6-5所示。

图表6-5 资本支出预算（20×2年度） 金额单位：万元

项目	购置时间	投资金额	预计使用年限	期满净残值	年折旧额	资本成本	年经营现金净流量
机器设备	2022年年初	400	6年	16	64	10%	140

（四）直接材料预算

直接材料预算是为完成生产预算所消耗的材料数量及采购成本的预算。直接材料预算是根据生产预算编制的，主要列示分季度和全年的预计材料采购量和材料采购成本。

$$预计直接材料采购量=\frac{预计直接材料}{耗用量}+\frac{预计期末直接}{材料存货量}-预计期初直接材料存货量$$

式中：预计直接材料耗用量=单位产品材料耗用量×预计生产量

预计采购成本=预计单位采购成本×预计材料采购量

在实际工作中，当期采购的材料，其款项往往不能全部付清，有一部分要以应付账款存在。为了便于编制现金预算，在编制直接材料预算之后预计现金支出，其中包括以前季度应付账款在本期的偿还以及本期材料采购款项的支付。

预计应付款项=预计采购成本+预计增值税进项税额

预计现金支出=支付以前季度应付款项+支付本季度应付款项

假设A企业生产的甲产品只耗用一种丁材料，单位产品消耗丁材料的定额为20千克，每千克单位成本为50元，每季度期末材料存货为下一季度材料耗用量的20%，年末丁材料存货预计为9 200千克，每季度材料采购款（包括买价和增值税进项税额）的40%于当季以现金支付，60%于下一季度支付。第一季度应支付上年应付账款140万元，增值税税率为16%。

A企业直接材料预算如图表6-6、图表6-7所示。

图表6-6 直接材料预算（20×2年度）

季度	一	二	三	四	全年
预计生产量（件）	2 100	3 100	3 900	2 920	12 020
单位产品材料消耗定额（千克）	20	20	20	20	20
预计材料耗用量（千克）	42 000	62 000	78 000	58 400	240 400
加：预计期末材料存货（千克）	12 400	15 600	11 680	9 200	9 200
减：预计期初材料存货（千克）	8 400	12 400	15 600	11 680	8 400
预计材料采购量（千克）	46 000	65 200	74 080	55 920	241 200
单位采购成本（元）	50	50	50	50	50
预计采购成本（万元）	230	326	370	280	1 206

图表6-7 材料采购预计现金支出表（20×2年度） 单位：万元

季度	一	二	三	四	全年
预计采购成本	230	326	370	280	1 206
预计增值税进项税额	37	52	59	45	193
预计应付款项	267	378	429	325	1 399
支付上季度应付款项	140	160	227	257	—
支付本季度应付款项	107	151	172	130	—
预计现金支出	247	311	399	387	1 344

（五）直接人工预算

直接人工预算是为完成生产预算所需人工工时及人工成本的预算。直接人工预算也是根据生产预算编制的，主要列示分季度和全年的预计直接人工工时和直接人工成本。

预计直接人工工时=单位产品工时定额×预计生产量

预计直接人工总成本=小时工资率×预计直接人工工时

假设A企业直接人工的工种只有1种，小时工资率为10元/小时，单位产品工时定额为250小时，直接人工工资均于当期付款。

A企业直接人工预算如图表6-8所示。

图表6-8　直接人工预算（20×2年度）

季度	一	二	三	四	全年
预计生产量（件）	2 100	3 100	3 900	2 920	12 020
单位产品工时定额（小时）	250	250	250	250	250
预计直接人工工时（万小时）	52.5	77.5	97.5	73	300.5
小时工资率（元/小时）	10	10	10	10	10
预计直接人工成本（万元）	525	775	975	730	3 005

（六）制造费用预算

制造费用预算是指为完成生产预算所需的除直接材料和直接人工预算以外的生产费用的预算。其主要在生产预算基础上，按照费用项目及上年预算执行情况，根据预算期降低成本、费用的要求，主要列示分季度和全年的预计变动制造费用、固定制造费用及预计现金支付的制造费用。编制制造费用预算时，应将各季度制造费用按其成本性态分为变动制造费用和固定制造费用两部分。

预计变动制造费用=变动制造费用标准分配率×预计直接人工工时

预计现金支付的制造费用=预计制造费用合计-折旧

预计固定制造费用可在以前各季度固定制造费用的基础上，采用增量预算法根据预期变动加以修正，也可采用零基预算法逐项预计再汇总。

假设A企业变动制造费用的标准分配率为4元/小时，各季度固定制造费用均为400万元，其中固定资产折旧为75万元，以现金支付的各项制造费用均于当季付款。

A企业制造费用预算如图表6-9所示。

图表6-9　制造费用预算（20×2年度）

季度	一	二	三	四	全年
预计直接人工工时（万小时）	52.5	77.5	97.5	73	300.5
变动制造费用标准分配率（元/小时）	4	4	4	4	4
预计变动制造费用（万元）	210	310	390	292	1 202
预计固定制造费用（万元）	400	400	400	400	1 600
制造费用合计（万元）	610	710	790	692	2 802
减：折旧（万元）	75*	75	75	75	300
预计现金支付的制造费用	535	635	715	617	2 502

*每季度75万元折旧额包括年初添置设备的每季度折旧16万元（64÷4）。

（七）产品成本预算

产品成本预算是预算执行单位在预算期内生产产品所需的生产成本、单位成本和主营业务成本的预算。产品成本预算是生产预算、直接材料预算、直接人工预算和制造费用预算的汇总，主要列示产品单位成本、总成本、主营业务成本以及期初、期末产成品存货成本。

A企业产品成本预算如图表6-10所示。

图表6-10 产品成本预算（2022年度）

项目	直接材料	直接人工	变动制造费用	固定制造费用	合计
单位用量	20千克	250小时	250小时	250小时	—
单价	50元/千克	10元/小时	4元/小时	5.3245元/小时*	—
预计单位成本（万元）	0.1	0.25	0.1	0.1331	0.5831
预计总成本（12 020件）	1 202	3 005	1 202	1 600	7 009
加：期初产成品存货成本（200件）	20	50	20	27	117
减：期末产成品存货成本（220件）	22	55	22	29	128
预计产品主营业务成本（12 000件）	1 200	3 000	1 200	1 598	6 998

*固定制造费用单价=1600÷300.5=5.3245（元/小时）

（八）期末存货预算

期末存货预算是指预算执行单位在预算期内根据直接材料预算和产品成本预算编制的预算，主要列示预算年度末材料存货、在产品存货和产成品存货的数量与成本，为编制预计资产负债表提供依据。

A企业期末存货预算如图表6-11所示。

图表6-11 期末存货预算（2022年度）

项目	数量	单位成本（万元）	总成本（万元）
材料存货			
丁材料	9 200千克	0.005	46
产成品存货			
甲产品	220件	0.5831	128
存货合计	—	—	174

（九）销售费用预算及管理费用预算

销售费用预算是企业为销售产品所发生的各项费用的预算。管理费用预算是企业为组织和管理生产经营活动所发生的各项费用的预算，主要列示分季度和全年的预计变动费用和预计固定费用。编制销售费用和管理费用预算时，应将各季度销售费用、管理费用按其成本性态分为变动成本和固定成本两部分。

预计变动销售、管理费用=单位产品变动销售、管理费用×预计销售量

或 预计变动销售费用=预计销售收入×变动销售费用率

预计变动管理费用=（预计销售收入+增值税销项税额）×坏账损失率

因管理费用与销售收入没有直接联系，因此，管理费用基本上都是固定费用，为简化，将预计计入“信用减值损失”的坏账损失，作为预计变动管理费用。

预计固定销售、管理费用可采用与预计固定制造费用一样的方法进行计算。

假设A企业每季度发生的销售费用均在当季以现金支付，变动销售费用率为

4%，预计固定销售费用每季度为80万元。管理费用中除坏账损失和累计折旧外均以现金支付，坏账损失率为1%，每季度固定资产折旧12.5万元，预计固定管理费用每季度152.5万元。

A企业销售预算如图表6-12所示，管理费用预算如图表6-13所示。

图表6-12 销售费用预算（2022年度） 金额单位：万元

季度	一	二	三	四	全年
预计销售收入	1 600	2 400	3 200	2 400	9 600
变动销售费用率	4%	4%	4%	4%	4%
预计变动销售费用	64	96	128	96	384
预计固定销售费用	80	80	80	80	320
销售费用合计	144	176	208	176	704

图表6-13 管理费用预算（2022年度） 金额单位：万元

季度	一	二	三	四	全年
预计销售收入	1 600	2 400	3 200	2 400	9 600
预计增值税销项税额	256	384	512	384	1 536
合计	1 856	2 784	3 712	2 784	11 136
坏账损失率	1%	1%	1%	1%	1%
预计变动管理费用（坏账损失）	19	28	37	28	112
预计固定管理费用	152.5	152.5	152.5	152.5	610
其中：折旧	12.5	12.5	12.5	12.5	50
管理费用合计	171.5	180.5	189.5	180.5	722
减：坏账准备和折旧	31.5	40.5	49.5	40.5	162
预计现金支付的管理费用	140	140	140	140	560

（十）其他收支预算

其他收支预算主要是指除了生产经营过程和资本支出的现金收支外所发生的现金收支，包括出售旧固定资产收入，清理固定资产变价收入，缴纳增值税、所得税，支付股利等。

应交增值税根据销售预算和直接材料预算提供的数据，按下列公式计算（假定增值税均于当季支付）：

应交增值税=销项税额-进项税额

应交所得税和支付股利根据销售预算，再考虑企业以前年度销售利润率及企业确定的股利支付率，按下列公式计算：

应交所得税=预计销售收入×销售利润率×所得税税率

支付股利=预计销售收入×销售利润率×（1-所得税税率）×股利支付率

应交所得税和支付股利也可按其他方法进行估计。

假设A企业销售利润率为10%，所得税税率为25%，股利支付率为40%。A企业其他收支预算如图表6-14所示。

图表6-14 **其他收支预算（2022年度）** 金额单位：万元

季度	一	二	三	四	全年
预计缴纳增值税	219	332	453	339	1 343
预交所得税	40	60	80	60	240
预计支付股利	—	—	—	288	288
合计	259	392	533	687	1 871

（十一）现金预算

现金预算主要是按照现金流量表中经营活动产生的现金净流量项目内容编制的反映企业预算期内一切现金收支及其结果的预算。它以业务预算、资本预算和筹资预算为基础，是其他预算有关现金收支的汇总。这里说的现金是广义的现金，包括库存现金、银行存款和其他货币资金。

现金预算是由现金收入、现金支出、现金多余（不足）和期末现金余额四个部分组成，其基本关系为：

　　期初现金余额
加：预算期现金收入

　　现金收入
减：现金支出

　　现金多余（不足）
加：资金运用（筹集）

　　期末现金余额

“现金收入”包括期初现金余额和预算期内预计发生的现金收入。期初现金余额是编制现金预算时预计的，预算期内发生的现金收入数来自销售预算的“预计现金收入”。

“现金支出”包括预算期内的各项现金支出，其相关数据来自直接材料预算、直接人工预算、制造费用预算、销售费用预算、管理费用预算、资本支出预算和其他收支预算。

“现金多余（不足）”列示现金收入与现金支出的差额，现金不足则为负数。

“期末现金余额”是资金筹集或运用的最终结果，根据预算期现金收支的差额和企业有关资金管理的各项政策，确定筹集或运用资金的数额。如果现金不足，可向银行借款或发行债券；如果现金多余，可用于偿还借款本息或购入短期有价证券。现金多余（或不足）减去资金运用金额（或加上资金筹集金额），即为期末现金余额。

假设A企业政策规定，企业的现金余额不得低于200万元。假设年初余额为240万元。短期借款在季初时借入，还款在季末进行，利息于还本时一并支付，借款金额以1万元的倍数借入，短期借款年利率为8%。A企业现金预算如图表6-15所示。

图表6-15　　现金预算（2022年度）　　金额单位：万元

季度	一	二	三	四	全年
期初现金余额	240	200	200	389	240
现金收入：					
收到客户现金（图表6-3）	1 699	2 394	3 313	3 118	10 524
小计	1 939	2 594	3 513	3 507	10 764
现金支出：					
直接材料（图表6-7）	247	311	399	387	1 344
直接人工（图表6-8）	525	775	975	730	3 005
制造费用（图表6-9）	535	635	715	617	2 502
销售费用（图表6-12）	144	176	208	176	704
管理费用（图表6-13）	140	140	140	140	560
增值税（图表6-14）	219	332	453	339	1 343
预交所得税（图表6-14）	40	60	80	60	240
机器设备（图表6-5）	400*	0	0	0	400
股利	0	0	0	288	288
小计	2 250	2 429	2 970	2 737	10 386
现金多余（不足）	（311）	165	543	770	378
长期借款	400*				400
短期借款	111	35			146
偿还短期借款			（146）		（146）
长期借款利息（年利率10%）				（40）	（40）
短期借款利息（年利率8%）			（8）		（8）
购入短期有价证券				（450）	（450）
期末现金余额	200	200	389	280	280

*企业资本支出预算中购入400万元机器设备的资金来源是：借入4年期年利率为10%的长期借款，每年末支付一次利息40万元，到期还本。

（十二）预计利润表

预计利润表是按照利润表的内容和格式编制的反映预算执行单位在预算期内利润目标的预算报表。它是在销售预算、产品成本预算、销售费用预算、管理费用预算、现金预算的基础上，根据权责发生制原则编制的。A企业预计利润表如图表6-16所示。

图表6-16 **预计利润表**

编制单位：A企业 2022年度 单位：万元

项目	金额
一、营业收入（图表6-2）	9 600
减：营业成本（图表6-10）	6 998
税金及附加	
销售费用（图表6-12）	704
管理费用（图表6-13）	722
财务费用（图表6-15）	48
二、营业利润（亏损以“-”号填列）	1 128
加：营业外收入	
减：营业外支出	
三、利润总额（亏损总额以“-”号填列）	1 128
减：所得税费用	282*
四、净利润（净亏损以“-”号填列）	846

*所得税费用为282万元（1 128×25%），与其他收支预算中预交所得税240万元之差42万元，记入预计资产负债表的“应交税费”项目。

（十三）预计资产负债表

预计资产负债表是按照资产负债表的内容和格式编制的综合反映预算执行单位期末财务状况的预算报表。它是以预算期前期期末实际的资产负债表为基础，根据销售预算、期末存货预算、资本支出预算、制造费用预算、管理费用预算、直接材料预算、现金预算和预计利润表中的有关资料进行汇总和调整而编制的。

货币资金=图表6-15中的期末现金余额=280万元

交易性金融资产=年初数+图表6-15中的购入短期有价证券-售出短期有价证券
=0+450-0=450（万元）

坏账准备=图表6-13中的计提坏账准备=112万元

应收账款=年初数+图表6-3中的预计应收款项-图表6-3中的预计现金收入-坏账准备
=585+11 136-10 524-112=1 085（万元）

存货=图表6-11中的存货=174（万元）

固定资产原值=年初固定资产原值+图表6-5中的投资金额-固定资产减少原值
=2 000+400-0=2 400（万元）

本年增加折旧=（图表6-9中的折旧+图表6-13中的折旧）-减少固定资产的折旧
=300+50-0=350（万元）

固定资产（净值）=固定资产原值-折旧年初数-本年增加折旧
=2 400-800-350=1 250（万元）

短期借款=年初数+图表6-15中的短期借款-图表6-15中偿还短期借款

=0+（111+35）-146=0

应付账款=年初数+图表6-7中的预计应付款项-图表6-7预计现金支出

=140+1 399-1 344=195（万元）

应交税费=年初数+（图表6-16中的所得税费用-图表6-14中预交所得税）

=0+282-240=42（万元）

长期借款=年初数+图表6-15中的长期借款-偿还长期借款

=0+400-0=400（万元）

未分配利润=年初数+图表6-16中的净利润-图表6-15中股利

=1 044+846-288=1 602（万元）

假设A企业资产负债表年初数为图表6-17中的数字，A企业2022年年末预计资产负债表如图表6-17所示。

图表6-17　预计资产负债表

编制单位：A企业　2022年12月31日　单位：万元

资产	期末余额	年初余额	负债和所有者权益（或股东权益）	期末余额	年初余额
流动资产：			流动负债：		
货币资金	280	240	短期借款		
交易性金融资产	450		应付账款	195	140
应收账款	1 085	585	应交税费	42	
存货	174	159	流动负债合计	237	140
流动资产合计	1 989	984	非流动负债：		
非流动资产：			长期借款	400	
固定资产（净值）	1 250	1 200*	非流动负债合计	400	
非流动资产合计	1 250	1 200	负债合计	637	140
			所有者权益（或股东权益）：		
			实收资本（或股本）	1 000	1 000
			未分配利润	1 602	1 044
			所有者权益（或股东权益）合计	2 602	2 044
资产总计	3 239	2 184	负债和所有者权益（或股东权益）总计	3 239	2 184

*假设年初固定资产净值1 200=固定资产原值2 000-累计折旧800

（十四）预计现金流量表

预计现金流量表是以现金的流入和流出来反映企业在预算期内经营活动、投资活动和筹资活动的动态情况。它是以前述所有涉及现金收支的预算为基础，直接或经过调整计算而编制的。

销售商品收到的现金=图表6-3中预计现金收入10 524（万元）

购买商品支付的现金=图表6-7中预计现金支出1 344（万元）

支付给职工以及为职工支付的现金=图表6-15中直接人工3 005（万元）

支付的各项税费=图表6-15中增值税1 343+预计所得税240=1 583（万元）

支付的其他与经营活动有关的现金=图表6-15中制造费用2 502+销售费用704+管理费用560=3 766（万元）

购建固定资产所支付的现金=图表6-15中机器设备400（万元）

支付的与其他投资活动有关的现金=图表6-15中购入有价证券450（万元）

借款所收到的现金=图表6-15中长期借款400+短期借款146=546（万元）

偿还债务所支付的现金=图表6-15中偿还短期借款146（万元）

分配股利、利润或偿付利息所支付的现金=图表6-15中股利288+长期借款利息40+短期借款利息8=336（万元）

A企业现金流量表如图表6-18所示。

图表6-18 预计现金流量表

编制单位:A企业 年度：2022 单位：万元

项目	行次	金额	项目	行次	金额
一、经营活动产生的现金流量:	1		四、汇率变动对现金的影响	35	
销售商品、提供劳务收到的现金（图表6-3）	2	1 0524.00	五、现金及现金等价物净增加额	36	40**
收到的税费返还	3		补充资料:	37	
收到的其他与经营活动有关的现金	4		1、将净利润调节为经营活动的现金流量	38	
现金流入小计	5	10 524.00	净利润	39	
购买商品、接受劳务支付的现金（图表6-7）	6	1 344.00	加：少数股东权益	40	
支付给职工以及为职工支付的现金（图表6-15）	7	3 005.00	减：未确认的投资损失	41	
支付的各项税费（图表6-15）	8	1 583.00	加：计提的资产减值准备	42	
支付的其他与经营活动有关的现金（图表6-15）	9	3 766.00	固定资产折旧	43	
现金流出小计	10	9 698.00	无形资产摊销	44	
经营活动产生的现金流量净额	11	826.00	长期待摊费用摊销	45	
二、投资活动产生的现金流量:	12		待摊费用的减少（减：增加）	46	
收回投资所收到的现金	13		预提费用的增加（减：减少）	47	
其中：出售子公司所收到的现金	14		处置固定资产、无形资产和其他长期资产的损失（减：收益）	48	
取得投资收益所收到的现金	15		固定资产报废损失	49	
处置固定资产、无形资产和其他长期资产收回的现金净额	16		财务费用	50	
收到的其他与投资活动有关的现金	17		投资损失（减：收益）	51	
现金流入小计	18		递延税款贷项（减：借项）	52	
购建固定资产、无形资产和其他长期资产所支付的现金（图表6-15）	19	400.00	存货的减少（减：增加）	53	
投资所支付的现金	20		经营性应收项目的减少（减：增加）	54	
其中：购买子公司所支付的现金	21		经营性应付项目的增加（减：减少）	55	
支付的与其他与投资活动有关的现金（图表6-15）	22	450*	其他	56	

续表

项目	行次	金额	项目	行次	金额
现金流出小计	23	850.00	经营活动产生的现金流量净额	57	
投资活动产生的现金流量净额	24	-850.00	2.不涉及现金收支的投资和筹资活动：	58	
三、筹资活动产生的现金流量：	25		债务转为资本	59	
吸收投资所收到的现金	26		一年内到期的可转换公司债券	60	
借款所收到的现金（图表6-15）	27	546.00	融资租入固定资产	61	
收到的其他与筹资活动有关的现金	28		其他	62	
现金流入小计	29	546.00	3、现金及现金等价物净增加情况：	63	
偿还债务所支付的现金（图表6-15）	30	146.00	现金的期末余额	64	
分配股利、利润或偿付利息所支付的现金（图表6-15）	31	336.00	减：现金的期初余额	65	
支付的其他与筹资活动有关的现金	32		加：现金等价物的期末余额	66	
现金流出小计	33	482.00	减：现金等价物的期初余额	67	
筹资活动产生的现金流量净额	34	64.00	现金及现金等价物净增加额	68	

*假设购入的有价证券为短期债券。

**现金及现金等价物净增加额40=经营活动产生的现金净流量826+投资活动产生的现金净流量-850+筹资活动产生的现金净流量64，也等于现金预算期末现金余额280-现金预算期初现金余额240。

第三节 预算协调、控制与考评

预算编制完成之后，还要进行预算协调、预算控制和预算考评等工作。

一、预算协调

（一）预算协调的概念

预算协调就是对企业所有生产要素、所有部门及人员业务活动的适当调配和平衡，对经济利益分配的协商与调整。协调按当事者各方的关系分为预算目标下达者和预算执行者之间的协调、预算执行者和预算执行者之间的协调两种情况。协调按协调的过程分为预算编制过程中的协调、预算执行过程中的协调、预算考评过程中的协调三种情况。这里将协调作为全面预算管理的一个环节，是为了强调协调在全面预算管理中的重要性。协调环节实质上属于控制环节。

由于预算执行与否对各部门领导职位的升降有着十分重要的影响，与各部门人员的薪酬有着十分紧密的联系，因此，很容易出现为了本部门利益而不顾整体利益和其他部门利益的情况，这就需要在预算编制、执行和考评过程中，对总部与分厂、分厂与部门、部门与部门之间可能发生或已经发生的分歧进行协调。

（二）预算协调的内容

1.预算目标下达者与预算执行者之间的协调

在预算的编制阶段，二者的协调体现在上下多次“讨价还价”之中。没有这种讨价还价，就不可能形成一个为各方所接受的全面预算。任何可行的预算方案都离不开协调这一过程。没有协调这一过程，预算可能是一种自上而下的“武断”，也可能是自下而上的“欺瞒”。

在预算控制阶段，协调主要体现在“预算调整”上。所谓**预算调整**，是指企业内外环境发生变化、预算出现较大偏差、原有预算不再适宜时所进行的预算修改。

在预算考评阶段，主要协调预算考评的结果与奖惩制度的对接，一方面要坚持预算标准的刚性原则，另一方面也要注意内外环境有无重大变化，与预算的执行者进行协调，做到“奖得合理，罚得服气”。

2. 预算执行者与预算执行者之间的协调

这里的协调主要是指有经济利益关系的预算执行者之间对经济利益分配的协商与调整。例如，预算执行者之间相互提供产品或劳务时，需要制定一个内部转移价格。转移价格对于提供产品或劳务的生产部门来说意味着收入，对于使用这些产品或劳务的购买部门来说则意味着成本。转移价格的制定势必影响两个预算执行部门的经济利益。销售部门希望提高价格，购买部门则希望降低价格，因此只有经过协调，才能得到协商一致的转移价格。

协调工作完成，年度预算经批准后，原则上不做调整。企业应在制度中严格明确预算调整的条件、主体、权限和程序等事宜，当内外环境发生重大变化或突发重大事件等，导致预算编制的基本假设发生重大变化时，可进行预算调整。

二、预算控制

（一）预算控制的概念

预算控制，是指企业以预算为标准，通过预算分解、过程监督、差异分析等促使日常经营不偏离预算标准的管理活动。

预算控制是全面预算的实际执行与操作阶段，也是全面预算管理的核心阶段。这一阶段连接着预算协调和预算考评，是为预算考核和评价提供依据的阶段。

控制应紧紧围绕收支两条线，对人财物、供产销各个环节，疏而不漏，全部纳入预算控制范围。控制的关键是细化和落实现金流量预算，实行“现金流量监控卡”和“费用监控卡”制度，按经营活动的采购环节、付款环节、收款环节、费用开支和投资、筹资业务，确定现金流动中的主要控制环节和关键控制点，做到现金流到哪里就控制到哪里，严把资金流出关。

（二）预算控制的要求

（1）企业应建立预算授权控制制度，强化预算责任，严格预算控制。

（2）企业应建立预算执行的监督、分析制度，提高预算管理对业务的控制能力。

（3）企业应将预算目标层层分解至各预算责任中心。预算分解应按各责任中心权、责、利相匹配的原则进行，既公平合理，又有利于企业实现预算目标。

（4）企业应通过信息系统展示、会议、报告、调研等多种途径及形式，及时监督、分析预算执行情况，分析预算执行差异的原因，提出对策建议。

三、预算考评

(一) 预算考评的概念

预算考评是指对经济活动的实际结果按照预算指标进行考核和评价的过程。考核主要针对定量指标进行考核，是企业绩效考核的重要组成部分。

预算考评是预算的总结验收阶段，是预算管理的关键阶段。预算考评工作的好与坏，直接关系预算管理的成败。

(二) 预算考评的基本要求

预算考评的基本目标是实现预算的激励与约束作用。为保证基本目标的实现，预算考评至少应做到以下四点：

1.基本原则

企业应按照公开、公平、公正的原则实施预算考核。

2.分离原则

预算考核主体和考核对象的界定应坚持上级考核下级、逐级考核、预算执行与预算考核职务相分离的原则。

3.可控原则

可控原则是指预算考评应以各预算执行主体的责权范围为限，使各个责任层次预算考评的内容是该层次预算执行主体所能控制的业务和因素，预算考核以预算完成情况为考核核心，预算执行主体只对其可控制的预算差异负责，通过预算执行情况与预算目标的比较，确定差异并查明产生差异的原因，进而据以评价各责任中心的工作业绩，并通过与相应的激励制度挂钩，促进其与预算目标相一致。

4.建立健全预算考评制度

企业应建立健全预算考评制度，应将预算考评与奖惩制度有效衔接，并将预算考核结果纳入绩效考核体系，切实做到有奖有惩、奖惩分明。

将预算考评结果与奖惩制度衔接，是尽人皆知的。但是，如何有效衔接，是一个看似简单却极其复杂、现实并亟待解决的问题。二者衔接得好与坏，直接影响激励与约束目标实现的优与劣，而将二者有效衔接的关键是衔接标准的可实现性与合理性。例如，某企业规定，预算的执行者完成预算利润指标500万元，奖励5万元，完不成则惩罚2万元，结果不仅在预算编制时上下级之间讨价还价或扯皮问题严重，而且一旦预算完成，下级便消极怠工，或者不据实上报，为下年度预算“打埋伏”等，后来该企业取消惩罚，并且重新规定，实现利润500万元以内按利润的1%提取奖金，超过500万元的部分按2%提取奖金。这种消极怠工和“打埋伏”问题得到了有效解决，但尚未解决扯皮问题。

许多预算失败的企业都是预算编制时轰轰烈烈，预算执行时松松懈懈，预算考评时自生自灭。有关考评的具体内容在第八章详述。预算考评在全面预算管理中具有关键作用。

四、全面预算管理的否定——超越预算

在我们大力推进全面预算管理的同时，一种与之唱反调的观点——“超越预

算”被一些学者提了出来，目的是否定传统的即现行的理论与方法。“超越预算”的倡导者认为，现行预算理论与方法弊端丛生，诸如：蕴涵着集权式的“命令-控制”理念，以历史数据为基础，不能给总经理提供可靠信息，助长企业内部各层级、各单位分散化倾向，浪费时间，培养官僚风气，不能反映智力资本、企业品牌、顾客信赖……甚至提出，预算是公司发展的一大障碍，应该彻底地放弃预算，预算根本不应该存在，制定预算就等于追求低绩效。你永远只能得到员工最低水平的贡献，因为每个人都在讨价还价，争取制定最低指标。应该肯定，“超越预算”的倡导者所提出的问题在各类组织中都不同程度地存在，但不能因为存在问题就全面予以否定。的确，20世纪90年代以后，企业经营环境发生了巨大变化，整个社会经济开始不同程度地从工业经济时代向信息时代转变，企业经营环境的不确定性和竞争性明显增强，组织创新动摇了传统预算管理得以运行的基础和前提，预算管理缺乏适应性，费时耗力，各职能之间相互冲突等诸多缺陷日渐显现。与此同时，一些更具战略性的业绩管理方法，如平衡记分卡、作业成本管理等逐渐盛行，传统预算管理在企业内部管理控制系统中的核心地位开始受到挑战。

作者认为，全盘肯定预算管理或全盘否定预算管理都是不现实的，因为预算管理和超越预算都有成功与失败的例子，这说明，它们有各自的应用条件，各自适合不同的管理模式。超越预算适合经营环境变化快、产品经营范围广或增长迅速，同时无形资产对经营极为重要的企业，而经营的可预测性强、经营产品范围相对稳定的企业则适合全面预算管理。

有人说，全面预算是管理现代企业最有用的方法之一，但是，它的确又是一种比较复杂而令人头痛的管理方法。因此，否定、放弃预算，将预算简单化都是不恰当的。而改造传统预算，使传统预算与上述更具战略性的业绩管理方法相互配合，利用预算管理的全过程管理和综合性管理框架，更好地实施对组织的管理控制，对大多数企业来说，未必不是提高企业绩效管理的正确举措。

第七章

成本管理

本章侧重介绍管理会计“控制经营过程”的职能。控制经营的过程主要是成本管理。本章主要介绍成本管理的工具方法，包括标准成本管理、作业成本管理、质量成本管理、战略成本管理、生命周期成本管理。成本管理的最终结果是达到成本避免或成本降低，从而实现“在提高资源利用效率基础上的净收益更大化”的管理会计目标。

第一节 成本管理概述

一、成本管理的含义

成本管理，是指企业在营运过程中实施成本预测、成本决策、成本计划、成本控制、成本核算、成本分析和成本考核等一系列管理活动的总称。成本管理的核心是成本控制。

二、成本管理的主体

成本管理的主体是指成本管理的组织系统，具体应包括：对企业各项业务活动有决策权的高层管理者；对成本发生有重大影响的工程技术人员；按责权关系对各部门、各环节成本发生负有责任的责任人；专设成本机构的工作人员。其中，专设成本机构的工作人员是日常成本工作机构的组织者与执行者，而专设成本机构可以看作成本管理的办事机构。

三、成本管理的目标

成本管理的目标是进行成本管理所希望实现的结果。成本管理的目标又分为总体目标和具体目标，总体目标是为企业的整体经营目标服务，除了为企业成本管理提供其所需的各种成本信息以供决策外，主要是通过各种经济、技术和组织手段实现成本避免控制和成本降低控制。在不同的经济环境中，企业成本管理总体目标的表现形式也不同，而在竞争性经济环境中，成本管理的总体目标主要依竞争战略而定。在成本领先战略指导下成本管理系统的总体目标是追求成本水平的绝对降低，而在差异化战略指导下成本管理系统的总体目标则是在保证实现产品、服务等方面差异化的前提下，对产品生命周期成本进行管理，实现成本的持续性降低。

成本管理具体目标是由成本管理的具体内容决定的。

成本管理具体目标是预期成本应该控制的水平及控制标准。制定成本标准是确定成本管理具体目标的出发点。成本管理的标准因采用成本管理的方法不同而有所不同。尽管成本管理的标准有很多，最为实际的是各种成本管理方法自身所确定的标准，如全面预算管理的成本管理标准是“预算标准”，标准成本管理的成本管理标准是“标准成本”等等。

四、成本管理的原则

1.融合性原则。成本管理应以企业业务模式为基础，将成本管理嵌入业务的各领域、各层次、各环节，实现成本管理责任到人、控制到位、考核严格、目标落实。

2.适应性原则。成本管理应与企业生产经营特点和目标相适应，尤其要与企业发展战略或竞争战略相适应。

3.成本效益原则。成本管理应用相关工具方法时，应权衡其为企业带来的收益和付出的成本，避免获得的收益小于投入的成本。

4.重要性原则。成本管理应重点关注对成本具有重大影响的项目，对于不具有重要性的项目可以适当简化处理。

五、成本管理的应用环境

1.企业应根据其内外部环境选择适合的成本管理工具方法。

2.企业应建立健全成本管理的制度体系，一般包括费用审报制度、定额管理制度、责任成本制度等。

3.企业应建立健全成本相关原始记录，加强并完善成本数据的收集、记录、传递、汇总和整理工作，以确保成本基础信息记录真实、完整。

4.企业应加强存货的计量验收管理，建立存货的计量、验收、领退及清查制度。

5.企业应充分利用现代信息技术，规范成本管理流程，提高成本管理的效率。

6.企业应合理划分责任中心，明确规定权责范围。首先，要按照分工明确、责任易辨、业绩便于考核和评价的原则，合理划分责任中心。**责任中心**，是指根据其管理权限承担一定的经济责任，并能反映其经济责任履行情况的企业内部单位，它是责、权、利的结合。

六、成本管理的应用程序

成本管理一般按照事前管理、事中管理、事后管理等程序进行：

1.事前管理，主要是对未来的成本水平及其发展趋势所进行的预测与规划，一般包括成本预测、成本决策和成本计划等步骤。

2.事中管理，主要是对在营运过程中发生的成本进行监督和控制，并根据实际情况对成本预算进行必要修正，即成本控制步骤。

3.事后管理，主要是在成本发生之后进行的核算、分析和考核，一般包括成本核算、成本分析和成本考核等步骤。

上述应用程序，就是成本管理的步骤：成本预测、成本决策、成本计划、成本控制、成本核算、成本分析和成本考核，也就是成本管理的七个内容。

上述七个内容，成本预测已经在第三章第三节述及，成本决策在第四章述及，成本核算、成本分析已在成本会计讲过，成本考核包含在第八章，因此本章只讲成本计划、成本控制两个内容，核心是成本控制。

成本控制就是成本管理者根据成本计划（预算）或目标，对成本发生和形成过程以及影响成本的各种因素条件，采用一定的控制方法，施加主动的影响或干预，把实际成本控制在预期目标内的成本管理活动。成本控制又有广义成本控制和狭义成本控制，广义成本控制包括事前成本控制、事中成本控制和事后成本控制。狭义成本控制仅指对成本的事中控制。本章的成本控制是指事中成本控制。

七、成本管理的工具方法

成本管理应用的管理会计工具方法主要包括变动成本管理、标准成本管理、作业成本管理、质量成本管理、战略成本管理、生命周期成本管理等，分述如下。

第二节 标准成本管理

标准成本管理，是指围绕标准成本的相关指标设计的，将成本的事前控制、事中控制、事后控制及核算功能有机结合而形成的一种成本管理系统。

标准成本管理最初产生于20世纪20年代的美国，是泰勒科学管理思想在成本会计中的具体体现。随着其内容的不断发展和完善，标准成本管理曾经被西方国家广为采用，成为管理会计日常成本管理中应用得较为普遍的传统的成本控制手段。

标准成本管理主要是计划、控制（包括协调）、考评三个环节，具体体现在：首先，制定单位产品成本标准，根据实际产量和成本标准计算产品标准成本，汇总计算实际成本；其次，将实际成本与标准成本对比，以揭示成本差异，查明形成差异的原因和责任，并据以采取相应措施，实施对成本的有效控制；最后，进行标准成本及其成本差异的账务处理，提供成本管理报告，对标准成本执行结果进行评价考核。

一、单位产品标准成本的制定

单位产品标准成本，亦称“**成本标准**”。成本标准，就是经过认真调查、分析和技术测定而制定的，在有效经营条件下应当发生的，因而可以作为控制成本开支、评价实际成本、衡量工作效率的依据和尺度的一种目标成本，亦称“应该成本”。它是控制成本支出的依据、考核成本支出的尺度。制定单位产品标准成本，首先应确定单位产品直接材料、直接人工和制造费用三个成本项目的标准，然后就可确定单位产品标准成本，而对每个成本项目，都需分别确定其“用量”标准和“价格”标准，两者相乘得出成本标准。

“成本标准”是对单位产品而言的，“标准成本”是对全部产品而言的，人们习惯将“成本标准”也称为“标准成本”，为避免混乱，本书还是将“成本标准”和“标准成本”进行区分。

（一）直接材料的成本标准

直接材料的成本标准是由直接材料的用量标准和价格标准确定的。直接材料的用量标准是根据企业产品的设计、生产和工艺条件确定的生产单位产品所需用的材料数量，其中包括必要的损耗和不可避免地形成一定废品所发生的材料损失。直接材料的价格标准就是事先预计的生产产品所需原材料的单位价格，即单位采购成本。直接材料的标准成本计算公式为：

某产品耗用某种材料的成本标准=价格标准×用量标准

某产品耗用直接材料的成本标准=$\sum$该种产品所耗用的每种材料的成本标准

（二）直接人工的成本标准

直接人工的成本标准也是由直接人工的用量标准和价格标准所确定的。直接人工的用量标准是指在现有生产技术条件、工艺方法和技术水平条件下，生产单位产品所用的工作时间，称为**工时标准**，其中包括必要的间歇和停工时间以及不可避免的加工废品所用的时间；直接人工的价格标准是指小时标准工资率，即每一标准工时应分配的工资。小时标准工资率的计算公式为：

$$小时标准工资率=\frac{预计直接人工工资总额}{标准（总）工时}$$

直接人工的成本标准可按下列公式计算：

直接人工的成本标准=小时标准工资率×工时标准

（三）制造费用的成本标准

制造费用的成本标准，也可认为是由制造费用的用量标准和价格标准所确定的。制造费用的用量标准与直接人工的用量标准相同，均是指生产单位产品所用的工时标准。制造费用的价格标准是指制造费用的标准分配率，其大小取决于以下两个因素：①标准工时，是指充分利用现有生产能力可能达到的最高生产量或预算产量乘以工时标准计算的所需工时。由于大多数企业不只生产一种产品，计量单位不同，无法综合，因此，标准工时通常用“$\sum$工时标准×产量”表示。②制造费用预算，分为变动制造费用预算和固定制造费用预算两部分。其中变动制造费用预算按不同的生产水平分别确定，固定制造费用预算则按照历史情况并考虑预算期生产能力的利用程度加以估算。因此，其计算公式为：

$$变动制造费用标准分配率=\frac{变动制造费用预算数}{标准工时}$$

$$固定制造费用标准分配率=\frac{固定制造费用预算数}{标准工时}$$

变动制造费用成本标准=变动制造费用标准分配率×工时标准

固定制造费用成本标准=固定制造费用标准分配率×工时标准

（四）成本标准卡

上述各成本项目的成本标准制定后，就可根据：

产品成本标准=直接材料成本标准+直接人工成本标准+变动制造费用成本标准+固定制造费用成本标准

为不同类别、不同规格的产品编制成本标准卡，作为编制预算、控制和考核成本的依据。成本标准卡应分车间、分项目反映成本标准以及所依据的料、工、费的数量标准和价格标准。

【例 7-1】伟业公司2021年年初制定的A产品成本标准卡如图表7-1所示。

图表 7-1　　A产品成本标准卡

成本项目	用量标准	价格标准	成本标准
直接材料：			
甲材料	6.80千克/件	8.65元/千克	58.82元/件
乙材料	5.20千克/件	5.50元/千克	28.60元/件
合计			87.42元/件
直接人工：			
第一车间	6小时/件	6.90元/小时	41.40元/件
第二车间	8小时/件	5.80元/小时	46.40元/件
合计			87.80元/件
制造费用：			
变动制造费用（第一车间）	6小时/件	1.29元/小时	7.74元/件
变动制造费用（第二车间）	8小时/件	0.85元/小时	6.80元/件
合计			14.54元/件
固定制造费用（第一车间）	6小时/件	0.80元/小时	4.80元/件
固定制造费用（第二车间）	8小时/件	0.68元/小时	5.44元/件
合计			10.24元/件
成本标准	200.00元/件		

在每种产品生产之前，它的标准成本卡要送达相关人员，包括各级生产部门负责人、会计部门、仓库等，作为领料、派工和支出其他费用的依据。

二、标准成本的控制

产品标准成本是一种预定的目标成本，而实际成本由于种种原因可能与预定的目标成本不符。实际成本与标准成本之间的差额，称为**成本差异**。凡实际成本大于标准成本的超支差异，称为**不利差异**，通常用字母U表示；实际成本小于标准成本的节约差异，称为**有利差异**，通常用字母F表示。

标准成本的控制就是使实际成本不超出成本控制范围。如果实际成本超出成本控制范围，那么必须进行差异分析，深入调查，找出原因，采取措施，予以纠正。因此，标准成本的控制就是要解决两个问题：一是确定成本控制范围；二是进行成本差异分析。

（一）成本控制范围的确定

成本控制的范围就是允许实际成本波动的区间。例如，标准成本为200元，实际成本波动范围不超过标准成本±5%，则成本控制范围就是[200-10，200+10]，也就是允许实际成本在190元至210元之间波动。成本控制范围可以根据经验确定，也可根据成本管理要求，利用最近成本资料分析成本项目并计算各自的标准差来确定。

【例7-2】伟达公司生产A产品所用甲材料的成本标准为80元。2020年各月的成本差异资料如图表7-2所示。

图表7-2 甲材料成本差异资料 单位：元

月份	成本标准$\bar{x}$	实际成本x_i	差异（$x_i-\bar{x}$）	（$x_i-\bar{x}$）^{2}
1	80	78	-2	4
2	80	79	-1	1
3	80	81	1	1
4	80	82	2	4
5	80	83	3	9
6	80	80	0	0
7	80	77	-3	9
8	80	76	-4	16
9	80	78	-2	4
10	80	79	-1	1
11	80	81	1	1
12	80	82	2	4
合计				54

$$标准差\ \sigma=\sqrt{\sum_{i=1}^{n}\frac{(x_i-\bar{x})^2}{n}}=\sqrt{\frac{54}{12}}=2.12$$

根据数理统计理论，在正态分布情况下，实际成本与标准成本相差不到1个标准差的概率为68.26%，2个标准差的概率为95.45%，3个标准差的概率为99.73%，即控制范围越小，实际成本脱离控制范围的可能性越大，反之则越小。根据甲材料在成本控制中的重要程度，假定波动范围为±1个标准差，则甲材料的成本控制范围应该在77.88~82.12元。也就是说，当单位产品的甲材料实际成本在77.88~82.12元，被认为是正常的；若超过这个范围，则必须进行成本差异分析。

（二）标准成本的差异分析

标准成本的差异分析主要包括成本差异揭示、成本差异原因分析和成本控制措施。

1.成本差异揭示。由于产品成本是由直接材料、直接人工、变动制造费用和固定制造费用四部分组成的，所以，将成本差异分为直接材料成本差异、直接人工成本差异、变动制造费用成本差异和固定制造费用成本差异四个部分。其中，直接材料、直接人工和变动制造费用的成本差异又分为价格差异和用量差异，其计算公式如下：

$$\text{成本差异}=\text{实际成本}-\text{标准成本}$$
$$=\text{实际用量}\times\text{实际价格}-\text{标准用量}\times\text{标准价格}$$
$$=\left(\text{实际用量}\times\text{实际价格}-\text{实际用量}\times\text{标准价格}\right)+\left(\text{实际用量}\times\text{标准价格}-\text{标准用量}\times\text{标准价格}\right)$$
$$=\left(\text{实际价格}-\text{标准价格}\right)\times\text{实际用量}+\left(\text{实际用量}-\text{标准用量}\right)\times\text{标准价格}$$
$$=\text{价格差异}+\text{用量差异}$$

有关数据之间的关系如图表7-3所示。

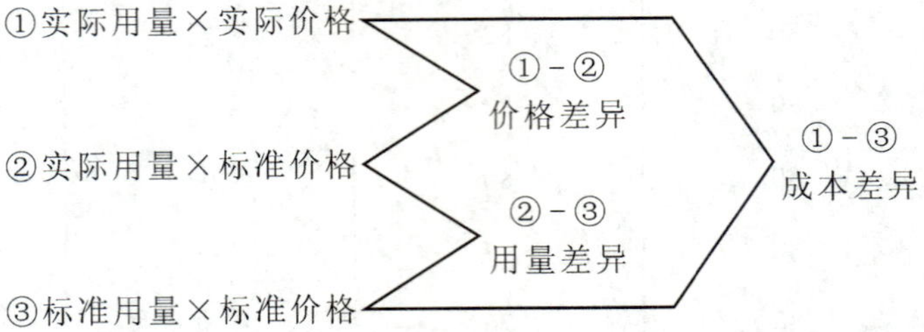

图表7-3 成本差异与价格差异、用量差异之间的关系

固定制造费用的成本差异可采用二因素分析法或三因素分析法进行揭示。

二因素分析法：

$$\text{固定制造费用成本差异}=\text{固定制造费用实际成本}-\text{固定制造费用标准成本}$$
$$=\left(\text{固定制造费用实际成本}-\text{固定制造费用预算数}\right)+\left(\text{固定制造费用预算数}-\text{固定制造费用标准成本}\right)$$
$$=\text{固定制造费用预算差异}+\text{固定制造费用能量差异}$$

三因素分析法：

$$\text{固定制造费用成本差异}=\text{固定制造费用实际成本}-\text{固定制造费用标准成本}=\left(\text{固定制造费用实际成本}-\text{固定制造费用预算数}\right)$$
$$+\left(\text{预算工时}-\text{实际工时}\right)\times\text{标准分配率}+\left(\text{实际工时}-\text{实际产量标准工时}\right)\times\text{标准分配率}$$
$$=\text{固定制造费用预算差异}+\text{固定制造费用能力差异}+\text{固定制造费用效率差异}$$

其中：$\text{标准分配率}=\dfrac{\text{固定制造费用预算数}}{\text{预算工时}}$

三因素分析法实际是把二因素分析法中的固定制造费用的能量差异又分解为固定制造费用能力差异和固定制造费用效率差异两部分。

【例7-3】伟业公司2021年6月生产A产品的有关资料如下：

（1）产品A成本标准卡如图表7-1所示，预算产量1 000件。

（2）实际产量1 200件，实际成本如图表7-4。

图表7-4 **实际成本资料** 产量：1 200件

项目	实际用量	实际价格	实际成本
直接材料：			
甲材料	8 150千克	8.60元/千克	70 090元
乙材料	6 200千克	5.66元/千克	35 092元
合计			105 182元
直接人工：			
第一车间	7 000小时	7元/小时	49 000元
第二车间	9 800小时	6元/小时	58 800元
合计			107 800元
制造费用：			
变动制造费用（第一车间）	7 000小时		9 100元
变动制造费用（第二车间）	9 800小时		8 820元
合计			17 920元
固定制造费用（第一车间）	7 000小时		5 600元
固定制造费用（第二车间）	9 800小时		6 800元
合计			12 400元
实际总成本	243 302元		

要求：揭示各成本项目的成本差异。

解：直接材料成本差异=105 182−87.42×1 200=278（元）（U）

其中：材料价格差异=（8.6−8.65）×8 150+（5.66−5.5）×6 200=584.5（元）（U）

材料用量差异=（8 150−6.8×1 200）×8.65+（6 200−5.2×1 200）×5.50=−306.5（元）（F）

直接人工成本差异=107 800−87.8×1 200=2 440（元）（U）

其中：直接人工工资率差异=（7−6.9）×7 000+（6−5.8）×9 800=2 660（元）（U）

直接人工效率差异=（7 000−6×1 200）×6.9+（9 800−8×1 200）×5.8=−220（元）（F）

这里的价格差异称为直接人工工资率差异，用量差异称为直接人工效率差异。

变动制造费用成本差异=17 920−14.54×1 200=472（元）（U）

其中：变动制造费用耗费差异 $=\left(\frac{9\,100}{7\,000}-1.29\right)\times 7000+\left(\frac{8\,820}{9\,800}-0.85\right)\times 9800=560$（元）（U）

变动制造费用效率差异=（7 000−6×1 200）×1.29+（9 800−8×1 200）×0.85=−88（元）（F）

这里的价格差异称为变动制造费用耗费差异，用量差异称为变动制造费用效率差异。

固定制造费用成本差异=12 400−10.24×1 200=112（元）（U）

其中，采用二因素分析法，将固定制造费用成本差异分为：

固定制造费用预算差异=12 400−10.24×1 000=2 160（元）（U）

固定制造费用能量差异=10.24×1 000−10.24×1 200=−2 048（元）（F）

若采用三因素分析法，将固定制造费用成本差异分为：

固定制造费用预算差异=12 400-10.24×1 000=2 160（元）（U）

固定制造费用能力差异=（6×1 000-7 000）×0.8+（8×1 000-9 800）×0.68

=-2 024（元）（F）

固定制造费用效率差异=（7 000-6×1 200）×0.8+（9 800-8×1 200）×0.68=-24（元）（F）

以下计算固定制造费用成本差异时均采用三因素分析法。

生产1 200件A产品总差异=实际总成本-单位产品标准成本×实际生产量

=243 302-200×1 200

=3 302（元）

或 生产1 200件A产品总差异=直接材料成本差异+直接人工成本差异+变动制造费用成本差异+固定制造费用成本差异

=278+2 440+472+112

=3 302（元）

从成本控制的角度讲，直接材料成本差异应按原材料品种分别揭示，直接人工、变动制造费用和固定制造费用成本差异应按车间分别揭示。本例只是为简化，所以才按成本项目揭示。

2.成本差异原因分析。揭示出成本差异之后，对超出成本控制范围的，要进行差异原因分析，以便采取控制措施。需要强调的是，不仅要注重调查形成超支差异的原因，也要调查形成节约差异的原因。

（1）影响材料价格差异的原因及责任归属。除了价格调整等客观因素外，材料价格差异大多是由采购工作质量造成的，如采购数量和地点是否恰当、运输方法和途径是否合理等。因此，材料价格差异控制的重点是材料采购环节，一般应由采购部门负责。此外，还应适当考虑其他部门甚至企业外部因素，如采购批量或次数的增减、是否利用了现金折扣、交通运输条件的变换和装卸搬运费用的升降等等。

（2）影响材料用量差异的原因及责任归属。材料的用量差异是在材料耗用过程中形成的，其产生的原因是多方面的，包括材料耗用中的浪费、节约和由于产品工艺水平的变化、材料加工方法的改变、材料质量改变及材料代用等原因所造成的超支或节约。因此，材料用量差异控制的重点是材料领用环节，一般应由生产部门负责。此外，企业内部其他有关部门也可能有一定的责任。例如，采购部门有关人员不熟悉业务或工作不认真负责，购进了规格、型号不合要求甚至质量低劣的材料，从而引起材料实际耗用量的增加。又如，仓储部门有关人员疏忽大意，使某种材料在储存过程中变质，由此引起材料实际耗用量的增加。因此，要进行具体的调查研究才能明确责任归属。

（3）影响工资率差异的原因及责任归属。工资率差异形成的原因有多方面，如直接生产工人升级或降级使用、奖励制度未产生实效、工资率调整、加班或使用临时工、出勤率变化等，这些原因复杂且难以控制。一般说来，工资应归属于人事劳动部门管理，差异的具体原因会涉及生产部门或其他部门。

（4）影响人工效率差异的原因及责任归属。影响直接人工效率差异的原因是多方面的，如工作环境的优劣、生产工人技术水平的高低、生产工艺过程的改变、原材料的质量好坏、机器设备的性能及运转状况、生产批量安排是否得当、批量节约优势是否得到正常发挥、是否有偷工减料情况等等。它主要是生产部门的责任，但这也不是绝对的，例如，材料质量不好，也会影响生产效率。

（5）影响变动制造费用差异的原因及责任归属。变动制造费用总差异是根据弹性预算的原理计算的，即变动制造费用实际发生数与按实际产量乘变动制造费用标准成本之间的差异。其中，变动制造费用的耗费差异是实际发生数与按实际工时乘变动制造费用标准分配率之间的差额，是在承认实际工时必要的前提下计算出来的差异。因此该项差异反映每小时业务量支出的变动制造费用脱离了标准费用，其形成差异的原因应根据变动制造费用各明细项目的弹性预算与实际发生数进行对比分析。耗费差异是部门经理的责任。变动制造费用效率差异，主要反映实际工时脱离标准工时产生的差异，因此，其形成原因及责任归属与直接人工效率差异相同。

（6）影响固定制造费用差异的原因及责任归属。在一定的业务量范围内，固定制造费用是不随业务量的变动而变动的。对固定制造费用成本差异形成的原因，应根据每个部门固定制造费用的明细项目与实际发生数进行对比分析。固定制造费用预算差异的方向和大小，取决于固定制造费用实际发生额同预算额之间差异的性质和程度。其产生的主要原因是管理人员工资率和其他成本要素价格（如税率、利息率、折旧率等）的变动，其他有关费用的节约或超支等。固定制造费用能力差异的方向和大小，取决于固定制造费用预算额同对应于实际工时的标准固定制造费用之间差异的性质和程度。其差异主要是由产销数量引起的，如经济萧条、产品定价过高造成销路不好或开工不足，或原材料、能源供应不足造成生产能力利用不充分等等，其责任在于管理部门。固定制造费用效率差异的方向和大小，取决于同实际工时相对应的标准固定制造费用与对应于标准工时的固定制造费用之间差异的性质和程度，其责任往往在于生产部门。

3. 成本控制措施。查清了成本差异形成的原因及责任归属后，应立即采取措施，以控制实际成本不超出成本控制的范围。根据成本动因，控制成本的有关措施可分为以下几个方面：

（1）降低原材料消耗、节约材料成本。①改进产品结构和配料比例，采用先进的工艺流程，降低单位产品中的材料成本；②在保证产品质量和性能的前提下，采用廉价材料作代用品，充分利用回收的废旧材料和副产品；③控制生产中的材料废损，对各道工序的废料建立考核指标；④改进材料收发、保管等方面的工作，减少和消灭各环节的浪费和损耗；⑤适时、适量及尽量避免远距离采购，节约采购费用。

（2）提高劳动生产率、节约人工成本。①合理调配劳动力，认真实行定岗、定员、定责，按月检查用工标准；②加强职工培训，提高职业道德和生产技术水平；

③进行技术革新和技术改造，提高工人的生产效率，及时修改劳动定额；④改善生产条件，保障工人的健康，提高工人的生产积极性；⑤实行合理的工资制度和奖惩制度，合理支付各种加班工资和补贴。

（3）合理组织生产、降低变动制造费用。①按照设备的性能和能力使用设备，正确制定设备利用定额；②建立健全设备管理的各项责任制和维修保养制度，减少故障停工时间。

（4）提高人工效率和设备利用率、降低固定制造费用。①约束性固定制造费用的控制。属于这种费用的有折旧费、保险费、公用事业费和长期租赁费等。约束性固定制造费用很少受企业短期决策的影响，通常是根据长期投资决策数据来制定它们的固定预算、审慎的长期计划，而不是逐月控制。这是控制约束性固定制造费用的关键。②酌量性固定制造费用的控制。属于这种费用的有设计制图费、试验检验费等。它们发生数额的大小可根据企业在不同时期的财力负担来确定。对于这类成本的控制，主要是分项目、按时间与有关单位协商制定出一个静态预算，然后对成本预算的实施进行控制。如果发现情况变化，造成预算不切合实际的，可以在下一期进行修改。

三、标准成本管理的考评

标准成本管理的考评主要包括成本差异的账务处理和标准成本管理的经营业绩考评两个部分。

（一）成本差异的账务处理

有的企业将标准成本作为统计资料处理，只编制有关差异分析报告单，并不记入账簿，只提供成本控制的有关信息。

如果把标准成本纳入账簿体系，可使标准成本发挥更多功效。为了同时提供标准成本、成本差异和实际成本三项成本资料，标准成本的账务处理具有以下特点：

1.“生产成本”、“库存商品”和“主营业务成本”账户均按标准成本记账，其他账户仍按实际成本记账，只把“制造费用”账户分为“变动制造费用”和“固定制造费用”两个一级账户。

2.按成本差异的类别，设置“材料价格差异”“材料用量差异”“直接人工效率差异”“直接人工工资率差异”“变动制造费用耗费差异”“变动制造费用效率差异”“固定制造费用预算差异”“固定制造费用能力差异”“固定制造费用效率差异”账户。这些差异账户借方登记超支差异，贷方登记节约差异，期末将差异额从反方向结转到有关标准成本账户。结转后，差异账户无余额。

3.期末成本差异的账务处理方法。

（1）直接处理法，又称结转本期损益法，即将本期发生的各种差异全部计入利润表，由本期收入补偿，视同主营业务成本的一种成本差异处理方法。

（2）递延法，又称调整主营业务成本与期末存货法，即把本期的各类差异按标准成本的比例在期末在产品、产成品存货和本期主营业务成本之间进行分配，从而将生产成本、库存商品和主营业务成本账户调整为实际成本的一种成本差异处理方法。

西方国家一般采用直接处理法。这种方法不仅简单、实用，而且从理论上说，本期发生的各种成本差异属于本期成本控制的业绩，理应完全反映到本期利润中去。

【例 7-4】伟业公司2021年6月A产品标准成本与实际成本资料如例7-1、例7-3，再假设本月无月初在产品，本月投产的1 200件全部完工，本月初产成品存货50件，标准成本10 000元（200×50），本月完工入库1 200件，本月销售1 150件，销售单价300元/件，增值税税率13%。据此，采用直接处理法，进行产品生产直到结转成本差异的账务处理。

解：(1) 领用原材料。

借：生产成本　104 904
　　直接材料价格差异　584.5
　贷：原材料　105 182
　　　直接材料用量差异　306.5

(2) 直接人工工资。

借：生产成本　105 360
　　直接人工工资率差异　2 660
　贷：应付职工薪酬　107 800
　　　直接人工效率差异　220

(3) 变动制造费用。

借：变动制造费用　17 920
　贷：有关账户　17 920

借：生产成本　17 448
　　变动制造费用耗费差异　560
　贷：变动制造费用　17 920
　　　变动制造费用效率差异　88

(4) 固定制造费用。

借：固定制造费用　12 400
　贷：有关账户　12 400

借：生产成本　12 288
　　固定制造费用预算差异　2 160
　贷：固定制造费用　12 400
　　　固定制造费用能力差异　2 024
　　　固定制造费用效率差异　24

(5) 产品完工入库。

借：库存商品　240 000
　贷：生产成本　240 000

(6) 产品销售。

借：应收账款（或银行存款等）	389 850	
贷：主营业务收入		345 000
应交税费——应交增值税（销项税额）		44 850

(7) 结转已销产品生产成本。

借：主营业务成本	230 000	
贷：库存商品		230 000

(8) 结转各成本差异账户。

借：主营业务成本	3 302	
直接材料用量差异	306.5	
直接人工效率差异	220	
变动制造费用效率差异	88	
固定制造费用能力差异	2 024	
固定制造费用效率差异	24	
贷：直接材料价格差异		584.5
直接人工工资率差异		2 660
变动制造费用耗费差异		560
固定制造费用预算差异		2 160

(二) 标准成本管理的经营业绩考评

标准成本管理的经营业绩考评，是指以标准成本为基础，建立一系列评价指标，对实际执行结果进行考核与评价。考评方法将在第八章进行介绍。

通过标准成本的制定、控制与考评，可以看到，标准成本管理主要适用于对产品生产成本的管理，但产品的整个生命周期不仅是生产，而且应包括研发、设计、销售、售后服务和市场退出处理。为了提高产品的整体利润，使企业在市场竞争中生存，企业不能仅满足于控制产品生产成本，还必须控制非生产成本。标准成本管理显然还做不到这一点。

第三节 作业成本管理

一、作业成本管理概述

作业成本管理是指以作业为核心，以资源流动为线索，以成本动因为媒介，作业成本计算与作业基础管理相结合的全面成本管理制度。

作业成本计算（activity-based costing，ABC）是把资源通过作业最终分配至成本对象（即产品、服务和顾客）的一种数学计算方法，是一个以作业为基础的科学信息系统。它首要的目的是盈利能力分析。

作业基础管理（activity-based management，ABM）是以作业为基础的管理，是应用作业成本计算所提供的明细、动态信息进行作业流程优化和对流程当事人进行考评的一项成本管理活动。

作业成本管理以作业为中介，将作业成本计算与作业基础管理紧密地联系在一起。

作业成本计算以作业为联系资源和成本对象的中介，以多样化成本动因为依据，将资源追踪到作业，将作业追踪到成本对象，反映了成本分配观。

作业基础管理以作业为导向，分析作业以何种方式和原因消耗资源以及何种原因引起作业（成本动因），并对作业完成得如何进行评价（业绩计量），反映了流程分析观。

作业成本计算与作业基础管理通过成本分配观和流程分析观从纵向和横向紧密地联系在一起，如图表7-5所示。

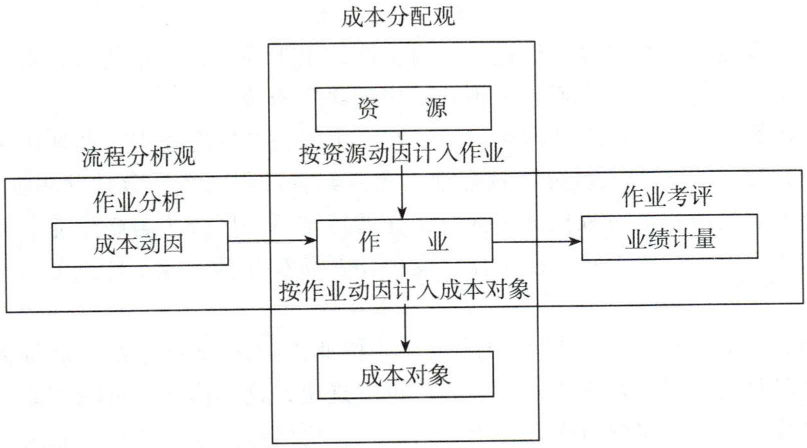

图表7-5　作业成本管理模式

图表7-5从纵横两个方向说明了作业成本管理的基本原理。纵向按成本分配观设计，前提是“产品消耗作业，作业消耗资源”，计算产品成本是计算产品所消耗资源的成本，因此，在成本分配观的观点下，产品成本的计算分成两步：一步是将耗费的资源按资源动因计入作业并计算作业成本，另一步是将作业成本按作业动因计入成本对象并计算成本。横向按流程分析观设计。流程分析的观点就是作业管理，包括流程优化和对流程当事人业绩考评两项基本内容。流程优化实际上是优化流程上的每一项作业，而为了优化作业，必须进行作业分析，弄清楚该项作业在哪个环节发生、为何发生，进而运用流程优化方法优化流程。管理，归根到底是管人。作业管理是通过管人来管作业。为此，必须在流程优化的基础上，为流程的当事人设置业绩指标，并对完成结果进行考核和评价。

成本分配观与流程分析观相互依存、紧密联系，形成了一套完整的作业成本管理。在成本分配观下的作业成本计算主要是满足流程分析观下作业基础管理的信息需要。作业成本管理不仅能够比较准确地计算产品成本或服务成本，更重要的是能够通过流程优化来优化作业，进而优化成本，达到成本控制和成本降低的目的。

二、作业成本管理的基本概念

(一) 作业

作业是基于一定的目的，以人为主体，消耗了一定资源的特定范围的工作，是构成产品生产、服务程序的组成部分。简言之，作业是指企业为提供产品或流程中的各工序和环节。实际工作中可能出现的作业类型一般有启动设备、购货订单、材料采购、物料处理、设备维修、质量控制、生产计划、工程处理、动力消耗、存货移动、装运发货、管理协调等。

作业应具备如下特征：

1.作业是以人为主体的。尽管现代制造业机械化、自动化程度很高，但由人掌握并且操纵各种机器设备仍然是现代制造业各项具体生产工作的主体，也就是作业的主体。

2.作业消耗一定的资源。作业以人为主体，至少要消耗一定的人力资源；作业是人力作用于物的工作，因而也要消耗一定的物质资源。

3.区分不同作业的标志是作业目的。在一个完备的制造业中，其现代化程度越高，生产程序的设计和人员分工越合理，企业经营过程的可区分性就越强。这样，可以把企业制造或服务过程按照一部分工作的特定目的区分为若干作业。每个作业负责该作业职权范围内的每一项工作。这些作业互补并且互斥，构成了完整的经营过程。

4.对于一个生产程序不尽合理的企业，作业可以区分为增值作业和非增值作业。**增值作业**是指增加顾客价值的作业。也就是说，这种作业的增减变动会导致顾客价值的增减变动。**非增值作业**是指不增加顾客价值的作业。这里，非增值作业虽然也消耗资源，但这种消耗并不是合理消耗。也就是说，这种作业的增加或减少不会影响顾客价值的大小，所以，有人也称这种作业为浪费作业。

5.作业可以按不同的标志进行分类。由于各企业之间生产组织特点、生产工艺过程不同，以及管理要求不同，很难把作业按统一的要求进行分类。杰弗·米勒和汤姆·沃尔曼把作业分为逻辑性作业、平衡性作业、质量作业和变化作业四类；罗宾·库珀则把作业分为单产性作业、批量性作业、品种性作业和产能性作业四类。本书依据作业动因将作业分为以下两大类：

第一，**专属作业**。把为某种特定产品提供专门服务的作业认定为专属作业。专属作业成本库成本直接结转计入该特定产品的成本，无须在各种产品或劳务之间进行分配。

第二，**共同消耗作业**。共同消耗作业是为多种产品生产提供服务的作业。共同消耗作业又可按其为产品服务的方式和原因分为以下四小类：

一是**批别动因作业**，是指服务于每批产品并使每一批产品都受益的作业，如分批获取订单的订单作业以及分批送运原材料或产品的搬运作业。

二是**产品数量动因作业**，是指使每种产品的每个单位都受益的作业，如包装作业，每件产品都均衡受益。

三是**工时动因作业**，是指资源耗费与工时成比例变动的作业。每种产品按其所耗工时吸纳作业成本，如机加工作业等。

四是**价值管理作业**，是指那些负责综合管理工作的部门作业，如作业中心总部作为一项作业就是价值管理作业。

（二）资源

资源是指生产资料或生活资料的来源。如果把整个制造中心（即作业系统）看成一个与外界进行物质交换的投入产出系统，那么所有进入该系统的人力、物力、财力等都属于资源范畴。资源进入该系统，并非都被消耗。即使被消耗，也不一定都是对形成最终产出有意义的消耗。因此，作业成本管理把资源作为成本计算对象，是要在价值形成的最初形态上反映被最终产品吸纳的有意义的资源耗费价值。资源按其包括内容又可分为人力资源、物力资源、财力资源等。

（三）作业链与供应链

作业链（activity chain）是指企业内部由组织成员完成的相互联系的一系列作业组成的链条，即相互联系的作业。在组织外部由其他成员完成的相互联系的作业，则称为**供应链**。在一些现代企业中，作业链与供应链常常相互交织。作业链可用图表7-6作以简要说明。

作业A→作业B→作业C

图表7-6 作业链

在这个有序的集合体中，每项作业都是另一项作业的顾客；反过来，另一项作业又是它本身的顾客。将作业链上的所有作业汇总起来，即可为外部顾客提供有价值的服务。

（四）价值链

企业每完成一项作业都要消耗一定的资源，而作业的产出又形成一定价值，转移到下一个作业。这样依次转移，直至形成最终产品，提供给企业外部顾客。**价值链**就是这一系列有序的价值集合体。价值链从生产经营环节上看就是作业链，是从价值角度反映的作业链。最终产品作为企业作业链的最后一环，凝结了各个作业链所形成并最终提供给顾客的价值。因此，可以说，作业链的形成过程也就是价值链的形成过程。

（五）资源动因

资源动因是引发资源变动的驱动因素，是作业消耗资源的原因和度量，即资源发生变动的原因及度量。它反映了作业中心对资源的消耗情况，是资源分配到作业中心的标准。

（六）作业动因

作业动因是引发作业变动的驱动因素，是作业被最终产品或劳务消耗的原因和度量，即作业发生变动的原因及度量。它是将作业中心的成本分配到产品或劳务中的标准，也是将资源消耗与最终产出相沟通的中介。例如，启动准备作业的作业动因是启动准备次数，质量检验作业的作业动因是检验小时。

资源动因和作业动因统称为**成本动因**，是引起成本发生和变化的原因和度量，即引起成本发生和变化的驱动因素及度量。

（七）作业中心

作业中心是负责完成某一项特定产品制造功能的一系列作业的集合。作业中心既是成本汇集中心，又是责任考评中心。作业中心是基于管理的目的而不是专门以成本计算为目的而设置或划定的一个责任中心。一个作业中心就是生产程序的一个部分。例如，检验部门就是一个作业中心。

作业成本管理的核心就是识别作业和各类动因，识别作业就是要找到企业的核心流程和流程上的关键点；识别动因就是要找到作业和成本发生的原因及度量。

三、作业成本计算

作业成本计算，可归纳为“作业消耗资源，产品消耗作业”，也就是“资源被作业消耗，作业被产品消耗”，或认为“资源转化为作业，作业转化为产品”，实质是产品消耗资源，或资源转化为产品。按照作业成本计算的程度不同，可将作业成本计算分为二阶段作业成本计算和多阶段作业成本计算。**二阶段作业成本计算**就是将作业流程划分为两个阶段的作业成本计算；**多阶段作业成本计算**就是将作业流程划分为两个以上阶段的作业成本计算。

作业成本计算需要先确定资源、作业、成本对象以及资源动因和作业动因，并根据实际的消耗关系建立资源向作业的分配和作业向产品的分配。

（一）二阶段作业成本计算的基本程序

二阶段作业成本计算的基本程序就是要把资源耗费价值予以分解并分配给作业，再将各种作业汇集的价值分配给最终产品或劳务。作业成本计算的程序如下：

1. 以资源动因为基础，将资源耗费价值分配到作业成本库。在这里，我们把具有共同资源动因的作业称为同质作业，并且为每一项同质作业设置一个作业成本库，即为每一项不同资源动因的作业设置一个作业成本库（相同资源动因的作业合并为一项作业）。确立资源动因的原则是：

（1）某一项资源耗费能直观地确定为某一特定产品所消耗，则直接计入该特定产品的成本中。此时，资源动因也是作业动因。该动因可以认为是“终结耗费”。材料费往往适用于该原则。

（2）如果某项资源耗费可以从发生领域区分为各作业所消耗，那么可以直接计入各作业成本库。此时，资源动因可以认为是“作业专属耗费”。各作业各自发生的办公费适用这种原则。各作业按实付工资额核定应负担的人工费时，也适用于这一原则。

（3）如果某项资源耗费从最初消耗上呈混合耗费形态，那么需要选择合适的量化依据将资源分解并分配到各作业。这个量化依据就是资源动因，如动力费用一般按各作业实用电力度数分配，则电力度数即为动力费的资源动因。

在资源耗费价值分配过程中，各资源耗费价值要根据资源动因一项一项分配到各作业成本库，将每个作业成本库的资源耗费价值相加，就形成了作业成本库价值。

2.以作业动因为基础，将作业成本库的成本分配到最终产品。与传统成本计算法一样，我们为每一种（或批别、步骤）产品设立成本计算单。在每一张成本计算单中，我们还按该产品生产所涉及的作业种类设立作业成本项目。本步骤就是将各作业成本库的价值分配结转到各产品成本计算单上。分配的标准就是作业动因。既然作业是依据作业动因确认的，则就每一项作业而言，其作业动因也就已经确定。成本计算在这一步只采用比例分配法进行计算。例如，订单作业是一种批别动因作业，我们只需将该作业成本除以当期订单份数即可得到应计入该批产品成本计算单"订单"这个成本项目中的价值。成本计算单中各成本项目之和，就是该种产品的成本合计。二阶段作业成本计算程序如图表7-7所示。

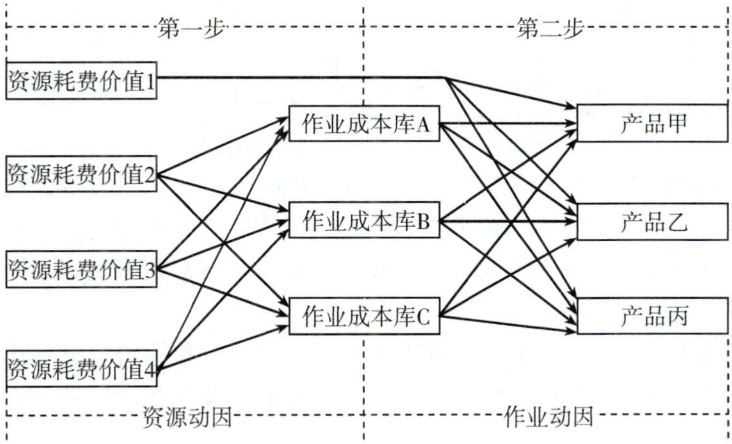

图表7-7 二阶段作业成本计算程序

（二）多阶段作业成本计算的基本程序

多阶段作业成本计算，除了注重作业与它们的最终成本对象之间的关系外，同时还注重作业与作业之间的联系，而不是像二阶段作业成本计算那样，过于简单地仅通过两个阶段，就从成本发生的时刻起，将成本分配于最终成本计算对象。**多阶段作业成本计算**是针对一个（些）作业由另外多个作业消耗，而另外这些作业反过来又由最终产品或劳务所消耗的情况。

利用多阶段作业成本计算和成本动因，可以对消耗资源的差异进行更详细分解，以更好地反映产品或劳务成本的增值以及经营的复杂性。例如在三阶段作业成本计算法下，成本动因可依次分为初始动因（即资源动因）、中间作业动因、最终作业动因。在每一阶段，都依据成本动因将成本按比例再分配到多成本对象中。多阶段作业成本计算其实是一系列按照活动路线（称为成本分配线）进行的成本再分配活动。但是，无论成本动因分成几个阶段，也无论它们有什么不同的作业，都不会改变流向最终成本对象的总金额，但能使人们了解如何分解资源消耗的差异。

多阶段（以三阶段为例）作业成本计算程序如图表7-8所示。

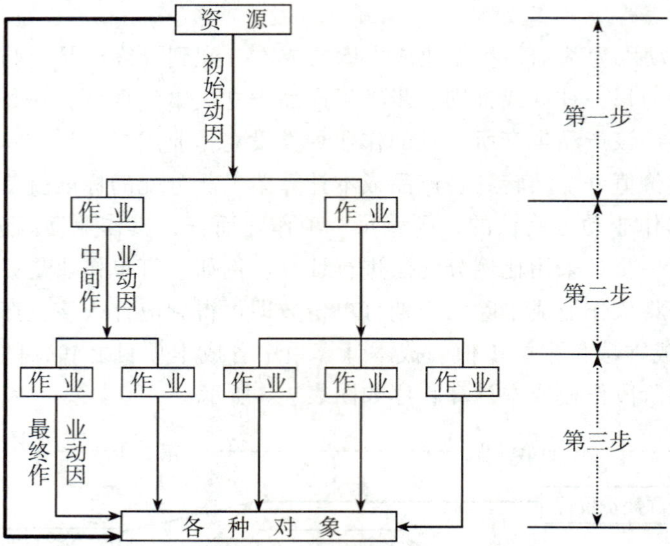

图表 7-8　三阶段作业成本计算程序

从图表7-7和图表7-8可看出：在二阶段作业成本计算模型中，资源被作业消耗，接着作业就被最终成本对象消耗，而多阶段成本计算模型是一个树状结构，资源被一级作业消耗，一级作业又被二级作业消耗……资源需流经多级作业最终才被成本对象消耗。

上述作业成本计算程序被称为**作业流程**。很显然，作业流程就是作业链或供应链，或是作业链与供应链的交织。优化作业流程就是优化作业链或供应链，进而达到优化价值链的目的。

四、作业基础管理

本节一开始已经述及，作业基础管理即是以作业为基础的管理，是应用作业成本计算所提供的明细、动态信息进行作业流程优化和对流程当事人进行考评的一项成本管理活动。在这里，作业流程优化就是通过优化作业链或供应链，达到优化价值链的过程，其结果是流程上各项作业如行云流水般“无缝隙地”连接起来，以实现顾客价值、股东价值和业务价值；对流程当事人进行考评就是为流程的当事人设置业绩指标，并对完成结果进行考核和评价。

作业基础管理的基本管理思想是：以顾客为导向，以作业链—价值链为中心，对企业的作业流程进行优化，强调协调企业内外部顾客的关系，从企业整体出发，协调各部门、各环节的关系，要求企业产品开发设计、物资供应、生产和销售等环节的各项作业形成连续、同步的作业流程，消除作业链或供应链中一切不能增加价值的作业，使企业处于持续改善状态，促进企业整体价值链的优化，实现作业管理的目标。

作业基础管理的内容包括作业流程优化（其实质是成本控制）和业绩考评两大部分。业绩考评将在第八章详述，这里只介绍作业流程优化。前已述及，作业流程优化就是通过优化作业链或供应链，以达到优化价值链的过程，具体包括绘制流程和优化流程两项具体内容。

（一）绘制流程

为了优化或改进流程，首要任务是绘制流程。按照美国著名国际咨询大师哈林顿（H. James Harrington）博士的总结，绘制流程图有4种基本方法：框图、标准流程图、职能流程图和地理流程图。这里只介绍职能流程图。

职能流程图主要是用来说明一个纵向型职能部门如何影响在组织内横向运动的流程，说明流程与组织单位、诸位当事人之间的配合关系。

【例 7–5】A公司销售部拟从公司内部招聘一名销售副经理，要求绘制职能流程图。有关人员绘制的职能流程如图表7–9所示。

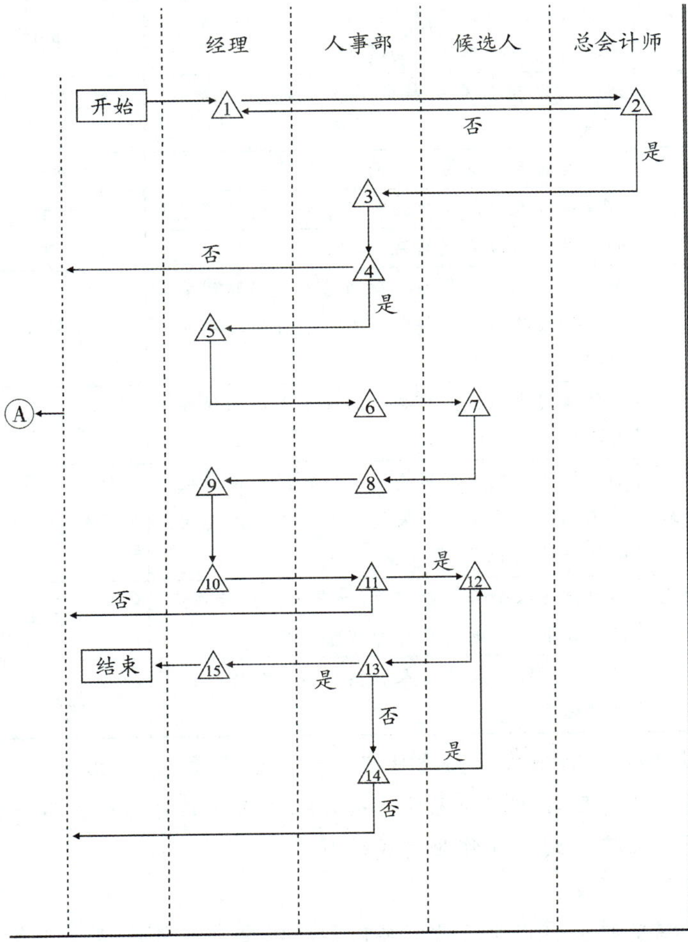

作业序号	处理时间（小时）	周期时间（小时）
1	3.0	3.0
2	0.3	72.0
3	2.2	200.0
4	1.0	72.0
5	2.0	48.0
6	1.0	120
7	0.1	24.0
8	1.0	66.0
9	1.2	30.2
10	2.0	72.0
11	0.2	72.0
12	1.0	72.0
13	1.1	16.0
14	0.1	8.0
15	0.3	48.0
合计	16.5	923.0
百分比	1.8%	100%

图表7–9　内部人事招聘职能流程图

图表7–9中最核心的部分是由15项作业组成的人事招聘流程。这15项作业的内容如图表7–10所示。

图表 7-10 **内部人事招聘流程作业内容**

序号	作业	作业描述	责任者/部门
1	确认需求	分析用工情况，编写用人申请报告和预算申请报告	经理
2	评估预算	如果同意，在招聘用人申请报告上签字；如果不同意，把全部材料连同一封拒绝信退回经理	总会计师
3	物色候选人	在公司内部动员员工报名或推荐	人事部
4	选择提供候选人名单	如果内部物色成功，向经理提供候选人名单；如果不成功，则启动外部物色人选程序	人事部
5	决定短名单	审查候选人书面材料，确定面试名单	经理
6	选择对新岗位感兴趣的员工	组织候选人所属部门的经理与员工们讨论，确定对新岗位感兴趣的员工	人事部
7	准备面试	通知对新岗位感兴趣的员工准备到人事部面试	候选人
8	组织会面	组织经理和候选员工见面	人事部
9	面试候选人	审查候选人对新岗位细节的了解及适应程度	经理
10	报告面试结果	向人事部通报面试结果	经理
11	选择发送聘用要约	如果候选人符合条件，向候选人发送聘用要约；如果都不符合条件，则启动外部物色人选程序	人事部
12	报告聘用要约评估结果	评估聘用要约，并将自己的决定或问题通知人事部	候选人
13	选择通知用人单位经理	如果候选人接受聘用要约，通知经理该岗位员工已招聘完毕；如果候选人拒绝聘用要约，则执行作业 14	人事部
14	选择确定启动外部物色人员程序	其他候选人是否可以接受?如果是，执行作业12；如果否，则启动对外招聘流程	人事部
15	准备接纳新员工	用人单位经理与候选人原属部门的经理联系，安排候选人报到	经理

图表 7-9 的顶行列明流程中 15 项作业的责任者（部门和负责人）。右端三栏：第一栏为作业序号；第二栏为处理时间，即完成一项作业所需要的时间；最后一栏为周期时间，即从上一项作业完成到本项作业完成的时间。

流程图的重要作用有如下两点：

（1）通过流程图将流程中的各项作业与特定部门和特定负责人联系起来，为业绩考评奠定基础。

（2）处理时间与周期时间提供了新的信息，尤其在分析企业因流程缺乏效率和效果所造成的损失时，特别有用。例 7-5 中完成 15 项作业实际花费的处理时间为 16.5 小时，而周期时间（即从第 1 项作业开始到第 15 项作业完成所持续的时间）为

923小时，约39天。如果这15项作业之间真正实现“无缝隙连接”，那么可将周期时间缩减98.2%，其缩减潜力最大竟为906.5小时之多！

应该指出：为特定企业或企业某些方面绘制流程并不是一件容易的事情。有两个问题必须解决好：一是绘制流程的切入点。人们常用的切入点有两种：①从部门切入，描述该部门所介入的各种流程；②从流程项目切入，描述该流程跨越的各个部门。前者是一个部门涉及若干流程，后者则是一个流程涉及若干部门。部门要服从流程的需要。二是绘制多少流程。一般说来，流程的数量取决于企业战略、作业数量、作业关系的复杂程度、企业管理的精细程度。

（二）优化流程

优化流程的方法很多，企业可根据自身的特点，采用不同的优化流程方法。这里只介绍剔除官僚主义、增值评估、缩短生产周期时间、全面改进和成本动因分析。

1.剔除官僚主义。官僚主义是指一种状态。在这种状态下，一个部门有多层官员，每位官员都在故意制造大量无用的工作以及僵硬而又不可理喻的规则。官僚主义的直接后果就是使流程失去效率和效果，使当事人对环境变化反应迟钝，有时甚至酿成灾难。从例7-6中，我们可以直接体会出官僚主义的味道。

【例7-6】A公司采购部经理在填写一份采购订单申请表后，获得总会计师批准的全部流程如图表7-11所示。

图表7-11 官僚主义与成本（采购订单的审批）

作业描述	时间（分）	成本（美元）
1.采购经理到文具柜取信封	5	6.00
2.采购经理查找总会计师办公室地址，然后书写信封	5	6.00
3.采购经理将信送到内部邮筒，然后返回办公室	7	9.80
4.信使到收发室取信，分类并送达总会计师的秘书	1 800	2.00
5.秘书登记，然后放到总会计师的往来信函夹	4	0.60
6.等候总会计师批阅	800	0
7.总会计师阅读和签署	1	1.20
8.等候秘书处理	800	0
9.秘书登记并送出文件	2	0.30
合计	3 424	25.90

图表7-11说明，采购经理为了得到总会计师对一份采购订单的批准，前后持续了3 424分钟，即57.07个小时，约3天时间，花费25.90美元，但实际上，真正有用的时间也就是总会计师批阅文件的那1分钟，只有1.20美元的成本。本例并非极端案例。实际上，在各类组织中，官僚主义几乎无时不在、无处不在，只是问题存在的严重程度不同而已。因此，识别官僚主义并且坚决地与之进行斗争，则是一项经常性的工作。那么，如何识别官僚主义呢?方法是多种多样的。例如，我们可以在流程的每个步骤上提出下列问题：①这项作业是否有必要存在?能否可以用其

他方法替代?②如有必要，它是否用作监督或审核别人的工作?③监督结果是否需要两位以上的当事人签字?④签字的监督结果需要多少份副本?⑤有没有将副本存档保留的明确理由?⑥是否将副本送给了不需要此类信息的人?⑦员工或其他当事人是否阻碍了流程的高效运行?⑧是否有不必要的往来通信?⑨是否有人重新审批了自己已经审批过的东西（如某些经理日常还在审批年初已经列入预算的支出）?用上述问题重新审视图表7-11，很容易想到，如果采购经理和总会计师都有一台与网络相连接的计算机，并将对方的电子邮件地址保存在自己的地址簿中，那么，采购经理按两下鼠标，就可剔除前6个步骤，而总会计师批阅文件之后，再按两下鼠标又可以将最后两个步骤省略掉。

2. 增值评估。增值评估是流程优化的最重要的方法，包括两个基本步骤：①确认流程上每一项作业是增值作业还是非增值作业。②根据确认结果，将非增值作业剔除或在规模上压缩到最低限度；将增值作业保留着，如有可能，在规模上还可予以扩大。这里的价值有三重意义：首先，它是指最终顾客的需要，即顾客价值。那些能够满足最终顾客需要的作业即为增值作业。其次，它是指股东的报酬或价值。一项具有顾客价值，同时又具有股东价值的作业才是现实的作业。最后，它是指业务价值，即有些作业虽然无顾客价值和股东价值，但是是实现顾客价值和股东价值的条件。这类作业也属于增值作业。确认作业是否为增值作业的方法，如图表7-12所示。

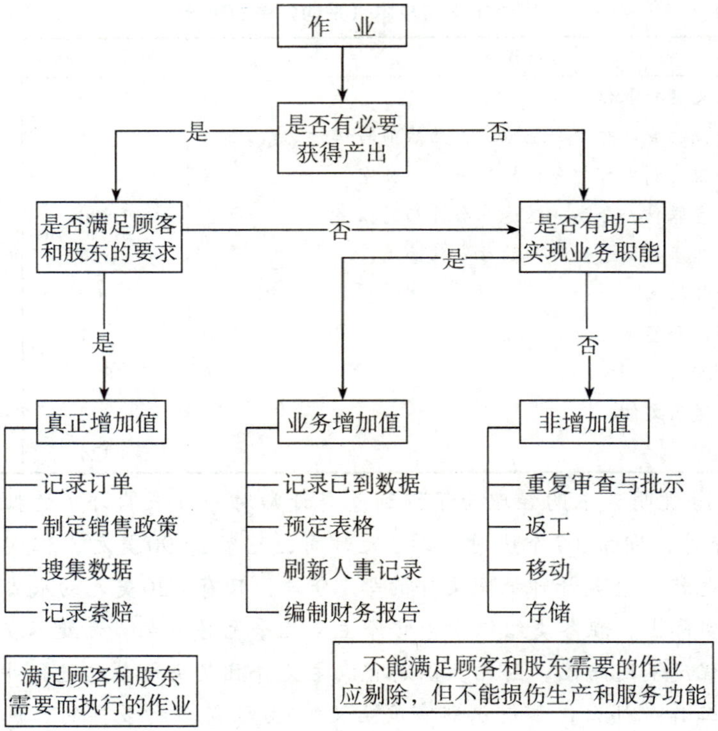

图表7-12　增值评估分析

图表7-12描述了如何对一项作业进行评估。通过此类评估，可以消除或压缩非增值作业。

3.缩短生产周期时间。企业从产品设计直到产品最终交给顾客，整个过程就是企业的**生产周期时间**，包括产品设计时间、准备时间、加工时间、搬运时间、等候时间、检验时间、储存时间、运输时间，但是并不是所有的时间都可以增加最终产品的价值。只有设计时间和加工时间可以增加价值，准备时间、搬运时间、等候时间、检验时间、储存时间和运输时间并不增加最终产品的价值。由此，作业管理下的“增加价值的作业和不增加价值的作业”可以表述为下面的等价形式：整个生产周期时间可以分为增加价值的时间和不增加价值的时间，如图表7-13所示。

←生产周期时间→					
收到顾客订单		开工生产		交　　货	
设计时间	准备时间	加工时间 搬运时间	等候时间 检验时间	储存时间	运输时间

增加价值时间	不增加价值时间
设计时间、加工时间	准备时间、搬运时间、等候时间 检验时间、储存时间、运输时间

图表7-13　生产周期时间

由图表7-13我们不难想到，缩短生产周期时间应从两个方面入手：一是尽量减少甚至消除不增加价值的时间；二是消除增加价值时间中的无效时间。当生产周期时间分解成各个不同的时间片段时，它便转化为与各种产品、顾客订单或者批别产品相联系的易于管理的各种过程。这些过程是由一系列消耗诸如工资、存货、折旧等资源的各种作业组成的。如此，一切作业耗费的资源大多数可以转化为用时间来表述。可见，时间是最基本的生产资源，它是度量作业链或供应链的一把尺子，有助于理解在生产周期时间内所耗费的资源是否增加了价值以及在多大程度上增加了价值。

4.全面改进。全面改进是指从产品设计开始，到组织产品生产，直至生产出顾客满意的产品为止的全过程改进。这里介绍以产品设计、适时生产系统和全面质量管理为重点的全面改进。

（1）产品设计。产品设计是企业内部作业链的首要环节，在相当大程度上决定了后续作业。产品设计对产品性能、所用材料、组织生产的工艺流程和成本乃至企业整体作业链—价值链都具有关键性的影响。据估计，产品寿命期的成本有60%~80%在产品设计阶段就已经确定了。因此，产品设计是企业最重要的成本动因，成本是由作业引起的。不同产品设计方案所需的作业不同，各种作业的耗费也不同。要降低成本，就必须从产品设计开始，应用价值工程和作业成本计算所提供的信息，根据顾客的需求，进行作业分析，修订产品设计，使产品设计在保证必要功能的前提下，尽量选用成本较低的作业，消除一切不必要的作业，降低作业耗费，进行流程优化。

（2）适时生产系统。产品设计只是解决了生产什么样的产品问题。要把产品设计变成现实，还要解决如何组织生产经营的问题。在产品设计阶段尽量消除一切不必要的作业只是一个开端，要把它落到实处，还需要保持企业整体生产经营过程中的各个环节相互协调，环环相扣，准确无误地运转，从而真正消除一切不必要的作业。这就要求建立适时生产系统。适时生产系统是最近20年来高新技术广泛应用于生产领域，在生产高度电脑化、自动化基础上形成的新的生产管理系统，其目的就是消除一切不必要的作业。适时生产系统要求企业在供产销的各个环节尽量实现“零存货”。总之，通过适时生产系统，力求消除一切不必要的作业，达到作业流程优化。

（3）全面质量管理。全面质量管理是一种观念。它要求消除不能增加产品价值的一切浪费、缺陷和作业。全面质量管理强调顾客满意，并把管理重点放在满足顾客需求上。企业实行作业管理，必须将“全面质量管理”贯穿其中。这是因为，企业在“适时生产系统”所要求的“零存货”的经营条件下，出现任何质量问题都将造成作业链的紊乱。为了避免这种情况的出现，必须辅之以“全面质量管理”，在每一个环节都严格把好质量关，使之达到“零缺陷”，从而消除因质量问题而引起的一切不必要的作业。总之，产品设计是企业最重要的成本动因。适时生产系统是没有任何浪费地执行各种作业，而全面质量管理则是没有任何缺陷地执行各种作业。

5.成本动因分析。成本动因分析是指引起某种作业所耗费资源数额因素的资源动因分析和引起某种产品所耗费作业数量因素的作业动因分析。

（1）资源动因分析。任何作业的任何资源耗费都是有动因的，但资源进入作业并非都被消耗，即使被消耗，也不一定都是对形成最终产出有意义的消耗。资源动因分析就是将实际资源耗费与标准资源耗费进行对比，通过资源动因区分出哪些是能被最终产品吸纳的、有意义的资源耗费价值，哪些是不能被最终产品吸纳的、浪费的资源耗费价值，从而消除资源浪费，合理进行资源配置，把企业有限的资源用于能为企业最终产品增加价值的作业上，并改善顾客价值，提高作业效率与效益。

（2）作业动因分析。进行作业动因分析，首先应辨别不必要或不增值的作业，然后将增值作业与先进水平进行比较，明确作业为何发生，如何发生，溯本求源，消除或压缩不增值作业，提高增值作业效率，以达到作业流程优化。成本动因分析如图表7-14所示。

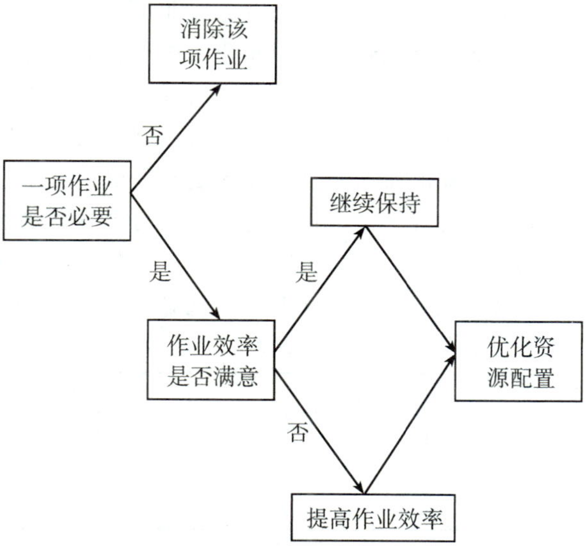

图表 7-14 成本动因分析

五、作业成本管理简例

（一）完全成本法下的作业成本管理

完全成本法下的作业成本管理是指在“产品成本=直接材料+直接人工+制造费用”的情况下，只为计算产品成本而设计的作业成本管理。

高新技术的应用，使得产品成本中的直接人工锐减，间接费用（主要是制造费用）的比例大大上升。有证据表明，20世纪80年代间接费用在产品成本中的比例，美国为35%，日本为26%。就美国的电子与机器工业来看，这一比例在日本高达50%~60%，在美国更高达70%~75%。发展到现在，间接费用在产品成本中的比例更远远地超出了上述比例。能否把间接费用合理、准确地分配给各种产品成本，直接关系到各种产品成本的计算是否准确。传统的间接费用分配方法通常是以与产量有关的直接人工或直接工时为标准，将间接费用分配到各种产品成本中去。然而，间接费用中的很大部分与产量并无关系，这就使得间接费用分配带有随意性和主观臆断，从而使得产品成本计算远远脱离实际。

作业成本计算则很好地解决了上述问题。它把全部成本分为固定成本和变动成本。与成本性态分析不同的是，它不仅以产量作为区分固定成本和变动成本的标准，而且用成本动因来解释成本性态，基于成本与成本动因的关系，将成本划分为短期变动成本、长期变动成本和固定成本三类。短期变动成本一般在短期内随产品产量的变动而变动，故仍以产量为基础（如直接人工成本、直接人工小时或机器小时）来归属这些成本。长期变动成本往往随作业（如生产批次、产品项目）变动而变动，故以非产量基础（如检验小时、订购次数、整备次数）作为成本动因来归属成本。作业成本计算法下非产量标准变动成本概念的提出，使许多不随产量变动的间接成本可以明确地归属于各产品。产品成本不仅随产量变动，而且随相关作业变动。这时，降低成本工作的重点在于分析、区分作业类型并衡量各种作业所耗资源的价值。这要求成本计算追踪资源到每一项作业，选择合适的标准将资源耗费价值计入每种作业中，并以此作为比较作业耗费，进而寻求降低成本方法的直接依据。

【例 7–7】某企业同时生产X、Y、Z三种产品，原材料在生产开始时一次投入，制造费用以直接人工成本为标准在三种产品之间进行分配，月末，采用约当产量比例法将生产费用在完工产品与在产品之间进行分配，月末在产品完工率为50%。假设X、Z产品无月初在产品，Y产品月初在产品成本为直接材料10 000元、直接人工9 850元、制造费用8 820元。产量记录与资源耗费如图表7–15、图表7–16所示。

图表 7–15 产量记录 单位：件

产品名称	月初在产品	本月投产	本月完工	月末在产品
X产品	0	5 000	5 000	0
Y产品	1 500	18 500	17 500	2 500
Z产品	0	4 000	4 000	0

图表 7–16 资源耗费计算表 单位：元

资源项目	直接材料	直接人工	制造费用					
			人工费	折旧费及修理费	办公费	动力费	劳动保护费	合计
金额	200 000	40 000	20 000	260 000	60 000	60 000	40 000	440 000
X产品	56 000	12 000						
Y产品	120 000	20 000						
Z产品	24 000	8 000						

要求：（1）在传统成本计算法下，计算三种产品的总成本和单位成本。

（2）在作业成本计算法下，计算三种产品的成本和单位成本。

解：（1）在传统成本计算法下，

$$制造费用分配率=\frac{440\ 000}{12\ 000+20\ 000+8\ 000}=11$$

X产品负担制造费用=11×12 000=132 000（元）

Y产品负担制造费用=11×20 000=220 000（元）

Z产品负担制造费用=11×8 000=88 000（元）

Y产品成本计算单如图表7–17所示。

图表 7–17 Y产品成本计算单 单位：元

项目	直接材料	直接人工	制造费用	合计
月初在产品	10 000	9 850	8 820	28 670
本月发生费用	120 000	20 000	220 000	360 000
费用合计	130 000	29 850	228 820	388 670
完工产品成本	113 750	27 825	213 500	355 075
在产品成本	16 250	2 025	15 320	33 595

其中：$直接材料分配率=\frac{130\ 000}{17\ 500+2\ 500}=6.5$

$直接人工分配率=\frac{29\ 850}{17\ 500+2\ 500\times 50\%}=1.59$

$制造费用分配率=\frac{228\ 820}{17\ 500+2\ 500\times 50\%}=12.20$

某企业产品生产成本表如图表7-18所示。

图表7-18 某企业产品生产成本表 单位：元

成本项目	X产品		Y产品		Z产品	
	总成本	单位成本	总成本	单位成本	总成本	单位成本
直接材料	56 000	11.2	113 750	6.5	24 000	6
直接人工	12 000	2.4	27 825	1.59	8 000	2
制造费用	132 000	26.4	213 500	12.20	88 000	22
合计	200 000	40	355 075	20.29	120 000	30

（2）在作业成本计算法下，由于直接人工所占比例很小，且与间接人工一样，都是“作业专属耗费”，因此，把直接人工和间接人工合为一个资源项目——人工费。

此时，Y产品期初在产品成本、作业专属耗费、非作业专属耗费资源动因参数和作业动因参数如图表7-19至图表7-22所示。

图表7-19 Y产品期初在产品成本

作业成本项目	直接材料	采购	物料处理	起动设备	装配	产品包装	质量控制	车间管理	合计
金额（元）	10 000	1 600	1 720	1 700	7 850	2 000	1 000	2 800	28 670

图表7-20 作业专属耗费 单位：元

资源名称＼作业成本项目	采购	物料处理	起动设备	装配	产品包装	质量控制	车间管理	合计
人工费	3 200	4 800	2 000	26 200	13 800	2 000	8 000	60 000
折旧及修理费	40 000	30 000	28 000	122 000	12 000	10 000	18 000	260 000
办公费	12 000	8 000	4 000	10 000	8 000	7 000	11 000	60 000

图表7-21 非作业专属耗费资源动因参数 金额单位：元

资源名称	资源动因	采购	物料处理	起动设备	装配	产品包装	质量控制	车间管理	合计
动力费	耗电度数	800	1 200	2 000	20 000	10 000	5 000	1 000	40 000
劳动保护费	标准人数*	6	9	4	47	16	4	14	100

*“标准人数”按下列方法计算：

车间管理标准人数=1×实际人数

其他作业标准人数=1×该作业系数×该作业实际人数

图表 7-22 作业动因参数

作业名称	作业动因	X产品	Y产品	Z产品	合计
采购	订单数量	2	3	1	6
物料处理	材料搬运次数	30	40	30	100
起动设备	准备次数	40	80	40	160
装配	机器小时	800	1 800	1 400	4 000
产品包装	标准包装次数*	5 000	35 000	15 200	55 200
质量控制	检验小时	300	700	405	1 405
车间管理	人工小时	2 000	4 000	1 000	7 000

*标准包装次数按下列方法计算：

X产品包装次数=1×该产品实际包装数量

Y产品包装次数=1×该产品包装系数×该产品实际包装数量

Z产品包装次数=1×该产品包装系数×该产品实际包装数量

Y产品2 500件在产品滞留在装配作业1 200件，在该作业完工率为0；在包装作业滞留800件，在该作业完工率为0；在质量控制作业500件，在该作业完工率为60%。

根据所给资料可以看出，这是二阶段作业成本计算。将图表7-7具体化为本题，如图表7-23所示。

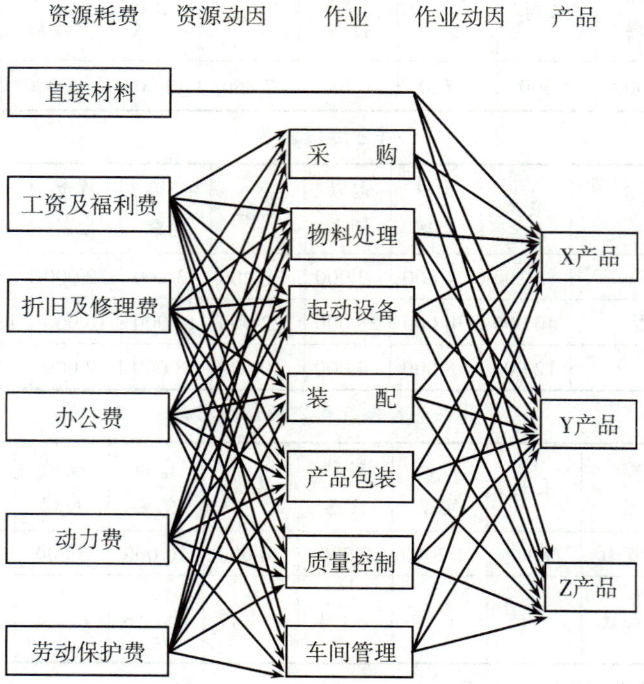

图表 7-23 二阶段作业成本计算程序图

其具体计算过程如下：

（1）将各项资源户归集的价值按资源动因分配计入各作业户。

①直接材料为“终结耗费”，可直接计入各产品成本，不需计入各作业户。

②其他资源耗费分配。

作业专属耗费直接计入各作业户。

非作业专属耗费按资源流动因计算分配率如下：

$$动力费分配率=\frac{60\,000}{800+1\,200+2\,000+20\,000+10\,000+5\,000+1\,000}=1.5$$

$$劳动保护费分配率=\frac{40\,000}{6+9+4+47+16+4+14}=400$$

其他资源耗费分配表如图表7-24所示。

图表7-24 其他资源耗费分配表 金额单位：元

资源名称	分配率	采购	物料处理	起动设备	装配	产品包装	质量控制	车间管理	合计
人工费	作业专属耗费	3 200	4 800	2 000	26 200	13 800	2 000	8 000	60 000
折旧修理费	作业专属耗费	40 000	30 000	28 000	122 000	12 000	10 000	18 000	260 000
办公费	作业专属耗费	12 000	8 000	4 000	10 000	8 000	7 000	11 000	60 000
动力费	1.5	1 200	1 800	3 000	30 000	15 000	7 500	1 500	60 000
劳动保护费	400	2 400	3 600	1 600	18 800	6 400	1 600	5 600	40 000
合计		58 800	48 200	38 600	207 000	55 200	28 100	44 100	480 000

（2）将各作业户归集费用按作业动因计入各产品成本户。

各作业户费用按成本动因计算分配率如下：

$$采购分配率=\frac{58\,800}{2+3+1}=9\,800$$

$$物料处理分配率=\frac{48\,200}{30+40+30}=482$$

$$起动设备分配率=\frac{38\,600}{40+80+40}=241.25$$

$$装配分配率=\frac{207\,000}{800+1\,800+1\,400}=51.75$$

$$产品包装分配率=\frac{55\,200}{5\,000+35\,000+15\,200}=1$$

$$质量控制分配率=\frac{28\,100}{300+700+405}=20$$

$$车间管理分配率=\frac{44\,100}{2\,000+4\,000+1\,000}=6.3$$

根据上述成本动因及分配率编制本期生产费用分配表，如图表7-25所示。

图表7-25 本期生产费用分配表 单位：元

作业成本项目 资源名称	直接材料	采购	物料处理	起动设备	装配	产品包装	质量控制	车间管理	合计
X产品	56 000	19 600	14 460	9 650	41 400	5 000	6 000	12 600	164 710
Y产品	120 000	29 400	19 280	19 300	93 150	35 000	14 000	25 200	355 330
Z产品	24 000	9 800	14 460	9 650	72 450	15 200	8 100	6 300	159 960
合计	200 000	58 800	48 200	38 600	207 000	55 200	28 100	44 100	680 000

（3）将各作业成本项目在完工产品与月末在产品之间进行分配。

X、Z产品本期全部完工，无须在完工产品与在产品之间进行分配。Y产品成本明细账如图表7-26所示。

图表7-26 Y产品成本明细账 单位：元

项目	直接材料	采购	物料处理	起动设备	装配	产品包装	质量控制	车间管理	合计
期初在产品	10 000	1 600	1 720	1 700	7 850	2 000	1 000	2 800	28 670
本期生产费用	120 000	29 400	19 280	19 300	93 150	35 000	14 000	25 200	355 330
生产费用合计	130 000	31 000	21 000	21 000	101 000	37 000	15 000	28 000	384 000
本期完工产品成本	113 750	27 125	18 375	18 375	93 975	36 050	14 700	25 143	347 493
期末在产品成本	16 250	3 875	2 625	2 625	7 025	950	300	2 857	36 507

上述作业成本项目合计除车间管理外，均采用约当产量比例法在完工产品与在产品之间进行分配。显然，17 500件完工产品和2 500件在产品均经由直接材料、采购、物料处理、起动设备作业，在产品约当产量为2 500件；因有1 200件在产品滞留在装配作业，且完全没有装配，故只有17 500件完工产品和滞留在产品包装及质量控制作业的1 300件在产品经由装配作业，在产品约当产量为1 300件；有800件在产品滞留在包装作业且完全没有包装，滞留在装配作业的1 200件显然也没有包装，故只有17 500件完工产品和滞留在质量控制作业的500件在产品经由包装作业，在产品约当产量为500件；滞留在质量控制作业的500件在产品在该作业完工率为60%，且滞留在装配作业和产品包装作业的2 000件在产品不可能经过质量控制，故只有17 500件完工产品和500件在产品的约当产量300件（500×60%）经过质量控制。由此，得出作业成本项目分配率：

$$直接材料分配率=\frac{130\ 000}{17\ 500+2\ 500}=6.5$$

$$采购分配率=\frac{31\ 000}{17\ 500+2\ 500}=1.55$$

$$物料处理分配率=\frac{21\ 000}{17\ 500+2\ 500}=1.05$$

$$起动设备分配率=\frac{21\,000}{17\,500+2\,500}=1.05$$

$$装配分配率=\frac{101\,000}{17\,500+1\,300}=5.37$$

$$产品包装分配率=\frac{37\,000}{17\,500+500}=2.06$$

$$质量控制分配率=\frac{15\,000}{17\,500+300}=0.84$$

因为车间管理属于价值管理，其职能是对可控范围内的费用开支负责。这里假定计入产品成本的全部费用对车间管理而言都是可控费用，其价值投入均与车间管理有关。因此，应以可控成本为标准进行分配，根据前面7个分配率计算出：

完工产品Y可控成本=113 750+27 125+93 975+18 375+18 375+36 050+14 700=322 350（元）

在产品Y可控成本=16 250+3 875+2 625+2 625+7 025+950+300=33 650（元）

$$车间管理分配率=\frac{28\,000}{322\,350+33\,650}=0.079$$

图表7-26中的完工产品与在产品数字均以上述分配率计算得出。完工产品成本计算单如图表7-27所示。

图表7-27 完工产品成本计算单 金额单位：元

项目	X产品（5 000件）		Y产品（17 500件）		Z产品（4 000件）	
	总成本	单位成本	总成本	单位成本	总成本	单位成本
金额	164 710	32.94	347 493	19.86	159 960	39.99

（二）对两种成本计算法的分析与评价

传统成本计算法和作业成本计算法虽然都是在完全成本法下计算产品成本，但计算的结果并不相同，甚至有较大差异。

将图表7-18与图表7-27进行对比不难发现，除Y产品单位成本相差不大外，Z产品和X产品单位成本均有较大差异。传统成本计算法使单位产品成本发生了较大的扭曲，从作业管理的角度则更能说明问题，仍以例7-7资料为例。

假设该企业采用成本加成定价法，按照产品成本加成20%，在传统成本计算法下产品成本及目标售价如图表7-28所示。

图表7-28 传统制造成本法下的产品成本及目标售价 单位：元/件

项目	X产品	Y产品	Z产品
产品成本	40	20.29	30
目标售价（产品成本×120%）	48	24.35	36
实际售价	39.53	25	38

近年来，企业在销售方面出了一些问题：Y产品按照售价25元/件正常出售；X产品由于受市场竞争影响较大，售价降到39.53元/件，远远低于目标售价48元/件；当Z产品的售价为36元/件时，公司收到订单的数量非常多，超过其生

产能力，因此，企业将售价提高到38元/件，企业收到的订单依然很多。上述情况表明，Y产品的销售及盈利情况正常，Z产品是盈利的优势产品，X产品是亏损产品，那么是否应该停产亏损X产品，而增产盈利Z产品呢？

如果从作业成本计算法取得的成本资料来看，X产品的成本远远低于传统成本计算法下的产品成本，而Z产品的成本却远远高于传统成本计算法下的产品成本。仍按20%成本加成定价法进行对比，如图表7-29所示。

图表7-29 两种成本计算法产品成本与目标售价对比 单位：元/件

项目	X产品	Y产品	Z产品
产品成本（传统成本计算法）	40	20.29	30
产品成本（作业成本计算法）	32.94	19.86	39.99
目标售价（传统成本计算法下的产品成本×120%）	48	24.35	36
目标售价（作业成本计算法下的产品成本×120%）	39.53	23.82	47.99
实际售价	39.53	25	38

通过对比可以看出，在作业成本计算法下，X产品售价39.53元/件等于重新确定的目标售价，非但不亏损，还是盈利产品；Z产品售价38元/件低于作业成本计算法下的产品成本39.99元/件，非但不是盈利产品，还是亏损产品。因此，应扩大生产X产品；Z产品如果不能提高售价或降低产品成本，使贡献毛益大于0，那么应停止生产Z产品。

本例说明，以直接人工成本为基础的分配间接费用的传统成本计算法导致Y产品和Z产品对X产品的补贴，进而混淆了成本责任，误导了定价、营销政策和生产决策。相比之下，作业成本管理考虑了引起间接费用发生的各种成本动因，并以此为基础分配间接费用，因而，它能较客观、真实地反映高新技术环境下各种产品的成本，为产品定价、制定营销政策和进行生产决策提供比较真实可靠的信息。

事实上，例7-7仅仅是作业成本管理中的作业成本计算，并没有很好地实现作业基础管理。其主要原因是：其一，例7-7只解决了使间接费用分配更加合理、准确的问题，并没有解决间接费用的控制问题。如果间接费用中包含浪费和低效率，那么这种作业成本计算充其量是对一个“不合理”成本数额给一个“合理的”分配。其二，例7-7只是使产品成本的计算更趋于合理，甚至几近完美，并没有解决企业对管理费用、销售费用、财务费用控制不力而遭受的损失。也就是说，对不计入产品成本的期间费用，上述作业成本计算却无能为力，而这些期间费用的过度浪费正是当今企业的共同难题。例如广东有家企业的毛利率为38%，而税前利润不足5%，管理费用、销售费用、财务费用吃掉毛利的33%，其中管理费用差不多占了18%。如果这些问题不得到解决，即便作业成本计算实现了产品成本控制的目标，通过有效降低产品成本所获得的全部利润也会因此而失去。遗憾的是，国内外论坛仅从精确分配间接费用这个层面认识和理解作业成本管理，很多教科书也或明或暗地告诉人们，作业成本管理只是改进制造费用或间接费用分配的方法，而忽略了它的最大贡献——强调成本动因以及由此引起的流程优化。

*（三）全部流程下的作业成本管理

完全成本法下的作业成本管理仍然没有离开以“产品”为核心和起点，只是将制造费用单一分配标准改为多元分配标准而已，其计算、分配原理还是一样，没有达到更深的层次，从而使其效果在广度和深度上都受到很大限制。只有全部流程下的作业成本管理才能克服完全成本法下作业成本管理的上述不足，真正做到以“作业”为核心和起点，不仅进行作业成本计算，更重要的是进行作业基础管理。作业基础管理也不仅是对计入产品成本的管理，而且是对全部流程中的全部成本费用的管理，重点放在每一项作业的完成及其所耗费的资源上。它通过成本动因分析，溯本求源，不断改变作业方式，重新配置有限资源，从而达到成本管理的目标。根据作业成本计算所提供的信息，如果发现某项高成本的作业，那么首先要确定这项作业是否必要，能否增加价值。如果该作业是不必要的作业，不能增加价值，那么企业就应该消除该项作业，而根本不必提高它的效率。企业应该时刻考虑的是：为什么要完成各种作业?这些作业是否必要?它能否增加价值?能否改进?简而言之，可将其归纳为：减少完成某项作业所需要的时间或耗费；消除不必要的作业；选择成本最低的作业；尽量实现作业共享，为降低作业成本创造有利条件；利用作业成本计算提供的信息，编制资源使用计划，重新配置未使用资源。这些步骤贯穿企业整个生产经营过程，从而使企业处于不断改进的环境之中，这就是全部流程下的作业成本管理。

【例7-8】某服装厂现有定编员工50人，按缝纫、平整两个生产中心组织生产。缝纫中心每月可提供4 000机时，平整中心每月可提供2 000机时。假设该厂本月有关资料如图表7-30至图表7-34所示。

图表7-30 生产作业规划

产品批别	名称	数量（件）	单位材料定额（元）		需用工时定额（小时）		完工状况
			主料	辅料	缝纫	平整	
001	衬衣	4 000	40	2.4	1	0.5	本月完工3 000件
002	纯毛大衣	10	500	50	6	3	本月全部完工

图表7-31 资源耗费计算表

资源名称	材料		人工费	动力费	折旧费	办公费	业务招待费	其他费用	合计
	主料	辅料							
金额（元）	170 000	10 000	99 066	7 000	50 000	19 114	31 470	18 500	405 150

图表7-32 非作业专属资源动因及作业专属资源耗费表　金额单位：元

资源名称	订单	生产规划	采购	裁剪	缝纫	平整	生产协调	厂部	合计
人员定编（人）	2	3	2	2	20	10	3	8	50
耗电度数（度）	400	1 000	100	1 000	2 500	3 000	500	1 500	10 000

续表

资源名称	订单	生产规划	采购	裁剪	缝纫	平整	生产协调	厂部	合计
001批在产品数（件）					200	800			
在产品完工率					0	0			
人工费	3 762	7 524	4 389	3 762	31 350	15 675	7 524	25 080	99 066
折旧费	2 000	5 000	1 000	5 000	14 000	10 000	6 000	7 000	50 000
办公费	3 158	2 976	1 921	788	1 150	1 295	2 326	5 500	19 114
材料费	材料是“终结耗费”，本月实耗主料170 000元，其中，专属001批164 800元，专属002批5 200元；实耗辅料10 000元，其中，专属001批9 500元，专属002批500元								
业务招待费	31 470元是应计入厂部的专属耗费								
其他费用	18 500元是指应计入厂部的房产税、劳动保险费等专属耗费								

图表7-33　作业动因参数表

作业名称	作业动因	产品消耗			
		001批	002批	其他批	合计
订单	订单份数	1	1	38	40
生产规划	规划次数	1	1	28	30
采购	采购次数	80	2	0	82
裁剪	裁剪次数	80	2	0	82
缝纫	缝纫工时（定额）	3 800	60	0	3 860
平整	平整工时（定额）	1 500	30	0	1 530
生产协调	协调次数	30	20	0	50
厂部	预算控制				

图表7-34　作业动因标准分配率及标准处理周期时间

作业动因	订单份数	规划次数	采购次数	裁剪次数	缝纫小时	平整小时	协调次数
标准分配率	180元/份	365元/次	78元/次	127元/次	14.3元/小时	18.7元/小时	204元/次
标准处理周期时间	4小时/份	5小时/次	3小时/次	4小时/次	衫：1小时/件 毛：6小时/件	衫：0.5小时/件 毛：3小时/件	3小时/次

作业成本管理流程概述如下：

1.流程设计

本例假设该服装厂全部流程共有8项作业。由流程项目描述该流程跨越的各个部门，如图表7-35所示。

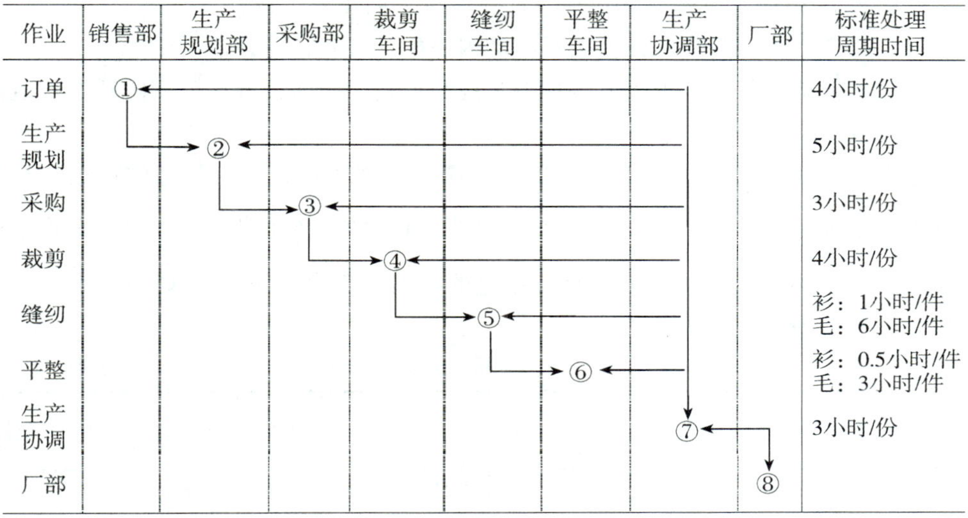

图表7-35 全部作业流程图

由图表7-35的顶行列明流程中8项作业的责任者，右端第一栏“标准处理周期时间”是指完成单位作业的周期时间，包括实际处理时间以及必要的等待时间、传递时间等暂时还没有消除的非增值作业时间，一般为从上项作业完成到本项作业完成的时间。

2.作业成本计算

根据所提供的资料分析，本例显然属于二阶段作业成本计算，其作业成本计算如图表7-36所示。

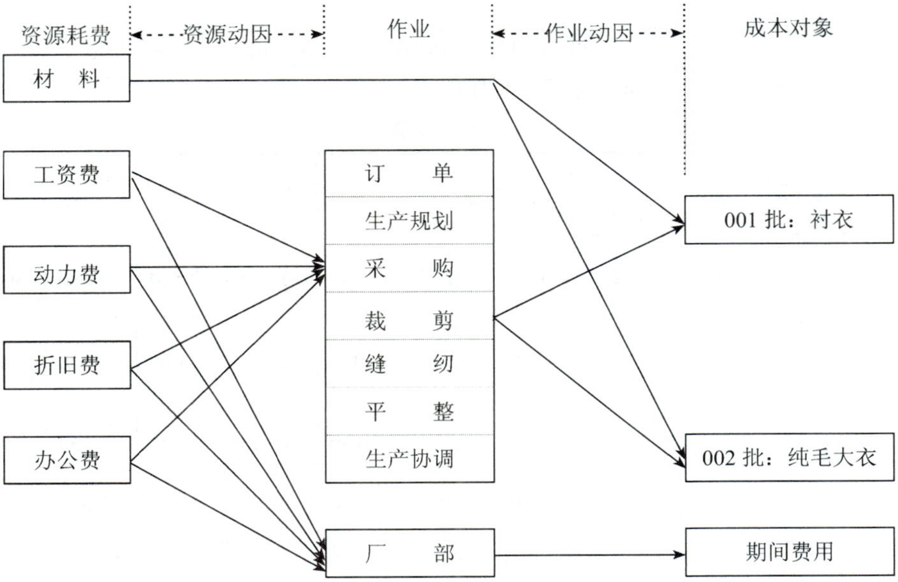

图表7-36 二阶段作业成本计算程序图

由图表7-36所示可知，作业成本计算应按下列步骤进行：

（1）将各资源户归集的价值按资源动因分配计入各作业户。

①材料资源的分配。由于直接材料是终结耗费，因而按各产品实际耗费价值记入各产品成本户。

②人工费的分配。图表7-32中的人工费是专属资源耗费，计算的依据是每人每月工作20.9天（$\frac{365-104-10}{12}$），每天必要工作时间7.5小时，每人每月平均工作时间为156.75小时（7.5×20.9）。每项作业的标准工资率及图表7-32中的人工费计算如图表7-37所示。

图表7-37　人工费用的分配　金额单位：元

作业	订单	生产规划	采购	裁剪	缝纫	平整	生产协调	厂部	合计
标准工资率①（元/小时）	12	16	14	12	10	10	16	20	—
标准工时②（156.75小时×人数）	313.5	470.25	313.5	313.5	3 135	1 567.5	470.25	1 254	7 837.5
人工费③=①×②	3 762	7 524	4 389	3 762	31 350	15 675	7 524	25 080	99 066

人工费用直接计入各作业户。

③折旧费的分配。图表7-32中的折旧费用也是专属资源耗费，是根据各作业中心使用的固定资产直接计算出来的，直接计入各作业户。

④办公费的分配。图表7-32中的办公费也是专属资源耗费，是各作业中心的实际发生额，直接计入各作业户。

⑤动力费按各作业耗电度数分配。

$$动力费用分配率=\frac{7\,000}{400+1\,000+100+1\,000+2\,500+3\,000+500+1\,500}=0.7$$

除材料外的资源分配如图表7-38所示。

图表7-38　资源分配表　金额单位：元

资源名称	分配率	订单	生产规划	采购	裁剪	缝纫	平整	生产协调	厂部	合计
人工费	专属耗费	3 762	7 524	4 389	3 762	31 350	15 675	7 524	25 080	99 066
折旧费	专属耗费	2 000	5 000	1 000	5 000	14 000	10 000	6 000	7 000	50 000
办公费	专属耗费	3 158	2 976	1 921	788	1 150	1 295	2 326	5 500	19 114
动力费	0.7	280	700	70	700	1 750	2 100	350	1 050	7 000
招待费及其他	专属耗费	—	—	—	—	—	—	—	49 970	49 970
合计		9 200	16 200	7 380	10 250	48 250	29 070	16 200	88 600	225 150

（2）将各作业汇集费用按成本动因分配计入各成本对象。

①订单作业

订单作业分配率$=\frac{9\ 200}{1+1+38}=230$

②生产规划作业

生产规划作业分配率$=\frac{16\ 200}{1+1+28}=540$

③采购作业

采购作业分配率$=\frac{7\ 380}{80+2}=90$

④裁剪作业

裁剪作业分配率$=\frac{10\ 250}{80+2}=125$

⑤缝纫作业

缝纫作业分配率$=\frac{48\ 250}{3\ 800+60}=12.5$

⑥平整作业

平整作业分配率$=\frac{29\ 070}{1\ 500+30}=19$

⑦生产协调作业

生产协调作业分配率$=\frac{16\ 200}{30+20}=324$

001批产品成本=164 800+9 500+230×1+540×1+90×80+125×80+12.5×3 800+19×1 500+324×30

=164 800+9 500+230+540+7 200+10 000+47 500+28 500+9 720

=277 990（元）

002批产品成本=5 200+500+230×1+540×1+90×2+125×2+12.5×60+19×30+324×20

=5 200+500+230+540+180+250+750+570+6 480

=14 700（元）

其他批产品成本=230×38+540×28=23 860（元）

各批产品成本计入产品成本计算单如图表7-39所示。

图表7-39　各批产品成本计算单　单位：元

项目	材料		订单	生产规划	采购	裁剪	缝纫	平整	生产协调	合计
	主料	辅料								
001批	164 800	9 500	230	540	7 200	10 000	47 500	28 500	9 720	277 990
002批	5 200	500	230	540	180	250	750	570	6 480	14 700
其他批			8 740	15 120						23 860
合计	170 000	10 000	9 200	16 200	7 380	10 250	48 250	29 070	16 200	316 550

（3）期末，将成本合计在完工产品和在产品之间进行分配。

①001批产品。001批产品本月没有全部完工，根据图表7-32，原材料已一次全部投入。有200件在产品在缝纫作业，且完全没有加工，有800件在平整作业，也完全没有加工。因此，有4 000件产品经由订单、生产规划、采购、裁剪作业，有3 800件经由缝纫作业，有3 000件产品经由平整作业。

由此，得出001批产品作业成本项目分配率：

$$直接材料分配率=\frac{164\,800+9\,500}{3\,000+1\,000}=43.575$$

$$订单分配率=\frac{230}{3\,000+1\,000}=0.0575$$

$$生产规划分配率=\frac{540}{3\,000+1\,000}=0.135$$

$$采购分配率=\frac{7\,200}{3\,000+1\,000}=1.8$$

$$裁剪分配率=\frac{10\,000}{3\,000+1\,000}=2.5$$

$$缝纫分配率=\frac{47\,500}{3\,000+800}=12.5$$

$$平整分配率=\frac{28\,500}{3\,000+0}=9.5$$

因为生产协调作业属于价值管理，不直接对产品进行加工，只是对各作业的生产进行协调，因此，上述7个作业成本项目对生产协调作业而言，都是可控费用。这样，生产协调费用的分配标准应是上述7个作业成本项目的完工产品成本和在产品成本。

7个作业成本项目的完工产品成本=（43.575+0.0575+0.135+1.8+2.5+12.5+9.5）×3 000=210 202.5（元）

7个作业成本项目的在产品成本=（43.575+0.0575+0.135+1.8+2.5）×1 000+12.5×800+9.5×0=58 067.5（元）

$$生产协调分配率=\frac{9\,720}{210\,202.5+58\,067.5}=0.0362$$

001批完工产品成本=210 202.5+0.0362×210 202.5=217 811.83（元）

001批在产品成本=58 067.5+（9 720−7 609.33）=60 178.17（元）

001批产品成本明细账如图表7-40所示。

图表7-40　001批产品成本明细账　金额单位：元

项目	直接材料	订单	生产规划	采购	裁剪	缝纫	平整	生产协调	合计
期初在产品									
本期生产费用	174 300	230	540	7 200	10 000	47 500	28 500	9 720	277 990
本期完工产品成本	130 725	172.5	405	5 400	7 500	37 500	28 500	7 609.33	217 811.83
单位成本	43.575	0.0575	0.135	1.8	2.5	12.5	9.5	2.54	72.61
期末在产品成本	43 575	57.5	135	1 800	2 500	10 000	0	2 110.67	60 178.17

②002批产品本月全部完工，图表7-39中的14 700元就是002批产品的完工成本。

③其他批别产品，只对投产产品开设了成本计算单。在以后成本计算期，对已投产产品，应于投产时将相关成本按作业成本项目从各批产品成本计算单转入各自成本计算单。

3.流程优化

流程优化的方法很多，前面已做过介绍。本例采用成本动因分析法。

（1）作业动因分析

作业动因分析如图表7-41所示。

图表7-41 作业动因分析

作业名称	作业动因	标准分配率	实际分配率	单位差异	总差异（元）
订单	订单份数	180元/份	230元/份	50元/份	50×40=2 000
生产规划	规划次数	365元/次	540元/次	175元/次	175×30=5 250
采购	采购次数	78元/次	90元/次	12元/次	12×82=984
裁剪	裁剪次数	127元/次	125元/次	-2元/次	-2×82=-164
缝纫	缝纫工时	14.3元/小时	12.5元/小时	-1.8元/小时	-1.8×3 860=-6 948
平整	平整工时	18.7元/小时	19元/小时	0.3元/小时	0.3×1530=459
生产协调	协调次数	204元/次	324元/次	120元/次	120×50=6 000
厂部	预算控制	（预算）70 000元	（实际）88 600元	—	18 600

图表7-41中每项作业总差异=单位差异×作业动因总数量（见图表7-33），标准分配率来自图表7-34，实际分配率见作业成本计算。从图表7-41可看出，订单作业、生产规划作业、采购作业、平整作业和生产协调作业实际分配率均大于标准分配率，形成超支差异，超支金额为14 693元（2 000+5 250+984+459+6 000），厂部实际超过预算18 600元，而裁剪作业和缝纫作业实际分配率小于标准分配率，形成节约差异，节约总金额为7 112元（6 948+164）。上述差异的产生是由于标准分配率的制定已不符合现在实际情况，还是由于存在非增值作业，就需要找出超支和节约的原因。这就要以作业为导向，分析作业以何种方式和原因消耗资源，溯本求源，进行资源动因分析。

（2）资源动因分析

①人力资源动因分析如图表7-42所示。

图表7-42 人力资源动因分析表

作业	本月标准周期时间（小时）	本月实际可用时间（小时）	工资差异（元）
订单	4×40=160	2×156.75=313.5	（313.5-160）×12=1 842
生产规划	5×30=150	3×156.75=470.25	（470.25-150）×16=5 124
采购	3×82=246	2×156.75=313.5	（313.5-246）×14=945
裁剪	4×82=328	2×156.75=313.5	（313.5-328）×12=-174
缝纫	3 860	20×156.75=3 135	（3 135-3 860）×10=-7 250
平整	1 530	10×156.75=1 567.5	（1 567.5-1 530）×10=375
生产协调	3×50=150	3×156.75=470.25	（470.25-150）×16=5 124
厂部		8×156.75=1 254	

图表7-42中的“周期时间”是指前一项作业结束到后一项作业结束所经过的时间。周期时间除包含了“作业时间”(即一项作业发生所需的时间外),还包含了等待时间以及必要的间隔时间等非增值作业时间。本月标准周期时间=单位周期时间×作业动因数量(见图表7-33和图表7-34)。缝纫作业本月标准周期时间3 860小时,是因为本月只有001批3 800件产品、002批10件产品经由缝纫作业,其定额工时为3 860小时(1×3 800+6×10);同样,平整作业本月标准周期时间1 530小时,是因为本月只有001批3 000件产品、002批10件产品经由平整作业,其定额工时为1 530小时(0.5×3 000+3×10)。本月实际可用时间=定编人数×人均月工作小时(见图表7-32和图表7-37中的标准工时),工资差异=工时差异×标准工资率(见图表7-37)。严格说起来,应该用“作业时间”代替“周期时间”。这说明各项作业之间实现“无缝隙连接”,可作为企业追求目标。通过图表7-41可明显看到,订单、生产规划和生产协调存在着资源浪费,订单作业1个人的工作由两个人干,而生产规划、生产协调1个人的工作却由3个人干。图表7-40中订单、生产规划和生产协调所产生的差异几乎全部来自人力资源的浪费。缝纫作业节约7 250元成本,显然也是人力资源的节约,但这种节约是通过牺牲休息时间、加班加点工作725小时(3 860-3 135,见图表7-42)来实现的,这既不是劳动效率的提高,又不是生产技术水平的提高。这种加班加点而不增加工资的做法只能挫伤缝纫作业人员的积极性。20人的可利用工时只有3 135工时,缝纫车间的4 000机时很难被完全利用。

厂部成本超支18 600元也可能与人力资源配置有关。比如由于机构设置不合理,每个人每天工作时间有可能远远小于7.5个小时,却拿7.5个小时的工资;或者工作程序繁杂,存在官僚主义,人浮于事,工作效率低下。以上分析,均说明人力资源配置不合理,必须重新配置。

②材料资源动因分析。直接材料是“终结耗费”,其资源动因也是作业动因。001批产品主料定额160 000元(40×4 000),实际耗费主料164 800元,超支4 800元;辅料定额9 600元(2.4×4 000),实际耗费9 500元,节约100元。直接材料共计超支4 700元(4 800+(-100))。主料超过定额是因为裁剪车间出现浪费、生产车间出现废品,还是因为定额不符合实际情况,需查明原因,制定措施。

③生产能力资源利用分析。缝纫车间每月可提供4 000机时,001批产品在缝纫作业有200件未完工,且完全未经缝纫作业处理,其消耗工时为3 800工时(1×(4 000-200)),002批产品全部经由缝纫作业处理,消耗工时为60工时(6×10),缝纫车间消耗总工时为3 860工时(3 800+60),尚有140工时未被使用。造成生产能力资源浪费的原因是人力资源配置不当而造成生产能力资源的闲置。也就是说,缝纫车间实际处理时间仅为3 135工时,但却完成了3 860工时的生产。超额725工时是加班加点完成的,闲置140工时显然是由于人力不足引起的。这不是缝纫车间的责任。同样,平整车间由于有800件在产品和缝纫车间200件在产品完全没有进行平整作业处理,001批产品消耗工时为1 500工时(0.5×(4 000-800-

200）），002批产品消耗工时为30工时（3×10），平整车间消耗总工时为1 530工时（1 500+30），尚有470工时（2 000−1 530）未被利用。究其原因，平整车间实际处理能力仅为1 567.5工时，470工时中有432.5工时（2 000−1 567.5）也是由人力不足造成的，另37.5工时（1 567.5−1 530）的浪费才属于生产组织问题，应由平整车间负责。

④业务招待费的资源动因分析。业务招待费31 470元占了厂部总费用的36%，通常只是通过固定预算进行控制。如果应用流程理念，将厂部作业直接或间接地与顾客联系起来，运用投入产出分析确定成本动因，通过成本动因以控制业务招待费。假如将招待费按招待客人的名称（即资源动因）进行分类归集，结合该客人对企业贡献的大小，制定出每次（即作业动因）招待费的支出标准，就会取消对企业没有贡献的客人的招待，减少对企业贡献不大的客人的招待次数。通过以上分析，对于厂部的资源耗费，还应进一步按资源动因细分为各项作业，再按作业动因分配到各项期间费用。

⑤动力费、折旧费、办公费的资源动因分析。因篇幅所限，本书从略。

4.业绩考评

上述流程设计、作业成本计算与流程优化为业绩考评奠定了基础，其考评方法将在第八章进行介绍。

上述简例旨在说明：

（1）作业成本管理绝不仅仅是改进制造费用或间接费用的分配方法，更是一种实现成本前馈控制与反馈控制相结合、成本计算与成本管理相结合的“全面成本管理系统”。它的最大贡献在于强调成本动因以及由此引起的流程优化，其本质是成本控制，并可细化为两个层次——“成本避免控制”和“成本降低控制”。其中：成本避免控制（即引起某项费用发生的作业是不必要的作业，就应该尽量避免发生）是第一层次；成本降低控制（即某项费用不能避免，一定要发生，就要控制其不超过标准）是第二层次。成本避免控制能杜绝或消除浪费，成本降低控制能最大限度地减少浪费。成本避免控制与成本降低控制贯穿企业的全部流程，消除一切不增加价值的作业或不增加价值的时间，使企业始终处在不断改进的环境之中。

（2）作业成本管理与其他先进的管理理论与方法不仅不矛盾，而且可以相互结合。比如，将作业成本管理与全面预算、作业成本管理与平衡计分卡、作业成本管理与战略成本管理等结合起来应用，甚至可能收到意想不到的效果。

*第四节 质量成本管理

党的二十大报告在第四部分“建设现代化产业体系”中指出：“建设制造强国、质量强国……”，当今世界，产品和服务质量是企业在激烈的市场竞争中得以取胜的关键因素。优质产品和服务能提高顾客的满意度，确保并扩展产品和服务的市场份额，提高企业的声誉和形象，增加销量和利润，使企业处于同行业的领先地位。

鉴于质量的重要性，国际标准组织（ISO）早在1987年就发布了一系列质量控制标准：ISO9000~ISO9004共五部分，简称为ISO9000标准。该标准为使公司达到其质量保证，在目标和方法上有着全球性的影响。质量成本管理将其作为指导方针，在编制质量成本计划（预算）基础上，实施质量成本控制，并对质量成本管理实施结果进行考评。

一、质量、质量成本及其分类和质量成本管理

（一）质量的概念

质量是指产品或服务使顾客要求得到满意的程度。质量包括两个方面：功能质量和符合质量。**功能质量**又称**设计质量**，是指产品或服务被构思或设计所达到的满足顾客要求的程度，即设计的外观、性能等满足顾客要求的程度；**符合质量**是指产品或服务与设计要求的一致程度，即实际产出物与设计要求的偏离程度。在质量成本管理中，质量主要指符合质量。功能质量管理则纳入价值工程管理中。

（二）质量成本的概念

质量成本是指为保证产品或服务符合质量标准所发生的全部费用以及达不到符合质量标准时所发生的一切损失。这里的质量标准就是对产品或服务所要达到的“符合质量”的要求，本书只讨论产品质量成本。

（三）质量成本的分类

1.质量成本按包括的内容，分为预防成本、鉴定成本、内部损失成本、外部损失成本。

（1）预防成本。**预防成本**是指为防止出现产品达不到符合质量标准而支出的成本，主要分为质量计划工作费、质量培训费、质量奖励费、新产品评审费、质量审核费、工序能力研究费、质量改进措施费、质量情报费等。

（2）鉴定成本。**鉴定成本**又称**评估成本**或**检验成本**，是指评定产品是否满足“符合质量”要求标准所发生的成本，主要分为进货检验费用、工序检验费用、产品检验费用、产品质量评级费用、检验设备维护保养费用等。

（3）内部损失成本。**内部损失成本**又称**内部缺陷成本**或**内部故障成本**，是指产品出厂前由于自身缺陷而造成的损失以及处理缺陷所发生的费用，主要分为废品损失、返修损失、复检费用、质量事故损失、质量事故分析处理费、质量降级损失等。

（4）外部损失成本。**外部损失成本**又称**外部缺陷成本**或**外部故障成本**，是指产品销售出去后，因产品质量缺陷引起的一切损失费用，主要分为索赔费用、退换损失、保修费用、折价损失等。

通常将预防成本和鉴定成本统称为**控制成本**或**保证成本**，将内部损失成本和外部损失成本统称为**损失成本**、**缺陷成本**或**故障成本**。

2.质量成本按其实际是否支付（或表现形式）分为显性质量成本和隐性质量成本。

（1）显性质量成本。**显性质量成本**又称**显见成本**，是指直接可从会计记录中获取数据的成本，也就是企业实际发生的需用货币支付的费用或损失，包括预防成本、鉴定成本、内部损失成本以及部分外部损失成本。此类质量成本必须得到补偿。

（2）隐性质量成本。隐性质量成本是指由不良质量形成的机会成本，也就是实际发生但不需用货币支付的损失，包括不良质量导致销售市场份额减少、顾客不满意程度增加以及由此而导致的企业声誉和形象受损等。这些机会成本只需计算，而不列示在会计记录中。隐性质量成本是外部损失成本的一部分。

（四）质量成本管理

质量成本管理就是对控制成本和损失成本的管理。

质量成本管理的环节包括：

（1）根据最优质量成本观，制订质量成本计划（预算或目标）。

（2）通过对显性质量成本和隐性质量成本的计量，将实际质量成本与计划（预算或目标）进行比较分析，实施质量成本控制。

（3）对质量成本控制的结果编制质量成本报告，并依此对质量成本管理的结果进行考评。

二、编制质量成本计划（预算或目标）

质量成本计划直接影响质量成本管理的控制和考评。它是质量成本管理的首要环节。编制质量成本计划（预算或目标），首先要确定最优质量水平。每种产品的质量水平常常用该种产品的合格率或不合格率来表示，其计算公式为：

$$合格率=\frac{合格品数量}{合格品数量+不合格品数量}$$

$$不合格率=\frac{不合格品数量}{合格品数量+不合格品数量}$$

显然，合格率+不合格率=1。

本书用合格率来表示产品质量水平。然后，根据最优质量水平编制质量成本计划。

（一）确定最优质量水平

最优质量水平是指使质量总成本最低的质量水平（即合格率）。最低质量总成本又称最优质量成本。至于如何确定最优质量水平，存在两种观点，即可接受质量水平的传统观和零缺陷质量水平的现代观。

1.最优质量水平的传统观。最优质量水平的传统观又称可接受质量水平。传统观认为，随着质量水平的提高，质量控制成本与质量损失成本之间存在着此增彼减的关系，设质量水平（合格率）为x，则质量总成本TC（x）=f（x）+g（x）。

其中：f（x）为质量控制成本，g（x）为质量损失成本。如果质量总成本TC（x）是质量水平x的连续可微函数，依据质量控制成本和质量损失成本此增彼减的关系，其函数图形一般有以下两种情况，如图表7-43和图表7-44所示。

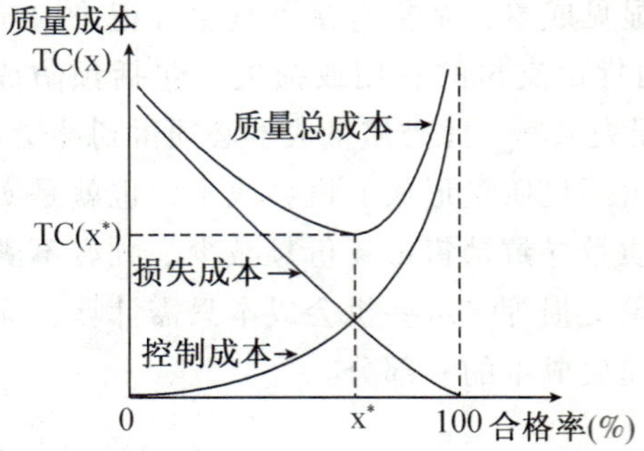

图表7-43 传统观下的质量成本（一）

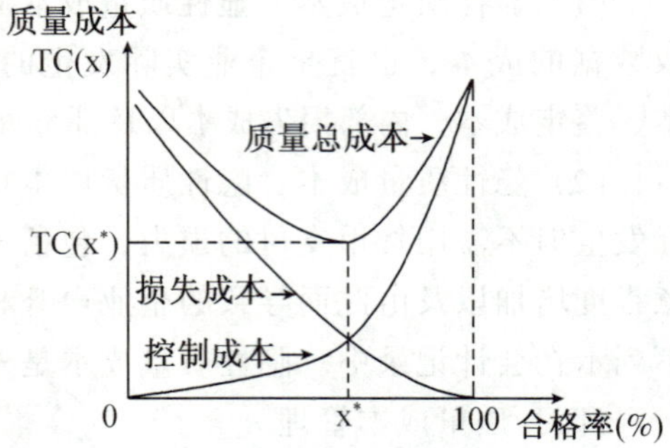

图表7-44 传统观下的质量成本（二）

依据最优质量水平的定义和微分极值原理，最优质量水平就是使质量总成本的一阶导数为零（即TC′（x）=f′（x）+g′（x）=0）的质量水平，记为x^*。可以证明，x^*就是使质量控制成本等于质量损失成本的质量水平。根据传统观，当质量水平较低时，质量损失成本较高，质量总成本处于较高水平。当质量控制成本增加时，质量损失成本就会减少。只要质量控制成本的增加小于质量损失成本的减少，质量总成本就会不断降低，直到质量控制成本的增加等于质量损失成本的减少为止。这是因为，以后质量控制成本的增加将大于质量损失成本的减少，从而使质量总成本不断提高。因此，质量控制成本等于质量损失成本时的质量水平就是最优质量水平x^*。图表7-43表示，质量水平达到100%是不可能的，因为此时质量控制成本为无穷大；图表7-44表示，质量水平可以达到100%，但质量成本远远大于最优质量成本，会使企业得不偿失。

最优质量成本的传统观适合于传统的产品生产企业，特别是劳动密集型产业，图表7-47就说明了这一点。

2.最优质量水平的现代观。最优质量水平的现代观又称零缺陷质量水平或全面质量管理。现代观认为，只有将不合格率降为零，实现零缺陷，才具有成本效益上的合理性。这一观点存在的前提是：每种损失成本都有其根本原因，原因是可以预防的，而预防成本要小于损失成本。依据现代观的前提，TC（x）=f（x）+g（x）的函数图形一般有以下两种情况，如图表7-45和图表7-46所示。

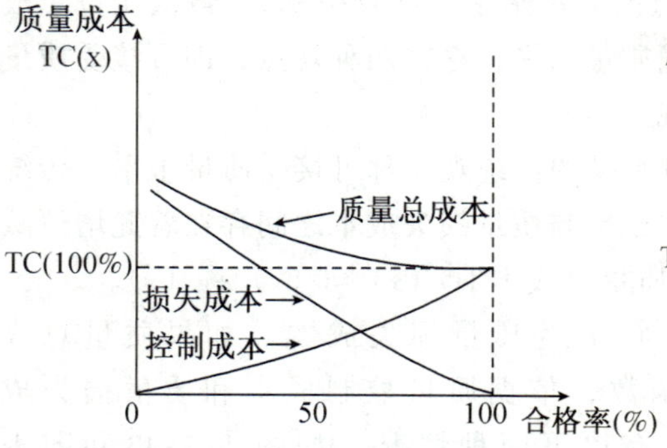

图表7-45 现代观下的质量成本（一）

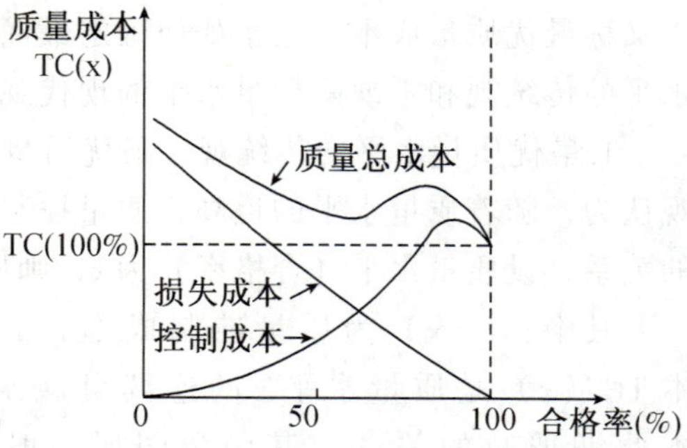

图表7-46 现代观下的质量成本（二）

图表7-45表示，质量控制成本的增加一直小于质量损失成本的减少，因此，质量总成本一直处于不断降低之中，直到合格率为100%。此时，质量总成本最低。

图表7-46表示，质量控制成本的增加一开始小于质量损失成本的减少，使得质量总成本降低，在达到一定质量水平以后，质量控制成本的增加大于质量损失成本的减少，使质量总成本上升。至此，和传统观完全类似。所不同的是，当控制成本增加到一定程度以后，随着质量水平的提高，质量控制成本与质量损失成本不再存在此增彼减的关系，而是同时减少，使质量总成本又开始降低。当质量水平（合格率）达到100%时，质量总成本达到最低。

最优质量水平的现代观适合高新技术产业，特别是采用作业成本管理或建立适时生产系统的企业。这是因为：

①作业成本管理将作业分为增值作业和非增值作业，其目标是保留增值作业、消除非增值作业。在作业成本管理下，质量成本可按其内容分为预防作业、鉴定作业、内部损失作业和外部损失作业。显然，内部损失作业和外部损失作业都是非增值作业，将在优化流程中予以消除。消除的结果就是达到零缺陷，实现最优质量水平的现代观。

②适时生产系统要求企业在供、产、销的各个阶段都不能出现质量问题。在供应阶段，企业所需要的原材料要“保质保量”地“适时”供生产使用；在生产阶段，各个生产环节必须密切配合、协调一致，前一道工序按后一道工序的质量要求，“保质保量”地“适时”提供“半成品”；在销售阶段，按顾客要求，“保质保量”地“适时”将产品送到顾客手中。这里的“保质”，就是合格率为100%。因此，“零缺陷”是适时生产系统的必要条件，建立适时生产系统就必须以最优质量水平的现代观作为目标质量水平。

3.需要澄清的两个问题。

（1）可接受的质量水平不等于允许并鼓励一定比例的不合格品存在。最优质量成本的传统观之所以又称为可接受的质量水平，是指在一定生产环境和技术条件下，生产的产品可以有一定比例的不合格品存在。例如，最优质量水平确定为95%，不合格品的控制目标就是在5%左右。换句话说，出现5%左右的不合格品是可以接受的。需要说明的是，“可以接受”不等于“允许并且鼓励”一定比例的不合格品存在，更不是认为该批产品质量合格，允许将合格品与不合格品一同销售出去，其中百分之几的不合格品是不能对外销售的。因此，不管是95%的合格率，还是100%的合格率，对外销售的都是合格品。外部损失成本是相同的，合格率95%只是内部损失成本比合格率100%高。它既没有坑害顾客，又没有坑害企业自己。可以接受5%不合格率的结果是使企业质量总成本最低。在此条件下，提高质量水平（合格率）只能是得不偿失。例如，某晶体管厂生产的晶体管曾用于我国的第一颗人造地球卫星，但其合格率只有千分之几，用于民用，其合格率也只有50%左右。如果没有替代产品，要想提高其合格率的主要难题是杜绝灰尘，而杜绝灰尘的最好办法是在太空组织生产。这似乎比登天还难，因为登天只是在太空生产的必要条件。即使能够实现，其质量成本也是巨大的，远远不如允许有一定比例的不合格品存在。

（2）可接受的质量水平不是静态的、固定不变的。可接受的质量水平是相对于一定时期、一定条件下的质量水平，并不是永远可以接受的。随着生产环境、技术水平和原材料质量的提高，原来可接受的质量水平就变为不可接受的了。例如，某轧钢厂在20世纪70年代要轧出0.05厘米厚的硒钢片。由于测试厚度的仪器不过关，计算机无法用于控制生产，只能靠经验，用手工操作控制硒钢片的厚度。这样，出现一定比例的不合格品是必然的，也是可以接受的。以后，由于测试厚度的仪器过关了，实现了产品生产的自动化，原来的最优质量水平就不再是最优的了，必然被新的最优质量水平所取代。最优质量水平显然是处在不断变化之中的，而不是静态的、固定不变的。这种变化是在减少不合格品比例的同时，降低了质量总成本，其努力方向显然是产品质量总成本最低时的“零缺陷”，从而完成质量水平从传统观到现代观的转化。企业只能根据自身的主、客观条件，决定是选择可接受的质量水平，还是选择零缺陷质量水平，因为质量成本管理的目的是不断降低质量总成本，使其达到最小，而不是使合格率达到100%，从而实现零缺陷。反过来说，这里的零缺陷是指质量总成本最低的零缺陷，而不是不管质量总成本大小的零缺陷。

（二）质量成本计划的编制

质量成本计划是指为达到最优质量水平，而以货币形式编制的对未来某一特定期间企业质量成本分配的详细计划。质量成本计划是企业成本计划的重要组成部分，是质量成本管理的首要环节，也是质量成本控制、考评的标准与尺度。质量成本计划的编制一般按下列步骤进行：

1.确定质量成本计划的内容。质量成本计划的内容有主要产品单位质量成本计划、全部商品质量成本计划、质量成本构成比例计划。

2.收集、分析、整理信息资料。根据确定的质量成本计划内容，广泛地从企业外部和内部收集与质量成本计划有关和各种信息资料；分析上期质量成本计划的执行情况，总结上期质量成本计划执行过程中的经验和存在问题，并以此作为本期编制质量成本计划的基础，研究计划期影响质量成本升降的各项因素，确定质量成本总额及降低率。

3.编制质量成本计划。质量成本计划的编制分两种方式。在一级核算方式下，质量成本计划可采用由厂部直接编制的方式；在分级核算情况下，可采用由厂部汇总编制的方式。

（1）厂部直接编制方式。采用厂部直接编制的方式时，首先，由厂部根据有关资料直接编制单位产品质量成本计划；然后，在单位产品质量成本计划的基础上，编制全部产品质量成本计划。

①单位产品质量成本计划。首先，根据质量成本历年的资料和计划期内企业准备增加或减少投资性费用的要求，确定预防成本和鉴定成本的增长率或降低率，并

计算计划期单位产品预防成本和鉴定成本计划额

$$\frac{\text{单位产品预防}}{\text{成本计划额}}=\frac{\text{上期单位产品预防}}{\text{成本实际发生额}}\times(1+\text{计划投资增长率或降低率})$$

$$\frac{\text{单位产品鉴定}}{\text{成本计划额}}=\frac{\text{上期单位产品鉴定}}{\text{成本实际发生额}}\times(1+\text{计划投资增长率或降低率})$$

然后，根据最优质量水平（合格率）的要求，编制出各单位产品的内部损失成本和外部损失成本计划额：

$$\frac{\text{单位产品内部损失}}{\text{成本计划额}}=\frac{\text{上期单位产品内部损失}}{\text{成本实际发生额}}\times(1+\text{计划降低率})$$

$$\frac{\text{单位产品外部损失}}{\text{成本计划额}}=\frac{\text{上期单位产品外部损失}}{\text{成本实际发生额}}\times(1+\text{计划降低率})$$

上述计划降低率用负数表示。将上述四项成本计划额相加即得单位产品质量成本计划。

②全部产品质量成本计划。企业全部产品质量成本计划的编制是根据单位产品质量成本计划的生产计划计算而来的。

$$\text{全部产品质量成本计划}=\sum(\text{每种产品单位质量成本计划额}\times\text{该产品计划产量})$$

（2）厂部汇总编制方式。该方式是在各车间、部门编制质量成本计划的基础上，由厂部财务科汇总编制全厂质量成本计划。

①各车间、各部门的质量成本计划。各车间、各部门要按质量成本支出项目的明细项目逐项编制，然后予以汇总。凡是有消耗定额的质量成本支出项目，根据消耗定额和计划单价计算；没有消耗定额和开支标准的质量支出项目，根据上年实际数，结合本期的情况，考虑节约要求，进行匡算。

②厂部质量成本计划的编制。厂部财务科将以上各车间、部门的质量成本计划加以汇总，按质量成本项目计划编制单位产品质量成本计划；然后，再用各产品计划产量乘以其计划单位质量成本，求得各种产品按质量成本项目反映的计划质量总成本。将其汇总起来，就形成了全部产品质量成本计划。

三、质量成本控制

实施质量成本控制，首先，要明确划分质量成本控制的责任。其次，对实际发生的质量成本进行计量。最后，将实际质量成本与质量成本计划或最优质量成本进行比较、分析，对超出允许波动范围的质量成本，采取控制措施；对在允许波动范围内的质量成本，则不需采取措施，维持现有水平。

（一）质量成本控制的责任划分

质量成本的各项指标，只有分解落实到各质量成本责任单位，质量成本控制才能得到贯彻和落实。首先，企业应根据质量成本责任制的要求，充分考虑现实的生产工艺特点和管理要求，反复研究、综合平衡，同时，要明确所承担的质量成本责任及相应的权力和物质利益，做到责、权、利的统一。然后，各责任单位再根据各自的具体情况，实行第二次、第三次分解，尽可能具体落实到人。具体来说，预防成本中的质量计划工作费、质量审核费及质量情报费由质量管理部门负责，质量培训费和质量奖励费由人事教育部门负责，新产品评审费、工序能力研究费和质量改进费由开发设计部门和工艺科负责；鉴定成本中进货检验费、工序检验费、产品检验费和产品质量评级费由检验科负责，产品疲劳实验用材料、设备折旧和劳务费由试验室负责，检验设备维修费由计量室负责；内部损失成本中的废品损失、返修损失、停工损失、事故分析处理费和降级损失由生产车间负责，复检费用由检验科负责；外部损失成本由销售科负责。以上各项目的划分只是原则性的划分，但有一条需要坚持，即谁负责某质量成本项目的质量成本管理工作，就由谁来负责由此而发生的质量成本费用，并对其实施控制。

（二）质量成本计量

质量成本计量是对实际发生的质量费用进行记录、归集、计算和分配，为质量成本控制和考评提供有用信息的过程。质量成本计量分为显性质量成本计量和隐性质量成本计量。

1.显性质量成本计量。显性质量成本计量就是对预防成本、鉴定成本、内部损失成本和部分外部损失成本的计量，通常有两种方法：统计计量和会计计量。

统计计量是指采用统计方法收集、整理、分析质量成本数据的过程。

会计计量是指将会计账簿中原来记入“生产成本”“制造费用”“管理费用”“销售费用”等账户中的所有有关质量控制成本和质量损失成本单独核算，设置“质量成本”账户，按预防成本、鉴定成本、内部损失成本、外部损失成本设置四个二级账户，每个二级账户再按质量成本项目设置三级账户，每个三级账户按质量成本项目的归属设置四级账户。“质量成本”账户借方登记本期发生的全部质量成本，贷方登记期末结转到“生产成本”“制造费用”“管理费用”“销售费用”等账户中的质量成本。例如，产品检验费，应借记“质量成本——鉴定成本——产品检验费（管理费用）”，期末应将产品检验费结转到“管理费用”账户。

2.隐性质量成本计量。隐性质量成本计量就是对部分不能从会计记录中获取数据的外部损失成本的计量，是由于质量低劣所导致的失去销售机会、顾客不满意和失去市场销售份额而产生的外部损失成本。其计量一般有以下两种方法：

（1）乘数法。乘数法的原理是用显性外部损失成本来估计包括隐性外部损失成本在内的外部损失成本总额，即认为全部外部损失成本是显性外部损失成本的K（K>1）倍。设L为外部损失成本总额，T为显性外部损失成本，K（K>1）为显性外部损失成本的乘数，则外部损失成本总额为：

$$L=K\cdot T$$

例如，某公司从会计记录中获取的显性外部损失成本T为60万元，乘数K为4.5，则外部损失成本总额L为270万元（60×4.5），隐性外部损失成本显然是210万元。

（2）市场研究法。市场研究法可以评价由于质量低劣对销售量及市场份额的影响。这种方法通过对顾客的调查和与企业营销人员的座谈来确定隐性外部损失成本。

显然，企业的质量总成本等于显性质量成本与隐性质量成本之和。

（三）质量成本控制

质量成本控制可分为整体质量成本控制和分项目质量成本控制。

1.整体质量成本控制。整体质量成本控制的基本原则是：将合格率控制在最优质量水平的一定范围之内。例如，企业确定的最优质量水平是合格率为90%。若允许波动范围为±3%，则当合格率小于87%时，应增加控制成本，以降低损失成本，从而提高合格率；当合格率在87%~93%之间时，可以保持该种状态；当合格率大于93%时，应降低控制成本，使损失成本增加。在第三种情况下，虽然合格率降低了，但质量总成本也随之降低，直到合格率在87%~93%之间为止。

在最优质量水平传统观下，上述做法具体到质量成本内容上，就是维持控制成本和损失成本各占50%左右，因为最优质量水平就是控制成本等于损失成本时的合格率。此时，质量总成本最低。根据国外87家公司的技术报告和质量人员的讨论记录，典型制造行业最优质量成本的构成情况如图表7-47所示。

图表7-47　典型制造行业最优质量成本构成情况

行业类别	占质量成本的百分比（%）				占销售收入的百分比（%）				
	预防成本	鉴定成本	内部损失成本	外部损失成本	预防成本	鉴定成本	内部损失成本	外部损失成本	总计
附件	9.9	54.1	32.2	3.8	0.63	3.43	2.04	0.24	6.34
飞机框架	13.7	54.6	28.6	3.1	0.62	2.48	1.30	0.14	4.54
化学化工	14.1	23.0	42.1	20.8	0.68	1.11	2.03	1.00	4.82
电子	21.2	44.6	26.7	7.5	2.20	4.63	2.77	0.78	10.38
装配	10.5	34.4	39.2	15.9	0.51	1.67	1.90	0.77	4.85
家具	13.1	35.4	31.4	20.1	0.36	0.97	0.86	0.55	2.74
仪器	16.6	29.2	24.5	29.7	1.20	2.12	1.78	2.15	7.25
机械	11	23.6	39.7	25.7	0.49	1.05	1.76	1.14	4.44
导弹空间	22.5	57.1	15.9	4.5	1.72	4.37	1.22	0.34	7.65
重要金属	6.5	24.0	48.6	20.9	0.40	1.47	2.98	1.28	6.13
橡胶塑料	2.7	15.7	64.6	17.0	0.40	2.30	9.50	2.50	14.70
运输装备	8.7	45.2	33.2	12.9	0.34	1.76	1.29	0.50	3.89
平均	12.5	36.7	35.6	15.2	0.80	2.28	2.45	0.95	6.48

在图表7-47中，不同类别的企业虽然不都是控制成本和损失成本各占50%，但平均数却符合传统观下的最优质量成本的构成，而不是现代观的质量损失成本趋于零。它再次证明了全盘否定传统观是不现实的。至少在目前，有众多企业无法实现零缺陷，如在图表7-47中，橡胶塑料行业的损失成本高达质量成本的81.6%，可见，将损失成本降为零不是一朝一夕能办得到的。

以图表7-47中的家具业最优质量成本构成为例，说明整体质量成本控制的过程。家具业的最优质量成本构成是：控制成本占质量总成本的48.5%，损失成本占质量总成本的51.5%。假设可接受的波动范围为±5%，以控制成本和损失成本占质量总成本的比例，将质量总成本划分为以下三个区域：

（1）质量改进区域。控制成本占43.5%（48.5%-5%）以下，损失成本占56.5%（51.5%+5%）以上，应增加控制成本，加强质量预防措施和质量检验，提高合格率，降低质量总成本，直至进入质量接受区域。

（2）质量接受区域。损失成本在46.5%~56.5%之间，控制成本在43.5%~53.5%之间，质量成本结构可以接受，很难找到降低质量总成本、提高合格率的有效方法。此时应尽量维持现有质量成本结构，使质量总成本不偏离质量接受区域。

（3）质量过剩区域。损失成本占46.5%以下，控制成本占53.5%以上，应降低控制成本。虽然这样会使合格率降低，损失成本增加，但质量总成本在减少，直至进入质量接受区域。

三个区域的划分如图表7-48所示。

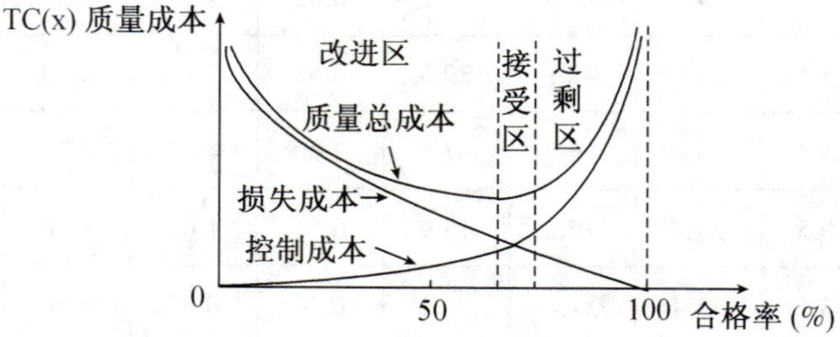

图表7-48　三个质量成本区域的划分

2.分项目质量成本控制。分项目质量成本控制就是按预防成本、鉴定成本、内部损失成本、外部损失成本中各个成本项目，去计量实际发生的质量成本，并将其与计划或预算、目标质量成本进行比较分析，对超过质量成本控制范围（其确定可参见本章第二节成本控制范围的确定）的质量成本项目，要进行质量成本差异分析，并提出改进措施。

【例7-9】某公司的计划单位质量成本和某批产品实际单位质量成本如图表7-49所示。

图表7-49 **单位质量成本** 单位：元

质量成本项目	实际单位质量成本	计划单位质量成本	差异（实际-计划）
预防成本：			
质量培训费	4.18	4.21	-0.03
质量情报费	1.40	1.39	0.01
预防成本合计	5.58	5.60	-0.02
鉴定成本：			
进货检验费	6.25	6.46	-0.21
工序检验费	2.20	2.11	0.09
产品检验费	3.40	3.23	0.17
鉴定成本合计	11.85	11.80	0.05
内部损失成本：			
废品损失	7.20	6.54	0.66
返修损失	1.86	2.16	-0.30
内部损失成本合计	9.06	8.70	0.36
外部损失成本：			
索赔费用	0.52	0.60	-0.08
退货损失	1.28	1.44	-0.16
保修费用	2.50	2.46	0.04
外部损失成本合计	4.30	4.50	-0.20
质量成本合计	30.79	30.60	0.19

如果限定实际单位预防成本、鉴定成本、内部损失成本、外部损失成本波动范围不超过计划单位成本的±5%，那么是否需要进行质量成本差异分析并采取控制措施？

解：根据预防成本、鉴定成本、内部损失成本、外部损失成本的计划单位质量成本可知，其波动范围依次是：±0.28元、±0.59元、±0.43元、±0.225元。其差异依次是：-0.02元、0.05元、0.36元、-0.20元，均未超出波动范围，应尽量保持这种状态，而不必采取其他措施。

四、质量成本管理的业绩考评

质量成本管理的业绩考评是指以质量成本计划、预算或目标为标准，将质量成本各责任单位实际执行情况与标准相比较，借以考核和评价质量成本各责任单位的业绩，并根据业绩考评结果进行经济和其他方式的奖惩，促使各责任单位积极纠正行为偏差，以确保质量成本管理的有效施行。

质量成本管理的业绩考评是第八章业绩考评的一部分。这里只介绍质量成本报告的内容，其他方面的内容见第八章业绩考评。

质量成本报告是质量成本管理结果的书面报告文件。一般以表格的形式，将实际质量成本与计划、预算或目标质量成本进行比较，或与上期实际质量成本进行比较，或列示质量成本的构成、占当期销售额的比例等等。它是质量成本管理的重要组成部分。

（一）质量成本报告的主要考评指标

1. 本期实际与上期实际的差异=本期实际-上期实际=A $\begin{cases} >0 \text{不利差异} \\ <0 \text{有利差异} \end{cases}$

2. 本期实际与计划、预算或目标的差异=本期实际-计划、预算或目标

3. 质量成本构成比率=$\dfrac{\text{某质量成本项目金额}}{\text{质量总成本}}$

4. 销售质量成本率=$\dfrac{\text{质量成本项目金额或总额}}{\text{销售收入总额}}$

5. 销售损失率=$\dfrac{\text{损失成本项目金额或总额}}{\text{销售收入总额}}$

（二）质量成本报告的类型

1. 反映本年实际质量成本与上年实际质量成本差异（按质量成本项目计算）的质量成本报告。

2. 反映一定时期（月、季、半年、年等）实际质量成本与计划、预算或目标质量成本差异的质量成本报告。

3. 反映一定时期（月、季、半年、年等）实际质量成本构成比率、销售质量成本率的质量成本报告。

4. 反映若干期质量成本、销售额及销售质量成本率变动趋势的质量成本报告。

（三）质量成本报告的编制

质量成本报告一般有以上四种类型。每种类型都有各自的不同用途，从不同侧面反映质量成本管理的结果。由于篇幅所限，这里只介绍第二种类型的质量成本报告。

【例 7-10】某股份制企业根据2021年的计划质量成本和实际质量成本，编制了2021年质量成本报告，如图表7-50所示。

图表 7-50 某股份制企业质量成本报告

2021年　　金额单位：元

质量成本项目	实际质量成本	计划质量成本	成本差异（实际-计划）
预防成本：			
质量培训费	57 000	50 000	7 000
质量情报费	79 000	80 000	-1 000
预防成本合计	136 000	130 000	6 000
鉴定成本：			
进货检验费	30 000	28 000	2 000
工序检验费	12 000	15 000	-3 000
产品检验费	32 000	35 000	-3 000
鉴定成本合计	74 000	78 000	-4 000

续表

质量成本项目	实际质量成本	计划质量成本	成本差异（实际-计划）
内部损失成本：			
废品损失	51 000	44 000	7 000
返修损失	36 000	36 500	-500
内部损失成本合计	87 000	80 500	6 500
外部损失成本：			
索赔费用	28 000	30 000	-2 000
退货损失	42 000	40 000	2 000
保修费用	64 000	67 000	-3 000
外部损失成本合计	134 000	137 000	-3 000
质量成本合计	431 000	425 500	5 500
占实际销售额4 400 000元的比例（%）	9.80	9.67	0.13

从图表7-50中，至少可以掌握下列信息：

1.实际质量成本、计划质量成本的构成及其占质量总成本的比例，如计划控制成本占计划质量总成本的48.88%，计划损失成本占计划质量总成本的51.12%。本例的控制成本与损失成本基本相等，因此显然是传统观下的质量成本构成。

2.质量总成本、各质量成本项目的质量成本计划完成情况，如质量总成本超支5 500元，占计划成本的1.29%。

3.实际质量成本、计划质量成本、质量成本差异总额及其各质量成本项目占当期销售额的百分比。本例的实际损失成本占销售额的5.02%，实际质量总成本占销售额的9.80%。

质量成本报告是质量成本管理考评的首要环节，也是不可缺少的重要组成部分。它是考核和评价质量成本各责任单位业绩的主要依据，也为下期质量成本计划提供重要信息。

*第五节 战略成本管理

一、战略成本管理的概念及特点

什么是战略成本管理，目前尚无一致的说法。本书将其表述为：**战略成本管理**是指从战略的角度，通过企业、顾客和竞争对手的分析资料，采用一系列成本管理方法来研究影响成本的各个环节，以达到降低成本、建立并保持竞争优势为目标的一项成本管理活动。

与传统的成本管理相比，战略成本管理至少有以下特点：

（一）成本管理的目的不同

传统成本管理的目的是降低成本，而不关注如何建立竞争优势，是局部性的成本管理。战略成本管理的目的不仅是降低成本，而且是要建立并保持企业的长期竞争优势。它是全局性的成本管理。

（二）成本管理的过程不同

传统成本管理只关注供、产、销的内部生产经营过程的成本管理，开始于材料的采购，结束于产品的销售。战略成本管理是对产品设计、产品生产、产品销售和产品售后的全过程的成本管理，是从项目投资到产品开发与设计、样品试制、材料采购、产品制造，产品销售、售后服务各个环节的全过程管理。

（三）成本管理的范围不同

传统成本管理的范围仅局限于企业内部，只从企业内部寻求降低成本的途径，忽略了与上游供应商、下游客户及经销商进行合作以寻求降低成本的途径。战略成本管理的范围不局限于企业内部，要求超越企业边界进行跨组织的成本管理，通过与企业价值链相关的供应商以及分销商建立紧密联系，相互协调地降低成本。

（四）成本管理的观念不同

传统成本管理只注重对企业内部成本信息的分析利用，不注重企业外部顾客、竞争对手成本信息对成本管理的影响。战略成本管理则围绕企业、顾客和竞争对手组成的“战略三角”，注重对企业内部成本信息的分析利用，更注重对顾客、竞争对手成本信息的分析利用，是一种“外向型”的成本管理。

（五）成本管理的侧重点不同

传统成本管理所追求的是尽量避免在生产过程中出现无谓的成本耗费，侧重于生产经营过程中的成本降低。战略成本管理的侧重点则是在企业筹划时，就对企业所处的地理位置、企业产品的市场定位、经营规模及未来发展趋势等一系列结构性成本动因、执行性成本动因进行全面考虑，是一种“前瞻性”的成本管理。

总之，战略成本管理体现了面向竞争、面向长期、面向外部、面向未来等显著特点，是管理会计的新内容、新发展，而不是对管理会计的否定，仍属于执行会计中成本控制的内容，因此，本节也和其他成本制度、成本管理一样，重点介绍战略成本管理目标（计划）、战略成本管理控制（战略成本管理考评将在第八章业绩考评中进行介绍）。

二、战略成本管理目标

战略成本管理目标是寻求降低成本的途径，建立并保持企业的竞争优势。其中，建立并保持企业竞争优势是核心，是指企业在其进入的行业或细分行业内确立其市场地位和发展态势，尽可能高效地获得相对于竞争对手的持续优势。这种竞争优势并不是在各方面比竞争对手都强（这样当然更好，只是难以做到），而是只需要在某一方面集中力量，确立优势，甚至一点点竞争优势。因此，战略成本管理的目标不是量化的具体指标，而是一个宽泛的战略目标，是在企业战略定位的基础上，确定在什么方面、以什么样的方式建立企业的竞争优势，也就是人们所说的竞争战略定位。许多专家学者提出了各自的竞争战略，其中，迈克尔·波特提出的竞争战略是被普遍认可的竞争战略，即成本领先战略、别具一格战略、目标集聚战略。

（一）成本领先战略

成本领先战略又称低成本战略，是指通过提供比竞争对手成本更低的产品或服务来超过竞争对手的竞争战略。成本领先企业所获得的成本优势通常是运用规模经济、专有技术、劳动力低廉、原材料优惠供应等方式来实现的，从而使其产品或服务成本低于其竞争对手，以此形成超越其他厂家的竞争优势。当成本领先企业的价格相当于或低于其竞争对手时，有助于扩大销售量，转化为其他竞争对手无法实现的高利润，获得相对于竞争对手的持续优势。

（二）别具一格战略

别具一格战略又称差异化战略，是指企业在产业范围内，通过在产品设计、产品品牌、生产技术、顾客服务、销售渠道等一个或几个顾客广泛重视的方面特色鲜明、别具一格，来获得竞争优势的竞争战略，换句话说，就是要通过标新立异，提供与众不同的产品或服务，来吸引顾客，形成独家经营或相对垄断的市场局面，从而取得高于竞争对手的经济效益。

（三）目标集聚战略

目标集聚战略又称集中一点战略，是指企业选择特定细分市场实施成本领先战略或别具一格战略，即选择特定市场区域或特定顾客群体，提供产品或服务，获取低成本或差异化竞争优势的竞争战略。成本领先战略、别具一格战略是面向全行业的，而目标集聚战略是企业集中有限的资源，以更高的效率、更好的效果为某一狭窄的战略对象服务，从而超过为更广阔范围对象服务的竞争对手，使企业或者通过较好地满足特定对象的需要实现了别具一格，或者在为这一对象服务中实现了低成本，或者两者兼得。尽管从整个市场的角度看，目标集聚战略未能取得低成本或高差异优势，但它在其狭窄的目标市场中获得了优势地位。

成本领先战略、别具一格战略、目标集聚战略各有其显著特征。成本领先战略保证了理论利润，体现了效益；别具一格战略保证了市场份额，使企业在成本方面的高效率转化为高效益；目标集聚战略强化了成本领先战略和别具一格战略。三种竞争战略的特征比较如图表7-51所示。

图表7-51 三种竞争战略特征比较

战略 / 特征 / 项目	成本领先战略	别具一格战略	目标集聚战略	
			成本领先集聚战略	别具一格集聚战略
战略目标	广阔市场	广阔市场	狭窄市场	
竞争优势	整个市场的低成本	整个市场的独特产品或服务	特定细分市场产品或服务的成本领先或别具一格	
产品生产	在保证产品质量和基本性能的基础上，尽可能地做到低成本	力求生产创新，生产出别具一格的产品	生产适应特定细分市场的低成本或别具一格的产品	
产品定价	低价格	较高价格	根据细分市场灵活定价	

需要说明的是，在实务中，不一定是三种战略取其一，也可以同时使用两种或两种以上的竞争战略，但实行的前提条件是，一种竞争战略作为主要竞争战略已经获得成功。实施一种战略都未取得成效的企业，实施多种竞争战略是很难奏效的。因此，当企业选择采用多种竞争战略时，要格外小心谨慎，否则就会失败。

三、战略成本管理的控制

战略成本管理的实质是："在不同战略选择下如何组织成本管理。"如果企业战略成本管理的目标是成本领先战略，那么成本系统就应该记录并分析有助于成本控制精确的量化信息，对发生成本的生产和服务进行适时、严密监控；如果企业战略成本管理目标是别具一格战略，那么就应关注与产品设计和提高决策相关的管理层的协调与业绩评估；如果企业战略成本管理目标是目标集聚战略，那么就要关注成本领先和别具一格战略的要素。战略成本管理的控制就是在前述战略成本管理目标（经营竞争战略定位）的基础上，如何组织成本管理。这里的成本控制与前几节的成本控制不同。前述的成本控制都是在已经确定的预算或详细计划的基础上，将实际发生的成本、费用与预算（或计划）比较，进行差异分析，控制实际成本、费用不偏离允许波动的范围，即企业有明确的具体目标，控制意味着比较"目的地"和"现在所处的位置"，而战略成本管理的控制不能确定未来的具体目标（在战略成本管理计划中已述及），只能知道现在要走的方向，至于下一步如何走下去，要看企业最新取得的内外部信息和经验。因此，可以将战略成本管理的控制重新表述为：采用一定的分析方法，搜集、整理、分析最新的与建立竞争优势有关的以成本为主的企业内外部信息和经验，以便建立和保持企业的竞争优势。战略成本管理的控制方法主要有：战略价值链分析、战略成本动因分析、竞争能力分析。

（一）战略价值链分析

什么是价值链，已在本章第三节述及。**价值链分析**是指通过改善、优化价值链，来提高企业竞争优势的分析。价值链分析有狭义和广义之分。狭义价值链分析仅指企业内部价值链分析，即开始于购买原材料，结束于销售产品的企业经营活动的价值链分析；广义价值链分析也就是**战略价值链分析**，是指从战略的角度所进行的价值链分析，不仅包括内部价值链分析，而且包括产业价值链分析和竞争对手价值链分析。在战略成本管理中，战略价值链分析是企业创造和保持竞争优势的基本途径。战略价值链分析是分析价值链中的对成本领先战略和别具一格战略有重要影响的各种活动的结构化、执行化分析方法。它通过对企业内部价值链、产业价值链、竞争对手价值链进行分析、对比，采取比竞争对手更低的成本或更出众的战略活动，来建立并保持竞争优势。

1.企业内部价值链分析

企业内部价值链分析，就是本章第三节作业成本管理的优化流程，即优化价值链。一个企业不管生产经营活动多么复杂，都可以分为主要活动和辅助活动，而表现为企业内部价值链。其主要活动是生产经营的实质性活动，主要包括5个方面：（1）存货供应；（2）产品生产；（3）成品储运；（4）市场营销；（5）售后服务等。辅助活动是用以支持主要活动或企业内部相互支持的活动，主要包括：（1）采购管理。采购管理是指采购企业所需投入资产的职能，而非被采购资产本身。（2）技术开发。技术开发是指可以改进企业产品和工序的一系列技术活动。（3）人力资源管理。人力资源管理包括企业各级别人员的招聘、培训、使用及报酬等一系列管理活动。（4）基本职能管理。基本职能管理是指企业的全面日常管理，包括企业总体战略的形成、建立以及政策、法律、行政、财务、会计等各项职能活动。这些活动一般用来支持整个价值链的运行，不分别与每项主要活动发生关系。由上述主要活动、辅助活动组成的价值链是相互联系的一系列有序的价值集合体。企业内部价值链分析，就是优化价值链。优化价值链的方法很多。本章第三节述及的剔除官僚主义、增值评估、缩短生产周期时间、全面改进、成本动因分析都是优化价值链的有效方法，但无论采用什么优化价值链的方法，其核心都是尽可能消除所有“非增值作业”；同时，对“增值作业”，也要尽可能提高其运作效率，并减少其对资源的占用和消耗，借以达到最大限度地优化价值链的目的，使企业能够通过最经济有效的方式满足顾客需要，从而促进顾客价值的提高。企业如果在优化价值链方面取得了优于竞争对手的业绩，就意味着改善了企业的竞争地位，提高了竞争优势。

2.产业价值链分析

产业价值链分析又称**纵向价值链分析**，是以更广阔的视野，对整个产业所属企业的竞争地位、相互关系、优化组合等问题进行的战略分析。产业价值链分析，能让企业明确自己在产业价值链中的竞争地位，分析利用上下游价值链进行优化组合的各种可能性，进而优化价值链。简单的产业价值链是由企业的供应商、企业本身、企业的顾客构成的。复杂的价值链还要涉及既是本企业的竞争对手又是企业的供应商或顾客等更为复杂的情况。

（1）简单产业价值链分析。上述企业内部价值链分析，是从企业内部通过优化价值链来实现低成本或高差异战略的，但这并不是唯一途径。如果开阔视野，将企业内部价值链的分析延伸到企业之外，向上延伸到供应商，向下延伸到分销商（顾客），对其进行优化组合，则有助于企业低成本或高差异战略的实现。

①与供应商的优化组合。与供应商的优化组合是指企业有意识地选择那些讲诚信、服务周到、与企业有良好关系的供应商，进行协作，使彼此的价值链都得到进一步优化。例如，一家糖果点心厂要购进巧克力作为原材料。巧克力供应商通常将巧克力加工成块状并进行包装后再出售。如果糖果点心厂与巧克力供应商搞好协作，巧克力供应商将产品改为液体罐装巧克力运送到糖果点心厂生产车间，直接投入糖果点心的生产，那么，巧克力供应商可以取消巧克力的成型和包装作业，糖果点心厂则可以取消巧克力的入库、储存、领用搬运、融化等作业，双方都降低了成

本，并可相互提升两者在市场上的竞争优势。

②与顾客的优化组合。在现代市场经济中，每一个企业都有双重地位。它在生产经营过程中既从其他企业购入原材料，形成生产者与供应商的关系，又向其他企业销售产品，形成生产者与顾客的关系。上述糖果点心厂与巧克力供应商的关系，如果站在巧克力供应商的角度，就是生产者与顾客的关系，也就是企业与顾客的优化组合。

（2）复杂产业价值链分析。上述简单产业价值链分析只涉及与企业直接相联系的供应商和顾客的价值链分析。复杂产业价值链分析还将涉及既是企业的供应商又是企业的竞争对手，或者既是企业的顾客又是企业的竞争对手，甚至涉及供应商的供应商、顾客的顾客等更为复杂的情况。从下面造纸产业的价值链分析中，就可以看出企业要想获取并保持竞争优势，就需要理解该产业的整个价值链，而不仅是企业自身价值链的构造。图表7-52的中间竖列表明了造纸产业从植树造林、伐木、纸浆制造、纸张制造、纸制品生产、分销商到最终用户的整个产业价值链的构成。

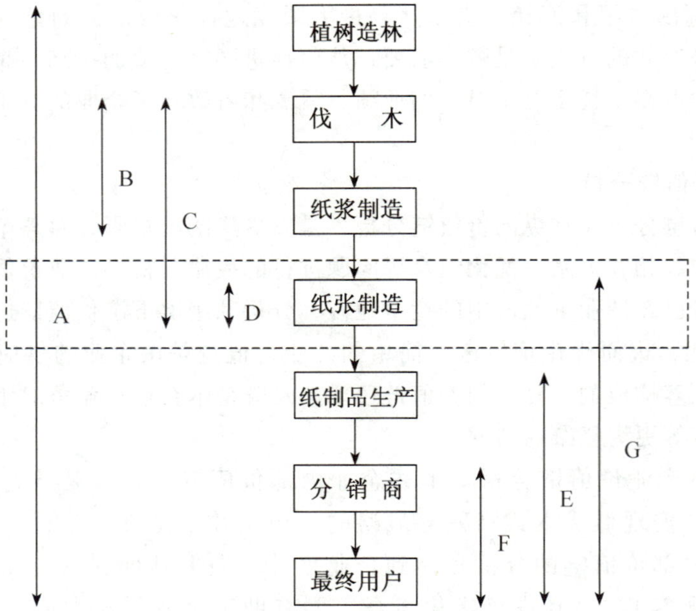

图表7-52 造纸产业价值链

造纸行业是由许多经营范围各不相同的企业组成的。经营范围相同的企业也为数众多。它们之间既存在业务上的联系（供、销关系），又存在着相互竞争。图表7-52中的A、B、C、D、E、F、G代表经营范围各不相同的7种类型的企业。A类型企业经营范围最广，包括整个产业价值链；D类型企业是造纸产业中的中心企业，从事纸张制造；B类型企业是中心企业D的上游企业，进行专业化的木材砍伐和纸浆制造；C类型企业是中心企业向其上游延伸到木材砍伐和纸浆制造的企业；E类型企业是中心企业的下游企业，进行纸制品生产和分销；F类型企业是中心企业的最下游企业，从事纸制品的销售；G类型企业是中心企业向其下游延伸到纸制品生产和分销的企业。

复杂产业价值链分析除了可以像简单产业价值链分析那样，每种类型企业可以与供应商或顾客进行优化组合外，还可以根据产业价值链中的各种类型企业的具体情况，缩短价值链，或者向前或向后延伸价值链，同样可以达到降低成本或扩大差异的战略目标。例如，A类型企业覆盖了整个产业价值链，是大而全的企业，往往很难做到在各个环节都是低成本或高差异。如果A类型企业发现从林场直接购买原木进行纸浆制造远比公司自己植树造林、伐木更为经济，那么就可以把自身的价值链缩短至从纸浆制造到最终用户，达到降低成本、优化产业价值链的目的。同样，各类型企业还可以根据各自不同的战略目标，向前或向后延伸价值链。例如，D类型企业是纸张制造企业。如果根据市场调查和企业自身的生产能力，D类型企业发现利用本企业生产的纸张进行纸制品生产会给企业带来更大的利润空间，则D类型企业就可将价值链向后延伸到纸制品生产，甚至到最终用户。B、C、E、F、G同样可以根据需要，缩短或延长价值链，达到优化价值链的目的。

除此之外，每种类型企业还可以根据本企业在产业价值链中的地位和成本情况，帮助企业在与供应商或顾客的价格谈判中占据主动地位。例如，居于产业价值链中心地位的D类型企业是纸张制造企业，而A、C、G的价值链也延伸到D类型企业，进行纸张制造，因此，在纸张制造这一环节，A、C、D、G是竞争者，同时，A、C又是纸浆制造者，则它们必然是“纸张制造”环节的供应商。如果A、C类型企业计算一下自身在“纸浆制造”和“纸张制造”环节的成本和价格，就能够确定向其顾客——“纸张制造”环节中的D、G类型企业提供原材料（纸浆）的价格变动空间；同样，A、G又是纸制品生产者，则它们必然是“纸张制造”环节的顾客。如果A、G类型企业计算一下自身在“纸张制造”和“纸制品生产”的成本和价格，就能够确定接受供应商——“纸张制造”环节中的D、C类型企业提供原材料（纸张）的价格变动空间。这种做法能帮助企业在价格谈判中占据主动地位，以扩大利润空间。

总之，在产业价值链分析中，企业或者与上游企业或下游企业进行优化组合，或者缩短价值链，或者向前或向后延伸价值链，或者利用企业自身的成本和价格信息与上游企业或下游企业进行谈判，从而最终达到降低成本或扩大差异的战略成本管理目标。

3.竞争对手价值链分析

竞争对手价值链分析又称**横向价值链分析**，是指通过对竞争对手的价值链进行调查、分析和模拟，测算出竞争对手的成本，并与之进行比较，以便实现成本领先或别具一格的竞争战略，建立并保持企业的竞争优势。进行竞争对手价值链分析，首先要对有多少竞争对手做到心中有数。如果企业生产的产品全部在国内销售，那么至少要掌握全国有多少家同类型的企业；如果有同类产品进口，那么还要掌握出口同类产品到国内的外商企业有多少家。如果企业的产品既在国内销售，又出口到国外销售，那就必须掌握在世界范围内生产同类产品的企业有多少家，每家企业（竞争对手）所处的地理位置、交通状况、能源供应、经济环境、税收政策、生产规模、材料供应、市场占有率等自然状况。然后，在全面了解竞争对手的情况下，瞄准主要竞争对手进行价值链分析。至于分析的内容与方法，则视下列情况而定。如果竞争对手与企业处于同一价值链或企业价值链的某个环节中，那么可采用企业内部价值链分析的内容与方法；如果竞争对手价值链处于包括企业价值链在内的几个环节，那么可同时采用企业内部价值链分析和产业价值链分析的内容与方法，其目的是将企业的价值链与竞争对手的价值链进行比较分析，找出在价值链方面存在的差异，而这种差异主要表现在成本方面。企业可通过编制“价值链成本分析比较表”，找出与竞争对手在成本上的差异，扬长避短，从而选择适合本企业的竞争战略。

与竞争对手相比，企业可能存在的成本差异主要有：(1) 与上游供应商方面可能产生的成本差异：原材料、能源和向供应商购买的其他资产所支付的价格差异。(2) 与下游顾客方面可能产生的成本差异：批发、零售给分销商及最终顾客产品的渠道或方式不同导致的价格差异。(3) 与企业内部因素有关产生的成本差异：产品研究、开发导致的成本差异；经营规模、经验曲线、不同工资率、不同管理费用水平、不同税率导致的成本差异；受到通货膨胀和汇率变动的影响所导致的成本差异；销售与促销费用、售后服务导致的成本差异；存货运进、运出及储存导致的成本差异；固定资产的购建、折旧、修理及技术导致的成本差异。

企业必须高度重视与竞争对手产生的成本差异。对处于优势的成本差异，应努力保持并扩大这种差异；对处于劣势的成本差异，可视情况采取相应战略。(1) 成本劣势与上游供应商价值链有关，可以考虑实施如下战略：①与供应商协商更优惠的价格。②与供应商合作，帮助其取得更低的成本。③通过向上游整合，以控制购买成本。④尝试使用更低廉的替代品。⑤节约运输成本。(2) 成本劣势与下游顾客价值链有关，可以考虑实施如下战略：①让批发商与其他分销渠道联合起来降低成本。②采取更为经济的分销战略，如向下游整合，以控制批发价格。(3) 成本劣势源于公司内部，采取企业内部价值链分析方法，针对成本劣势环节，优化企业内部价值链，以清除成本劣势。

在上述战略价值链分析中，企业内部价值链分析是纵向价值链分析和横向价值链分析的交叉点。纵向价值链分析确定企业链跨越产业价值链的长度；横向价值链分析确定与竞争对手的差异。这两种分析的落脚点都在企业内部价值链分析的结果上。没有对企业内部价值链分析的总体认识，纵向价值链分析和横向价值链分析就缺乏分析的基础；同样，没有对纵向价值链与横向价值链的分析，就不知道企业在产业价值链中的地位及其与竞争对手的差异，就无法确定竞争优势。这三类分析相互联系、相互依存，共同为实现战略成本管理目标服务，具体关系如图表7-53所示。

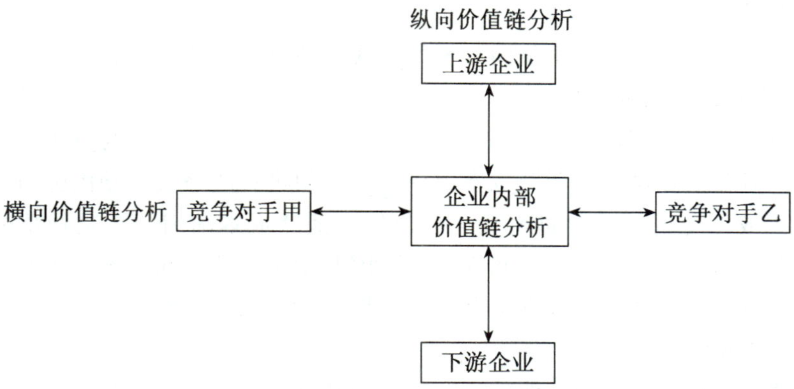

图表7-53 战略价值链分析之间的关系

4.价值网分析

近年来，有人提出了“价值网”。至于什么是价值网，目前尚无一致定义。价值网的倡导者认为：价值网是交互式的网络关系，是对价值链的重新塑造，是一种以顾客为核心的价值创造体系。

价值网的作用是：将顾客日益提高的苛刻要求与灵活及有效率、低成本的制造相连接，采用数字信息快速配送产品，从而避开了代价高昂的分销层；将合作的供应商连接在一起，以便制订解决方案；将运营设计提升到战略水平，以适应不断发生的变化。

在价值网中，顾客是核心。环绕在顾客之外的是企业。它控制与顾客间的接触，包括取得顾客信息、维持关系、客户服务等。最外围的是供应商。它执行部分采购、装配与交运的功能。价值网模型如图表7-54[①]所示。

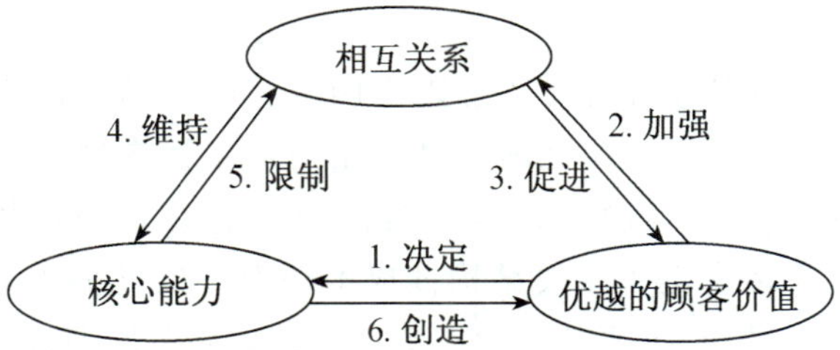

图表7-54 价值网模型

价值网不同于价值链。它是网络时代产生的一种新业务模式。它强调以顾客为核心形成紧密合作、快速反应的网状价值创造体系。价值网模型阐述了模型构成中的三个核心概念：优越的顾客价值、相互关系与核心能力。它们彼此相互影响，相互强化，同时三者之间形成的自增强循环体现了价值网的动态运行模式。价值网的出现体现了一种新的战略思维组合：以顾客为核心的需求拉动网络、以紧密合作为基础的双赢竞争战略、以塑造核心能力为主要手段的成

① 陆宇建，李冠众.管理会计学[M].大连:东北财经大学出版社，2009.

员企业成长途径。

战略价值链分析能否被价值网分析所取代，还有待实践的检验。

（二）战略成本动因分析

通过前述价值链分析，能够发现企业价值链存在的问题以及与竞争对手存在的成本差异，但要消除这些问题与成本差异，还必须进行战略成本动因分析，才能找出成本发生或变化的原因，进而优化价值链。战略成本动因分析是指从战略的角度，去分析、确定影响成本发生和变化的原因及度量，即引起成本发生和变化的驱动因素和度量，包括结构性成本动因和执行性成本动因两大类。

1. 结构性成本动因

结构性成本动因是指与企业的战略定位和基础经济结构密切相关的成本驱动因素及度量，一般包括：（1）规模，即企业规模，是指投资将形成多大的生产、研究开发、营销等资源的组合。（2）厂址，是指企业所处的地理位置和外部环境。（3）范围，即业务范围，是指企业纵向整合的程度，也就是企业跨越产业价值链的长度。（4）经验，即经验积累，是指经验曲线效应。（5）技术，是指企业生产工艺技术水平和能力，即企业在价值链的每一环节运用的处理技术。（6）多样性，是指为顾客提供产品种类的多少或服务范围的大小。

结构性成本动因是更高层次的成本动因，有些可以比较精确地量化，如“经验”的计量可以是单位时间生产产品的数量，也可以是生产单位产品所用的时间等；有些则难以精确地计量，如厂址、技术。不需要精确计算的结构性成本动因，如成本动因分析只是为了寻求降低成本的途径，不需要费时费力地去进行精确计算，如厂址、规模、范围等。需要精确计算的结构性成本动因，如计算产品或服务成本，则必须准确地识别成本动因，确定标准，进行精确的计量，如经验、多样性等。

进行结构性成本动因分析需要注意以下四点：（1）结构性成本动因除了“经验”外，一般都发生在生产产品之前，其支出为资本性支出，构成了以后生产产品的约束性固定成本，一旦确定，常常难以改变，对企业的影响持久而深远。（2）战略成本管理目标决定了主要结构性成本动因。如果企业采用了成本领先战略，那么规模和技术无疑是主要结构性成本动因；如果采用别具一格战略，那么经验和多样性就是主要结构性成本动因。（3）结构性成本动因既决定了企业的产品成本，又会对企业产品的质量、人力资源、生产经营等方面产生极其重要的影响。（4）有些结构性成本动因并不是程度越高越好，也不是越低越好，而是需要适度，如规模、范围等。

2. 执行性成本动因

执行性成本动因又称**操作性成本动因**，是指企业在按照所选择的战略地位和基础经济结构进行生产经营的过程中，引起成本发生和变化的原因、度量。执行性成本动因可以按下列标志进行分类：

（1）执行性成本动因按其涉及的范围分为员工参与感、全面质量管理、能力利用、工厂布局、产品设计和关系。①员工参与感，即员工的责任感，是指员工参与企业持续改善的程度。②全面质量管理，是指员工对产品质量的信念及其实现。③能力利用，是指在企业规模既定的前提下，员工能力、机器能力、管理能力是否被充分利用，各种能力组合是否最优。④工厂布局，是指厂内布局的效率，即是否按现代工厂布局的原则和方法进行了合理布局。⑤产品设计，是指产品设计、规格、样式的效果符合市场需要。⑥关系，是指企业与供应商、顾客、企业价值链的每一环节的关系。

（2）执行性成本动因按其成本分配对象可分为资源动因和作业动因。①资源动因，是指资源被各作业消耗的原因和质量。例如，直接材料、直接人工的资源动因是各种产品或作业；折旧费、动力费、劳动保护费的资源动因依次可以是各种作业、耗电度数、标准人数等等。②作业动因，是指作业被最终产品或劳务消耗的原因及度量。例如，采购、物料处理、起动设备、装配、产品包装、质量控制、车间管理等作业动因依次可以是订单数量、物料搬运次数、准备次数、机器小时、标准包装次数、检验小时、人工小时等等。从中可以看出，执行性成本动因就是本章第三节作业成本管理中的成本动因，因此，执行性成本动因的分析就是本章第三节“优化流程”中的成本动因分析。这里不再赘述。

通过结构性成本动因和执行性成本动因的分析可知：结构性成本动因与企业战略定位密切相关；结构性成本动因分析有助于企业作出横向规模和纵向规模的战略决策，而执行性成本动因分析则有助于企业加强内部成本管理，以确保战略成本管理目标的实现。前者旨在优化基础资源的战略配置，后者旨在优化企业内部成本管理。

（三）竞争能力分析

竞争能力分析又称**SWOT分析**（SWOT是优势（strength）、劣势（weakness）、机会（opportunity）和威胁（threat）四个方面内外部环境要素的简称），是对企业所处的内部环境要素优势、劣势和外部环境要素机会、威胁四个方面的综合分析方法。其中，优势是指企业拥有的比其他企业更多的技术和资源。它是企业建立总的竞争优势的基础，也是企业克敌制胜的法宝。与此相反，劣势说明企业与其他企业相比，缺乏的重要技术和资源。机会是指企业环境中存在的对企业有利的情况。与此相反，威胁是指企业环境中存在的对企业不利的情况。

1.产业内现有企业的竞争分析

产业内现有企业的竞争分析就是战略价值链分析中的竞争对手价值链分析，是竞争能力分析最主要的方面。企业的优势、劣势、机会与威胁，主要都是相对于竞争对手而言的。

2.潜在或新进入者的威胁分析

潜在或新进入者一旦进入产业，自然会与原有企业争夺市场份额，从而对原有企业构成威胁。这种威胁的大小取决于进入障碍的高低和原有企业可能产生的反应。潜在或新进入者的障碍包括经济规模、产品的差异性、商标的知名度、资本需求、进入该行业的成本要求等。原有企业可能产生的反应包括大幅度降价、给顾客更多的承诺等。

3.供应商讨价还价能力分析

供应商的讨价还价能力一般表现为供应产品价格的提高或供应产品质量的相对降低。如果供应商的讨价还价能力强，那么说明企业处于劣势，如：供应的产品被少数企业垄断；产品供小于求；所供应的产品不可替代；供应商沿自身价值链向后扩大生产范围，从企业供应商变为生产同类产品的竞争对手；供应商通过收购、兼并若干供应来源，借以控制供应系统；供应商供应的产品在企业生产经营中具有举足轻重的地位等等。

4.顾客讨价还价能力分析

顾客的讨价还价能力直接体现为企业所售产品价格的降低、产品质量的提高和售后服务的加强。如果顾客的讨价还价能力强，那么会降低企业利润，使企业处于劣势。例如顾客的购买量占企业销售量的比例大，是企业的主要顾客；顾客沿自身价值链向前扩大生产范围，变原来的外购材料为自产材料；顾客有很多可供选择的供应商；顾客的采购从一个厂家转换到另一个厂家，转换成本很低等。

5.替代产品的威胁分析

替代产品的出现常常会加剧所属产业中不同企业之间的竞争，因为替代品的价格一般会低于现有产品的价格，而且产品新颖。因此，替代产品的吸引力较大，企业要抓住机会，集中一定的力量研究和开发替代产品，密切注意市场竞争对手的动态，关注竞争对手是否已生产出替代产品，以及如果已出现，应采取怎样的应对措施等。

企业竞争能力分析，就是通过对上述5种竞争力量的分析来确定企业的优势和劣势，同时发现机会，辨别可能存在的威胁，将企业内部具有的优势和劣势与企业面临的外部机会和威胁进行对比，并就可能出现的4种组合情况，确定企业所处的位置。SWOT分析如图表7-55所示。

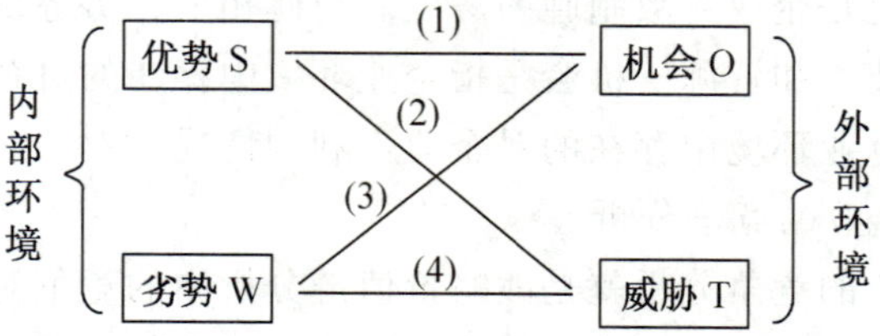

图表7-55　SWOT分析图

从图表7-55中可以看出：(1) 优势和机会（SO）是最理想的组合，企业面临大量机会的同时又具有多方面的优势，应采用积极发展战略；(2) 优势和威胁（ST）组合是指企业利用自身具备的优势，减轻企业外部威胁，可采用分散战略；(3) 劣势与机会（WO）组合是指企业所经营的业务具有较大市场机会，同时内部劣势也较明显，可采取退出策略；（4）劣势与威胁（WT）组合是最不理想的组合，企业外部面临威胁的同时，企业内部劣势也较明显，宜采取防御战略。

SWOT分析中的4个环境要素均应从动态上进行理解。在内部环境中，企业的“优势”与“劣势”是与竞争对手相比较而存在的，是不断发展变化的，因此，决不能用静止的眼光去看待优势与劣势，而应充分发挥企业领导和广大员工的积极能动作用，不断采取有效措施，“扬长避短”，以不断加强整体的竞争优势。从企业外部环境看，企业应力求在现有的竞争环境中洞察先机，以竞争优势不失时机地抓住一切可能抓住的机会，出奇制胜。与此同时，企业还应经常凝聚实力，准备随时面对外部进入者可能造成的威胁。

*第六节 产品寿命周期成本管理

产品寿命周期是指一种产品从最初的产品与工序设计，生产、营销与客户服务，到最后回收与处置的全部过程。我们将其分为3个阶段：产品与工序设计阶段，生产、营销与客户服务阶段，回收与处置阶段。**产品寿命周期成本管理**就是指产品与工序设计，生产、营销与客户服务，回收与处置3个阶段的成本管理。这里的成本就是产品寿命周期所耗费的全部资源，称为**产品寿命周期成本**。

与前述有关成本管理不同，本节没有按计划（预算）、控制、考评3个环节去介绍，而是就产品寿命周期的3个阶段分别介绍3种成本管理——目标成本管理、持续改善成本管理、废置成本管理，最后以环境成本管理结束。产品寿命周期成本管理的内容结构如图表7-56所示。

从图表7-56可以看出，产品寿命周期成本管理包含产品与工序设计阶段的目标成本管理，生产、营销与客户服务阶段的持续改善成本管理，回收与处置阶段的废置成本管理三部分。

一、目标成本管理

研究表明，产品与工序设计决定产品寿命周期成本的大部分，因为80%以上的产品寿命周期成本在产品与工序设计阶段就已经确定，也就是说，80%的生产费用在生产开始时就已经确定。产品寿命周期成本比率如图表7-57所示。

因此，最有效的成本控制主要发生在产品与工序设计阶段。目标成本管理就是在产品与工序设计阶段确保实现目标成本的最有效的成本管理手段。其中，目标成本是指为获取预定的市场份额所需的、顾客愿意支付的竞争性价格与企业要求达到的单位利润之间的差额。顾客愿意支付的竞争性价格称为目标价格。企业要求达到的单位利润称为目标利润。由此可知：

目标成本=目标价格-目标利润

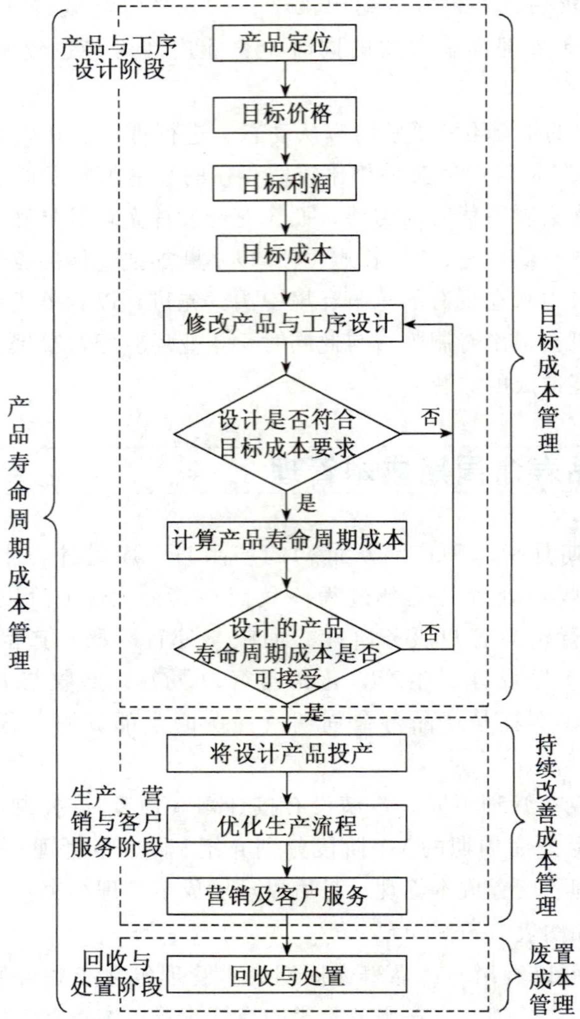

图表 7-56　产品寿命周期成本管理框图

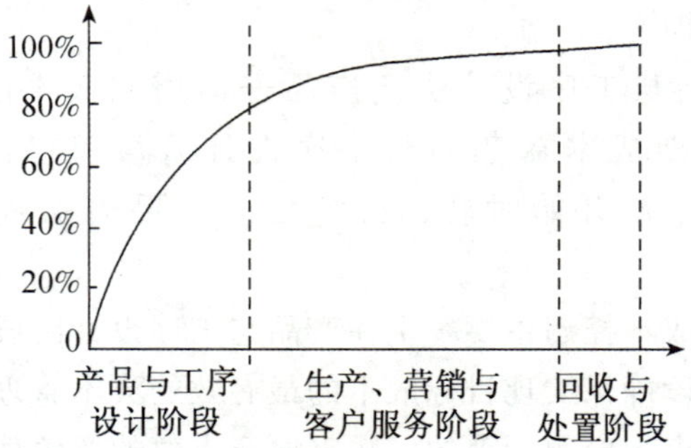

图表 7-57　产品寿命周期成本比率

目标成本管理是指在产品与工序设计过程中，采用拆卸重装分析、价值分析（工程）、工程再造等一系列方法降低成本，以实现目标成本的过程。从图表 7-56

可以看出目标成本管理的过程。我们将其分为目标成本的设定（计划）和目标成本的达成（控制）两个环节。

（一）目标成本的设定（计划）

目标成本是根据标的产品的目标价格和目标利润确定的，即：

目标成本=目标价格-目标利润

标的产品的目标价格一般与同行业同类产品进行比较，综合考虑多种因素的影响，包括产品的功能、性质及市场竞争力。任何标的产品都会有多种功能。每种功能都会使标的产品的价格有一个增量。目标价格应能反映标的产品提供给顾客的一系列功能。标的产品的目标利润要结合企业的经营战略、经营方针，同时考虑企业的长期投资政策、研发政策、投资报酬率等因素综合确定。标的产品的目标价格减去目标利润的差额，被称为“容许成本”，也就是可能的最高成本限额，即目标成本。

（二）目标成本的达成（控制）

标的产品的目标成本确定后，就成为研发小组的共同目标。研发小组可以从不同角度对目标成本进行分解，可按产品各部分功能或各成本要素进行分解，也可按研发小组的各部门来分解，并为实现目标成本指明具体途径。在实现目标成本的问题上，没有任何重新协商的可能。没有达到目标成本的产品是不会被投入生产的。目标成本最终反映了顾客的需求，以及资金供给者对投资合理收益的期望。因此，在客观上，研发小组压力巨大。这种压力迫使研发小组寻求并使用有助于他们达到目标成本的方法。研发小组使用的方法主要有拆卸重装分析、价值分析（工程）、工程再造，分述如下：

1.拆卸重装分析

拆卸重装分析，又称**反向设计**，是指购买竞争对手的产品，将其全部拆卸分解，然后再重新组装回来，将自身的试验性产品设计方案与竞争对手的产品设计方案进行比较，以明确自身产品改进可能性的过程。在拆卸重装分析中，将竞争对手的产品分解为零部件，以明确产品的功能及设计，了解产品设计的优缺点，同时推断出产品的生产过程，从中寻找降低成本的途径。

2.价值分析（工程）

价值分析，又称**价值工程**，是以功能分析为核心，通过有组织的创造性的工作，研究如何以尽可能低的成本去实现顾客所需要的必要功能，从而提高产品价值，促进产品更新换代的一种分析研究过程。价值分析以正确处理产品功能和成本的关系为出发点和归宿点。

价值分析从材料的代用研究开始，陆续被应用到改进产品设计、改进生产工艺、改进生产组织和管理方法等方面。我们通常所说的降低成本，都是在产品设计已经确定的情况下，在生产过程中降低成本，而价值分析是通过剔除产品多余和不必要的功能，改进产品的设计结构，来降低成本的。这对于80%以上在设计阶段就已经确定了的产品寿命周期成本而言，无疑是降低成本的最重要的途径。

价值分析中的价值是指一定的功能与这种功能所支出成本的比值，即：

$$V=\frac{F}{C}$$

其中，F为产品的功能，是指产品能够满足顾客需求的程度，一般分为必要功能和不必要功能。必要功能是顾客所需要和承认的功能；不必要功能是顾客所不要求的功能，又称无效功能、过剩功能。C为产品的寿命周期成本。

价值分析的目的就是提高产品或服务的价值，通过产品值 $V=\frac{F}{C}$ 可知，提高产品价值可以有以下5个途径：（1）增加功能（分子）；（2）降低成本（分母）；（3）增加功能（分子），同时降低成本（分母）；（4）功能增加的幅度大于成本增加的幅度；（5）功能降低的幅度小于成本下降的幅度。

价值分析就是明确产品的必要功能和不必要功能以及实现这些功能所需要的成本，然后通过上述5种途径进行功能分析。一般通过产品功能图表列示产品的各种功能。研发人员对产品功能逐项进行分析，确认有利于改进的因素，如直接材料的价值分析包括改变材料的质量或等级，减少一个部件中螺栓的数量，使用一个与其他产品通用的零件代替特殊或专用的零件，改变喷涂方法等等。在此基础上，研发小组提出一系列改进方案，并对改进方案进行评价，在保证产品必要功能的前提下，能否实现目标成本；如果不能，就要推倒重来，进行工程再造。

3.工程再造

工程再造就是对已设计完成或已存在的加工过程进行再设计。如果企业通过拆卸重装分析、价值分析，虽然使某些指标有一定程度的改善，但仍达不到目标成本的要求，就要放弃原设计方案，另辟蹊径。为此，研发小组必须从更深层次上革新思想，并着重对产品的生产过程重新进行审视，采用新的设计方式，对产品的加工和装配程序重新进行设计，重新组织生产线，直到实现目标成本为止。

二、持续改善成本管理

（一）持续改善成本管理的概念

目标成本管理适用于产品与工序设计阶段的成本规划和控制，而持续改善成本管理适用于现有产品生产、营销阶段的成本降低。持续改善成本管理又称Kaizen成本法。Kaizen是一个日本词汇。Kai的意思是变化，Zen的意思是好。因此，Kaizen的意思是持续地向更好的方向改进。**持续改善成本管理**就是指通过作业的小步优化来实现连续和逐渐改善，而不是通过大量投资产生激进式的改进。尽管产品成本的80%在产品与工序设计阶段就已经确定了，但是在生产、营销阶段仍有降低成本的空间。作为企业员工，改进是每个人的目标和职责，在每项作业、每时每刻都应牢记这一点，投入每个人微薄但持续的努力。随着时间的推移，会取得实质性的成本降低。

为了使持续改善成本管理能充分发挥其效率，企业必须为生产第一线员工持续不断地提供详细的成本资料，使生产第一线的员工能随时掌握各项成本的升降情况，并随时分析升降的原因，提出改进措施，以达到成本降低的目的。这种从小处着手，坚持不懈地采取渐进式改革所取得的成果，积累起来可能是很可观的。因此，持续改善成本管理的有效性，必须以广大员工成本意识的提升以及他们在挖掘成本降低潜力中的积极性、主动性、创造性为条件，否则将难以达到预期效果。

（二）约束理论

约束理论是持续改善成本管理的一种方法，是指通过对系统的瓶颈或限制性资源的正确管理，寻求长期利润最大化的方法。约束理论的关键是辨认妨碍作为一个系统的组织能取得现在或将来更好业绩的约束因素。一般说来，企业都存在一定的“薄弱环节”，即约束因素，这是难免的。在这种情况下，所有其他管理目标都应从属于解决约束因素的目标。当约束因素得到解决、新的约束因素出现时，也应照此办理。因此，约束理论是一个不断开拓的动态过程。

三、废置成本管理

废置成本是指某个项目报废或某产品废弃时的处置成本，包括关闭或废置与生产能力相关的成本（如关闭一座矿井或一处核反应堆）和处理废弃产品的成本（如回收顾客使用后与环境污染有关的废品、包装物）。

废置成本管理的重点在产品与工序设计阶段，而不是产品回收与处置阶段。虽然废置成本是在回收、处置阶段发生的，但其源头却在产品与工序设计阶段，因为只有在产品与工序设计阶段考虑了废置成本，才能有效地管理、控制这些成本，也才能最终判明某种产品是否有利可图。例如，若干个设计方案都能实现以相同的成本达到一定的质量及功能，但如果其中一个方案考虑了废置成本，那么这个方案最优。

四、环境成本管理

党的二十大报告在第十部分“推动绿色发展，促进人与自然和谐共生”中指出：“深入推进环境污染防治。坚持精准治污、科学治污、依法治污，持续深入打好蓝天、碧水、净土保卫战。……提升环境基础设施建设水平，推进城乡人居环境整治。全面实行排污许可制，健全现代环境治理体系。严密防控环境风险。深入推进中央生态环境保护督察。”可见，进行环境污染防治是某些企业责无旁贷的义务，因此必然要发生实现环境保护目标的成本，或被要求控制环境污染采取措施的成本，或对环境造成污染带来的罚款等损失，即通常人们所说的环境成本。至于什么是环境成本，由于目的不同，定义也不相同。为掌握环境成本的内容，先介绍环境成本的分类。

（一）环境成本的分类

环境成本可以按不同标志进行多种分类，最重要的有以下两种：

1.按环境成本的形成分为：（1）企业在生产过程中直接降低排放污染物的成本。（2）在生产过程中为预防环境污染而发生的成本。（3）企业对销售产品采用环保包装或回收顾客使用后与环境污染有关的废品、包装物等所发生的成本。（4）企业有关环保的研究开发成本。（5）有助于企业实施环境保护或提高社会环境保护效益支出的成本。(6) 其他环保支出。

2.按环境经济学分为:(1) **外部环境成本**,是指成本的发生与某一主体的环境影响有关,但却由发生成本或获得利益以外的主体承担的成本。某一活动对环境造成了影响,而产生影响的企业却不为此承担责任。(2) **内部环境成本**,是指在发生成本的主体里进行会计反映的成本,如由企业支付的排污费。随着环境问题压力的增加以及污染者付费原则的实施,有些外部环境成本将转换为内部环境成本,即对外部环境成本进行会计确认、计量,作为企业内部环境成本。

由于环境成本贯穿产品寿命周期的全过程,因此,在产品寿命周期成本管理中,还要进行寿命周期环境成本计算和寿命周期环境成本评价。

(二) 寿命周期环境成本计算

寿命周期环境成本计算是对产品(过程或作业)在整个寿命周期里的所有环境成本进行确认和计量的方法。产品对环境的影响在很大程度上是由产品的设计所决定的。近年来,为了促使生产者采取有利于环境的设计,许多国家都通过了相关的法规,强制性要求进行资源的循环利用,迫使生产者考虑产品寿命周期的环境影响,将供应商、生产者和消费者联系在一起,评估产品或流程的环境影响,调整产品和流程的设计,并对整个寿命周期环境成本进行计算(计算方法见环境会计)。

寿命周期环境成本计算可以评价和分配生产者在不同寿命周期阶段所引起的环境成本,从而使其能够对不同的设计进行对比选优。

(三) 寿命周期环境成本评价

寿命周期环境成本评价是对产品(过程或作业)在整个寿命周期的环境影响进行辨认,并确定环境改进机会的方法。寿命周期环境成本评价包括4个步骤:

1.设定目标,即确定特定产品或过程在其寿命周期各个阶段的主要问题。

2.寿命周期清单分析,即对寿命周期内的所有能源、材料投入和排放到环境中的废水、废物等进行寿命周期环境成本计算和分析。

3.影响分析,即对上述清单中的污染物对环境、人体健康的影响以及造成的经济成本和效益进行确认、计量和分析。

4.改进分析,即对寿命周期内的各个阶段的可能改进机会进行论证、分析,如产品设计、原材料投入、生产流程等的改进机会。

寿命周期环境成本评价强调寿命周期评价中的环境成本因素。它是通过对环境影响进行辨认,并将环境影响货币化,从而对产品、生产线、系统或工厂的寿命周期环境成本进行评价。

在产品寿命周期成本管理3个阶段的成本管理中,目标成本计算提供了一种管理工具。这种工具可起到协调和关注成本降低的作用;持续改善成本管理能够提高现有生产体系的效率,优化生产流程;废置成本管理促使设计者设计出废置成本更低的产品,并更有效地管理废置成本;环境成本管理告诫企业不能以污染环境为代价来增加利润,而应把它作为一项与企业经营密切相关的成本来管理。

第八章

绩效管理

本章侧重介绍管理会计“考评经营业绩”职能，是对经营活动的实际成果比照既定的目标或标准进行考核和评价的过程。管理会计履行考评经营业绩的职能，是通过建立责任会计或平衡计分卡等工具方法来实现的，即在各部门（责任中心）及每个人均明确各自责任的前提下，逐级考评责任指标的执行情况，总结成绩并找出不足，从而为奖惩制度的实施和未来工作改进提供必要的依据。

绩效考评是“绩效管理”的一项重要内容，任何一项管理，一般都会包括：①制订计划（编制预算或制定标准）；②实施控制（包括协调和调整）；③考核评价三个程序（环节）。如果每种管理都把这些内容介绍一遍，就会产生重复，第六章预算管理重点介绍了预算编制，第七章成本管理重点介绍了实施控制，因此，本章只侧重于绩效考评，制订计划、实施控制只介绍一些基本原则。本章只介绍财务指标的传统绩效考评方法——责任会计；财务指标和非财务指标并重的综合绩效考评方法——平衡计分卡，以检查“在提高资源利用效率基础上的净收益更大化”的管理会计目标实现情况。

第一节 绩效管理概述

第六章、第七章分别介绍了预算管理、成本管理。本章是第六章和第七章的继续，介绍绩效管理，重点介绍绩效考评。

一、绩效管理的相关概念

绩效管理，是指企业与所属单位（部门）、员工之间就绩效目标及如何实现绩效目标达成共识，并帮助和激励员工取得优异绩效，从而实现企业目标的管理过程。绩效管理的核心是绩效评价和激励管理。

绩效评价，又称**绩效考评**，是指企业运用系统的工具方法，对一定时期内企业营运效率与效果进行综合评判的管理活动。绩效评价是企业实施激励管理的重要依据。

激励管理，是指企业运用系统的工具方法，调动企业员工的积极性、主动性和创造性，激发企业员工工作动力的管理活动。激励管理是促进企业绩效提升的重要手段。

二、绩效管理的原则

（一）责任主体原则

各部门（责任中心）的绩效考评，必须以各部门（责任中心）为对象，有关资料的搜集、记录、整理、计算、对比和分析等各项工作，都必须按部门（责任中心）进行。

（二）战略导向原则。绩效管理应为企业实现战略目标服务，支持价值创造能力提升。

（三）客观公正原则。绩效管理应实事求是，评价过程应客观公正，激励实施应公平合理。

（四）规范统一原则。绩效管理的政策和制度应统一明确，并严格执行规定的程序和流程。各部门（责任中心）内部权责范围的确定，都应始终注意与企业整体目标保持一致，避免因片面追求局部利益而影响整体利益，促使企业内部各部门（责任中心）协调一致地为实现企业的总体目标而努力工作。

（五）科学有效原则。绩效管理应做到目标符合实际，方法科学有效，激励与约束并重，操作简便易行。

（六）可控性原则

对各部门（责任中心）所赋予的责任，应以其能够控制为前提，即各部门（责任中心）只对其能够控制因素的指标负责。在对各部门（责任中心）进行绩效考评时，应将不能控制的因素排除在外。

三、绩效管理的应用环境

（一）企业进行绩效管理时，应设立薪酬与考核委员会或类似机构，主要负责审核绩效管理的政策和制度、绩效管理计划、绩效评价结果与激励实施方案、绩效评价与激励管理报告等，协调解决绩效管理工作中的重大问题。

薪酬与考核委员会或类似机构下设绩效管理工作机构，主要负责制定绩效管理的政策和制度、绩效管理计划，组织绩效管理计划的执行与实施，编制绩效评价与激励管理报告等，协调解决绩效管理工作中的日常问题。

（二）企业应建立健全绩效管理的制度体系，明确绩效管理的工作目标、职责分工、工作程序、工具方法、信息报告等内容。

（三）企业应建立有助于绩效管理实施的信息系统，为绩效管理工作提供信息支持。

四、绩效管理的程序

绩效管理的程序，又称绩效管理的环节，有如下三个程序：绩效管理计划的制订、绩效管理的控制、绩效管理的考评（包括绩效管理报告）。

（一）绩效管理计划的制订

1.企业应根据战略目标，综合考虑绩效评价期间宏观经济政策、外部市场环境、内部管理需要等因素，结合业务计划与预算，按照上下结合、分级编制、逐级分解的程序，在沟通反馈的基础上，编制各层级的绩效管理计划。

2.绩效计划是企业开展绩效评价工作的行动方案，包括构建指标体系、分配指标权重、确定绩效目标值、选择计分方法和评价周期、拟定绩效责任书等一系列管理活动。制订绩效计划通常从企业级开始，层层分解到所属单位（部门），最终落实到具体岗位和员工。

3.企业可单独或综合运用关键绩效指标法、经济增加值法、平衡计分卡等工具方法构建指标体系。指标体系应反映企业战略目标实现的关键成功因素，具体指标应含义明确、可度量。

4.指标权重的确定可选择运用主观赋权法和客观赋权法，也可综合运用这两种方法。**主观赋权法**是利用专家或个人的知识与经验来确定指标权重的方法，如德尔菲法、层次分析法等。**客观赋权法**是从指标的统计性质入手，由调查数据确定指标权重的方法，如主成分分析法、均方差法等。

5.绩效目标值的确定可参考内部标准与外部标准。内部标准有预算标准、历史标准、经验标准等；外部标准有行业标准、竞争对手标准、标杆标准等。

6.绩效评价计分方法可分为定量法和定性法。定量法主要有功效系数法和综合指数法等；定性法主要有素质法和行为法等。

7.绩效评价周期一般可分为月度、季度、半年度、年度、任期。月度、季度绩效评价一般适用于企业基层员工和管理人员，半年度绩效评价一般适用于企业中高层管理人员，年度绩效评价适用于企业所有被评价对象，任期绩效评价主要适用于企业负责人。

8.绩效计划制订后，评价主体与被评价对象一般应签订绩效责任书，明确各自的权利和义务，并作为绩效评价与激励管理的依据。绩效责任书的主要内容包括绩效指标、目标值及权重、评价计分方法、特别约定事项、有效期限、签订日期等。绩效责任书一般按年度或任期签订。

9.激励计划是企业为激励被评价对象而采取的行动方案，包括激励对象、激励形式、激励条件、激励周期等内容。激励计划按激励形式可分为薪酬激励计划、能力开发激励计划、职业发展激励计划和其他激励计划。

薪酬激励计划按期限可分为短期薪酬激励计划和中长期薪酬激励计划。短期薪酬激励计划主要包括绩效工资、绩效奖金、绩效福利等。中长期薪酬激励计划主要包括股票期权、股票增值权、限制性股票以及虚拟股票等。

能力开发激励计划主要包括对员工知识、技能等方面的提升计划。

职业发展激励计划主要是对员工职业发展做出的规划。

其他激励计划包括良好的工作环境、晋升与降职、表扬与批评等。

10.激励计划的制订应以绩效计划为基础，采用多元化的激励形式，兼顾内在激励与外在激励、短期激励与长期激励、现金激励与非现金激励、个人激励与团队激励、正向激励与负向激励，充分发挥各种激励形式的综合作用。

11.绩效管理计划制定完成后，应经薪酬与考核委员会或类似机构审核，报董事会或类似机构审批。经审批的绩效管理计划应保持稳定，一般不予调整，若受国家政策、市场环境、不可抗力等客观因素影响，确需调整的，应严格履行规定的审批程序。

（二）绩效管理的控制

1.审批后的绩效管理计划，应以正式文件的形式下达执行，确保与计划相关的被评价对象能够了解计划的具体内容和要求。

2.绩效管理计划下达后，各计划执行单位（部门）应认真组织实施，从横向和纵向两方面落实到各所属单位（部门）、各岗位员工，形成全方位的绩效管理计划执行责任体系。

3.在绩效管理计划执行过程中，企业应建立配套的监督控制机制，及时记录执行情况，并进行差异分析与纠偏，持续优化业务流程，以确保绩效管理计划的有效执行。

（1）监控与记录。企业可借助信息系统或其他信息支持手段，监控和记录指标完成情况、重大事项、员工的工作表现、激励措施执行情况等内容。收集信息的方法主要有观察法、工作记录法、他人反馈法等。

（2）分析与纠偏。根据监控与记录的结果，重点分析指标完成值与目标值的偏差、激励效果与预期目标的偏差，提出相应整改建议并采取必要的改进措施。

（3）编制分析报告。分析报告主要反映绩效管理计划的执行情况及分析结果，其频率可以是月度、季度、年度，也可根据需要编制。

4.在绩效管理计划执行过程中，绩效管理工作机构应通过会议、培训、网络、公告栏等形式，进行多渠道、多样化、持续不断地沟通与辅导，使绩效管理计划得到充分理解和有效执行。

（三）绩效管理的考评

绩效管理工作机构应根据计划的执行情况定期实施绩效评价与激励，按照绩效管理计划的约定，对被评价对象的绩效表现进行系统、全面、公正、客观地评价，并根据评价结果实施相应的激励。

管理大师彼得·F.德鲁克曾经说过："如果你不能评价，你就无法管理。"可见，绩效考评是前述管理或制度不可缺少的重要环节。

本章**绩效管理的考评**是指对企业、部门（责任中心）的业绩考核和评价，又称**绩效考评**，是以上述各种管理或制度的计划、预算或目标为标准（标杆），将企业、部门（责任中心）实际执行情况与标准（标杆）相比较，借以考核企业、部门（责任中心）的工作成果，并根据业绩考核结果进行评价，将业绩与薪酬、奖惩挂钩，从而最大限度地调动企业、部门（责任中心）的工作积极性，促使企业、部门（责任中心）积极纠正行为偏差，履行自己所负的责任，以确保上述管理的有效施行。

1.实施绩效考评的基本条件

（1）明确各部门（责任中心）的责权范围

实施绩效考评，首先必须依据各部门（责任中心）生产经营的具体特点，明确规定其权、责范围，使其能在权限范围内，独立自主地履行职责。

（2）确定各部门（责任中心）的考评标准

各部门（责任中心）的考评标准，是评价和考核该部门（责任中心）的主要依据和尺度，因此，考评标准必须制定得比较合理、准确，并具有可控性、可计量性和可协调性等特征。

（3）建立各部门（责任中心）的记录、报告系统

只有建立各部门（责任中心）的记录、报告系统，才能为计量和考核各部门（责任中心）的实际经营业绩提供可靠依据，并对各部门（责任中心）的实际工作业绩起反馈作用。

（4）制定合理有效的奖惩制度

只有制定一套合理有效的奖惩制度，才能做到功过分明、奖惩有据，把责任者的物质利益同任务完成情况的好坏紧密联系起来，从而最大限度地调动各部门（责任中心）的积极性，有助于实现责权利的统一。

2.绩效考评的系统要素

（1）绩效考评主体

绩效考评主体是指由谁来进行绩效考评。绩效考评主体一般包括政府管理部门、企业所有者、企业经营管理者。本章中提到的绩效考评主体主要是指企业经营管理者。

（2）绩效考评客体

绩效考评客体又称绩效考评对象，是指对谁进行绩效考评。绩效考评客体包括企业、部门（责任中心）。本章中提到的绩效考评客体主要是指企业各部门（责任中心）。

（3）绩效考评指标

绩效考评指标是指绩效考评主体考核和评价绩效考评客体对计划、预算或目标执行情况的项目。绩效考评指标分为财务指标和非财务指标。**财务指标**是指用货币单位表示的绝对数或相对数指标。绝对数指标如销售收入、利润、经济增加值等；相对数指标如投资报酬率、销售利润率等。传统绩效考评大多采用财务指标。采用财务指标不关注生产经营过程，只以结果来评判考评客体的业绩。所以，财务指标只是对结果的考评，而不能实现对过程的控制。**非财务指标**是指不能用货币单位表示的绝对数指标或相对数指标，如存货周转天数、市场占有率、产品合格率等。由于非财务指标更关注过程，因此非财务指标是综合绩效考评不可缺少的一个重要组成部分。

（4）绩效考评标准

绩效考评标准又称绩效考评标杆，是指对考评客体所实现的各项考评指标，制定的评判其优劣的基准、尺子或标杆。一般以计划、预算或目标作为绩效考评的标准。

（5）绩效考评方法

绩效考评方法是指将绩效考评对象所实现的各项考评指标与绩效考评标准进行对比分析的具体手段。绩效考评方法主要可分为：传统绩效考评制度——责任会计；综合绩效考评制度——平衡计分卡等。

本章通过传统绩效考评方法和综合绩效考评方法来介绍两种绩效考评方法。

（6）绩效考评报告

绩效考评报告是反映绩效考评对象的工作成果，作为业绩优劣及奖惩依据的书面报告文件。绩效考评报告分为定期报告、不定期报告，定期报告主要反映一定期间被评价对象的绩效评价与激励管理情况。每个会计年度至少出具一份定期报告。不定期报告根据需要编制，反映部分特殊事项或特定项目的绩效评价与激励管理情况。绩效考评报告的格式因考评对象和考评指标的不同而不同。

上述6个要素组成了一个完整的绩效考评系统，它们之间的关系如图表8-1所示。

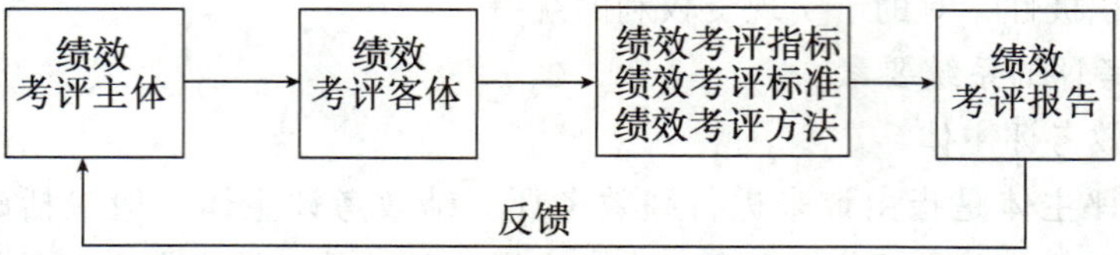

图表8-1　绩效考评要素之间的关系

第二节 传统绩效考评方法——责任会计

一、责任会计概述

（一）责任会计的含义

责任会计是现代分权管理模式的产物。分权管理，就是将生产经营决策权连同相应的经济责任划分给不同层次的管理人员，使其对日常经营活动做出及时、有效决策的一种组织管理形式。分权管理赋予了各层次管理人员在授权范围内的决策自主权和相应的责任。一方面，减少了中下层管理人员对日常管理决策不必要的请示汇报程序，从而大大地提升了管理工作的效率和质量，也为考评各部门（责任中心）的工作业绩奠定了基础，进而有利于调动各级管理人员的积极性和创造性。另一方面，将企业高层管理人员从日常事务中解脱出来，能够将有限的时间和精力集中于企业的战略目标和重大决策，以保证企业的可持续发展。当然，分权管理也存在一些问题。由于允许各分权单位具有决策自主权，当各分权单位之间相互提供产品或劳务时，分权单位可能以牺牲企业整体利益或长远利益为代价，来使自己的业绩达到最大。各分权单位之间可能为了各自的利益相互冲突和竞争。各分权机构相关信息的收集、记录与归集，会增加费用开支。

为了发挥分权管理的优点，抑制其缺点，必须加强企业内部控制和考评，而责任会计正是适应这种管理要求而不断发展并完善起来的一种绩效考评制度。**责任会计**是指以企业内部的各个责任中心为主体，以责任中心可控的资金运动为对象，对责任中心进行规划、控制和考评的一种会计制度。这种制度要求将企业内部按照可控责任划分为各个责任中心，然后为每个责任中心编制责任预算（计划），并将其与实际执行结果进行比较分析，来考评各个责任中心的业绩，并兑现奖惩。

（二）责任会计的环节

1.建立责任中心，落实责任中心目标

建立责任中心是实施责任会计的首要环节，即将企业所属的各部门划分为若干分工明确的责任中心，把企业全面预算中确定的指标按照各责任中心进行分解，落实各责任中心的目标，管理人员和职工对他们所能控制的因素承担的权利和责任。

2.完善跟踪核算系统，控制各责任中心经营活动

完善跟踪核算系统是指每个责任中心都要建立一套计划或预算执行情况的跟踪系统，按照绩效计划收集相关信息，获取被评价对象的绩效指标实际值，随时积累各责任中心的成本、收入、利润、资金等有关资料，通过信息反馈，控制经营活动。

3.考评责任中心经营业绩，编制责任报告

通过将各责任中心所实现的各项考评指标与绩效考评标准进行对比分析，进而对各项考评指标进行考核和评价，并按实际工作成果的好坏进行奖惩，做到功过分明、奖惩有据，最大限度地调动各个责任中心的积极性，为实现计划、预算或目标群策群力，卓有成效地开展各项活动，同时，编制责任报告。

二、责任中心

建立责任会计制度，首先应建立与企业组织机构相适应的责任中心。凡是管理上可以控制，责任可以划清，业绩可以单独考评的单位，都可以划分为责任中心，大到分公司、车间、部门，小到班组甚至个人。根据企业内部责任单位权责范围以及业务活动特点，责任中心通常分为成本中心、利润中心和投资中心。

（一）成本中心

成本中心是只对其可控成本或费用负责的责任中心，即只考评所发生的可控成本或费用，而不形成或不考评其收入的责任单位。这类责任中心大多是指只负责产品生产的生产部门、劳务提供部门以及给予一定费用指标的企业管理科室。这里的“可控成本”和“不可控成本”已经在第二章第一节叙及。

成本中心控制和考评的成本是责任成本。**责任成本**，是指成本中心的各项可控成本之和。成本中心的主要责任就是控制和降低其责任成本。成本中心的责任成本与产品成本既有联系又有区别，两者在性质上是相同的，同为企业在生产经营过程中的资金耗费。两者区别主要在于：

1.成本核算对象不同。产品成本以产品为成本核算对象；而责任成本以责任中心为成本核算对象。

2.成本核算原则不同。产品成本核算原则是“谁受益，谁负担”；而责任成本核算的原则是“谁负责，谁负担”。

3.成本核算内容不同。产品成本核算内容是应计入产品成本的各项生产费用，包括直接材料、直接人工和制造费用，不管是可控成本，还是不可控成本，只要属于生产费用，都要计入产品成本；而责任成本核算内容只包括可控成本，只要是该成本中心的可控成本，不管是生产费用，还是非生产费用，都应计入该成本中心。

4.成本核算目的不同。产品成本核算目的是计算产品成本，为考核产品成本计划完成情况以及计算利润、制定产品价格提供依据；而责任成本目的是为评价并考核责任预算执行情况和规划目标成本、控制生产耗费提供依据。

（二）利润中心

利润中心是对利润负责的责任中心，是既能控制成本，又能控制收入的责任中心。这类责任中心往往在企业中处于较高层次，一般是指有产品或劳务生产经营决策权的部门，如分厂、分公司及有独立经营权的各部门。利润中心的权力和责任都大于成本中心。

利润中心可分为“自然利润中心”和“人为利润中心”两类。**自然利润中心**是指能直接对外销售产品或提供劳务取得实际收入的利润中心。这类利润中心一般具有材料采购权、生产决策权、产品销售权，具有独立性。**人为利润中心**是以半成品、产成品在企业内部流转或劳务在企业内部提供，按照内部转移价格，而取得以“内部销售收入”为特征的利润中心。

利润中心控制和考评的利润是责任利润。**责任利润**，就是利润中心的可控收入减去可控成本而形成的可控利润。可控成本已在第二章介绍。可控收入已在第四章第一节叙及，对于自然利润中心而言，就是对外销售产品而取得的实际收入；对于人为利润中心而言，就是按确定的内部结算价格转出本中心半成品、产成品或提供劳务而取得的内部销售收入。

由于人为利润中心能够为成本中心相互提供产品或劳务，规定一个适当的内部转移价格，使得这些成本中心可以“取得”收入，进而可以评价其收益，因此，一般的成本中心都可以根据管理的需要转化为人为利润中心。将成本中心作为利润中心来经营往往能够加强管理人员的责任心，因此，人为利润中心越来越普遍。

（三）投资中心

投资中心是对投资负责的责任中心，是既对成本、收入和利润负责，又对资金及其利用效益负责的责任中心。投资中心不仅在产品、劳务和销售上享有较大的经营自主权，而且能够相对独立地运用其所掌握的资金。投资中心的责任对象必须是其能影响和控制的成本、收入、利润和资金。

由于投资的目的是获得利润，因而投资中心也是利润中心，它与利润中心的区别主要在于：利润中心没有投资决策权，它是在企业确定投资方向后进行的具体经营；而投资中心则拥有投资决策权，即能够相对独立地运用其所掌握的资金，有权购置和处理固定资产，扩大或缩小生产能力。

投资中心是分权管理模式的最突出表现。它在责任中心中处于最高层次，具有最大的经营决策权，也承担着最大责任。

三、内部转移价格

（一）内部转移价格的含义

内部转移价格简称**内部价格**，又称**内部转让价格**，是指企业内部各责任中心之间发生内部交易结算和内部责任结转所使用的计价标准。其中，**“内部交易结算”**

简称**内部结算**，是指在一个责任中心向另一个责任中心提供中间产品或劳务的前提下，由接受产品或劳务的责任中心向提供产品或劳务的责任中心支付报酬而引起的一种结算行为。**“内部责任结转”**简称**内部结转**，是指在生产经营过程中，对于因不同原因造成的各种经济损失，由承担损失的责任中心对实际发生或发现损失的责任中心进行损失赔偿的账务处理过程。

内部转移价格对于内部交易结算而言，可以使企业内部的两个责任中心处于类似市场交易的销售方与购买方，产生与外部市场相似的作用。内部转移价格是提供产品或劳务责任中心的收入，是获取产品或劳务责任中心的成本。内部转移价格对于内部责任结转而言，可以明确划分企业内部两个责任中心的经济责任，有助于在客观、公正的基础上协调各责任中心的各种利益关系。内部转移价格对承担损失的责任中心是收入的减少或成本、费用的增加，对实际发生或发现损失的责任中心是成本、费用的减少。由此，我们可以了解内部转移价格的作用。

（二）内部转移价格的作用

1.内部转移价格是落实各责任中心经济责任的必要条件

没有内部转移价格，就不能进行各责任中心的内部交易结算和内部责任结转。只有制定合理的内部转移价格，才能合理地调整各责任中心之间的收入和费用，明确各责任中心应承担的经济责任，落实各责任中心的经济责任。

2.内部转移价格是控制和考评各责任中心业绩的基本手段

没有内部转移价格，就不能计量相互提供中间产品或劳务的责任中心之间的收入、费用。只有制定合理的内部转移价格，才能合理地计算各责任中心的收入、费用、利润及投资报酬率等一系列财务指标，才能对责任中心的业绩做出正确评价。

3.内部转移价格是正确进行生产经营决策的量化依据

内部转移价格可以把有关责任中心的经济责任、经营业绩加以数量化，使企业的高层管理人员和各责任中心主管人员根据企业未来一定期间的经营目标和有关的成本、收入、利润以及资金情况，在分析比较的基础上，制定正确的经济决策。

（三）确定内部转移价格的方法

在同一个企业中，由于各责任中心的类型不同，相互提供产品或劳务的不同，不可能存在一个适用于各种情况的内部转移价格。在实践中，确定内部转移价格比较切实可行的方法可以归纳为以下4种：

1.市场价格法

市场价格法是指以市场上产品或劳务的价格作为内部转移价格依据的方法。

当各责任中心相互提供的产品或劳务有完全竞争的市场，且市场价格很容易取得时，一般采用市场价格法制定内部转移价格。采用市场价格法，并不是将市场价格直接作为内部转移价格，而是在市场价格基础上适当地降低价格。因为各种责任中心之间的“买”“卖”双方属于内部交易，质量、交货期易于控制，可以节约销售费、运输费、增值税等，而这部分费用和税金都可以通过账簿记录或简单计算而得到，无须花费大量时间、人力、物力去进行协商。将这部分费用和税金从市场价格中扣除，卖方没有理由不予接受，从而使内部转移价格小于市场价格，使买卖双方都能从中受益。否则节省的费用和税金全部体现为卖方的业绩，而买方却得不到任何好处，甚至舍内而求外，到外部市场去购买，会损害企业的整体利益。从企业全局利益出发，应尽可能进行内部转让，只要最终产品能够在外部市场销售出去，就会使企业多获利。

2. 协商价格法

协商价格法又称**议价法**，是指各责任中心的买卖双方经过讨价还价，形成企业内部模拟的"公允市场"价格，以此作为内部转移价格的方法。

当中间产品或劳务不存在完全竞争外部市场，中间产品或劳务很难找到它们的市价，或市价波动较大，各责任中心需自愿进行协商，经过讨价还价，形成一个双方都能接受的价格时，可以采用协商价格法。如果需协商价格的产品很多，买卖双方进行协商要花费很多时间，耗费很多人力、物力，或者虽然协商价格的产品只有一种，但买卖双方各持己见，相持不下，即使高层领导进行干预裁定，至少也会有一方不满意，使分权管理大打折扣，那么采用协商价格法也就没有什么积极意义了。

3. 成本加成法

成本加成法是指以中间产品或劳务的单位成本加上单位目标利润作为内部转移价格的方法。

当中间产品或劳务没有正常的市场价格时，企业通常采用成本加成法确定内部转移价格。这里的成本加成法与第四章定价决策中的成本加成定价法道理完全相同。不同的是，定价决策确定的是产品的对外销售价格，而这里确定的是各责任中心之间的内部转移价格。考虑到买卖双方的经济利益，采用"完全成本加成定价法"和"变动成本加成定价法"都不适合内部转移价格。因为这两种方法使卖方可以把在生产过程中形成的一切浪费和不合理费用都转嫁给买方，从而使卖方不再考虑降低成本，这显然有损企业全局的经济利益。比较切实可行的是标准成本加成法，即：

内部转移价格=标准成本×（1+加成率）

加成率一般不超过企业对外销售产品的加成率。

4. 双重价格法

双重价格法是指对买卖双方的责任中心采用不同的内部转移价格进行计价的方法。

当某种产品或劳务在市场上出现不同价格时，卖方采用最高的市价，买方采用最低的市价，或者卖方采用市场价格，买方采用卖方的成本计价，由此产生的差额由会计部门调整，这就是双重价格。采用双重价格的目的就是协调买卖双方的经济利益，充分调动买卖双方的生产积极性。

企业可根据各责任中心的具体情况确定内部转移价格。

四、责任中心的绩效考评

传统的绩效考评指标，也就是责任中心的绩效考评指标，都是财务指标，这是因为：第一，公司的长远目标几乎都是纯财务性的，财务指标可直接与公司长远目标相衔接。第二，恰当的财务指标能综合反映公司的业绩。

（一）成本中心绩效考评

成本中心业绩考核与评价是通过一定期间实际发生的责任成本与预定尺度（责任成本预算或目标成本）进行对比，编制责任报告，分析差异形成的原因及责任。

由于成本中心的职责比较单一，成本中心的绩效考评往往集中于预算责任成本的完成情况。在实际工作中，差异分析一直被广泛使用，即将目标水平与实际水平相比较，并计算差异，对重要的差异进行调查来分析原因，并采取相应行动。成本中心绩效考评指标一般采用目标成本降低额和目标成本降低率，其计算公式为：

目标成本降低额=目标（或预算）成本-实际成本

$$目标成本降低率=\frac{目标成本降低额}{目标（或预算）成本}\times 100\%$$

对成本中心进行考评时，应该注意如果预算产量与实际产量不一致，就按弹性预算的方法首先调整预算指标，然后再进行差异分析。各成本中心应定期根据差异分析结果逐级编报责任报告。其一般格式如图表8-2所示。

（二）利润中心的绩效考评

利润中心的绩效考评是通过一定期间实际发生的责任利润与责任利润预算所确定的利润进行对比，编制责任报告，并对产生差异的原因和应负的责任进行具体分析。

利润中心的考核指标主要有以下几种：

图表8-2　成本中心责任报告　单位：元

项目	当月		全年	
	预算	超支（节约）	预算	超支（节约）
A小组				
直接材料	4 500	（80）	54 400	（320）
直接人工	13 200	180	96 000	110
管理人员工资	1 200	（30）	11 800	（120）
其他	700	20	5 400	（18）
合计	19 600	90	167 600	（348）
甲部门				
A小组	19 600	90	167 600	（348）
B小组	17 820	112	134 200	940
C小组	13 580	（78）	114 500	（742）
各组合计	51 000	124	416 300	（150）
部门成本				
管理人员工资	12 630	0	83 410	0

续表

项目	当　月		全　年	
	预算	超支（节约）	预算	超支（节约）
其他	1 120	（70）	12 570	（212）
合计	64 750	54	512 280	（362）
全厂				
甲部门	64 750	54	512 280	（362）
乙部门	92 340	（102）	683 250	（1 008）
丙部门	107 420	315	745 140	742
各部门合计	264 510	267	1940 670	（628）
厂部成本				
折旧	4 200	0	29 500	0
行政管理费	21 540	320	156 220	960
热电	8 570	168	99 870	1 020
全厂合计	298 820	755	2226 260	1 352

利润中心贡献毛益总额=利润中心销售收入总额–利润中心变动成本总额

利润中心负责人可控利润总额=利润中心贡献毛益总额–利润中心负责人可控固定成本

利润中心可控利润总额=利润中心负责人可控利润总额–利润中心负责人不可控固定成本

公司利润总额=各利润中心可控利润总额之和–公司各种管理费用、财务费用等

对利润中心进行考评时，将各利润中心的固定成本进一步划分为可控成本和不可控成本，这主要考虑有些成本费用可以划归、分摊到有关利润中心，却不能为利润中心负责人所控制，如广告费、保险费等。因此，在考评利润中心负责人业绩时，将其不可控的固定成本从固定成本中剔除。

利润中心责任报告的一般格式如图表8–3所示。

图表8–3　　利润中心责任报告　　单位：万元

项目	预算	实际	差异
利润中心销售收入	40	40.20	–0.20
减：利润中心变动成本	20	20.12	–0.12
利润中心贡献毛益	20	20.08	–0.08
减：利润中心负责人可控固定成本	2	2.20	–0.20
利润中心负责人可控利润	18	17.88	0.12
减：利润中心负责人不可控固定成本	3.60	3.60	0
利润中心可控利润	14.40	14.28	0.12

（三）投资中心的绩效考评

投资中心不仅对收入、成本、费用和利润负责，而且要对资金的利用效果负责。因此，对投资中心的绩效考评，除收入、成本、费用和利润指标外，还要考核投资的效益。考核重点应放在投资报酬率和剩余收益两项指标上。

1.投资报酬率

投资报酬率又称**投资利润率**，是指投资中心所获得的年均利润与投资额之比，主要有以下两种表现形式：

$$投资报酬率=\frac{年均税前利润}{净资产} \quad ①$$

$$投资报酬率=\frac{年均息税前利润}{投资额（或经营总资产）} \quad ②$$

公式①中的净资产是指投资中心的总资产扣除负债后的余额，即投资中心总资产中以公司产权为其资金来源的部分。它主要说明投资中心运用“公司产权”供应的每一元资产对整体利润贡献的大小，或投资中心对所有者权益的贡献程度。

公式②中的投资额是指投资中心在生产经营中占用的全部资产。因资金来源中包含了负债，分子是年均息税前利润，等于税前利润加利息费用，所以，公式②主要用于考核和评价由投资中心掌握、使用的全部资产的盈利能力。后面提到的投资报酬率，如无说明，均指公式②。

投资报酬率公式中的分子没有考虑所得税，是因为所得税税率是固定的，不影响企业如何有效运用资产以获得利润，所以没有采用税后净利。公式分母中的资产没有按年初与年末的平均数计算，主要考虑固定资产的账面价值（原值减累计折旧）是逐年递减的。如果取平均数，利润不变，投资报酬率却逐年增高，显然，这并不是经营的成果，而是计提折旧的“功劳”。因此，分母按原始投资额计算。

投资报酬率还可进一步展开：

$$投资报酬率=\frac{息税前利润}{成本费用}\times\frac{成本费用}{经营收入}\times\frac{经营收入}{投资额}$$

$$=成本费用利润率\times经营成本费用率\times资产周转率$$

投资报酬率把影响投资中心经营成果的各个方面——经营收入、成本费用、息税前利润及资金运用都包括进去了，具有最大的综合性。同时，投资报酬率将各投资中心的投入与产出进行比较，剔除了因投资额不同而导致的利润差异的不可比因素，从而具有横向可比性，有利于进行各投资中心的业绩比较。而且，还为企业合理调整资金布局、优化资源配置和选择投资机会提供了依据。因此，以投资报酬率为考评的尺度，将促使各投资中心盘活闲置资产，减少不合理资产占用，及时处理过时、毁损的资产，促使管理者像控制费用一样控制资产占用或投资额的多少，综合反映一个投资中心的全部经营成果。但是，该指标也有局限性：一是使用投资报酬率往往会使投资中心只顾本身利益而放弃对整个企业有利的项目；二是投资报酬率的计算与资本支出预算所用的现金流量分析方法不一致，不便于投资项目建成投产后与原定目标的比较；三是由于一些共同费用无法被投资中心控制，因此投资报酬率的计量不全是投资中心所控制的。

为了克服投资报酬率的上述局限性，往往采用剩余收益作为考评投资中心的核心指标。

2.剩余收益

剩余收益又称**剩余利润**、**经济附加值**，是指投资中心获得的利润扣减经营总资产（投资额）按规定的投资报酬率计算的投资收益后的差额。其公式为：

剩余收益=年均息税前利润-经营总资产×规定的投资报酬率

=经营总资产×（投资报酬率-规定的投资报酬率）

公式中的经营总资产是账面价值，规定的投资报酬率是指公司的平均利润率或企业要求的最低报酬率，也可以是企业的综合资本成本。该公式又称**经济附加值**（economicvalue-added，EVA）公式，比较合理的做法是把公式中的经营总资产的账面价值改成经营总资产的市场价值。此时，该公式称为**修正的经济附加值公式**。

以剩余收益作为投资中心绩效考评指标，各投资中心只要投资报酬率大于规定的投资报酬率，该项目便是可行的。它避免了投资中心的狭隘本位主义倾向，即单纯追求投资报酬率而放弃一些有利可图的项目。

【例8-1】某公司下设投资中心A和投资中心B。该公司的加权平均资本成本为12%，采纳投资机会之前的资料如图表8-4所示。假设投资中心A面临一个投资项目，投资额为20万元，每年可获息税前利润2.6万元。投资中心B也有一个投资项目，投资额为30万元，每年可获息税前利润3.3万元。

要求：分别以投资报酬率和经济附加值为标准，投资中心A、B是否应采纳各自的投资项目?是否与企业的总体目标一致?

解：采纳投资后，投资中心A、B的投资报酬率、经济附加值的计算如图表8-4所示。

图表8-4 **投资中心指标计算表** 金额单位：万元

项目		投资额	息税前利润	投资报酬率	经济附加值（剩余收益）
追加投资前	A	20	3	15%	3-20×12%=0.6
	B	15	1.2	8%	1.2-15×12%=-0.6
	企业	35	4.2	12%	4.2-35×12%=0
投资中心A采纳投资项目（20万元）	A	40	5.6	14%	5.6-40×12%=0.8
	B	15	1.2	8%	-0.6
	企业	55	6.8	12.4%	6.8-55×12%=0.2
投资中心B采纳投资项目（30万元）	A	20	3	15%	0.6
	B	45	4.5	10%	4.5-45×12%=-0.9
	企业	65	7.5	11.5%	7.5-65×12%=-0.3

由图表8-4可知：投资中心A，如果以投资报酬率为标准，由原来的15%下降到14%，那么不应采纳该项目；如果以经济附加值为标准，由原来的0.6万元上升到0.8万元，那么应采纳该项目；从整个公司来看，投资报酬率由原来的12%上升到12.4%，经济附加值由原来的0增加到0.2万元，应采纳该投资。这说明，采用经济附加值指标，使投资中心的局部利益与公司的整体利益相一致，因此，应以经济附加值为标准，采纳该投资项目。同样，投资中心B，如果以投资报酬率为标准，那么应采纳该投资项目；如果以经济附加值为标准，那么不应采纳该投资项目；从整个公司来看，报酬率从原来的12%下降到11.5%，经济附加值从0变成-0.3万元，不应采纳该投资项目。这同样说明，采用经济附加值指标，使投资中心的局部利益与公司的整体利益相一致。如果采用投资报酬率指标，那么就会为了投资中心的局部利益而损害公司的整体利益。所以，以经济附加值为标准，可以保持各投资中心获利目标与公司总体获利目标一致。

通过经济附加值，人们可以判断投资中心是在创造价值，还是在毁灭价值，由“经济附加值=年均息税前利润-经营总资产×规定的投资报酬率”可知，经济附加值大于0，是经济增加值，投资中心为企业创造价值；经济附加值等于0，只获得最低投资收益，投资中心既没创造价值，又没有毁灭价值；经济附加值小于0，是经济减少值，投资中心为企业毁灭价值。

经济附加值是一个绝对数，不利于各投资中心的横向比较，这时可通过剩余收益的派生指标——剩余收益率解决：

$$剩余收益率=\frac{剩余收益}{经营总资产（投资额）}$$

经济附加值不仅是一种绩效考评指标，而且是一种投资中心薪酬的激励机制，能够确保投资中心在追求自身利益的同时实现企业利润更大化。经济附加值激励制度可以成为企业控制投资中心行为的机制，将投资中心的奖金置于不确定的状态，不规定上限。如果投资中心经济附加值小于0，那么就要扣除他们的奖金，而只有经济附加值大于0，才能获得按固定比例计算的奖金。经济附加值只对经济增加值提供奖励，即增量激励。从根本上说，这是对结果的支付，而不是对行为的支付。

投资中心的绩效报告既要列示收入、成本、费用、利润的预算数和实际数，又要列示经营总资产、成本费用利润率、经营成本费用率、资产周转率、投资报酬率及剩余收益的预算数和实际数，通过预算数与实际数的比较，对投资中心的经营业绩做出全面的评价。投资中心责任报告的一般格式如图表8-5所示。

图表8-5 **投资中心责任报告金额金额** 单位：万元

项　目	预算数	实际数	差异
经营收入	150	156	-6
成本、费用	120	128	-8
息税前利润	30	28	2
经营总资产	120	130	-10

续表

项　　目	预算数	实际数	差异
成本费用利润率	25%	21.9%	3.1%
经营成本费用率	80%	82%	-2%
资产周转率	1.25	1.2	0.05
投资报酬率	25%	21.5%	3.5%
资本成本为12%的经济附加值	15.6	12.4	3.2

第三节 综合绩效考评方法——平衡计分卡

一、传统绩效考评指标的缺陷及平衡计分卡的产生与发展

（一）传统绩效考评指标的缺陷

传统绩效考评方法都离不开对财务指标的分析，但是在现代市场竞争环境下，各种不确定因素对企业前景有着众多影响，仅仅通过一些财务指标已经不能满足企业绩效考评的需要。它在设计思路、具体内容和运作方式上都过于陈旧，在考评的广度、深度和远度上都过于局限，主要表现在：

1.传统绩效考评方法只注重对过去经营业绩的考评，不能对未来应采取的行动提供充分指导。传统绩效考评方法作为一种基于过去经营数据的评价，只能获取滞后指标，不能及时捕捉到后期甚至更远的会计期间各部门（责任中心）的行为给企业创造了多少价值或对企业的价值增值有什么破坏性影响，因而不能对未来创造企业价值而采取的行动提供充分的指导。

2.传统绩效考评方法只注重财务因素，不反映非财务因素。传统绩效考评方法只注重对财务业绩的考评，而对于许多对企业经营管理具有重要影响的非财务因素，都不能作为绩效考评的内容进行评价。

3.传统绩效考评方法只注重短期财务成果，不关注长期价值创造。传统绩效考评方法会造成企业部门（责任中心）过分重视取得并维持短期的财务成果，急功近利，在短期绩效方面投资过多，而在长期价值创造方面，特别是使未来增长得以实现的知识资产方面投资过少。

4.传统绩效考评方法只注重内部各种因素，不考虑外部因素影响。传统绩效考评方法只注重内部各种因素，而对企业经营业绩有重要影响的许多外部因素，如供应商、客户、合作伙伴、竞争对手等，在绩效考评指标方面都没有考虑进去。

因此，传统绩效考评方法只能发现问题而不能解决问题，只能做出评价而难以改善企业状况。面对企业日益复杂的内、外部环境，单纯的财务指标已经难以全面评价企业的经营业绩。只有突破单一财务指标，采用包括财务指标和非财务指标相结合的多元化指标体系，才能对企业各个部门（责任中心）的经营业绩做出全面、正确评价。由此，综合绩效考评方法——平衡计分卡应运而生。

（二）平衡计分卡的产生与发展

平衡计分卡的创始人为罗伯特·S.卡普兰（RobertS.Kaplan）和戴维·P.诺顿（DavidP.Norton）。平衡计分卡的概念最早可追溯到1990年，当时诺顿研究所对美国的若干公司进行了为期1年的研究，在诺顿研究所的课题“衡量未来组织的业绩”的研究成果基础上，诺顿研究所所长兼带头人戴维·P.诺顿和美国管理会计学权威罗伯特·S.卡普兰教授提出了平衡计分卡的概念，并在1992年《哈佛商业评论》上发表了关于平衡计分卡的第一篇文章《平衡计分卡——业绩衡量与驱动的新方法》。文章提出，不能只从财务指标来评价一家企业的业绩，而应从财务、顾客、内部业务流程以及学习与成长4个方面来评价企业业绩。这篇文章的发表，在理论界和实务界引起了巨大轰动。至此，一种崭新的综合绩效考评方法——平衡计分卡产生了。它自产生以来就受到了广泛关注，并在理论界和实务界的共同努力下不断发展。在1993年和1996年，卡普兰和诺顿在《哈佛商业评论》上又相继发表了《平衡计分卡的实际应用》和《把平衡计分卡作为战略管理的基石》两篇文章。这两篇文章集中体现了平衡计分卡自产生以来的发展历程，不仅指标不断丰富、创新，而且逐渐从单纯的业绩评价提升到企业战略管理的高度。同时，1996年，关于平衡计分卡的第一部专著——《平衡计分卡：化战略为行动》的出版，标志着这一理论的成熟。

2000年，卡普兰与诺顿又出版了新著作——《战略中心型组织：实施平衡计分卡的组织如何在新的竞争环境中立于不败》，使得平衡计分卡的应用越来越广泛。

平衡计分卡自20世纪90年代初以来，便迅速受到广泛关注，并取得了长足发展，越来越多的人了解平衡计分卡，越来越多的企业应用平衡计分卡。平衡计分卡已成为企业的一项综合绩效考评方法。以美国为例，有关统计数据显示，1997年，美国财富500强企业中已有超过60%的企业采用了平衡计分卡。在银行、保险公司等金融服务行业，这一比例则更高。今天，当人们谈及绩效考评时，大多指的是以平衡计分卡为主的体系。正如A.阿伯尔所说：“对于落实战略决策、更有效地评价和管理企业，平衡计分卡是业绩管理程序方面最好的解决方案。”

目前，卡普兰和诺顿继续致力于完善平衡计分卡体系，更进一步向无形资产的衡量和管理以及组织流程方向深入。同时，他们把平衡计分卡的应用范围向新的组织形式拓展，其中包括非营利组织、公共事业、卫生保健、风险投资和董事会。

二、平衡计分卡的概念及相关内容

（一）平衡计分卡的概念

平衡计分卡（balanced score card，BSC），又可译为“平衡积分卡”“综合计分卡”等，是指基于企业战略，从财务、客户、内部业务流程、学习与成长四个维度，将战略目标逐层分解转化为具体的、相互平衡的绩效指标体系，并据此进行绩效管理的方法。

平衡计分卡的基本内容包括以下4个方面：

1.财务方面：我们怎样为股东创造财富?

在平衡计分卡中，财务不仅是一个独立的方面，而且是其他几个方面的出发点和落脚点，因为财务业绩往往是企业运营的最终目标，也是企业运营情况的综合表现。如果说每个方面是综合绩效考评方法这条纽带的一部分，那么，这条纽带的因果关系的最终结果还是归于“提高财务业绩”。为此，企业要了解股东对企业的期待，为回报股东的期待，确保企业理念和战略的实行，我们应考虑对股东做出什么承诺，并明确具体的行动方针。

2.顾客方面：我们怎样满足顾客需求?

顾客方面是指从顾客的立场出发，我们应该做什么。为确保企业利益和财务目标实现，获取长远的、出色的财务业绩，就必须创造出受顾客青睐的产品或服务，建立良好的顾客关系，在顾客中树立企业的诚信服务形象和良好声誉。

3.内部业务流程方面：我们必须擅长什么?

内部业务流程是为企业创造价值和产生财务结果的过程。为确保财务目标实现和提高顾客满意率，企业最终还必须“修炼内功”，必须依靠内部程序、决策和行为，建立比竞争对手更先进的业务流程，这就要为企业内部业务流程确定目标和指标。这些目标和指标应包括创新循环、经营循环和售后服务循环。

4.学习与成长方面：如何创造并提高企业价值?

学习和成长方面来自3个主要的资源：人员、信息系统和企业的程序。仅凭今天的技术和生产能力，企业不能达到为顾客和内部业务流程所确定的长期目标。为了弥补现有的人员、信息系统和企业程序的生产能力，与实现长期目标所要求的生产能力之间的巨大差距，企业必须培训员工，提高信息技术和拓展信息系统，组织企业程序和日常工作。只有这样，才能为实现财务目标、顾客目标和内部业务流程目标提供持续的推动力量。

总之，平衡计分卡是将结果与动因联系在一起，财务方面是最终目标，顾客方面是关键，内部业务流程方面是核心，学习与成长方面是保证，只有不断学习与成长，才能持续改善企业内部业务流程，进而更好地为企业顾客服务，最终实现企业的财务目标。平衡计分卡的重要性在于将战略、流程和管理联系在一起，形成一种综合绩效考评方法，其基本结构如图表8-6所示。

从图表8-6可以看到，财务、顾客、内部业务流程和学习与成长4个方面紧密联系，确立了综合绩效考评方法的基本结构，但综合绩效考评方法既不是上述4个方面的简单综合，又不是一些财务指标和非财务指标的拼凑。不仅每个方面的考评指标和业绩动因充满了因果链（考评指标与业绩动因的因果链，以及考评指标相互之间和业绩动因相互之间的因果链），而且各方面之间也遍布层层的因果关联。例如，要实现财务方面的指标（如经济附加值），这个财务指标的动因是现有客户的重复、扩大销售以及现有客户忠诚的结果（顾客方面）。要做到保持客户，就需要按时保质保量向客户支付产品或提供服务，进而就需要在经营过程中缩短生产周转时间并提高产品或服务质量（内部业务流程），而要缩短生产周转时间和提高质量，

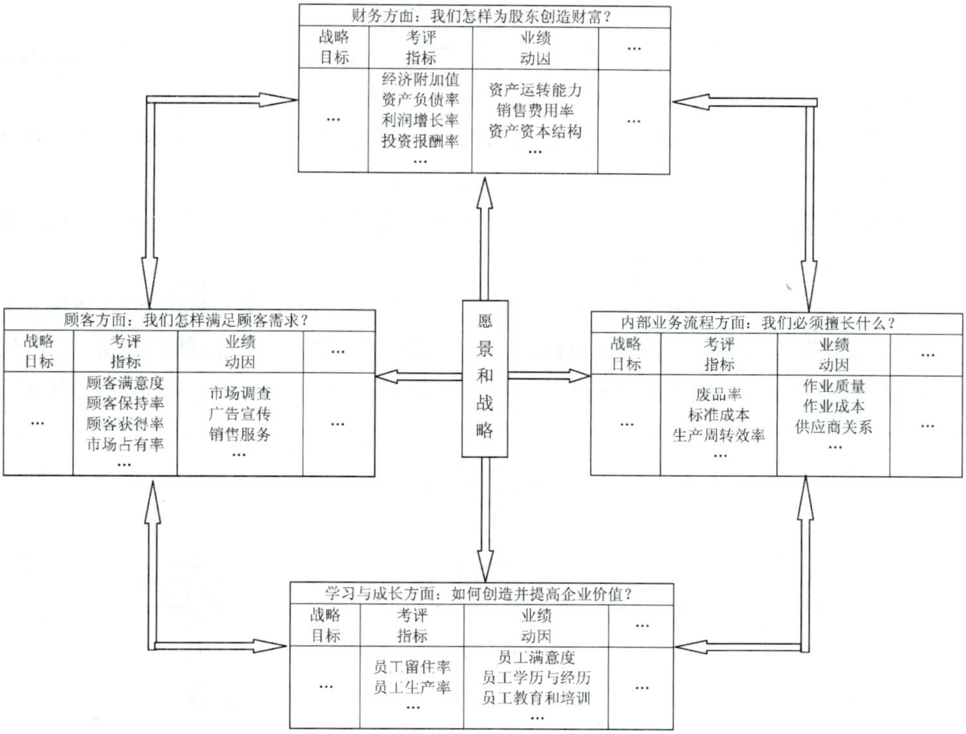

图表8-6 平衡计分卡基本结构

就要培训员工并提高他们的技术（学习与成长）。由此可以看出，当一个纵向指标穿过平衡计分卡的4个方面时，一个因果关系链就被建立起来。

（二）平衡计分卡4个方面之间的平衡关系

图表8-6不仅体现出了平衡计分卡的基本结构，同时也体现了4个方面之间的平衡关系。

1.过去、现在、未来的平衡：以财务方面代表的过去、顾客方面和内部业务流程方面代表的现在、学习与成长方面代表的未来之间的平衡。

2.短期与长期的平衡：以财务方面代表的短期行为和学习与成长方面代表的长期规划之间的平衡。

3.内部与外部的平衡：以内部业务流程方面为代表的企业内部与顾客方面为代表的企业外部之间的平衡。

4.结果与动因的平衡：以财务方面为代表的结果（财务指标）与顾客方面、内部业务流程方面和学习与成长方面代表的动因（非财务指标）之间的平衡。

由此可以看出，平衡计分卡的4个方面体现了现在、过去、未来的平衡，短期与长期的平衡，内部与外部的平衡，结果与动因的平衡。这些平衡是通过把经营单位的任务和策略转化为有形的目标和指标来完成的。

（三）4个方面通常包括的基本项目

平衡计分卡的每个方面都是由一些相互联系的项目组成的，通常应包括：

1.战略目标，是指完成企业理念和战略的基本目标。

2.考评指标，是指为确保目标实现，能够持续测定的反映战略目标业绩结果的指标。

3.业绩动因，是指为实现考评指标，直接驱动业绩结果的因素。

4.标准数据指标，是指为考评指标确定的标准数据，它可以是预算数、计划数、行业标准数等等。

5.具体措施，是指为使平衡计分卡能贯彻到各个部门（责任中心）、实现战略目标而制定的具体对策或行动计划。

6.评分，是指业绩期间结束时，将平衡计分卡的日常记录与标准数据指标进行对比，依据事先确定的评分标准和权重给出评分，根据评分对各部门（责任中心）及企业整体做出评价，并与薪酬计划等激励机制相对接。上述6个项目之间的关系如图表8-7所示。

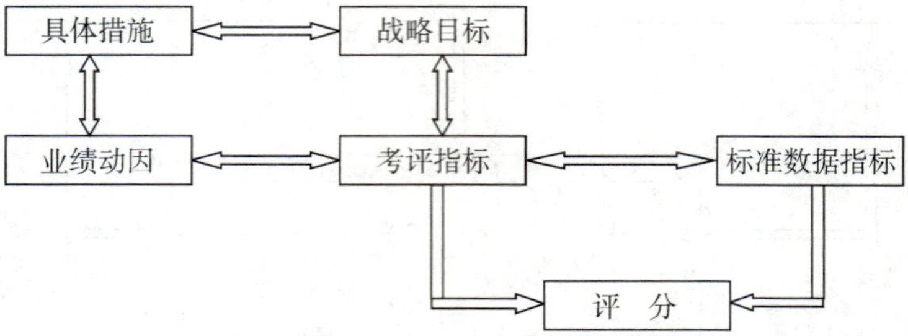

图表8-7　6个项目之间的关系

三、平衡计分卡简例

迄今为止，平衡计分卡在世界上已被广泛应用，以某航空公司为例，其平衡计分卡基本结构如图表8-8所示。

图表8-8　某航空公司的平衡计分卡

项目	财务方面	顾客方面	内部业务流程方面	学习与成长方面
战略目标	·利润 ·降低成本 ·扩大销售	·准时降落起飞 ·低价格	·增加实际运营时间	·地上工作人员相互合作
考评指标	·报价 ·飞机租赁成本 ·每个航班销售额	·正点比率 ·固定顾客占有率	·按时降落的比率 ·按时起飞的比率	·地上工作人员的培训比率 ·地上工作人员的教育培训程度
业绩动因	·市场评估 ·扩大顾客	·严格遵守时间表 ·留住老顾客	·严守时间	·工作人员的工作热情
标准数据指标	·30%增长 ·20%增长 ·10%增长	·30分钟以内 ·30分钟~90分钟 ·90%以上	·90%以上 ·90%以下	·第一年度70% ·第二年度90% ·第三年度100% ·每年4次
具体措施	·低成本 ·高销量	·提高业务管理水平 ·开发增大固定用户程序	·确定最合理的循环时间	·人员储备 ·对地面工作者的培训
评分	略	略	略	略

图表8-8给出了平衡计分卡的基本轮廓，目的在于使读者对平衡计分卡有个基本认识。

四、平衡计分卡的设计

由图表8-8可以看到，平衡计分卡是由财务、顾客、内部业务流程和学习与成长4个方面构成的，而每个方面都包括战略目标、考评指标、业绩动因、标准数据指标、具体措施和评分6个项目。每个项目都需要精心设计，反复论证，不断修正，在执行中不断发展完善。

（一）战略目标的设计

这里的“**战略**”是指重大的、带有全局性的长远谋划。**企业战略目标**就是企业未来定位是什么、该做什么、具体行动方案是什么等一整套关键的经营模式和财务运行机制。比如，“跨行业、跨地区、跨所有制、跨国经营和产业多元化、经营国际化、管理现代化、组织集团化”的四跨四化，就是一个企业的战略目标，只是略显空泛而已。由于各企业所处的内外部环境不同、行业不同、规模不同，企业的战略目标不可能有统一的固定模式。

平衡计分卡的战略目标的设计，首先是设计企业的战略目标，然后再分别设计财务、顾客、内部业务流程和学习与成长4个方面的战略目标。每个方面的战略目标还可以细分为部门（责任中心）战略目标甚至个人战略目标。这些战略目标的核心是企业战略目标，其他战略目标仅仅是企业战略目标的层层分解。企业战略目标的设计可以分为以下三步：

1.明确企业使命

企业使命就是企业的根本任务，具体指企业在社会中起什么作用和如何起作用，包括企业哲学、企业宗旨和企业愿景。企业哲学是企业文化的高度概括；企业宗旨是企业长期生存和发展意识。企业愿景则是企业哲学和企业宗旨所描述的企业长期的发展方向和蓝图。

2.制定企业发展战略

企业发展战略是企业发展的长远和整体规划，是对企业未来发展的一种全局性谋划。企业发展战略必须立足于现实去展望未来。也就是说，必须根据企业的内、外部环境和企业的现实状况去制定，因为它是由企业现状（企业是什么）通往企业使命（企业应该是什么）的必由之路。

3.确定企业战略目标

企业战略目标是为了最终实现企业使命，依据战略规划所制定的企业在一定时期的奋斗目标。管理大师德鲁克说过：“战略目标不是一种抽象，而是行动的承诺，同时也是衡量业绩的依据。”因此，战略目标就是企业一定期间的业绩目标，而不是显示胆略和气魄的空洞口号，是能确保企业使命和战略规划实现的战略蓝图，而不是可望而不可即的纸上谈兵。

（二）考评指标的设计

1.财务方面的考评指标

（1）增值能力。衡量企业增值能力最典型的指标是经济附加值（即剩余收益）。

（2）财务风险。衡量财务风险的典型指标有资产负债率和已获利息倍数。

（3）成长速度。衡量成长速度的典型指标有总资产增长率、销售收入增长率和利润增长率。

（4）盈利能力。衡量盈利能力的综合指标是投资报酬率。

2.顾客方面的考评指标

（1）顾客满意度。顾客满意度是顾客方面一个最重要的指标，是顾客对产品或服务的满意程度。它通过一定的方法（如函询、问卷调查）对顾客满意程度做出测定，显示了企业是否成功地满足了顾客的需要。

（2）顾客保持率。顾客保持率是指业务部门继续保持与老顾客交易关系的比率，也可理解为顾客忠诚度。许多公司能很容易地找到所有的客户，因此，该指标可通过回头客的百分比或现有顾客交易增长百分比等来表示。

（3）顾客获得率。顾客获得率是指业务部门吸引或赢得新顾客或业务的比率，可以通过新顾客数量与原有顾客数量之比或新交易额与原有交易额之比等来计算。

（4）市场占有率。市场占有率是业务部门在目标销售市场上的业务比率，可以通过目标销售市场上的顾客比例或交易额比例等来计算。

（5）顾客获利率。顾客获利率是指业务部门通过与顾客的交易获得利润的水平，即顾客给企业带来的利润率，包括单个顾客的获利率和所有顾客的获利率。

上述5个指标构成一个因果关系链，如图表8-9所示。

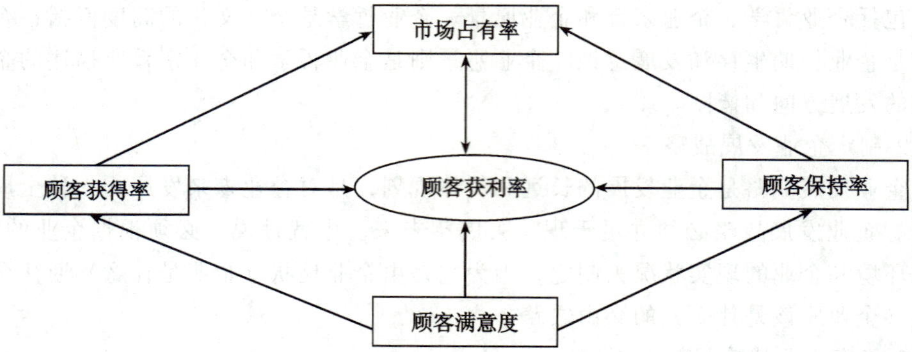

图表8-9　顾客考评指标因果关系链

3.内部业务流程方面的考评指标

（1）质量指标。连接企业与顾客最直接的纽带是产品。在内部业务流程中，产品质量优劣将直接影响顾客方面业绩的优劣。质量指标主要包括产品优等率、合格率、次品率、废品率及返工率、退货率等。

（2）成本指标。内部业务流程是一个创造价值的过程，同时也是一个发生耗费的过程。企业成本费用的高低直接影响企业经济效益的好坏。成本指标主要是标准成本、预算费用、作业成本法下的产品成本。

（3）时间指标。企业内部业务流程时间长短直接反映资源利用和内部控制的效率，并进一步影响对顾客的反应速度。时间指标主要是生产周期时间，它包括设计时间、准备时间、加工时间、搬运时间、等候时间、检验时间、储存时间和运输时间。企业应通过合理安排生产过程中各个环节的流程以缩短生产周期。此外，企业还可以通过生产周转效率指标来反映企业生产周期时间的合理性：

$$生产周转效率=\frac{设计时间+加工时间}{生产周期}=\frac{增加价值的时间}{生产周期}$$

（4）新产品（技术）研究开发损益平衡时间。新产品（技术）研究开发损益平衡时间，是指从某项研究开发活动开始，到新产品（技术）上市（或被用于生产），并产生足以弥补研究开发投资的收益所需的时间，包括研究开发时间、新产品（技术）进入市场（或用于生产）的时间以及获得足以弥补研究开发投资的收益所需时间。损益平衡时间考虑了研究开发的结果，因为未获得成功的研究开发是不可能实现损益平衡的。同时，也体现了研究开发活动的获利能力，因为只有当新产品能以一个有吸引力的价格被市场接受、研究开发的新技术能提高生产率或降低生产成本，企业才能获得收益以弥补前期投入。

4.学习与成长方面

（1）员工留住率。员工稳定性是以保持员工长期为企业服务为目标的。这个指标的基本理论是，企业在它的员工身上进行了长期投资，员工的辞职反映了企业在智力资本投资的损失，那些长期在企业工作，掌握企业经营过程的员工更是如此。因为，他们能及时了解客户的需要，给企业带来价值。员工留住率是现代企业应高度重视的一个指标。它可以通过一定期间员工保留的百分比或流失的百分比来计算，可以对全体人员综合计算，也可以按人员类别分类计算。

（2）员工生产率。企业要高效运营，不仅要保持员工的稳定性，还要尽量提高员工的生产率，员工生产率是评价员工技术和信心、创新、内部流程改进，以及客户满意程度的一个综合结果指标。目的是把员工生产的产品与生产这些产品的员工数量联系起来，最简单的生产率指标是每个员工为企业创造的收入。这个指标代表每个员工能生产多少产品。

（三）业绩动因的设计

1.财务方面的业绩动因

（1）资产运转能力。资产必须运转才能增值，资产的运转能力可通过应收账款周转率、存货周转率、流动资产周转率、固定资产周转率、总资产周转率来反映。只有不断地提高资产的运转能力，才能保证财务目标的顺利实现。

（2）经营耗费水平。有投入才有产出。合理的耗费是获取收入的前提，不合理的耗费是对收入的销蚀。经营耗费水平可通过“销售费用率=经营耗费÷主营业务收入”来反映。

（3）资产、资本结构。不同的资产，其收益能力不同，风险程度也有差异，资产结构可通过各类资产（如流动资产和长期资产、有形资产与无形资产）占总资产的比例来分析；同样，不同的资本来源，其成本和风险也各不相同，资本结构可通过各类资本（如短期资本与长期资本、自有资本与借入资本）占总资本的比例来分析。资产与资本的匹配关系可以通过相关资产与资本的对比（如流动资产与短期资本、长期资产与长期资本）来分析。

2.顾客方面的业绩动因

（1）市场调查。只有通过市场调查，才能了解市场。知己知彼，才能有的放矢。市场调查是否有健全的方法和程序，调查信息的反馈是否准确、及时，调查信息的运用是否科学、合理，市场调查成本与效益的权衡等等，都应纳入关注的范围。

（2）广告宣传。适度的广告宣传是让顾客认知产品和企业的有效途径，而顾客的认知是企业与顾客建立联系的前提。因此，广告宣传的范围、方式、时机、力度、质量、开支大小以及效果好坏等都应预先考虑。

（3）销售服务。顾客对企业的感受并不只限于产品本身，售前、售中和售后的服务同样是影响顾客对企业看法的重要因素。

3.内部业务流程方面的业绩动因

如果企业内部业务流程执行作业成本方法，则企业内部业务流程是由一系列相互关联的作业组成的作业链，从而使零散的流程一体化、孤立的环节连续化、复杂的关系明晰化，进而使整个内部业务流程责任化，从而以下（1）~（4）与作业成本方法有关。

（1）作业质量。作业质量能够反映业务的执行情况，并最终影响产品的质量，因此是内部业务流程业绩结果的重要动因。

（2）作业成本。作业成本涵盖了各种经营活动的耗费，能够反映整个企业的经营支出水平。

（3）增值作业的增值程度。企业内部业务流程的最终目标是创造价值，而价值是在各项增值作业中逐渐积累起来的。因此，增值作业的增值程度决定着企业内部业务流程目标的实现程度。

（4）非增值作业的消除程度。非增值作业不能为企业内部业务流程创造价值，应该在流程优化中被尽量消除，非增值作业的消除程度，反映了企业减少资源浪费、提高作业效率方面的努力程度。

（5）供应商关系。寻求好的供应商和建立好的供应商关系，对于实现企业内部业务流程的考评指标也是至关重要的，特别是制造装配业和零售业，其产品的价格、质量往往与供应商密切相关。

（6）研究开发计划。企业的研究开发很难取得立竿见影的效果。因此，必须防止盲目性，重视前瞻性。对研究开发活动的合理计划是影响研究开发的成功率、获利能力以及时间长短的首要环节。

4.学习与成长方面的业绩动因

（1）员工满意度。员工满意度对绝大多数企业来说是相当重要的。员工满意是提高生产率、灵敏度、产品质量和顾客服务的前提条件，企业员工只有“乐业”才能“敬业”，员工满意度最高的人员常常拥有最令人满意的客户。因此，想要获得高水平的顾客满意度需要用对公司满意的员工来为顾客服务。要使企业外部顾客满意，首先，必须使企业内部顾客（员工）满意。衡量员工满意度的典型方法是进行年度调查或滚动报告。员工满意程度的调查项目包括：①决策的参与程度如何；②工作做得好能否得到认可；③能否取得充分的信息把工作做好；④创造性及其运用是否得到鼓励；⑤职能部门的支持水平如何；⑥对公司总的满意程度如何。可要求员工以1~3分或1~5分的分数给他们的感受打分。最低分就是不满意，最高分是非常满意。经营者具有了解员工满意程度的能力后，员工满意程度的综合指标就可以计算出来了。

（2）员工的学历和经历。企业运营的各种工作最终都必须由人来承担。没有合格的人员来实施，不可能达到预期的结果。员工的学历和经历在一定程度上反映了员工的知识水平、专业素质和工作经验。

（3）员工的教育和培训。员工的学历和经历决定了人员素质的起点，而员工的教育和培训则影响着员工素质的提高，因此，对员工继续教育的投入，员工培训方案的设计、实施及效果也应纳入评价范围。

（4）战略工作覆盖率。战略工作覆盖率是指从事战略性关键工作的合格员工的百分比。要计算该比率，首先要确定关键工作的一线员工所必须具备的知识和技术，然后计量目前在那些职位上的员工所具有的知识和技术，以及利用这些技术和知识是否能达到特定的财务、顾客和内部业务流程目标。战略目标覆盖率揭示了现在的能力（如技术、知识和态度的计量）和未来需要之间的差距。

（四）标准数据指标的设计

标准数据指标是根据与其对应的考评指标而制定的，作为考评依据的标准数据，如投资报酬率的标准数据为20%，顾客保持率的标准数据为96%等等。标准数据的选择取决于考评的目的，通常的“标准”有：①公司的战略目标；②预算标准；③历史标准；④行业标准或竞争对手标准。由于企业本身所处的内外部环境不同，实现战略目标的基本条件不同，对于同一个考评指标的标准数据，不同行业、不同企业可能完全不同。即使对同一个企业，不同时期的标准数据指标也可能不同。标准数据指标应该是理想与现实的结合，既不能定得过高，可望而不可及，挫伤员工的积极性，也不能定得过低，轻而易举就实现了，否则不仅达不到激励的作用，反而浪费了企业资源（如多支付奖金、浪费人才等）。

（五）具体措施的设计

具体措施是根据业绩动因而制定的。它既要考虑竞争对手、顾客和市场、供应商等外部环境对实现每个方面战略目标的影响，又要考虑内部业务流程实现状况、员工素质现实水平等内部条件，对实现每个方面战略目标的保证程度，制订一些切实可行的方案，以保证战略目标的实现。

（六）评分的设计

评分是比较各部门（责任中心）在执行平衡计分卡的过程中，实际执行的业绩结果与标准数据指标，给出评分。这里要解决的是如何确定权重和如何进行评分。

1.权重的确定

平衡计分卡一般要使用20多个指标。由于平衡计分卡的4个方面及其指标具有不同的内涵，用之考核企业的业绩，就好比用德、智、体三个不同质的指标去衡量一个人。由于指标的不同质，对它们重要性的估计就存在不确定性。从理论上来说，确定权重的方法有许多种，并且很复杂，但从本质上来讲，权重反映了管理者对特定目标的重视程度，因而在实务中，许多企业采用了简便易行的定性方法来确定指标的权重。比如，高层管理者通过协商沟通，评价每项指标与企业经营战略和投入资源之间的重要程度，给出各项指标的权重。企业不同，同一个指标的权重完全可以不同。

2.如何评分

评分的方法虽然很多，但其实质都是将实际业绩结果与标准数据指标进行对比，为此，通常将标准数据指标分为越大越好的正指标和越小越好的反指标两大类。正指标如投资报酬率、经济附加值、顾客满意度等等。反指标如次品率、退货率、单位产品成本等等。在此基础上，介绍以下两种评分方法：关系比率法和偏差比率法。

（1）关系比率法，是指利用关系比率与权数之积进行评分的一种方法。其中：

$$正指标关系比率=1+\frac{实际业绩结果-标准数据指标}{标准数据指标}$$

$$反指标关系比率=1+\frac{标准数据指标-实际业绩结果}{标准数据指标}$$

各项目分数=关系比率×权数

某一方面分数=该方面各个项目分数之和

（2）偏差比率法，是指利用偏差比率与权数之积进行评分的一种方法。其中：

$$正指标偏差比率=\frac{实际业绩结果-标准数据指标}{标准差或平均绝对误差}$$

$$反指标偏差比率=\frac{标准数据指标-实际业绩结果}{标准差或平均绝对误差}$$

当偏差比率大于0时，项目分数=偏差比率×权数

当偏差比率小于0时，项目分数=（1+偏差比率）×权数

某一方面分数=该方面各个项目分数之和

【例8-2】假设A企业顾客方面以历史上某一年份12个月的期望值为标准数据指标，其中整体顾客获利率为顾客给企业带来的销售利润率，顾客获得率为新顾客交易额与原有顾客交易额之比，市场占有率为企业产品在目标市场上所占的比例。顾客满意度为在问卷调查中顾客给企业的打分，顾客保持率为回头客的百分比。各指标的期望值（即标准数据）及权数，实际业绩结果如图表8-10所示。

图表 8-10 实际业绩结果

项目	标准数据	实际结果	权数	关系比率	得分
整体顾客获利率	30%	32%	25	1.0667	26.6675
顾客获得率	38%	42%	10	1.1053	11.053
市场占有率	18%	19%	25	1.0556	26.39
顾客满意度	85 分	87 分	30	1.0235	30.705
顾客保持率	75%	72%	10	0.96	9.60
分数合计					104.42

要求：采用关系比率法对顾客方面进行评分。

解：以上指标均为正指标，其关系比率及得分计算结果如图表 8-10 所示。

【例 8-3】假设 A 企业采用偏差比率法对顾客方面进行评分，各项目标准差如图表 8-11 所示，标准数据、实际结果、权数均不变，实际评分结果见图表 8-11。

图表 8-11 实际评分结果

项目	标准数据	实际结果	权数	标准差	偏差比率	得分
整体顾客获利率	30%	32%	25	0.019	1.0526	26.32
顾客获得率	38%	42%	10	0.032	1.25	12.50
市场占有率	18%	19%	25	0.008	1.25	31.25
顾客满意度	85 分	87 分	30	1.82	1.0989	32.97
顾客保持率	75%	72%	10	0.044	-0.6818	3.18
分数合计						106.22

例 8-2 与例 8-3 说明，对于同一个企业，采用的评分方法不同，所得分数一般也不相同。就顾客方面而言，100 分只是完成了目标任务，超过 100 分才是超额完成了目标任务。没有达到 100 分就没有完成目标任务。这样，就可以按照实际得分偏离 100 分差距的大小与奖惩方法挂钩。

将 4 个方面的得分加在一起，就是企业整体的得分数。这时 400 分只是完成了目标任务。如果将每个方面再确定一个权数，使 4 个方面权数之和为 1，则：

企业整体得分=$\sum$(每个方面得分×该方面权数)

此时，仍是 100 分为完成目标任务。

上述 6 个项目相互联系，相互促进，形成一个完整的综合业绩评价体系。图表 8-7 体现了 6 个项目之间的依存关系。

五、平衡计分卡设计应注意的几个问题

（一）平衡计分卡是一个战略蓝图，不是僵化的固定管理模式

1. 不局限于 4 个方面

平衡计分卡的 4 个方面只是为企业设置的战略蓝图，不是一种约束。根据公司所处的产业环境和一个经营单位的策略，也可能需要增加一个或多个方面。例如，有人将平衡计分卡设计为财务、顾客、内部业务流程、研究开发和人力资源 5

个方面。

2. 不局限于6个项目

平衡计分卡每个方面的6个项目也不是固定不变的，关键是体现每个方面的因果关系，而不在于用几个项目来体现。例如，每个方面设置目标、指标、针对性指标、初始阶段行动4个项目，还可设置战略目标、重要成功要因、业绩评价指标、具体数据指标、战略计划或行动计划5个项目等等。

3. 不局限于固定数量的考评指标

平衡计分卡每个方面绩效考评指标的数量也不是固定不变的。一般说来，每个方面应该有4~7个单独的考评指标。这样，公司实际上可以用一个大约24个考评指标的一体化系统来阐述和传达它们的策略。但究竟是22个指标还是25个指标并不重要，重要的是这些指标能够保证战略目标的实现。它们既保持目标一致，又相互加强，从而形成一个全面的、完整的绩效考评指标体系。

综上可知，对特定公司而言，平衡计分卡究竟应该包括几个方面，每个方面应该包括哪些项目及每个方面应设置多少个绩效考评指标，并没有固定的模式。平衡计分卡的设计只是一个权变的框架，它不是也不可能是一个放之四海而皆准的固定模式。任何组织应用它，都必须根据组织自身的情况量体裁衣。没有哪两个组织的情况是完全相同的，因此，也就没有哪两个组织的平衡计分卡可能一模一样。平衡计分卡的设计只可能借鉴，不可能照搬。换句话说，平衡计分卡可以随不同行业、不同组织的不同需要而呈现千差万别的模式，并通过不同模式为不同目标服务。

（二）平衡计分卡的设计、执行过程，是一个全员投入，不断修正和不断完善的过程。

平衡计分卡涉及企业的方方面面，要设计出科学的平衡计分卡并得到很好的实施，离不开全体员工的积极参与。平衡计分卡的应用不是哪个人的事，也不是哪个部门的事，而是整个组织的大事，需要全体员工的积极投入。

平衡计分卡一旦成形，并不是一成不变的，在平衡计分卡的实施过程中，可能会反映一些不合理、不完善的地方，需要及时修正。随着环境的改变和企业的发展，原来适用的平衡计分卡也可能出现不再协调的方面，这也需要得到及时更新。平衡计分卡的应用也应该是一个开放的系统，可以不断吸纳各种新的理论、方法和工具，不断调整其应用模式和环节、具体内容和指标。

（三）关于实施平衡计分卡的基本条件

实施平衡计分卡，除了必须考虑本章所述的实施绩效考评的基本条件外，还要着重强调以下几个方面：

1. 实施全面预算管理的条件，同样适用于平衡计分卡

其内容为以下3条：（1）高层领导的支持与参与；（2）考评指标必须有效；（3）基础数据相对准确与完整，具有先进、科学的信息保障系统。

2. 必须将绩效考评结果与激励制度挂钩

将员工的绩效考评结果与员工的报酬、升迁等个人利益（物质利益和精神利

益）密切联系起来，才能促使员工去积极地改善业绩，关注业绩。正如一位公司总经理所说："人们掏出平衡计分卡，就应该能计算出挣多少钱。如果平衡计分卡没有与收入挂钩，人们对它就不会如此关注。"激励制度使员工知道，哪些方面做好了，将能得到多少收入，哪些方面没有做好，将会发生多大损失，从而使员工焕发出最大的创造力，给平衡计分卡的施行以持久的动力。

（四）平衡计分卡不是简单的业绩评价工具，而是一个综合的绩效考评方法

许多人认为业绩评价指标是一个控制行为和一个评价过去业绩情况的工具，在平衡计分卡里，业绩评价指标的使用方式各不相同。它把企业的策略结合在一起，把个人和各个部门（责任中心）的积极性联系起来达到一个共同目标。平衡计分卡不是用来使个人和经营单位服务于一个事先制订好的计划——那是传统的控制系统的目标。平衡计分卡是用来交流、通知和学习的综合绩效考评方法。利用平衡计分卡，企业管理者可以计量他们的经营单位如何为现在和未来的顾客创造价值，他们如何建立并提高内部生产能力，以及如何为提高未来经营而对员工、系统和程序进行投资。平衡计分卡使财务和非财务指标成为企业各层员工信息系统的一部分。一线员工可以从他们的决策和行动中理解财务结果，高级管理者也可以理解长期财务成功的动因。平衡计分卡是对企业员工为企业创造价值活动的综合业绩计量和考评。

六、平衡计分卡综合绩效考评过程

平衡计分卡的应用是一个从最初设计到日常记录，再到期末评分，并不断修正的过程。全面预算管理、作业成本管理的考评都可以纳入平衡计分卡。

（一）平衡计分卡的最初设计

平衡计分卡的最初设计是平衡计分卡应用中至关重要的环节，平衡计分卡最初设计得是否科学，是日后能否顺利实施、能否充分发挥效用的关键。平衡计分卡的最初设计是一项十分庞大的工程，需要企业上下投入大量的精力和时间。平衡计分卡的设计可分为企业整体平衡计分卡、部门（责任中心）平衡计分卡乃至个人平衡计分卡的设计。其具体做法是将企业、部门（责任中心）或个人一定期间的业绩目标（业绩目标见本章第三节四中的"（一）战略目标的设计"）用具体的考评（结果）指标和标准数据指标予以表述，并找出影响考评指标的具体业绩动因，制定出切实可行的具体措施。所有的各自考评指标，标准数据指标、业绩动因和具体措施就分别构成了企业整体平衡计分卡、部门（责任中心）平衡计分卡和个人平衡计分卡。

平衡计分卡的最初设计过程就是企业制定战略的过程，也是确定责任（作业）中心、编制预算的过程以及设定业绩目标的过程。

（二）平衡计分卡的日常记录

平衡计分卡的日常记录是指在业绩期间，随时将那些为计算平衡计分卡指标所需要的数据资料记录下来。这种日常记录是期末进行评分的基础，但是期末评分并不是日常记录的唯一作用。通过平衡计分卡的日常记录，使企业高层领导随时关注

企业的总体运营情况，部门（责任中心）的管理者随时关注该部门（责任中心）的运作情况，使员工个人随时关注自身的行为。这种关注，使企业上下随时对战略的实施情况，预算的执行情况、企业整体或部门（责任中心）或员工个人的业绩情况进行监控和调整。

平衡计分卡日常的数据资料记录是一项非常烦琐的工作。少数数据资料记录能从现有的会计信息系统和管理信息系统中获得，但绝大部分却不能，尤其是非财务数据和部门（责任中心）平衡计分卡及个人平衡计分卡所需数据。因此，企业必须组织人力、物力开发并及时更新相应的信息系统。只有这样，才能为平衡计分卡的日常记录创造条件。

（三）平衡计分卡的期末评分

平衡计分卡的期末评分是指到业绩期间结束时，计算平衡计分卡的各项指标与标准数据指标进行对比，并依据事先确定的评分标准和权重给出评分，根据评分对整个业绩期间企业整体、部门（责任中心）以及员工的个人业绩做出评价。平衡计分卡的评分过程是对整个业绩期间所做的总结。这种总结不仅是业绩评价的过程，而且是检查战略是否实现的过程，还是考核预算（计划）是否落实的过程。这种总结也不仅仅是为了得出一个简单的结论，在得出结论的基础上还要进一步分析造成结果的原因，为以后期间指明方向。业绩为什么好或者为什么不好，是哪些环节、哪些层面、哪些行为的功劳或过错，今后要怎么发扬或避免，战略目标为什么实现了或者为什么未能实现，预算为什么落实了或者为什么没有落实等等。此外，期末业绩评分还应包括按照奖惩激励制度，将部门（责任中心）和个人的业绩与事先规定的奖惩标准衔接起来并进行兑现，做到奖得高兴，罚得服气，以免平衡计分卡流于形式。

（四）平衡计分卡的修正

平衡计分卡在应用过程中可能会暴露出存在的问题，需要及时更正，并且随着环境的变化，平衡计分卡也需要不断更新，因此，平衡计分卡在最初设计出来以后，并不是一成不变的，而是在应用过程中要对它不断进行修正。当然，平衡计分卡的修正不能随意进行，应当有严格的程序。只有这样，才能保障平衡计分卡的严肃性。在对平衡计分卡进行修正时，如有必要，还应同时对战略进行反馈，对预算（计划）进行修订，对考评指标或标准数据指标进行调整。

总之，企业借助平衡计分卡进行综合绩效考评，是一个各种管理相互融合、各个环节相互渗透的过程，企业综合绩效考评过程如图表8-12所示。

平衡计分卡对我们的最大启示在于它向外部、向深层、向长期拓展的视野，在于它综合平衡的思想，在于它着眼于战略、立足于管理，彼此联系，相互渗透的主体化、网络化结构。它是一种超越数字的动态评价指标与静态评价指标相统一，财务指标与非财务指标相结合的革命性的综合绩效考评方法，也是推动企业可持续发展的综合绩效考评方法。

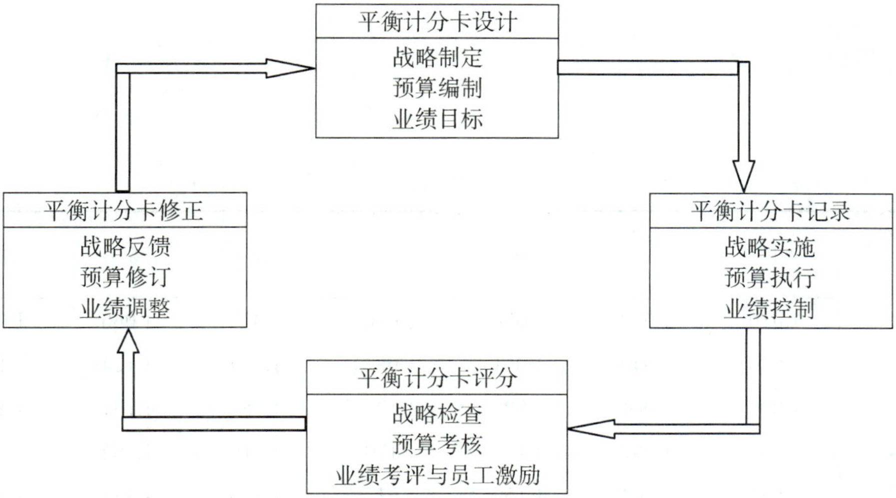

图表 8-12　企业综合绩效考评过程

附 录

附录一 复利终值系数表（F/P，i，n）=（1+i）n

i（%） n	1	2	3	4	5	6	7
1	1.010	1.020	1.030	1.040	1.050	1.060	1.070
2	1.020	1.040	1.061	1.082	1.103	1.124	1.145
3	1.030	1.061	1.093	1.125	1.158	1.191	1.225
4	1.041	1.082	1.126	1.170	1.216	1.262	1.311
5	1.051	1.104	1.159	1.217	1.276	1.338	1.403
6	1.062	1.126	1.194	1.265	1.340	1.419	1.501
7	1.072	1.149	1.230	1.316	1.407	1.504	1.606
8	1.083	1.172	1.267	1.369	1.477	1.594	1.718
9	1.094	1.195	1.305	1.423	1.551	1.689	1.838
10	1.105	1.219	1.344	1.480	1.629	1.791	1.967
11	1.116	1.243	1.384	1.539	1.710	1.898	2.105
12	1.127	1.268	1.426	1.601	1.796	2.012	2.252
13	1.138	1.294	1.469	1.665	1.886	2.133	2.410
14	1.149	1.319	1.513	1.732	1.980	2.261	2.579
15	1.161	1.346	1.558	1.801	2.079	2.397	2.759
16	1.173	1.373	1.605	1.873	2.183	2.540	2.952
17	1.184	1.400	1.653	1.948	2.292	2.693	3.159
18	1.196	1.428	1.702	2.206	2.407	2.854	3.380
19	1.208	1.457	1.754	2.107	2.527	3.026	3.617
20	1.220	1.486	1.806	2.191	2.653	3.207	3.870
25	1.282	1.641	2.094	2.666	3.386	4.292	5.427
30	1.348	1.811	2.427	3.243	4.322	5.743	7.612
40	1.489	2.208	3.262	4.801	7.040	10.286	14.974
50	1.645	2.692	4.384	7.107	11.467	18.420	29.457

续表

i（%） n	8	9	10	11	12	13	14
1	1.080	1.090	1.100	1.110	1.120	1.130	1.140
2	1.166	1.188	1.210	1.232	1.254	1.277	1.300
3	1.260	1.295	1.331	1.368	1.405	1.443	1.482
4	1.360	1.412	1.464	1.518	1.574	1.630	1.689
5	1.469	1.539	1.611	1.685	1.762	1.842	1.925
6	1.587	1.677	1.772	1.870	1.974	2.082	2.195
7	1.714	1.828	1.949	2.076	2.211	2.353	2.502
8	1.851	1.993	2.144	2.305	2.476	2.658	2.853
9	1.999	2.172	2.358	2.558	2.773	3.004	3.252
10	2.159	2.367	2.594	2.839	3.106	3.395	3.707
11	2.332	2.580	2.853	3.152	3.479	3.836	4.226
12	2.518	2.813	3.138	3.498	3.896	4.335	4.818
13	2.720	3.066	3.452	3.883	4.363	4.898	5.492
14	2.937	3.342	3.797	4.310	4.887	5.535	6.261
15	3.172	3.642	4.177	4.785	5.474	6.254	7.138
16	3.426	3.970	4.595	5.311	6.130	7.067	8.137
17	3.700	4.328	5.054	5.895	6.866	7.986	9.276
18	3.996	4.717	5.560	6.544	7.690	9.024	10.575
19	4.316	5.142	6.116	7.263	8.613	10.197	12.056
20	4.661	5.604	6.727	8.062	9.646	11.523	13.743
25	6.848	8.623	10.835	13.585	17.000	21.231	26.462
30	10.063	13.268	17.449	22.892	29.960	39.116	50.950
40	21.725	31.409	45.259	65.001	93.051	132.78	188.88
50	46.902	74.358	117.390	184.570	289.000	450.740	700.230

续表

i（%） n	15	16	17	18	19	20	25	30
1	1.150	1.160	1.170	1.180	1.190	1.200	1.250	1.300
2	1.323	1.346	1.369	1.392	1.416	1.440	1.563	1.690
3	1.521	1.561	1.602	1.643	1.685	1.728	1.953	2.197
4	1.749	1.811	1.874	1.939	2.005	2.074	2.441	2.856
5	2.011	2.100	2.192	2.288	2.386	2.488	3.052	3.713
6	2.313	2.436	2.565	2.700	2.840	2.986	3.815	4.827
7	2.660	2.826	3.001	3.185	3.379	3.583	4.768	6.276
8	3.059	3.278	3.511	3.759	4.021	4.300	5.960	8.157
9	3.518	3.803	4.108	4.435	4.785	5.160	7.451	10.604
10	4.046	4.411	4.807	5.234	5.696	6.192	9.313	13.786
11	4.652	5.117	5.624	6.176	6.777	7.430	11.642	17.922
12	5.350	5.936	6.580	7.288	8.064	8.916	14.552	23.298
13	6.153	6.886	7.699	8.599	9.596	10.699	18.190	30.288
14	7.076	7.988	9.007	10.147	11.420	12.839	22.737	39.374
15	8.137	9.266	10.539	11.974	13.590	15.407	28.422	51.186
16	9.358	10.748	12.330	14.129	16.172	18.488	35.527	66.542
17	10.761	12.468	14.426	16.672	19.244	22.186	44.409	86.504
18	12.375	14.463	16.879	19.673	22.091	26.623	55.511	112.460
19	14.232	16.777	19.748	23.214	27.252	31.948	69.389	146.190
20	16.367	19.461	23.106	27.393	32.429	38.338	86.736	190.050
25	32.919	40.874	50.658	62.669	77.388	95.396	264.700	705.640
30	66.212	85.850	111.07	143.37	184.68	237.38	807.790	2620.0
40	267.86	378.72	533.87	750.38	1051.7	1469.8	7523.200	36119
50	1083.7	1670.7	2566.2	3927.4	5988.9	9100.4	70065	497929

附录二　复利现值系数表（P/F，i，n）=（1+i）$^{-n}$

i（%） n	1	2	3	4	5	6	7	8	9
1	0.990	0.980	0.971	0.962	0.952	0.943	0.935	0.926	0.917
2	0.980	0.961	0.943	0.925	0.907	0.890	0.873	0.857	0.842
3	0.971	0.942	0.915	0.889	0.864	0.840	0.816	0.794	0.772
4	0.961	0.924	0.888	0.855	0.823	0.792	0.763	0.735	0.708
5	0.951	0.906	0.863	0.822	0.784	0.747	0.713	0.681	0.650
6	0.942	0.888	0.837	0.790	0.746	0.705	0.666	0.630	0.596
7	0.933	0.871	0.813	0.760	0.711	0.665	0.623	0.583	0.547
8	0.923	0.853	0.789	0.731	0.677	0.627	0.582	0.540	0.502
9	0.914	0.837	0.766	0.703	0.645	0.592	0.544	0.500	0.460
10	0.905	0.820	0.744	0.676	0.614	0.558	0.508	0.463	0.422
11	0.896	0.804	0.722	0.650	0.585	0.527	0.475	0.429	0.388
12	0.887	0.788	0.701	0.625	0.557	0.497	0.444	0.397	0.356
13	0.879	0.773	0.681	0.601	0.530	0.469	0.415	0.368	0.326
14	0.870	0.758	0.661	0.577	0.505	0.442	0.388	0.340	0.299
15	0.861	0.743	0.642	0.555	0.481	0.417	0.362	0.315	0.275
16	0.853	0.728	0.623	0.534	0.458	0.394	0.339	0.292	0.252
17	0.844	0.714	0.605	0.513	0.436	0.371	0.317	0.270	0.231
18	0.836	0.700	0.587	0.494	0.416	0.350	0.296	0.250	0.212
19	0.828	0.686	0.570	0.475	0.396	0.331	0.277	0.232	0.194
20	0.820	0.673	0.554	0.456	0.377	0.312	0.258	0.215	0.178
25	0.780	0.610	0.478	0.375	0.295	0.233	0.184	0.146	0.116
30	0.742	0.552	0.412	0.308	0.231	0.174	0.131	0.099	0.075
40	0.672	0.453	0.307	0.208	0.142	0.097	0.067	0.046	0.032
50	0.608	0.372	0.228	0.141	0.087	0.054	0.034	0.021	0.013

续表

i（%） n	10	11	12	13	14	15	16	17	18
1	0.909	0.901	0.893	0.885	0.877	0.870	0.862	0.855	0.847
2	0.826	0.812	0.797	0.783	0.769	0.756	0.743	0.731	0.718
3	0.751	0.731	0.712	0.693	0.675	0.658	0.641	0.624	0.609
4	0.683	0.659	0.636	0.613	0.592	0.572	0.552	0.534	0.516
5	0.621	0.593	0.567	0.543	0.519	0.497	0.476	0.456	0.437
6	0.564	0.535	0.507	0.480	0.456	0.432	0.410	0.390	0.370
7	0.513	0.482	0.452	0.425	0.400	0.376	0.354	0.333	0.314
8	0.467	0.434	0.404	0.376	0.351	0.327	0.305	0.285	0.266
9	0.424	0.391	0.361	0.333	0.300	0.284	0.263	0.243	0.225
10	0.386	0.352	0.322	0.295	0.270	0.247	0.227	0.208	0.191
11	0.350	0.317	0.287	0.261	0.237	0.215	0.195	0.178	0.162
12	0.319	0.286	0.257	0.231	0.208	0.187	0.168	0.152	0.137
13	0.290	0.258	0.229	0.204	0.182	0.163	0.145	0.130	0.116
14	0.263	0.232	0.205	0.181	0.160	0.141	0.125	0.111	0.099
15	0.239	0.209	0.183	0.160	0.140	0.123	0.108	0.095	0.084
16	0.218	0.188	0.163	0.141	0.123	0.107	0.093	0.081	0.071
17	0.198	0.170	0.146	0.125	0.108	0.093	0.080	0.069	0.060
18	0.180	0.153	0.130	0.111	0.095	0.081	0.069	0.059	0.051
19	0.164	0.138	0.116	0.098	0.083	0.070	0.060	0.051	0.043
20	0.149	0.124	0.104	0.087	0.073	0.061	0.051	0.043	0.037
25	0.092	0.074	0.059	0.047	0.038	0.030	0.024	0.020	0.016
30	0.057	0.044	0.033	0.026	0.020	0.015	0.012	0.009	0.007
40	0.022	0.015	0.011	0.008	0.005	0.004	0.003	0.002	0.001
50	0.009	0.005	0.003	0.002	0.001	0.001	0.001	0	0

续表

i（%） n	19	20	25	30	35	40	50
1	0.840	0.833	0.800	0.769	0.741	0.714	0.667
2	0.706	0.694	0.640	0.592	0.549	0.510	0.444
3	0.593	0.579	0.512	0.455	0.406	0.364	0.296
4	0.499	0.482	0.410	0.350	0.301	0.260	0.198
5	0.419	0.402	0.328	0.269	0.223	0.186	0.132
6	0.352	0.335	0.262	0.207	0.165	0.133	0.087
7	0.296	0.279	0.210	0.159	0.122	0.095	0.059
8	0.249	0.233	0.168	0.123	0.091	0.068	0.039
9	0.209	0.194	0.134	0.094	0.067	0.048	0.026
10	0.176	0.162	0.107	0.073	0.050	0.035	0.017
11	0.148	0.135	0.086	0.056	0.037	0.025	0.012
12	0.124	0.112	0.069	0.043	0.027	0.018	0.008
13	0.104	0.093	0.055	0.033	0.020	0.013	0.005
14	0.088	0.078	0.044	0.025	0.015	0.009	0.003
15	0.074	0.065	0.035	0.020	0.011	0.006	0.002
16	0.062	0.054	0.028	0.015	0.008	0.005	0.002
17	0.052	0.045	0.023	0.012	0.006	0.003	0.001
18	0.044	0.038	0.018	0.009	0.005	0.002	0.001
19	0.037	0.031	0.014	0.007	0.003	0.002	0
20	0.031	0.026	0.012	0.005	0.002	0.001	0
25	0.013	0.010	0.004	0.001	0.001	0	0
30	0.005	0.004	0.001	0	0	0	0
40	0.001	0.001	0	0	0	0	0
50	0	0	0	0	0	0	0

附录三　年金终值系数表　(F/A, i, n) $=\frac{(1+i)^n-1}{i}$

i (%) / n	1	2	3	4	5	6	7
1	1.000	1.000	1.000	1.000	1.000	1.000	1.000
2	2.010	2.020	2.030	2.040	2.050	2.060	2.070
3	3.030	3.060	3.091	3.122	3.153	3.184	3.215
4	4.060	4.122	4.184	4.246	4.310	4.375	4.440
5	5.101	5.204	5.309	5.416	5.526	5.637	5.751
6	6.152	6.308	6.468	6.633	6.802	6.975	7.153
7	7.214	7.434	7.662	7.898	8.142	8.394	8.654
8	8.286	8.583	8.892	9.214	9.549	9.897	10.260
9	9.369	9.755	10.159	10.583	11.027	11.491	11.978
10	10.462	10.950	11.464	12.006	12.578	13.181	13.816
11	11.567	12.169	12.808	13.486	14.207	14.972	15.784
12	12.683	13.412	14.192	15.026	15.917	16.870	17.888
13	13.809	14.680	15.618	16.627	17.713	18.882	20.141
14	14.947	15.974	17.086	18.292	19.599	21.015	22.550
15	16.097	17.293	18.599	20.024	21.579	23.276	25.129
16	17.258	18.639	20.157	21.825	23.657	25.673	27.888
17	18.430	20.012	21.762	23.698	25.840	28.213	30.840
18	19.615	21.412	23.414	25.645	28.132	30.906	33.999
19	20.811	22.841	25.117	27.671	30.539	33.760	37.379
20	22.019	24.297	26.870	29.778	33.066	36.786	40.995
25	28.243	32.030	36.459	41.646	47.727	54.865	63.249
30	34.785	40.588	47.575	56.085	66.439	79.058	94.461
40	48.886	60.402	75.401	95.026	120.80	154.76	199.64
50	64.463	84.579	112.80	152.67	209.35	290.34	406.53

续表

i（%） n	8	9	10	11	12	13	14	15
1	1.000	1.000	1.000	1.000	1.000	1.000	1.000	1.000
2	2.080	2.090	2.100	2.110	2.120	2.130	2.140	2.150
3	3.246	3.278	3.310	3.342	3.374	3.407	3.440	3.473
4	4.506	4.573	4.641	4.710	4.779	4.850	4.921	4.993
5	5.867	5.985	6.105	6.228	6.353	6.480	6.610	6.742
6	7.336	7.523	7.716	7.913	8.115	8.323	8.536	8.754
7	8.923	9.200	9.487	9.783	10.089	10.405	10.730	11.067
8	10.637	11.028	11.436	11.859	12.300	12.757	13.233	13.727
9	12.488	13.021	13.579	14.164	14.776	15.416	16.085	16.786
10	14.487	15.193	15.937	16.722	17.549	18.420	19.337	20.304
11	16.645	17.560	18.531	19.561	20.655	21.814	23.045	24.349
12	18.977	20.141	21.384	22.713	24.133	25.650	22.271	29.002
13	21.495	22.953	24.523	26.212	28.029	29.985	32.089	34.352
14	24.215	26.019	27.975	30.095	32.393	34.883	37.581	40.505
15	27.152	29.361	31.772	34.405	37.280	40.417	43.842	47.580
16	30.324	33.003	35.950	39.190	42.753	46.672	50.980	55.717
17	33.750	36.974	40.545	44.501	48.884	53.739	59.118	65.075
18	37.450	41.301	45.599	50.396	55.750	61.725	68.394	75.836
19	41.446	46.018	51.159	56.939	63.440	70.749	78.969	88.212
20	45.762	51.160	57.275	64.203	72.052	80.947	91.025	102.44
25	73.106	84.701	98.347	114.41	133.33	155.62	181.87	212.79
30	113.28	136.31	164.49	199.02	241.33	293.20	356.79	434.75
40	259.06	337.89	442.59	581.83	767.09	1013.7	1342.0	1779.1
50	573.77	815.08	1163.9	1668.8	2400.0	3459.5	4994.5	7217.7

续表

i（%） n	16	17	18	19	20	25	30
1	1.000	1.000	1.000	1.000	1.000	1.000	1.000
2	2.160	2.170	2.180	2.190	2.200	2.250	2.300
3	3.506	3.539	5.572	3.606	3.640	3.813	3.990
4	5.006	5.141	5.215	5.291	5.368	5.766	6.187
5	6.877	7.014	7.154	7.297	7.442	8.207	9.043
6	8.977	9.207	9.442	9.683	9.930	11.259	12.756
7	11.414	11.772	12.142	12.523	12.916	15.073	17.583
8	14.240	14.773	15.327	15.902	16.499	19.842	23.858
9	17.519	18.285	19.086	19.923	20.799	25.802	32.015
10	21.321	22.393	23.521	24.701	25.959	33.253	42.619
11	25.733	27.200	28.755	30.404	32.150	42.566	56.405
12	30.850	32.824	34.931	37.180	39.581	54.208	74.327
13	36.786	39.404	42.219	45.244	48.497	68.760	97.625
14	43.672	47.103	50.818	54.841	59.196	86.949	127.91
15	51.660	56.110	60.965	66.261	72.035	109.69	167.29
16	60.925	66.649	72.939	79.850	98.442	138.11	218.47
17	71.673	78.979	87.068	96.022	105.93	173.64	285.01
18	84.141	93.406	103.74	115.27	128.12	218.05	371.52
19	98.603	110.29	123.41	138.17	154.74	273.56	483.97
20	115.38	130.03	146.63	165.42	186.69	342.95	630.17
25	249.21	292.11	342.60	402.04	471.98	1054.8	2348.8
30	530.31	647.44	790.95	966.71	1181.9	3227.2	8730.0
40	2360.8	3134.5	4163.	5519.8	7343.9	30089.	120393.
50	10436.	15090.	21813.	31515.	45497.	280256.	165976.

附录四 年金现值系数表 $(P/A, i, n) = \frac{1-(1+i)^{-n}}{i}$

i（%） n	1	2	3	4	5	6	7	8	9
1	0.990	0.980	0.971	0.962	0.952	0.943	0.953	0.926	0.917
2	1.970	1.942	1.913	1.886	1.859	1.833	1.808	1.783	1.759
3	2.941	2.884	2.829	2.775	2.723	2.673	2.624	2.577	2.531
4	3.902	3.808	3.717	3.630	3.546	3.465	3.387	3.312	3.240
5	4.853	4.713	4.580	4.452	4.329	4.212	4.100	3.993	3.890
6	5.795	5.601	5.417	5.242	5.076	4.917	4.767	4.623	4.486
7	6.728	6.472	6.230	6.002	5.786	5.582	5.389	5.206	5.033
8	7.652	7.325	7.020	6.733	6.463	6.210	5.971	5.747	5.535
9	8.566	8.162	7.786	7.435	7.108	6.802	6.515	6.247	5.995
10	9.471	8.983	8.530	8.111	7.722	7.360	7.024	6.710	6.418
11	10.368	9.787	9.253	8.760	8.306	7.887	7.499	7.139	6.805
12	11.255	10.575	9.954	9.385	8.863	8.384	7.943	7.536	7.161
13	12.134	11.348	10.635	9.986	9.394	8.853	8.358	7.904	7.487
14	13.004	12.106	11.296	10.563	9.899	9.295	8.745	8.244	7.786
15	13.865	12.849	11.938	11.118	10.380	9.712	9.108	8.559	8.061
16	14.718	13.578	12.561	11.652	10.838	10.106	9.447	8.851	8.313
17	15.562	14.292	13.166	12.166	11.274	10.477	9.763	9.122	8.544
18	16.398	14.992	13.754	12.659	11.690	10.828	10.059	9.372	8.756
19	17.226	15.678	14.324	13.134	12.085	11.158	10.336	9.604	8.950
20	18.046	16.351	14.877	13.590	12.462	11.470	10.594	9.818	9.129
25	22.023	19.523	17.413	15.622	14.094	12.783	11.654	10.675	9.823
30	25.808	22.396	19.600	17.292	15.372	13.765	12.409	11.258	10.274
40	32.835	27.355	23.115	19.793	17.159	15.046	13.332	11.925	10.757
50	39.196	31.424	25.730	21.482	18.256	15.762	13.801	12.233	10.962

续表

i（%） n	10	11	12	13	14	15	16	17	18
1	0.909	0.901	0.893	0.885	0.877	0.870	0.862	0.855	0.847
2	1.736	1.713	1.690	1.668	1.647	1.626	1.605	1.585	1.566
3	2.487	2.444	2.402	2.361	2.322	2.283	2.246	2.210	2.174
4	3.170	3.102	3.037	2.974	2.914	2.855	2.798	2.743	2.690
5	3.791	3.696	3.605	3.517	3.433	3.352	3.274	3.199	3.127
6	4.355	4.231	4.111	3.998	3.889	3.784	3.685	3.589	3.498
7	4.868	4.712	4.564	4.423	4.288	4.160	4.039	3.922	3.812
8	5.335	5.146	4.968	4.799	4.639	4.487	4.344	4.207	4.078
9	5.759	5.537	5.328	5.132	4.946	4.472	4.607	4.451	4.303
10	6.145	5.889	5.650	5.426	5.216	5.019	4.833	4.659	4.494
11	6.495	6.207	5.938	5.687	5.453	5.234	5.029	4.836	4.656
12	6.814	6.492	6.194	5.918	5.660	5.421	5.197	4.988	4.793
13	7.103	6.750	6.424	6.122	5.842	5.583	5.342	5.118	4.910
14	7.367	6.982	6.628	6.302	6.002	5.724	5.468	5.229	5.008
15	7.606	7.191	6.811	6.462	6.142	5.847	5.575	5.324	5.092
16	7.824	7.379	6.974	6.604	6.265	5.954	5.668	5.405	5.162
17	8.022	7.549	7.102	6.729	6.373	6.047	5.749	5.475	5.222
18	8.201	7.702	7.250	6.840	6.467	6.128	5.818	5.534	5.273
19	8.365	7.839	7.366	6.938	6.550	6.198	5.877	5.584	5.316
20	8.514	7.963	7.469	7.025	6.623	6.259	5.929	5.628	5.353
25	9.077	8.422	7.843	7.330	6.873	6.464	6.097	5.766	5.467
30	9.427	8.694	8.055	7.496	7.003	6.566	6.177	5.829	5.517
40	9.779	8.951	8.244	7.634	7.105	6.642	6.233	5.871	5.548
50	9.915	9.042	8.304	7.675	7.133	6.661	6.246	5.880	5.554

续表

i(%) / n	19	20	25	30	35	40	50
1	0.810	0.833	0.800	0.769	0.741	0.714	0.667
2	1.547	1.528	1.440	1.361	1.289	1.224	1.111
3	2.140	2.106	1.952	1.816	1.696	1.589	1.407
4	2.639	2.589	2.362	2.166	1.997	1.849	1.605
5	3.058	2.991	2.689	2.436	2.220	2.035	1.737
6	3.410	3.326	2.951	2.643	2.385	2.168	1.824
7	3.706	3.605	3.161	2.802	2.508	2.263	1.883
8	3.954	3.837	3.329	2.925	2.598	2.331	1.922
9	4.163	4.031	3.463	3.019	3.665	2.379	1.948
10	4.339	4.192	3.571	3.092	2.715	2.414	1.965
11	4.486	4.327	3.656	3.147	2.752	2.438	1.977
12	4.611	4.439	3.725	3.190	2.779	2.456	1.985
13	4.715	4.533	3.780	3.223	2.799	2.469	1.990
14	4.802	4.611	3.824	3.249	2.814	2.478	1.993
15	4.876	4.675	3.859	3.268	2.825	2.484	1.995
16	4.938	4.730	3.887	3.283	2.834	2.489	1.997
17	4.988	4.775	3.910	3.295	2.840	2.492	1.998
18	5.033	4.812	3.928	3.304	2.844	2.494	1.999
19	5.070	4.843	3.942	3.311	2.848	2.496	1.999
20	5.101	4.870	3.954	3.316	2.850	2.497	1.999
25	5.195	4.948	3.958	3.329	2.856	2.499	2.000
30	5.235	4.979	3.995	3.332	2.857	2.500	2.000
40	5.258	4.997	3.999	3.333	2.857	2.500	2.000
50	5.262	4.999	4.000	3.333	2.857	2.500	2.000

附录五　正态分布表Z个标准离差的面积

偏离平均值的标准差个数Z	向左侧或向右侧的面积(单侧)	偏离平均值的标准差个数Z	向左侧或向右侧的面积(单侧)	偏离平均值的标准差个数Z	向左侧或向右侧的面积(单侧)
0	0.500	1.05	0.1469	2.05	0.0202
0.05	0.4801	1.10	0.1357	2.10	0.0179
0.10	0.4602	1.15	0.1251	2.15	0.0158
0.15	0.4404	1.20	1.1151	2.20	0.0139
0.20	0.4207	1.25	0.1056	2.25	0.0122
0.25	0.4013	1.30	0.0968	2.30	0.0107
0.30	0.3821	1.35	0.0885	2.35	0.0094
0.35	0.3632	1.40	0.0808	2.40	0.0082
0.40	0.3446	1.45	0.0735	2.45	0.0071
0.45	0.5264	1.50	0.0668	2.50	0.0062
0.50	0.3085	1.55	0.0606	2.55	0.0054
0.55	0.2912	1.60	0.0548	2.60	0.0047
0.60	0.2743	1.65	0.0495	2.65	0.0040
0.65	0.2578	1.70	0.0446	2.70	0.0035
0.70	0.2420	1.75	0.0401	2.75	0.0030
0.75	0.2264	1.80	0.0359	2.80	0.0026
0.80	0.2119	1.85	0.0322	2.85	0.0022
0.85	0.1977	1.90	0.0287	2.90	0.0019
0.90	0.1841	1.95	0.0256	2.95	0.0016
0.95	0.1711	2.00	0.0228	3.00	0.0013
1.00	0.1577				